에듀윌과 함께 매일같이 쌓아 올린
여러분의 노력은 결코 헛되지 않습니다.

지금 이 순간에도 한 걸음씩
성장하고 있다는 사실을 잊지 마세요.

처음에는 낯설고 어려웠던 이론도,
반복과 실전 속에서 익숙해지고
막막하게 느껴졌던 문제들도
하나씩 풀어낼 수 있게 될 거예요.

포기하고 싶은 날이 와도,
여러분이 꿈꾸는 내일을 위해
끝까지 걸어가는 그 한 걸음이
곧 합격의 열쇠가 됩니다.

여러분의 성실함이 자랑스럽습니다.
여러분은 반드시 해낼 수 있습니다.

마지막까지 응원합니다!
끝까지 함께할게요.

8년 연속 주관처 공식인증
출간 전종 베스트셀러 1위

에듀윌의 서비스 경영 시리즈
클래스의 차이를 직접 경험해 보세요.

SMAT 모듈 A

SMAT 모듈 B

SMAT 모듈 C

CS리더스 관리사

* 2019~2026년 에듀윌 SMAT 모듈 A, B, C (3종) 한국생산성본부(KPC) 공식 인증 * SMAT 모듈 A YES24 수험서 자격증 국가자격/전문사무 소비자전문상담사/CS Leaders(관리사) 베스트셀러 1위(2020년 4월, 10월, 2021년 10월, 2022년 4월, 8월, 2023년 4월, 2024년 3월, 9월 월별 베스트, 2020년 9월 1주~2주, 10월 1주, 2021년 9월 1주~2주, 2022년 3월 1주~2주, 5월 1주~2주, 7월 2주~3주, 9월 1주~2주, 2023년 3월 1주~2주, 4월 1주, 9월 1주, 12월 4주, 24년 3월 1주~2주, 7월 3주, 8월 4주, 9월 1주~2주 주별 베스트) * SMAT 모듈 B YES24 수험서 자격증 국가자격/전문사무 소비자전문상담사/CS Leaders(관리사) 베스트셀러 1위 (2020년 3월 2주, 2021년 11월 3주, 2022년 5월 3주, 7월 1주, 2024년 5월 1주 주별 베스트)* SMAT 모듈 C YES24 수험서 자격증 국가자격/전문사무 소비자전문상담사/CS Leaders(관리사) 베스트셀러 1위 (2021년 7월 2주, 2022년 3월 3주, 2023년 4월 2주~3주, 10월 5주, 2024년 4월 2주, 7월 4주 주별 베스트)

2026 최신판

에듀윌 SMAT 모듈 C
독학으로 1주끝장

실제 시험(동형) 모의고사 3회분+무료특강

모의고사 2회분 + 빈출족보

시행처 실제 출제경향을 그대로 완벽 반영!

시험장
필 수
아이템

한국생산성본부 제공 모의고사 그대로!

모의고사

Service

Management

Ability

Test

특별제공

OMR 카드

무료 해설 특강

*한국생산성본부에서 제공한 모의고사에서 표기법 등 수정이 필요한 경우 일부 수정을 했습니다.

모의고사 01회

SMAT(서비스경영자격)
모듈 C-서비스 운영 전략

시험시간	모듈	수험번호	성명
70분	C		

문제 유형				
PART 1 일반형	PART 2 O/X형	PART 3 연결형	PART 4 사례형	PART 5 통합형
24문항	5문항	5문항	10문항	6문항

https://eduwill.kr/1r0e

- QR 코드 또는 URL로 응시한 후 채점 및 유형별 성적분석 결과를 확인하세요.
- 모의고사 뒤의 OMR 카드로 실제 시험처럼 연습할 수 있습니다.
- P. 40에서 정답 및 해설을 확인하세요.

합격 점수	70 점	나의 점수	점

SMAT PART 1 일반형 24문항

1. 다음 중 서비스 유형에 따른 관리 방안으로 가장 적절한 것은?
   ① 시중 은행과 같이 많은 직원이 필요한 서비스업은 교육 및 인력 관리가 중요하다.
   ② 고객 접촉도가 높은 서비스업의 업무 효율성 제고를 위해 모든 부문의 접촉 강화 전략이 필요하다.
   ③ 상호 작용과 고객화가 높은 서비스업은 직원의 이직률을 낮추기 위해 엄격한 상하 관계 관리가 중요하다.
   ④ 호텔 및 콘도와 같이 많은 자본 투자가 이루어지는 서비스업은 성수기에 수요를 최대화하는 것이 중요하다.
   ⑤ 상호 작용과 고객화가 낮은 서비스업은 서비스 제공 인력의 전문성을 높이고, 수평적 상하 관계 관리가 필요하다.

2. 다음 중 서비스업에 대한 내용으로 가장 적절한 것은?
   ① 서비스는 제조업체의 입장에서는 필요악이다.
   ② 도시화의 가속은 서비스업 성장의 저해 요인이다.
   ③ 새로운 직업의 대부분이 서비스에 의해 창출되고 있다.
   ④ 임대의 개념으로 서비스를 보는 관점은 적절하지 않다.
   ⑤ 유형재 제품에 비해 서비스의 경우 첫 구매 시 고객 기대 관리가 더욱 용이하다.

3. 다음 중 서비스 품질 갭(Gap)에 대한 설명으로 옳은 것은?
   ① 기대한 서비스와 경험(인지)한 서비스의 차이는 경영자 인지 격차이다.
   ② 기대된 서비스와 고객 기대에 대한 경영진의 인식 차이는 서비스 전달 격차이다.
   ③ 서비스 전달과 경영진 인지의 품질 명세화의 차이는 경영자 품질 명세 격차이다.
   ④ 서비스 전달과 고객에 대한 외적 커뮤니케이션의 차이는 시장 커뮤니케이션 격차이다.
   ⑤ 경영자 인식의 품질 명세화와 고객 기대에 대한 경영진의 인식 차이는 경험한 서비스 격차이다.

4. 다음 중 서비스 품질 측정이 어려운 이유로 적절하지 않은 것은?
   ① 서비스 품질은 주관적이다.
   ② 전달 이전의 테스트가 어렵다.
   ③ 고객으로부터 서비스 품질에 대한 데이터 수집이 어렵다.
   ④ 고객은 프로세스의 일부이며 변화 가능성이 있는 요인이다.
   ⑤ 자원이 고객과 분리되어 이동하므로 고객이 자원의 변화를 파악하기 어렵다.

5. 다음 중 서비스 프로세스의 재설계 과정에 해당하지 않는 것은?
   ① 편의성과 전달 기능 향상을 위해 서비스 프로세스 중 물리적 요소를 재설계한다.
   ② 고객별 서비스의 종류를 줄이고 다양성을 확보할 수 있도록 일관된 서비스를 제공한다.
   ③ 서비스 속도를 증가시키고 접근성을 향상할 수 있는 방법으로 셀프 서비스를 활용한다.
   ④ 편의성과 접근성을 높일 수 있도록 고객에게 서비스를 직접 전달하는 과정을 창출한다.
   ⑤ 서비스의 효율성과 제공 속도를 높이기 위해 부가가치를 창출하지 않는 서비스 전달 단계를 제거한다.

6. 서비스 수요의 특성으로 옳지 않은 것은?
   ① 서비스는 재고의 저장이 불가능하거나 어렵다.
   ② 서비스는 시간과 공간의 제약이 따르는 경우가 많다.
   ③ 서비스 수요량이 공급량을 넘어서면 넘치는 수요는 포기해야 한다.
   ④ 대부분의 서비스 수요는 눈에 보이지 않고 만들어지면 바로 소비된다.
   ⑤ 서비스 수요는 즉시 제공되지 못해도 수요 자체가 사라져 버리지는 않는다.

7. 수율 관리의 적합성에 대한 설명으로 가장 적합하지 않은 것은?
   ① 가용 능력 변경 비용은 높고, 한계 판매 비용은 낮은 상황에서 수율 관리 적합성은 높아진다.
   ② 사전 판매 혹은 선불 판매를 할 수 있는 상황에서 수율 관리의 적합성은 높아지게 된다.
   ③ 서비스 판매가 이루어지지 못하면 서비스 가용 능력이 소멸되는 경우 수율 관리가 더 적합하다.
   ④ 고객의 서비스 수요에 대한 변동성이 높아서 성수기와 비수기의 구분이 명확하고 계절적인 수요가 발생하는 상황에서 수율 관리의 적합성은 높아진다.
   ⑤ 서비스 공급이 제한되어 일정 수준 이상으로 발생한 서비스 수요 중 공급량 이상의 수요에 대해서는 포기해야 하는 상황에서 수율 관리의 적합성이 낮아진다.

8. 서비스 인력의 선발 방법 중 예측 타당성이 높은 선발에 대한 설명으로 옳은 것은?
   ① 서비스 기업의 문화에 적절한 인재를 선발하였다.
   ② 입사 후 서비스 직무 성과가 높을 사람을 선발하였다.
   ③ 서비스 기업의 인재상과 어울리는 사람을 선발하였다.
   ④ 입사 후 1년 이내 이직 가능성이 높은 사람을 선발하였다.
   ⑤ 입사 후 수행할 서비스 직무에 대한 지식이 많은 사람을 선발하였다.

9. 다음 중 외부 모집에 대한 설명으로 옳은 것은?
   ① 훈련과 조직화 시간이 단축된다.
   ② 기업의 급격한 전환기에 효과적이다.
   ③ 성장기 기업은 유자격자의 공급이 어렵다.
   ④ 신속한 충원과 충원 비용의 절감이 가능하다.
   ⑤ 조직 내부 정치와 관료제로 인해 비효율적일 수 있다.

10. 다음 중 고객 만족 경영의 효과로 가장 거리가 먼 것은?
    ① 재구매 고객 창출
    ② 마케팅 비용 절감
    ③ 임직원 이직률 감소
    ④ 고객 전환 비용(Switching Cost) 최소화
    ⑤ 고객에 의한 구전(WOM ; Word Of Mouth)

11. 고객을 계속 유지하기 위한 방법으로 가장 적절하지 않은 것은?
    ① 고객 서비스에 대한 원활한 정보 전달
    ② 내부 고객에게 제공하는 서비스 향상
    ③ 표준화된 서비스 제공을 위한 직원의 자율성 제한
    ④ 위험 감수, 새로운 아이디어 창출을 위한 기업 문화 조성
    ⑤ 모든 의사 결정, 시스템 및 공정을 고객의 욕구와 기대에 초점

12. 서비스 패러독스의 발생 원인으로 거리가 먼 것은?
   ① 고객의 기대 수준이 점점 높아지고 있다.
   ② 서비스의 기계화(Self Service Technologies)가 이루어지고 있다.
   ③ 경쟁적인 서비스 환경이 차별성을 잃게 만들고 있다.
   ④ 기술의 단순화로 고객이 서비스를 정확하게 인지하고 있다.
   ⑤ 서비스의 획일화, 즉 지나친 표준화로 서비스의 개별성이 상실되고 있다.

13. 서비스의 기본적 속성 중 상담, 수술, 금융 투자, 기획 서비스 등과 같이 실제 전달되는 편익과 관련이 깊으며, 서비스를 경험한 후에도 평가하기 어려운 속성은?
   ① 탐색 속성
   ② 경험 속성
   ③ 신뢰 속성
   ④ 복합 속성
   ⑤ 비분리 속성

14. 서비스 청사진(Service Blueprint)과 관련된 설명으로 적절하지 않은 것은?
   ① 상호 작용 경계는 서비스 직원과 고객의 접촉이 이루어지는 지점이다.
   ② 내부 상호 작용 경계는 고객과 후방부의 직원 간 상호 작용이 이루어지는 지점이다.
   ③ 품질 개선을 위한 도구로 기존 공정 흐름도에 가시성 경계라는 개념을 추가한 도구이다.
   ④ 고객의 행동, 전방부의 직원 활동, 후방부에서의 직원 활동, 지원 프로세스 등으로 구분한다.
   ⑤ 가시성 경계는 서비스 제공 과정을 고객이 상호 작용하면서 서비스를 받는 과정과 고객이 볼 수 없는 준비 과정으로 구분한다.

15. 카노의 품질 모형 구성 항목 중 충족 시 큰 만족을 주며 불충족 시에도 불만족을 일으키지 않는 서비스 품질은?
   ① 일원적 품질
   ② 당연적 품질
   ③ 무관심 품질
   ④ 역 품질
   ⑤ 매력적 품질

16. 갭 모형에서 고객의 기대에 대한 경영자의 지각과 조직의 서비스 품질 디자인 명세서의 차이를 의미하는 것은?
   ① GAP 1　　　　　　② GAP 2　　　　　　③ GAP 3
   ④ GAP 4　　　　　　⑤ GAP 5

17. 서비스 품질을 개선하기 위한 방법에 대한 설명으로 가장 적절하지 않은 것은?
   ① 전사적으로 서비스 품질을 향상시키려고 노력하는 기업 문화가 정착되어야 한다.
   ② 자사가 제공하는 서비스에 대해 파악하고 고객이 반응하는 포인트를 알아야 한다.
   ③ 꾸준히 변화하는 고객 기대를 예측하고 그에 따라 서비스 수준, 방법 등을 변화시킨다.
   ④ 고객이 서비스에 대해 충분한 기대를 가질 수 있게 서비스 기대 수준을 높여주어야 한다.
   ⑤ 고객에게 서비스를 제공받는 시기, 구체적인 서비스 형태 등을 설명하며 구체적 서비스 정보를 제공한다.

18. 갭 모형에서 서비스 품질 명세서와 실제 서비스 전달 간의 차이가 발생할 때 이에 대한 해결 방안으로 적절하지 않은 것은?
   ① 시장 조사 방법의 개선
   ② 보상의 적절성과 공평성
   ③ 권한의 위임과 자원 배치
   ④ 적합한 역량을 지닌 직원 채용과 배치
   ⑤ 직원 기술의 적합성을 높이기 위한 교육

19. 서비스 프로세스 설계와 관련된 설명으로 옳지 않은 것은?
   ① 서비스 프로세스 설계 시 고객에 대한 인식이 중요하다.
   ② 내부 프로세스를 수행하는 직원은 기능적 사고만이 요구된다.
   ③ 서비스 제공자와 내부 고객의 체인은 고객 지향적 방식으로 관리되어야 한다.
   ④ 내부 서비스가 불량하면 외부 고객에게 제공되는 서비스의 품질이 저하될 수 있다.
   ⑤ 서비스 프로세스 설계 시 고객은 내부 고객과 외부 고객으로 구분할 수 있다.

20. 서비스 수요를 예측하는 기법들 중 나머지와 성격이 다른 하나는?
    ① 델파이법　　　　② 시장 실험법　　　　③ 시계열 분석법
    ④ 구매 의도 조사법　　⑤ 판매원 의견 통합법

21. 서비스에 대한 고객 기대에 영향을 미치는 요인과 이에 대한 설명으로 적절하지 않은 것은?
    ① 구전 커뮤니케이션 - 구전으로 전해지는 정보는 편견이 없기 때문에 정보 가치성이 높다.
    ② 과거 경험 - 현재 이용하려는 서비스 기업에서 경험한 것만을 토대로 고객의 희망 및 예상 기대 수준을 결정한다.
    ③ 명시적 서비스 약속 - 기대에 영향을 미치는 요인 중 서비스 제공자가 통제할 수 있는 몇 안 되는 요인 중 하나이다.
    ④ 지각된 서비스 대안 - 고객이 서비스를 얻을 수 있는 다른 제공자를 알고 있으면 고객이 기대하는 최저 서비스 수준이 높을 것이다.
    ⑤ 예상 서비스 - 거래와 교환이 이루어지는 동안에 고객이 예측하는 수준으로, 만일 고객이 서비스가 좋을 것으로 예측한다면 최저 서비스 수준은 높아질 것이다.

22. 특정 기간의 수요 변화 모습을 분석하는 과정에서는 여러 수요의 변화 모습이 나타날 수 있다. 이에 대한 설명으로 적절하지 않은 것은?
    ① 추세란 일정 기간 동안 어느 한 방향으로 일관된 변화 모습을 나타내는 수요의 모습이다.
    ② 계절 효과는 일반적으로 1년을 기준으로 반복되는 순환 변동으로 자연의 변화나 인간의 기본적 소비 속성으로 생기는 경우가 많다.
    ③ 설명 가능한 사소한 변동이나 설명 불가능한 변동을 설명할 수 있는 효과를 무작위 효과라고 한다.
    ④ 순환 주기 효과는 계절 효과처럼 반복되는 순환 변동을 의미하고, 1년 미만의 기간 동안 발현되는 변동이다.
    ⑤ 원인 규명이 어려우며 패턴의 원인을 발견하기가 어려워 효과 대비 많은 비용이 예상되는 경우에는 무작위 변동으로 설명하기도 한다.

23. 수요의 불확실성을 보완하기 위하여 예약 시스템을 활용한다. 예약 시스템을 설계하는 과정에 대한 설명으로 옳은 것은?
   ① 미리 도착하는 고객들에게 먼저 서비스를 제공할 수 있는 시스템을 설계하여야 예약 시스템을 원활히 관리할 수 있다.
   ② 고객이 제 시간에 도착하지 않는 비도착율을 감안해야 하는데 평균 예약 취소율을 감안하여 초과 예약을 계산한다.
   ③ 고객에게 제공할 수 있는 최대 서비스 시간을 기준으로 예상 도착 간격을 정하고 서비스 제공자의 휴식 시간을 감안한 예약 간격을 설정한다.
   ④ 마지막 고객이 예약을 이행하지 않았을 경우 서비스 능력의 유휴 시간으로 이어지게 되므로 신중히 결정하여야 한다.
   ⑤ 전체 서비스 제공 가능 시간에 휴식 시간과 비예약 고객을 위한 서비스 시간을 포함시켜 예약 간격으로 나누면 예약 일정을 결정할 수 있다.

24. 다음 중 경영 전략의 특징에 대한 설명으로 가장 적절한 것은?
   ① 전략 집행과 결과 검토를 위한 충분한 기간이 필요하다.
   ② 전략 수립 과정에서는 소수 인력을 집중 투입하는 편이 효율적이다.
   ③ 전략적으로 선택된 부분은 일부이기 때문에 전략의 영향력은 상당히 작다.
   ④ 조직 내·외부의 환경 요인을 파악하여 경쟁을 회피하기 위한 목표를 설정한다.
   ⑤ 전략적 의사 결정은 간헐적으로 이루어지는 것이 일반적이기 때문에 일관된 패턴을 갖기 어렵다.

SMAT 국가공인 서비스 경영자격 PART 2 O/X형 5문항

[25~29] 다음 문항을 읽고 옳고(O), 그름(X)을 선택하시오.

25. 슈매너의 서비스 프로세스 매트릭스 중 서비스 숍은 노동 집중도가 낮고, 상호 작용과 고객화의 정도가 낮은 특성이 있다. (① O ② X)

26. 서비스 수요와 공급의 불일치 조절을 위하여, 파트타임 직원을 추가로 고용하는 것은 성수기 공급 증대 전략에 해당한다. (① O ② X)

27. 조직 및 집단 차원에서의 갈등이 무조건 비효율적이지는 않으며, 때로는 집단의 성과를 향상시키기도 한다. (① O ② X)

28. 이직 관리는 개인적인 경력 목표를 설정하고 이를 달성하기 위한 경력 계획을 수립하는 활동이다. (① O ② X)

29. 고객의 입장에서 기존의 마케팅 믹스인 4P를 4C로 대체하자는 주장이 있으며, 4C는 제공자와 고객 간의 양방향 상호 작용 중심이라는 경향을 가지고 있다. (① O ② X)

PART 3 연결형 5문항

[30~34] 다음 설명이 의미하는 적합한 개념을 각각 선택하시오.

> 보기
> ① 전사적 품질 경영(TQM)　② FCFS　③ 제품의 서비스화
> ④ 표준화　⑤ 고객화

30. 융합 상품의 개발 방식 중 정수기 판매 회사에서 제품을 판매하는 대신 렌털 서비스로 전환한 경우의 방식　(　　　　)

31. 서비스를 처리하는 순서의 배정 규칙 중 먼저 온 순서대로 서비스를 제공하여 단순성과 공정성이 있는 기준　(　　　　)

32. 고객의 욕구 충족 및 관심 사항을 우선적으로 고려하여 고객의 다양한 요구에 효과적으로 응대하도록 하는 프로세스 설계 방법　(　　　　)

33. 서비스 프로세스의 설계 방법 중 서비스 생산성 증가를 목적으로 고객별 개성과 성향은 생각하지 않고 대량 서비스 또는 일관된 서비스를 지향하는 방법　(　　　　)

34. 기업의 경쟁 우위를 확보하고 최고 경영자를 중심으로 전 조직원과의 의식 개혁을 통하여 품질 중심의 기업 문화를 창출하고 고객 만족을 지향하는 시스템으로 변화하기 위한 활동　(　　　　)

PART 4 사례형 10문항

35. 다음 A가구회사의 서비스에 대한 품질 비용과 관련된 설명으로 옳은 것은?

> 직원 1: 직원들에 대한 교육 프로그램 중 가구의 설치 및 운반 능력 향상 교육 등을 다양화하고 횟수도 종전보다 30% 가량 늘린 결과, 직원들의 가구를 설치, 운반 등에 대한 고객들의 만족도가 높아졌습니다.
> 직원 2: 그뿐만이 아니라 실제로 가구를 납품, 설치한 후에 문제가 있어 고객의 클레임을 처리하거나 A/S를 하는 데 드는 비용이 감소하였습니다.

① 직원 1의 발언은 서비스에 대한 품질 비용 중 평가 비용과 관련이 깊다.
② 직원 2의 발언은 서비스에 대한 품질 비용 중 예방 비용과 관련이 깊다.
③ 직원 1의 발언은 서비스에 대한 품질 비용 중 내부 실패 비용과 관련이 깊다.
④ 직원 2의 발언은 서비스에 대한 품질 비용 중 외부 실패 비용과 관련이 깊다.
⑤ 서비스 품질 관리가 우수한 기업의 품질 비용은 일반적으로 A가구회사와 같이 서비스 실패 사전 방지를 위한 비용의 비중이 낮다.

36. 다음 커피 전문점 S사의 서비스 프로세스에 대한 내용으로 옳지 <u>않은</u> 것은?

> 커피 전문점의 대표적인 S사는 일정한 가격으로 한정된 종류의 커피를 판매한다. 구매를 원하는 고객은 카운터에서 정해진 메뉴 내에서 직접 주문, 계산한 후 주문한 음료가 나오면 이를 받아 자신이 원하는 자리에서 음료를 마시거나 테이크아웃하여 나간다. 이러한 서비스 프로세스를 적용하기 위하여 직원을 위한 매뉴얼 형태의 업무 수행 방법이 존재한다.

① S사의 서비스는 매우 표준화된 프로세스를 제공하고 있다.
② S사와 같은 서비스 프로세스를 주로 적용하는 경우는 검증된 효율적인 방법이 존재할 가능성이 높다.
③ S사와 같은 경우 이질적인 태도와 능력을 지닌 직원들의 업무 수행을 균질화하기 위한 노력이 필요하다.
④ 고객의 요구가 다양하고 이질적인 경우에는 상당히 정형화된 프로세스만을 제공하여 바람직하지 못한 성과로 나타날 수 있다.
⑤ S사와 같이 모든 고객에게 동일한 서비스 프로세스를 제공하는 경우, 서비스 제공자에게 많은 판단력이 요구되므로 직원의 능력 수준이 높아야 한다.

37. 다음은 신문 기사 중 일부이다. 이에 대한 내용으로 가장 옳지 않은 것은?

> ⟨20XX년 3월 P 신문 기사 중 일부⟩
> 항공권은 같은 날 같은 비행기에 나란히 앉아 같은 목적지에 가더라도 옆자리에 앉은 사람의 표와 가격 차이가 날 수 있다. 어떤 조건의 항공권을, 언제 예매했느냐에 따라 요금이 달라지기 때문이다. 항공권 예약을 일찍 할수록 요금은 더 저렴해진다. 항공사들은 선 구매를 조건으로 항공권을 할인해 주는 '조기 발권(Early Bird)' 서비스를 상시 운영하고 있다.

① 항공사의 정책은 성수기, 비수기 등의 수요의 변동성이 높은 경우에 보다 적합성이 있다.
② 수요에 따라 좌석을 바로 늘릴 수 없는 특징은 항공사 정책의 적합성을 낮추는 요인이 된다.
③ 항공사들은 '조기 발권' 정책 등을 활용하여 가용 능력이 제한된 서비스에서 관리를 통하여 수익 극대화를 추구한다.
④ 항공사의 정책이 가능한 이유는 고객의 욕구, 가격 지불 의도 등에 따라 몇 개의 세분 시장으로 구분이 가능하기 때문이다.
⑤ 매번 항공기 좌석을 100% 채워서 운행할 수는 없는데, 이러한 빈 좌석은 소멸된다는 특성이 기사 내용의 항공사 정책의 적합성을 높인다.

38. 다음은 백화점에서 진행되는 백화점 매장별 직원들 간 대화이다. 다음 중 옳지 않은 것은?

> 모피 매장 직원: 요즘 7월은 여름 더위가 한창이지만, 저희 매장은 대대적인 모피 할인 행사를 통하여 고객들을 끌고 있어요. 모피를 겨울에 구입하는 것에 비해 많은 할인 혜택이 있기 때문에 고객들이 여름에도 모피를 구입하러 많이들 와요.
> 빙수 매장 직원: 아, 그렇군요. 저희 빙수 매장은 여름철이 되니 빙수를 찾는 사람이 하루 기준 2배 정도 증가해서 일시적으로 파트타임 아르바이트생을 몇 명 더 채용했어요.
> 명품 매장 직원: 저희 매장의 이 가방은 일시 품절인데, 해외 본사로부터 재고가 입고될 때까지 고객이 원할 경우 예약만 받고 있어요.
> 곰탕 매장 직원: 저희 매장은 여름에 상대적으로 손님이 적은 편이라 직원들이 여름 휴가를 많이 가는 편입니다.
> 화장품 매장 직원: 그나저나 저도 여름 휴가를 가려 하니, 손님이 많아서인지 모든 호텔이 평소 가격보다 더 비싼 가격을 받더라고요.

① 모피 매장의 경우는 비수기 수요 진작 전략에 해당한다.
② 빙수 매장의 경우는 성수기 수요 증대 전략에 해당한다.
③ 명품 매장의 경우는 성수기 수요 감소 전략에 해당한다.
④ 곰탕 매장의 경우는 비수기 공급 조정 전략에 해당한다.
⑤ 호텔의 경우는 성수기 수요 감소 전략에 해당한다.

39. 다음 사례의 부서에서 계획하고 있는 방법으로 팀원을 모집했을 때 이에 대한 설명으로 가장 적절하지 <u>않은</u> 것은?

> **부서장**: 우리가 맡은 대형 프로젝트가 계속해서 늘어나면서 업무가 과중된 것 같습니다. 그래서 팀원을 신규로 충원할까 하는데, 어떤 방식으로 선발하는 편이 좋을지 의견 있으시면 말씀해 주세요.
> **직원 1**: 제 생각에는 외부 경력자를 채용하는 방법도 있겠지만, 회사 내부의 옆 본부에 있는 사람을 뽑는 것이 보다 효율적일 것 같습니다.
> **직원 2**: 저도 그렇게 생각합니다. 마케팅 3팀의 김 과장 같은 사람은 기존에 저희 업무를 해 보았기 때문에 보다 효율적으로 업무를 할 수 있을 것입니다.

① 훈련과 조직화 시간을 단축할 수 있다.
② 능력이 충분히 검증된 사람을 채용할 수 있다.
③ 시간 비용 및 충원 비용이 많이 든다는 단점이 있다.
④ 재직자의 개발 동기 부여와 장기 근속 유인을 제공한다.
⑤ 조직 내부 이동의 연쇄 효과로 인한 혼란이 야기될 수 있다.

40. 다음 사례에 적용된 인사고과 평가 방법에 대한 설명으로 옳지 <u>않은</u> 것은?

> 김 대리는 이번 성과 평가 기간에 회사로부터 새로운 메일을 한 통 받았다. 김 대리 팀의 팀장인 박 부장에 대한 평가를 김 대리에게 하도록 하는 내용의 메일이며, 조직 통솔력, 의견 수렴도, 업무 할당 및 지시 능력, 부하 육성 능력, 솔선수범, 고충 처리 능력 등의 평가 항목에 점수를 매기도록 되어 있었다.

① 부하 직원의 참여 의식을 고취시킬 수 있다는 장점이 있다.
② 상사가 부하 직원에게 보복할 가능성이 있다는 단점이 있다.
③ 평가 실시가 용이하며, 직계 상사가 부하 직원을 잘 알고 있다는 장점이 있다.
④ 부하 직원이 직속 상사를 평가하므로 상사의 입장에서 호의적이지 않을 수 있다.
⑤ 부하 직원이 본인이 좋아하는 상사에게만 좋은 평가를 주는 인기 투표가 될 가능성이 있다.

41. A~C에 해당하는 전략적 상황 분석에 의한 SWOT 전략 수립 방법이 바르게 연결된 것은?

> A. 미국 최대 서적 체인점인 A사는 최근 디지털 컨텐츠 시장의 급신장으로 온라인 시장에 진출하려 한다. 그러나 온라인 시장에서의 낮은 인지도와 고객 DB의 열세로, 경쟁사인 D사가 독점하는 온라인 시장을 잠식하기에는 역부족이다.
> B. B 전자는 휴대폰 시장의 선도 기업이다. 최근 시장 수요가 감소되고 후발 주자의 거센 추격으로 위협을 받고 있다. 특히 중국 업체 중 W사, L사의 저가 가격 공세가 거세다. 그럼에도 불구하고 B 전자는 비전 달성을 위해 내년 매출 10% 성장을 목표로 하고 있다.
> C. C 오일은 국내 4대 정유회사 중 하나로, 지속되는 수요 부진과 원유 가격의 영향으로 매출 및 수익이 감소하고 있다. 최근 최대 주주인 E의 적극적인 투자 지원에 힘입어 저부가가치 제품 생산 구조에서 고부가가치 제품 생산 구조로 전환하고 ODC 투자를 확대할 예정이다.

	A	B	C
①	시장 침투 전략	시장 기회 선점	제품 다각화 전략
②	시장 기회 선점 전략	전략시장 침투 전략	전략적 제휴 전략
③	제품 다각화 전략	시장 침투 전략	시장 기회 선점 전략
④	전략적 제휴 전략	시장 침투 전략	제품 다각화 전략
⑤	전략적 제휴 전략	시장 기회 선점 전략	제품 다각화 전략

42. 다음 사례에 나타난 고객 만족 경영의 개념은 무엇인가?

> 해외 출장을 자주 가는 A는 매번 오랜 시간 비행을 한 모습으로 중요한 비즈니스 고객을 만나는 것은 바람직하지 못하다는 생각을 한다. A는 이를 해결하기 위해 짧은 시간이지만 화장을 고치고 옷을 다림질할 수 있는 호텔을 이용하곤 한다. K 항공사는 A와 같은 문제로 고민하는 고객들을 위해 샤워 부스와 화장을 고칠 수 있는 공간을 제공하고, 다림질 서비스를 제공하면서 큰 호응을 얻고 있다.

① 고객 가치 연장 ② 고객 가치 증진 ③ 고객 만족 연장
④ 충성 고객 증대 ⑤ 반복 구매 유도

43. 다음은 의류를 제작하여 판매하는 인터넷 쇼핑몰 직원들 간의 대화이다. 서비스 공급 능력 계획과 관련하여 대화에 대한 설명으로 옳은 것은?

> 직원 1: 사전에 일정량 이상의 의류 제품 A를 미리 제작해 놓기보다 매월 사전 구매 접수를 통하여 구매의사자의 접수를 받은 후 그때그때 맞추어 제작에 들어가서 수요자들에게 공급하는 방식이 좋을 것 같아요.
> 직원 2: 그렇게 하면 좋겠지만 만약 주문이 갑자기 많이 몰릴 경우에는 주문을 다 받지 못할 수도 있어요. 차라리 그동안 평균 판매량이 있으니 그만큼은 항상 제작하여 공급하는 방식이 좋을 것 같아요.

① 직원 1의 방식으로 공급 능력을 계획 시 재고 관리에 부담이 된다.
② 직원 1의 방식은 제작 인력이나 제작 장비를 안정적으로 유지할 수 있다.
③ 직원 1의 방식으로 공급 시 사후 제작 시간 소요로 제품을 받을 때까지 시간이 길어지면 구매 취소로 이어질 수 있다.
④ 직원 2의 방식으로 공급 능력을 계획 시 재고가 남거나 부족한 문제가 발생하지 않는다.
⑤ 직원 2의 방식으로 공급 능력을 계획 시 서비스 인력을 그때그때 채용하여야 하는 비용이 많이 든다.

44. 다음 의사협회 모임에서 의사들 간 대화에 대한 설명으로 옳지 않은 것은?

> A: 요즘은 병원도 경영 관리가 중요한 것 같아요. 그래서인지 일시적으로 환자가 증가하더라도 의사를 추가로 뽑는 경우보다는 파트타임 의사를 고용하는 경우가 더 많은 것 같아요.
> B: 저희 안과 병원은 100% 예약 시스템으로 운영하고 있어요. 사전에 예약을 하지 않은 환자는 검사나 기본적인 진료를 바로 받아 볼 수가 없어요.
> C: 저희 병원은 기존에 1층에 있던 대기실을 변경하여 대기실 겸 커피숍으로 함께 운영함으로써 시설 낭비를 최소화하고 있어요.
> D: 저희 병원은 시력 교정 수술 환자를 추가로 유치하기 위해 친구, 가족 등의 환자가 함께 수술을 받을 경우 수술 비용을 할인해 주는 이벤트를 실시하고 있어요.
> E: 병원마다 다양한 경영 관리를 하고 있네요. 저희 병원은 직장인 환자들이 늘고 있는 추세에 따라 일주일에 2번은 저녁 9시까지 추가 야간 진료를 하고 있어요.

① A의 파트타임 의사의 고용은 일시적인 공급 증대 전략에 해당한다.
② B의 100% 예약 시스템은 환자 수요를 분산시키기 위한 수요 조정 전략의 성격이 있다.
③ C 병원의 경우 서비스 시설의 변경을 통한 비수기 공급 조정 전략의 성격이 있다.
④ D 병원의 경우 함께 수술 시 수술 비용을 할인해 주는 이벤트는 수요 증대 전략의 성격이 있다.
⑤ E 병원의 경우 추가 야간 진료는 수요 감소 전략의 성격이 있다.

SMAT 국가공인 서비스 경영자격 PART 5 통합형 6문항

[45~46] 다음은 서비스 수요와 공급 관리의 여러 사례들이다. 읽고 물음에 답하시오.

> 사례 1: A 패밀리 레스토랑은 고객이 매장에 입장해서 착석 시 주문을 받음과 동시에 웨이팅 푸드인 빵을 제공하고 있다. 또한 점심 시간 등 고객이 몰리는 시간대에 매장에서 식사가 아닌 도시락으로 포장 시에는 같은 음식의 가격이 더 저렴하다.
> 사례 2: B 샐러드 뷔페 식당의 가격은 평일 점심, 평일 저녁, 주말(공휴일) 가격으로 구분하여 평일 점심에는 17,000원, 평일 저녁은 23,000원, 주말 및 공휴일은 24,000원의 가격 체계를 유지하고 있다.
> 사례 3: C 패밀리 레스토랑은 평일 점심에는 수프, 메인 요리, 커피를 한 세트로 구성한 런치 세트 메뉴를 저렴하게 공급하고 있으며, 저녁 8시 30분 이후에 방문하는 고객에게는 에피타이저를 무료로 제공하고 있다. 이 패밀리 레스토랑은 국내 친환경 농가와 직거래를 통하여 식자재의 공급을 받고 있다.
> 사례 4: 과거에는 해외 여행 시 공항 면세점을 이용하기 위해 공항에 빨리 가는 사람이 많았으나, 요즘은 사전에 인터넷 면세점을 이용하는 사람들이 많아지고 있다. 인터넷 면세점은 대기 시간 없이 물건을 구매할 수 있고, 공항 면세점보다 추가적인 할인을 받는 경우도 있다.
> 사례 5: D 택배 회사는 기존의 기본 배송 서비스 외에 안전한 물류 배송을 위한 고객 안심 서비스, 빠른 서비스를 위한 당일 배송 서비스를 제공한다.

45. 서비스 대기 관리와 관련하여, 위의 사례에 대한 설명으로 옳지 않은 것은?

① 사례 1에서 웨이팅 푸드를 제공함으로써 고객은 실제 주문한 음식이 나오기까지 대기한 시간을 실제 시간보다 짧게 느낄 수 있다.
② 사례 1에서 고객들이 많아 도시락 포장을 이용한다면 저렴한 가격으로 이용할 수 있고, 대기 시간을 피할 수 있다.
③ 사례 4의 경우 인터넷 면세점을 대체 채널로 이용하면, 공항 면세점의 대기 문제를 감소시킬 수 있다.
④ 사례 4의 경우 인터넷 면세점 고객은 가격 할인의 인센티브를 받으며 대기 시간을 줄일 수 있고, 이로 인해 서비스 공급자는 서비스 용량 수준을 관리할 수 있다.
⑤ 사례 1, 4의 고객 대기는 고객 개인 선택의 문제이므로 서비스 공급자가 고객이 대기 시간을 어떻게 지각하는가에 대한 관심은 불필요하다.

46. 위 사례에서 서비스 기업의 전략에 대한 내용으로 옳지 않은 것은?
   ① 사례 2와 같이 차별적 가격 결정이 가능한 이유는 수요가 많이 집중되는 시점과 수요가 적은 시점이 어느 정도 구분되기 때문이다.
   ② 사례 3에서 식자재 직거래는 식자재의 안정성을 확보하고자 하는 공급 관리 방안이다.
   ③ 사례 3에서 저녁 8시 30분 이후 고객에게 에피타이저를 제공하는 것은 일반적인 저녁 식사 시간이 지난 후의 추가적인 공급을 창출하기 위한 방안이다.
   ④ 사례 4에서 가격에 민감한 고객은 추가적인 할인을 받기 위해서 가격에 덜 민감한 고객에 비하여 인터넷 면세점을 이용할 가능성이 높다.
   ⑤ 사례 5의 택배 회사는 서비스 상품의 다양화를 통한 수요 창출 전략을 사용하고 있다.

[47~48] 다음 대화를 읽고 물음에 답하시오.

> A 점 원: B 매니저님, 이번에 출시한 저희 ○○파스타가 큰 인기를 누리고 있어서 멀리서도 찾아오고 있는 실정이에요.
> B 매니저: 이번 신제품은 고객의 니즈를 찾아 그에 적합한 제품을 제공해서 성공한 것이에요.
> A 점 원: 네, 그런 것 같아요. ○○파스타의 인기가 치솟는 것은 좋은 일이지만, 고객들이 주로 점심 시간에 몰려서 문제예요. 고객들의 대기 시간이 점점 길어지고, 그에 따른 불만이 늘어나고 있거든요.
> B 매니저: 오늘 점심 중에 있었던 고객과의 소란도 그 문제 때문인가요?
> A 점 원: 네, 맞아요. 고객들이 주문한 파스타가 너무 늦게 나와서 일부 고객의 언성이 높아졌었어요.
> B 매니저: 이 문제를 시급하게 처리하지 않으면 안 되겠군요.

47. 주문한 제품이 늦게 나오고 있어 고객들의 불만이 늘어나는 상황에서 B 매니저가 선택할 수 있는 성수기 공급 증대 전략으로 적절하지 않은 것은?
   ① 직원 교차 훈련을 통해 생산성을 향상시킨다.
   ② 시설을 확충하여 시간당 공급 가능한 물량을 늘린다.
   ③ 바쁘지 않은 시간대에 방문한 고객에게 인센티브를 제공한다.
   ④ 점심 시간에 고객이 집중되므로 해당 시간에 활용할 파트타임직을 고용한다.
   ⑤ 직원의 노동 시간을 확충하여 업무 시작 전 가능한 업무를 사전에 진행해 둔다.

48. 마이스터는 실제 대기 시간뿐만 아니라 고객에게 지각된 대기 시간도 중요하다고 하였는데, 이에 대한 설명으로 적절하지 않은 것은?
   ① 구매 전 기다림을 구매 중 기다림보다 더 길게 느낀다.
   ② 다 함께 기다리는 것보다 혼자 기다릴 때 더 길게 느낀다.
   ③ 고객에게 원인을 설명해 주었을 때 기다림을 더 길게 느낀다.
   ④ 제공받는 서비스에 더 큰 가치를 느낄수록 사람들은 기다림을 짧게 느낀다.
   ⑤ 아무 일도 하지 않고 있을 때를 무엇인가 하고 있을 때보다 더 길게 느낀다.

[49~50] 다음을 읽고 물음에 답하시오.

> 미용사: 어떤 스타일로 해드릴까요?
> 손 님: 저번처럼 김태희 스타일로 해주세요.
> 미용사: 앞머리는 이 정도로 짧고, 옆과 뒤는 목이 드러나도록 일직선인 단발머리 스타일이요?
> 손 님: 앞머리는 그보다 약간 더 길게 해주세요.
> 미용사: 커트가 끝났습니다. 마음에 드세요?
> 손 님: 지난번 스타일과 많이 다른 것 같아요. 뭔가 어색해요.
> 미용사: 옆과 뒤를 조금 더 짧게 해드릴까요?

49. 손님이 지난번 스타일과 다르다고 인식하는 이유는 서비스의 어떤 특성 때문인가?
   ① 무형성   ② 이질성   ③ 비분리성
   ④ 소멸성   ⑤ 측정 곤란성

50. 손님이 앞머리를 약간 더 길게 해달라고 요구하고, 지난번 스타일과 다르다고 하여 커트 시간이 더 많이 소요되었다. 이처럼 고객 관여 때문에 일정 통제가 어려운 것은 서비스의 어떤 특성 때문인가?
   ① 무형성   ② 이질성   ③ 비분리성
   ④ 소멸성   ⑤ 측정 곤란성

모의고사 02회

SMAT(서비스경영자격) 모듈 C-서비스 운영 전략

시험시간	모듈	수험번호	성명
70분	C		

문제 유형				
PART 1 일반형	PART 2 O/X형	PART 3 연결형	PART 4 사례형	PART 5 통합형
24문항	5문항	5문항	10문항	6문항

https://eduwill.kr/vr0e

- QR 코드 또는 URL로 응시한 후 채점 및 유형별 성적분석 결과를 확인하세요.
- 모의고사 뒤의 OMR 카드로 실제 시험처럼 연습할 수 있습니다.
- P.46에서 정답 및 해설을 확인하세요.

합격 점수	70 점	나의 점수	점

SMAT 국가공인 서비스 경영자격 PART 1 일반형 24문항

1. 다음 중 서비스 패러독스(Service Paradox)가 발생하게 된 원인으로 가장 적절한 것은?
   ① 셀프 서비스 증가
   ② 고객의 기대 감소
   ③ 숙련된 서비스 제공자 일선 배치
   ④ 개인의 요구에 맞춘 서비스 개별화
   ⑤ 서비스 생산 및 제공 과정에서 인간 존중

2. 서비스 유형별 분류 매트릭스 작성에 필요한 것이 <u>아닌</u> 것은?
   ① 고객 접촉도에 따른 접점 관리
   ② 부가 서비스 영역의 증가 주목
   ③ 고객의 적극적인 참여에 대한 독려
   ④ 서비스 수요 관리의 중요성 인지와 정보 기술 활용
   ⑤ 일괄적인 서비스 향상을 위한 통합 시스템 구축

3. 서비스 전달 시스템을 효율적으로 설계하기 위해 고려해야 할 서비스 보증(Service Guarantee)에 대한 설명으로 옳은 것은?
   ① 최소한의 보증은 무보증과 유사하다.
   ② 보증을 요구한 고객이 만족하는지를 명확하게 확인한다.
   ③ 효율성을 위해 서비스 설계 단계에서의 참여자를 최소화한다.
   ④ 법률적 용어를 사용하여 최대한 상세하게 보증 조건을 제시한다.
   ⑤ 고객이 보증을 요구할 경우 충분한 시간을 가지고 다양한 상황을 검토한 후에 대응한다.

4. 다음 중 서비스 품질 격차(Gap) 모델에 대한 설명으로 가장 적절한 것은?
   ① 서비스 품질은 격차가 클수록 우수하다고 할 수 있다.
   ② 서비스 경험과 기대 사이에 발생 가능한 2가지 격차를 밝힌다.
   ③ 품질 명세 격차는 고객 기대 수준을 조정함으로써 해결할 수 있다.
   ④ 품질 명세 격차는 서비스 품질 명세가 고객 기대와 불일치할 때 발생한다.
   ⑤ 경영자 인지 격차는 서비스 경쟁에 대한 경영자의 올바른 이해를 통해 해결할 수 있다.

5. 개선할 서비스 프로세스의 선정 방법으로 옳지 않은 것은?
   ① 어떤 서비스가 고객에게 가장 중요한가?
   ② 어떤 프로세스가 고객의 눈에 가장 잘 띄는가?
   ③ 서비스를 생산하는 프로세스는 어떤 것인가?
   ④ 어떤 프로세스가 고객이 설정한 성과 기준에 가장 큰 영향을 미치는가?
   ⑤ 서비스 제공자가 설정한 성과 기준에 어떤 서비스가 가장 큰 영향을 미치는가?

6. 다음 중 서비스 수요의 예측이나 관리에 대한 설명으로 옳은 것은?
   ① 시간 경과에 대한 기준을 이용하여 서비스 수요를 파악하는 것이 좋다.
   ② 가급적 넓은 범위의 시장 규모를 단위로 활용하여 수요를 확인하는 것이 좋다.
   ③ 날씨와 환경 등은 제품 수요에 비해 서비스 수요에는 영향을 미치지 않는다.
   ④ 동일 시간을 기준으로 할 때 서비스 수요는 제품 수요에 비해 변화의 폭이 작다.
   ⑤ 고객의 나이에 따른 특성은 거의 모든 시장에서 서비스 수요 예측을 위한 중요 변수가 된다.

7. 서비스 대기 행렬 이론과 관련된 설명으로 옳지 않은 것은?
   ① 서비스를 처리하는 우선순위 규칙 중 FCFS의 장점은 단순성과 공정성에 있다.
   ② 고객 대기 비용(간접 비용)은 서비스를 받기 위해 대기하는 장소 등의 관리비도 포함된다.
   ③ 대기는 '고객이 도착하는 간격'과 '서비스에 걸리는 시간'이 불확실할 때에도 발생할 수 있다.
   ④ 대기 시스템에서 발생하는 총비용을 최소화하는 서비스 용량의 수준을 찾는 것이 대기 행렬 이론의 목적이다.
   ⑤ 대기 행렬 이론에서는 서비스 시스템이 한 고객을 처리하는 데 걸리는 서비스 시간은 푸아송 분포를 따른다고 가정한다.

8. 인적 자원 관리의 성격과 중요성에 대한 설명으로 옳지 않은 것은?
   ① 인적 자원은 능동적이고 자율적인 성격을 띠고 있다.
   ② 인적 자원 관리는 직원이 창출하는 노동 상품이 하나의 인격체라는 인식에서 출발한다.
   ③ 각 개인의 노동력은 이질적인 것이 아니며, 각 인적 자원은 그들이 담당할 수 있는 직무가 동일하다.
   ④ 조직의 구성원들은 목표를 달성하기 위하여 필수적이며, 구성원들을 어떻게 관리하는가에 따라 조직의 성패가 좌우된다.
   ⑤ 성공적인 인적 자원 관리를 위해서는 선발에서부터 평가와 보상에 이르는 전 과정을 통합적으로 계획하고 관리해야 한다.

9. 다음 중 직무 평가의 방법으로 적절한 것은?
   ① 요소비교법은 간단하고 신속하다.
   ② 서열법은 기업들이 가장 많이 이용하는 직무 평가 방법이다.
   ③ 분류법은 평가 요소를 기준 직무의 평가 요소와 결부시켜 비교하는 것이다.
   ④ 분류법은 사전에 만들어 놓은 등급에 직무를 판정하여 맞추어 넣는 방법이다.
   ⑤ 요소비교법은 직무 요소마다 점수화, 통계화하여 직무 가치를 평가하는 방법이다.

10. 다음 중 고객 만족 경영에 대한 설명으로 가장 적절한 것은?
    ① 기업이 제공하는 모든 활동에 대해 고객의 종합적 인식에 의한 판단 평가이다.
    ② 시장을 세분화하여 다양한 고객의 소리를 청취하고, 시장의 변화를 파악하는 노력이다.
    ③ 기업이 고객을 발굴·선정·획득·개발·유지하는 모든 비즈니스 프로세스를 말한다.
    ④ 직원 만족도/충성도, 생산성, 고객 만족도/충성도, 수익 창출 및 지속 성장의 관계를 정의하는 것이다.
    ⑤ 고객 만족도를 정량적으로 파악하고 객관적으로 판단하여 이를 제고하기 위한 경영 노력 그 자체를 말한다.

11. 다음 중 전략 수립 과정에 포함되는 내용에 대한 설명으로 옳지 않은 것은?
   ① 사업 전략이란 기업의 장기적 계획이며 어떻게 사명을 달성할 것인가를 지시하는 역할을 한다.
   ② 경쟁 우선순위를 설정한 후 외부 환경 평가와 기업의 강·약점 파악을 바탕으로 기업 전략을 수립한다.
   ③ 외부 환경 평가는 조직 외부 환경 분석을 통해 기회 및 위협 요인을 확인하고, 이들이 기업에 미치는 직·간접적인 영향을 분석한다.
   ④ 조직의 핵심 능력 발견은 내부 보유 자원 및 능력을 경쟁자와 대비하여 상대적 강·약점을 파악하고 특수 능력이 발휘될 여지를 결정한다.
   ⑤ 기업 사명이란 조직의 특유한 목표 집합이며 사업 영역, 목표 고객, 사업에 관한 기본 믿음으로서의 생존, 성장, 수익성에 대한 목표를 나타낸다.

12. 서비스 운영 전략과 관련된 설명으로 가장 적절한 것은?
   ① 원가 우위 전략, 차별화 전략, 집중화 전략 등 본원적 전략은 기업 수준의 전략에 해당한다.
   ② 기업 전략은 사업 전략의 목표 달성을 위한 하위 기능 활동을 조정하는 전략을 의미한다.
   ③ 기능 전략은 기업의 생산, 마케팅, 재무, 인적 자원 관리 등 기능적 부문에서 수행하는 전략이다.
   ④ 사업 전략이란 기업의 주력 사업이 경쟁하는 산업과 범위를 결정하며 신규 사업의 시장 진출에 대한 목표와 방향을 설정해 주는 전략이다.
   ⑤ 기업 전략은 기업 내 특정 사업에 대한 전략으로 표적 시장 내에서의 경쟁 방안, 목표 고객, 시장 활동 수준, 자원 확보와 배분 방법 등에 대한 전략을 결정한다.

13. 서비스 지향성에 관한 설명으로 옳지 않은 것은?
   ① 탁월한 서비스는 접점에서 전달되므로 서비스 지향성은 접점 위주로 포커스를 두어야 한다.
   ② 서비스 지향성은 시장 정보에 대한 전략적 반응으로 탁월한 서비스가 최우선이라는 믿음을 반영하는 성향이다.
   ③ 서비스 지향성은 상대적 개념으로 이를 평가할 때에도 경쟁자와의 상대적 우위가 중요한 지표일 수 있다.
   ④ 조직 가치는 서비스 지향성에 영향을 주는 주요 요인으로 고객 중심의 강조, 직원 만족, 혁신성 등의 조직 가치가 중요한 요인으로 작용할 수 있다.
   ⑤ 고객의 불만이 발생된 것은 서비스 제공에 대한 전사적인 실패로 인식하고 고객 불만의 해결도 전사적 관점에서 접근하여야 본질적 개선을 이룰 수 있다.

14. 기업의 생존을 위한 지속적 경쟁 우위의 전략적 선택으로 가장 바람직하지 않은 것은?
    ① 서비스 인프라의 구축
    ② 새롭고 독특한 가치의 창출
    ③ 대체가 어려운 서비스의 확보
    ④ 진입 장벽이 높은 서비스의 제공
    ⑤ 저가격 제품 또는 서비스의 지속적 출시

15. 면접의 유형에 대한 설명으로 옳지 않은 것은?
    ① 정형적 면접 – 구조적 면접 또는 지시적 면접 방식이다.
    ② 계획적 면접 – 심층 면접 또는 행동 면접 방식을 사용한다.
    ③ 패널 면접 – 1명의 면접자가 다수의 피면접자를 면접하는 방식이다.
    ④ 비지시적 면접 – 피면접자인 지원자에게 최대한 의사 표시의 자유를 주고 그 가운데서 지원자에 관한 정보를 얻는 방법이다.
    ⑤ 스트레스 면접 – 대인적인 압박감이 있는 특수한 직장 환경에서 직무를 수행할 수 있는 능력이 있는가의 여부를 평가하기 위해 행해지는 면접이다.

16. 직무 평가에 대한 설명으로 옳지 않은 것은?
    ① 노무비의 정확한 평가와 통제에 활용한다.
    ② 노동조합과의 단체교섭 기초 자료로 사용된다.
    ③ 동종의 직무는 모든 조직에서 같은 직무 평가 결과를 받게 된다.
    ④ 조직 내 공헌도를 일정한 기준에 의해 개별 직무별로 정하는 것이다.
    ⑤ 직무 분석의 결과로 작성된 직무 기술서와 직무 명세서를 기초로 한다.

17. 서비스를 공급하는 방식 중 자체 공급 방식을 확보하는 전략에 대한 설명으로 옳지 않은 것은?
    ① 수요 추구형 전략은 재고가 남거나 부족한 문제가 없다.
    ② 수요 추구형 전략은 상황에 따른 수요 예측치의 크기에 따라 공급량을 조정한다.
    ③ 공급 평준화 전략은 서비스 인력을 채용하고 해고하는 데 많은 비용이 든다.
    ④ 공급 평준화 전략은 일정 기간 수요를 측정하여 평균을 낸 후 그 수치만큼 공급 능력을 확보하는 전략이다.
    ⑤ 혼합 전략은 수요 추구형 전략과 공급 평준화 전략을 혼합하여 사용하는 전략으로 총비용이 최소가 되는 지점을 선택한다.

18. 주문 공급 모형 중 고정 주문 간격 모형에 대한 설명으로 옳지 <u>않은</u> 것은?

① 주기적 주문량이 매번 일정하다.
② 안전 재고의 수준이 높다.
③ 주문 기간과 시점이 정해져 있으므로 관리의 유연성이 낮다.
④ 주기적으로 재고 수준을 점검하기 때문에 통제 비용이 적게 소요된다.
⑤ 같은 공급자에게 반복 주문을 하므로 주문 비용이 절감된다.

19. 특정 기간의 수요 변화 모습을 분석하는 과정에서 나타나는 수요의 변화 모습에 대한 설명으로 옳지 <u>않은</u> 것은?

① 추세란 일정 기간 동안 어느 한 방향으로 일관된 변화 모습을 나타내는 수요의 모습이다.
② 계절 효과는 일반적으로 1년을 기준으로 반복되는 순환 변동으로 자연의 변화나 인간의 기본적 소비 속성으로 생기는 경우가 많다.
③ 설명 가능한 사소한 변동이나 설명 불가능한 변동을 설명할 수 있는 효과는 무작위 효과라고 한다.
④ 순환 주기 효과는 계절 효과처럼 반복되는 순환 변동을 의미하고, 1년 미만의 기간 동안 발현되는 변동이다.
⑤ 원인 규명이 어려우며 패턴의 원인을 발견하기가 어려워 효과 대비 많은 비용이 예상되는 경우에는 무작위 변동으로 설명하기도 한다.

20. 갭 모형에서 서비스 품질 명세서와 실제 서비스 전달 간의 차이가 발생할 때 이에 대한 해결 방안으로 적절하지 <u>않은</u> 것은?

① 시장 조사 방법의 개선
② 보상의 적절성과 공평성
③ 권한의 위임과 자원 배치
④ 적합한 역량을 지닌 직원 채용과 배치
⑤ 직원 기술의 적합성을 높이기 위한 교육

21. 서비스 패러독스가 발생하는 원인으로 거리가 <u>먼</u> 것은?

① 고객의 기대 수준이 점점 높아지고 있다.
② 서비스의 기계화(Self Service Technologies)가 일어나고 있다.
③ 경쟁적인 서비스 환경이 차별성을 잃고 있다.
④ 기술의 단순화로 고객이 서비스를 정확하게 인지하고 있다.
⑤ 서비스의 획일화, 즉 지나친 표준화로 서비스의 개별성이 상실되고 있다.

22. 다양한 서비스 유형에 대한 설명으로 옳지 않은 것은?
    ① 일반적인 택배 서비스의 경우 일정 수준의 표준화된 매뉴얼이 있으며, 고객과의 상호 작용 밀도가 높지 않은 편이다.
    ② 백화점에서 회원카드를 발급하고 회원들에게 할인 쿠폰 서비스 등을 제공하는 것은 고객의 충성도를 높이기 위한 방안이다.
    ③ 법률 서비스의 경우 서비스를 제공하는 직원은 고객과의 인간 관계를 유지하는 능력, 문제를 해결할 수 있는 전문적 능력 등이 중요하다.
    ④ 서비스에서 여러 가지 옵션을 고객이 개별적으로 선택할 수 있는 고객 참여도가 높은 서비스의 경우, 일반적으로 표준화된 서비스를 제공하기가 어렵다.
    ⑤ 인터넷 몰(Mall)을 통한 장보기는 기존 오프라인 마트에 비해 직원의 고객 응대가 더 중요하다.

23. 서비스의 기본적인 특징으로 옳지 않은 것은?
    ① 저장하거나 재판매할 수 없는 소멸성
    ② 느끼거나 맛보거나 만질 수 없는 무형성
    ③ 생산과 소비가 동시에 일어나는 비분리성
    ④ 순간순간 이루어지기 때문에 나타나는 이질성
    ⑤ 고객이 원하면 판매 이전으로 되돌릴 수 있는 영구성

24. 서비스 패키지에 대한 설명으로 옳은 것은?
    ① 서비스 패키지는 특정 환경에서 재화들의 결합으로 제공되는 상품의 묶음을 의미한다.
    ② 서비스 패키지는 지원 설비, 명시적 서비스, 묵시적 서비스, 정보, 보조용품 등으로 구성된다.
    ③ 부대 서비스를 이용하기 위해 촉진 서비스가 필요한 경우에는 핵심 서비스가 부대 서비스의 이용을 촉진시킬 수 있다.
    ④ 서비스 경영자들은 다양한 고객의 니즈를 충족시키기 위해 가능한 모든 요소를 서비스 패키지에 포함시키는 것이 중요하다.
    ⑤ 서비스 패키지는 서비스의 이질적 특성으로 인해 서비스 경영자가 서비스가 무엇인지 명확하게 설명하기 어려워 개발되었다.

SMAT PART 2 O/X형 5문항

[25~29] 다음 문항을 읽고 옳고(O), 그름(X)을 선택하시오.

25. 경제의 서비스화와 관련하여, 후크스(1968)는 GNP의 절반 이상이 서비스 부문에서 창출되는 경제를 '서비스 경제'라고 정의하였다. (① O ② X)

26. EOQ 모형에서 Q 값이 증가할 때 유지 비용은 늘어나고, 주문 비용은 줄어든다. 즉, 유지 비용과 주문 비용은 반비례 관계에 있다. (① O ② X)

27. 서비스 수요는 발생하는 순간 만족시키지 못하면 수요 자체가 사라지는 경우가 많다. (① O ② X)

28. 어느 기업에 500명의 종업원이 있다면, 그 기업 내 직위(Position)의 수는 500개이다. (① O ② X)

29. 고객 가치 창조를 위한 혁신은 크게 두 가지로 나누어 볼 수 있다. 하나는 가치 혁신(Value Innovation)이고, 다른 하나는 절차 혁신(Process Innovation)이다. (① O ② X)

PART 3 연결형 5문항

[30~34] 다음 설명이 의미하는 적합한 개념을 각각 선택하시오.

─ 보기 ─
① 예방 비용 　② 상호 작용적 　③ 전문 서비스
④ 신협력적 　⑤ 품질 개선

30. 노사 관계의 유형 중 노·사·정이 국가적 차원에서 노사 문제를 해결하고, 국민 경제의 입장에서 노사 관계를 인식하여, 국가 주요 정책에 대해 거시적이고 상호 이해적인 노조 태도를 취하는 노사 관계 유형　　　　　　　　　　　　　　　　　　　　　　　(　　　　　)

31. 서비스 품질에 대한 비용 중 내·외부 실패 비용 및 평가 비용 외에 사전적인 품질 정책 수립, 교육 등과 관련된 비용　　　　　　　　　　　　　　　　　　　　　(　　　　　)

32. 품질 계획, 품질 통제와 함께 서비스 품질의 삼박자(Trilogy) 중 하나로, 고객에게 보다 나은 서비스를 제공하기 위한 노력에 해당하는 일련의 활동　　　　　　　　　　(　　　　　)

33. 슈매너의 서비스 프로세스 매트릭스 중 노동 집중도와 상호 작용 및 고객화의 정도가 모두 높은 특성을 지닌 서비스 영역　　　　　　　　　　　　　　　　　　(　　　　　)

34. 필립 코틀러는 내·외부적 그리고 상호 간에 괴리가 없는 가치의 선순환을 통해 높은 브랜드 가치를 창출할 수 있다고 주장하였다. 여기서 서비스란 직원과 고객과의 (　　　) 마케팅을 의미하며, 이를 통해 고객 만족과 서비스 품질을 향상시킬 수 있다.　　　　(　　　　　)

SMAT 국가공인 서비스 경영자격 PART 4 사례형 10문항

35. 다음 커피 전문점 S사의 서비스 프로세스에 대한 내용으로 옳지 <u>않은</u> 것은?

> 커피 전문점의 대표적인 S사는 일정한 가격으로 한정된 종류의 커피를 판매한다. 구매를 원하는 고객은 카운터에서 정해진 메뉴 내에서 직접 주문, 계산한 후 주문한 음료가 나오면 이를 받아 자신이 원하는 자리에서 음료를 마시거나 테이크아웃하여 나간다. 이러한 서비스 프로세스를 적용하기 위하여 직원을 위한 매뉴얼 형태의 업무 수행 방법이 존재한다.

① S사의 서비스 프로세스는 매우 표준화된 프로세스를 제공하고 있다.
② S사와 같은 서비스 프로세스를 주로 적용하는 경우는 검증된 효율적인 방법이 존재할 가능성이 높다.
③ S사와 같은 경우 이질적인 태도와 능력을 지닌 직원들의 업무 수행을 균질화하기 위한 노력이 필요하다.
④ 고객의 요구가 다양하고 이질적인 경우에는 상당히 정형화된 프로세스만을 제공하여 바람직하지 못한 성과로 나타날 수 있다.
⑤ S사와 같이 모든 고객에게 동일한 서비스 프로세스를 제공하는 경우, 서비스 제공자에게 많은 판단력이 요구되므로 직원의 능력 수준이 높아야 한다.

36. 다음은 관광지에 있는 호텔의 예약과 관련된 정책 중 일부이다. 이에 대한 내용으로 옳지 <u>않은</u> 것은?

> P 호텔은 사전 객실 예약 접수를 받을 때 실제 호텔에서 판매 가능한 객실 수가 250실임에도 그 이상인 260실까지 예약을 받고 있다. 이는 그동안의 호텔 운영 경험상 갑작스러운 예약 취소, No-Show 발생 등을 감안하여 예약 가능한 최대 객실 수를 결정하였기 때문이다.

① 호텔 객실 제공 서비스는 재고 저장이 불가능한 상품이다.
② P 호텔의 정책은 수입 손실을 최소화하기 위한 노력이다.
③ P 호텔에 예약한 고객이 초과 예약으로 인해 서비스 제공을 받지 못하여 발생하는 비용은 재고 과잉 비용에 해당한다.
④ P 호텔에 예약한 고객이 예약 당일에 나타나지 않는 경우, 해당 일에 그 호텔 객실은 가치를 잃게 된다.
⑤ P 호텔의 정책은 실제 예약을 한 고객이 객실에 투숙할 수 없는 상황이 발생하여 고객에게 나쁜 이미지를 심어 줄 수 있다.

37. 다음 사례에서 A 회사가 신규 서비스 수요 예측을 위하여 적용한 기법은?

> A 회사는 신규로 고객들에게 제공할 IT 서비스와 관련한 수요를 예측하기 위해 다음과 같은 방법을 사용하였다. 먼저, 해당 IT 서비스와 관련된 교수, 마케팅 전문가 등 위원들을 선정하여 그들에게 설문 조사를 통하여 의견을 제시하도록 하였다. 이후 각자의 설문지에 나타난 개인 응답 내용을 전체적으로 수집, 요약하여 통계적으로 분석한 후 이를 다시 기존 위원들에게 반송하였다. 위원들은 자신의 의견과 평균치를 비교하여 수정하거나 자신의 의견을 고수한 채로 설문지를 다시 제출하였다. 이러한 절차를 몇 번 반복하여 어느 정도의 일치된 의견으로 수렴한 결과를 사용하였다.

① 지수 평활법
② 이동 평균법
③ 시장 조사법
④ 델파이 기법
⑤ 지명 집단 기법

38. 다음 S 회사에서 채용을 위하여 적용한 면접의 유형은 무엇인가?

> 미국에서 젊은 나이에 실력을 인정받아 은행 지점장에 올랐던 P 씨는 국내에서 활동하기 위해 국내 증권사인 S사에서 면접을 보았다. S사의 면접관은 P 씨에게 "미국에서는 잘 했을지 모르지만 한국 시장이 호락호락할 것 같으냐?", "왜 외국계 은행도 많은데 국내 증권사인 S사에 입사하려 하느냐?", "한국에 쉬려고 온 것은 아니냐?" 등 매우 곤혹스럽고 자존심을 건드리는 질문만 한 후 나중에 연락하겠다며 면접을 끝냈다.

① 패널 면접
② 심층 면접
③ 구조적 면접
④ 스트레스 면접
⑤ 비지시적 면접

39. A~C에 해당하는 전략적 상황 분석에 의한 SWOT 전략 수립 방법이 바르게 연결된 것은?

> A. 미국 최대 서적 체인점인 A사는 최근 디지털 컨텐츠 시장의 급신장으로 온라인 시장에 진출하려 한다. 그러나 온라인 시장에서의 낮은 인지도와 고객 DB의 열세로, 경쟁사인 D사가 독점하는 온라인 시장을 잠식하기에는 역부족이다.
> B. B 전자는 휴대폰 시장의 선도 기업이다. 최근 시장 수요가 감소되고 후발 주자의 거센 추격으로 위협을 받고 있다. 특히 중국 업체 중 W사, L사의 저가 가격 공세가 거세다. 그럼에도 불구하고 B 전자는 비전 달성을 위해 내년 매출 10% 성장을 목표로 하고 있다.
> C. C 오일은 국내 4대 정유회사 중 하나로, 지속되는 수요 부진과 원유 가격의 영향으로 매출 및 수익이 감소하고 있다. 최근 최대 주주인 E의 적극적인 투자 지원에 힘입어 저부가가치 제품 생산 구조에서 고부가가치 제품 생산 구조로 전환하고 ODC 투자를 확대할 예정이다.

	A	B	C
①	시장 침투 전략	시장 기회 선점 전략	제품 다각화 전략
②	시장 기회 선점 전략	시장 침투 전략	전략적 제휴 전략
③	제품 다각화 전략	시장 침투 전략	시장 기회 선점 전략
④	전략적 제휴 전략	시장 침투 전략	제품 다각화 전략
⑤	전략적 제휴 전략	시장 기회 선점 전략	제품 다각화 전략

40. 다음은 웨딩홀 예약에 대한 대화이다. 대화에 대한 내용 중 옳지 않은 것은?

> A: 이번에 제가 결혼 예정이라 웨딩홀 예약을 알아보면서 웨딩홀 비용이 성수기와 비수기에 따라 가격 차이가 많이 난다는 걸 알게 되었어요.
> B: 그러게요! 5월의 신부가 되고 싶었는데, 성수기인 5월의 경우는 웨딩홀 예약이 거의 6개월 전에 마감되어 있더라고요. 예약이 가능한 다른 웨딩홀을 겨우 한 군데 찾았는데, 고시된 가격에서 전혀 할인이 되지 않는다고 하더라고요.
> C: 그래서 저는 봄 대신 원하는 시간대를 고를 수 있고 정상 가격보다 30% 할인해 주는 7월 여름에 결혼하기로 하고 웨딩홀을 예약했어요.
> D: 요즘 금요일 저녁에 결혼식을 하면, 웨딩홀 측에서 사용료와 식대를 할인해 주고 여러 가지 서비스 품목을 많이 주니 이것도 한번 고려해 볼 만할 것 같아요.

① A의 말에 따르면 웨딩홀은 서비스 수요－공급의 불일치 조정 기법을 사용하고 있다.
② B가 말한 웨딩홀의 정책은 성수기 수요 감소 전략에 해당한다.
③ C가 말한 웨딩홀의 정책은 비수기 공급 조정 전략에 해당한다.
④ D가 말한 평일 저녁 결혼식에 대한 웨딩홀의 할인 정책은 수요 측 조정 기법이다.
⑤ 웨딩홀은 성수기에는 사전 예약 제도를 활용하여 고객 우선순위를 관리할 가능성이 높다.

41. 다음 의사협회 모임에서 의사들 간 대화에 대한 내용으로 옳지 않은 것은?

> A: 요즘은 병원도 경영 관리가 중요한 것 같아요. 그래서인지 일시적으로 환자가 증가하더라도 의사를 추가로 뽑는 경우보다는 파트타임 의사를 고용하는 경우가 더 많은 것 같아요.
> B: 저희 안과 병원은 100% 예약 시스템으로 운영하고 있어요. 사전에 예약을 하지 않은 환자는 검사나 기본적인 진료를 바로 받아 볼 수가 없어요.
> C: 저희 병원은 기존에 1층에 있던 대기실을 변경하여 대기실 겸 커피숍으로 함께 운영함으로써 시설 낭비를 최소화하고 있어요.
> D: 저희 병원은 시력 교정 수술 환자를 추가로 유치하기 위해 친구, 가족 등의 환자가 함께 수술을 받을 경우 수술 비용을 할인해 주는 이벤트를 실시하고 있어요.
> E: 병원마다 다양한 경영 관리를 하고 있네요. 저희 병원은 직장인 환자들이 늘고 있는 추세에 따라 일주일에 두 번 저녁 9시까지 추가 야간 진료를 하고 있어요.

① A의 파트 타임 의사의 고용은 일시적인 공급 증대 전략에 해당한다.
② B의 100% 예약 시스템은 환자 수요를 분산시키기 위한 수요 조정 전략의 성격이 있다.
③ C 병원의 경우 서비스 시설의 변경을 통한 비수기 공급 조정 전략의 성격이 있다.
④ D 병원의 경우 함께 수술 시 수술 비용을 할인해 주는 이벤트는 수요 증대 전략의 성격이 있다.
⑤ E 병원의 경우 추가 야간 진료는 수요 감소 전략의 성격이 있다.

42. 다음은 유럽 ○○항공사의 경쟁 우위 확보를 위한 서비스 마케팅 전략들을 설명하는 사례이다. 가장 관련이 적은 전략은?

> ○○항공사는 항공 시장에서의 경쟁 심화로 한때 큰 위기를 맞았다. 그 이후 ○○항공사는 당일 출장이 가능하도록 이른 새벽과 늦은 항공편을 증편하였고, 대형 항공사가 취항하지 않는 노선에 신규 취항하였다. 대형 항공사와의 경쟁 노선에서는 낮은 가격의 상품을 출시하는가 하면, □□회사를 인수하여 렌터카, 크루즈 여행, 영화관 등을 항공 상품과 연계하는 전략을 구사하면서 제2의 전성기를 맞고 있다.

① 차별화 전략
② 원가 우위 전략
③ 틈새 시장 전략
④ 다각화 전략
⑤ 집중화 전략

43. 다음 서비스의 기본적 특징 중 어떤 특성을 가장 많이 염두에 둔 대화인가?

> H 호텔 관리자: 예약이 전혀 없는 다음 한 주의 손실을 최소화할 수 있는 좋은 방안이 있으면 제안해 주시기 바랍니다.
> H 호텔 지배인: 빈 방으로 한 주를 그냥 보낼 바에는 차라리 유지 보수에 필요한 비용이 상쇄되는 선에서 저렴하게 단체 투숙객을 받는 건 어떻겠습니까?

① 무형성　　② 소멸성　　③ 일회성
④ 이질성　　⑤ 비분리성

44. 다음의 상황에 처한 서비스 종사자에게 가장 필요한 두 가지는?

> K 요리점은 '고객이 원하는 가장 최선을 제공하라.'라는 오랜 문화를 간직하고 있다. 연인 사이인 이용감 군과 나미인 양은 유명한 면 요리점 K를 찾았다. 가능하면 다양한 종류의 면 요리를 먹어보고 싶은 두 사람은 4가지 종류(4인분)의 면 요리를 각각 1인분의 절반씩만 내어 주고, 나머지는 포장해 줄 것을 요구하였다. 직원 B는 그와 같은 형태의 주문에 응할 수 없다고 주문 접수를 거절하였다. 다소 시간이 소요되지만 주문과 같이 음식을 내어 주는데 기술적으로 전혀 문제가 없음을 조리원 C는 알고 있었으나, 접수를 받는 직원은 B이기에 별다른 이의를 제기하지 않았다.

① 규정 준수, 표준화된 서비스
② 서비스의 균질화, 예외적 서비스 지양
③ 일사 분란한 관리 체계, 조리 업무의 효율성
④ 임파워먼트(Empowerment), 종사원 사기 관리
⑤ 고객 지향적 기업 문화의 체득, 고객 입장에서 생각하기

PART 5 통합형 6문항

[45~46] 다음을 읽고 물음에 답하시오.

> A 호텔의 지배인은 최근 가나다 여행사로부터 사업 제의를 받았다. 현재 가나다 여행사는 중남미 여행객들에게 상품을 판매하였는데, 뜻밖에 많은 고객이 몰려 계획했던 숙박업소를 포기하고 새로운 호텔을 모색하고 있는데 숙박 서비스를 제공해 줄 수 있는지를 묻는 제의였다. A 호텔은 여행 기간 동안 숙박을 제공할 수 있는 여실은 있는 상황이지만, 가나다 여행사는 숙박비를 일반 판매요금보다 더 낮은 가격에 제공해 주기를 원하고 있다. A 호텔에서는 정상가 고객에게는 18만 원의 숙박료를 받을 수 있는데, 가나다 여행사는 12만 원으로 숙박료를 낮추어 달라고 요청하였다. 현재 A 호텔이 속한 지역은 성수기도 비수기도 아닌 상황이고, 주변에 다른 호텔들이 많은 경쟁 지역이어서 고객이 투숙할 확률은 50% 정도이다. A 호텔은 가나다 여행객들을 받으면 만실로 모든 객실을 활용할 수 있다.

45. 위 사례에서 A 호텔 지배인이 해야 하는 의사 결정으로 적절하지 <u>않은</u> 것은?

① 객실로 인해 발생하는 기회비용과 부족 비용을 감안하여 결정해야 한다.
② 향후 가나다 여행사와의 협업 가능성을 두고 객실의 판매 여부를 결정해야 한다.
③ 소멸성, 동시성, 변동성, 무형성 등의 서비스의 특성을 감안하여 판단해야 한다.
④ 공실에 대한 기회비용은 항상 서비스 부족 비용보다 크다는 것을 감안하여 판단해야 한다.
⑤ 성수기와 비수기가 아닌 기간의 평균 이용 고객 수를 감안하여 기대 이익을 고려하여 판단해야 한다.

46. A 호텔 지배인이 알아야 하는 정보 중 하나는 객실을 활용하여 얻을 수 있는 이익률에 대한 상황이다. 이에 대한 설명으로 옳지 <u>않은</u> 것은?

① 성수기에는 상대적으로 정상가 단기 고객의 비율이 낮고, 비수기에는 장기 고객의 비율이 낮아진다.
② 이러한 의사결정은 과거 능력 이용률과 시장 정보를 활용하여 고객 관계와 수익 기회를 동시에 감안해야 한다.
③ 이익률을 관리하는 기본 방법은 가능한 높은 가격으로 판매하는 동시에 능력 이용률을 높이고자 하는 것이다.
④ 비싸게 판매하더라도 탑승권을 급히 구하려는 고객을 위해 몇 장 남기는 항공사 상황과 유사하다고 볼 수 있다.
⑤ 예약 시스템이 잘 되어 있는 산업에서는 가격에 민감한 고객들이 예약을 통해 가격 절감 효과와 안정성을 확보하려 한다.

[47~48] 다음 사례를 읽고 물음에 답하시오.

> F사는 그동안 서비스직을 채용할 때 외부 모집에 의존하였다. 하지만 외부 모집에 의해 입사한 사람들이 조직에 적응하지 못하는 경우가 많았다. 실제로 최근 3년간 외부 모집에 의한 신입사원의 1년 내 이직률이 18.2%에 달하였다. F사는 인사혁신 TF팀을 구성하여 외부 모집의 문제점을 파악하고 모집 방식을 개선하는 방안을 마련하고자 하였다. 인사혁신 TF팀은 외부 모집의 문제점과 함께 내부 모집의 장점을 담은 보고서를 작성하여 경영진에게 제출하였다.

47. 인사혁신 TF팀의 보고서에 포함할 수 있는 외부 모집의 문제점으로 가장 적절한 것은?

① 모집의 원천이 다양하지 않다.
② 고용평등법을 충족시키지 못할 위험이 있다.
③ 새로운 아이디어와 견해가 유입되지 않는다.
④ 조직 내부 정치로 인해 비효율적일 수 있다.
⑤ 선발 점수와 입사 후 성과 간의 불일치 가능성이 높다.

48. 인사혁신 TF팀이 대안으로 생각하고 있는 내부 모집의 장점으로 옳지 않은 것은?

① 장기 근속 유인을 제공한다.
② 충원 비용을 절감할 수 있다.
③ 훈련과 조직화 시간이 단축된다.
④ 성장기 기업에 적합한 대안이다.
⑤ 능력이 충분히 검증된 사람을 채용할 수 있다.

[49~50] 다음은 국제 회의 기조연설자로 초청한 국제통화기금(IMF) 총재의 방한 일정의 일부이다.

> 산업 전반에서 서비스의 비중이 커지고 중요성이 강조되면서, 전통적인 제조 중심의 기업들도 제품과 서비스를 묶어서 하나의 패키지로 제공하는 전략을 시도하고 있다. 애플은 아이팟 제품과 아이튠스 서비스의 융합을 통해 시장에서 성공을 거뒀고, 롤스로이스는 비행기 엔진뿐 아니라 정비 서비스를 제품에 연계해 엔진의 사용을 제공했다. 2000년대 들어서서 국내에서는 정수기 렌털 서비스가 크게 유행하고 있는데, 이는 제품이 아니라 그 제품이 제공하는 기능에 주목하는 서비스 전략의 승리라 하겠다. 인간의 삶을 풍요롭고 의미 있게 하기 위해 제공되는 인공물인 제품과 서비스의 경계도 흐려지고 있다. 전자책 시장에서는 제조 기업으로 알려진 소니와 아마존닷컴이 함께 경쟁하고 있다.

49. 위 글의 애플과 롤스로이스의 경우에 해당하는 제품-서비스 통합 전략은?
   ① 서비스 중심의 PSS
   ② 결과 중심의 PSS
   ③ 과정 중심의 PSS
   ④ 제품 중심의 PSS
   ⑤ 서비스의 제품화

50. 위 글의 정수기 렌털과 같은 '사용 중심의 PSS'의 예로 적절하지 않은 것은?
   ① 공기청정기 렌털 서비스
   ② 자동차를 사게 하는 대신 이동성을 제공
   ③ 세탁기를 구매하는 대신 세탁 기능을 구매
   ④ 전산 장비의 판매와 유지 보수를 묶어서 상품화
   ⑤ 전시장 운영사와 조명 회사 간 일정 조도 유지 조건의 전시장 조명 계약

모의고사

정답 및 해설

ANSWER & EXPLANATION

모의고사 01회

1	①	2	③	3	④	4	⑤	5	②	6	⑤	7	⑤	8	②	9	②	10	④
11	③	12	④	13	③	14	③	15	⑤	16	⑦	17	④	18	①	19	②	20	③
21	②	22	④	23	②	24	①	25	②	26	①	27	①	28	②	29	①	30	③
31	②	32	⑤	33	①	34	①	35	④	36	⑤	37	②	38	②	39	③	40	③
41	④	42	①	43	③	44	⑤	45	⑤	46	③	47	③	48	③	49	②	50	③

1 ①

| 해설 | ② 고객 접촉도가 높은 서비스업의 업무 효율성 제고를 위해 접촉이 꼭 필요한 부문은 접촉 강화 전략을, 그렇지 않은 부문은 접촉 감소 전략을 활용하는 것이 필요하다.
③ 상호 작용과 고객화가 높은 서비스업은 서비스 제공 인력의 전문성을 높이고, 수평적 상하 관계 관리가 필요하다.
④ 호텔 및 콘도와 같이 많은 자본 투자가 이루어지는 서비스업은 성수기 수요를 비수기로 전환하는 수요 관리가 중요하다.
⑤ 상호 작용과 고객화가 낮은 서비스업은 표준화된 운영 절차와 엄격한 상하 관계 관리가 필요하다.

필수개념

슈매너의 서비스 프로세스 매트릭스 유형별 전략
- 서비스 공장: 대규모의 시설 투자가 수반되는 업종으로 서비스 제공 능력이 고정되어 있다. 표준적인 운영 절차와 엄격한 매뉴얼 관리가 중요하고 성수기 수요를 비수기 수요로 일부 전환할 수 있는 마케팅 전략이 필요하다.
- 대량 서비스: 노동 집중도가 높기 때문에 종업원의 역량이 매우 중요하다. 따라서 종업원 선발에 노력을 기울여야 한다.
- 서비스 숍: 높은 고객화로 인하여 비용은 증가하고 품질 유지는 어려우며, 프로세스에 개입하는 고객이 생산성에 영향을 미치므로 접점의 표준화가 어렵다. 수평적이고 느슨한 상하 관계가 필요하다.
- 전문 서비스: 전문 서비스는 고객의 문제를 해결하는 과정이 매우 다양하므로 접점에서의 통제가 불가능하고 종업원들의 충성도를 높이기 위한 노력을 기울이는 것이 바람직하다.

2 ③

| 해설 | ① 서비스 산업과 제조업의 구분이 필요하며, 특히 최근 제조업의 산출물인 제품의 차별화를 위해 서비스가 활용되고 있다.
② 도시화가 진행됨에 따라 서비스 산업이 성장하였다.
④ 서비스의 경우 임대의 개념으로 보는 것이 적절하다.
⑤ 서비스는 무형재이므로 첫 구매에 기대 형성은 어렵다.

3 ④

| 해설 | ① 기대한 서비스와 경험(인지)한 서비스의 차이는 경험한 서비스 격차이다.
② 기대된 서비스와 고객 기대에 대한 경영진의 인식 차이는 경영자 인지 격차이다.
③ 서비스 전달과 경영진 인지의 품질 명세화의 차이는 서비스 전달 격차이다.
⑤ 경영자 인식의 품질 명세화와 고객 기대에 대한 경영진의 인식 차이는 경영자 품질 명세 격차이다.

4 ⑤

| 해설 | 자원이 고객과 함께 이동하므로 고객은 자원의 변화를 관찰할 수 있다.

필수개념

서비스 품질 측정의 어려움
- 서비스 품질은 고객 개개인이 느끼는 주관적 평가이다.
- 고객에게 전달되기 전에 서비스 품질 테스트가 어렵다.
- 고객으로부터 서비스 품질 관련 데이터를 수집하는 데 어려움이 있다.
- 고객은 프로세스의 일부이며 변화 가능성이 높다.
- 자원과 고객이 같이 움직이므로 고객이 자원의 변화를 파악하기 쉽다.

5 ②

| 해설 | 일관된 서비스 프로세스를 제공하는 경우 각각의 고객을 위해 서로 다른 서비스 제공 프로세스를 개발해야 하기 때문에 종류와 다양성이 증가한다.

6 ⑤

| 해설 | 서비스 수요는 월별, 주별, 요일, 시간대에 따라 일정하지 않고 변동성이 매우 크다. 서비스 수요가 일정 시점에 집중되거나 시간대별로 급격한 변동을 보일수록 수요 예측은 더욱 어려워진다. 또한 서비스 수요는 즉시 제공되지 못하면 수요 자체가 사라진다.

7 ⑤

| 해설 | 서비스 공급이 제한되어 일정 수준 이상으로 발생한 서비스 수요 중 공급량 이상의 수요에 대해서는 포기해야 하는 상황에서 수율 관리의 적합성이 높아진다.

> **필수개념**
> **수율 관리 적용 요건**
> • 세분화가 가능한 시장일 때
> • 수요의 변동성이 높을 때
> • 사전 판매가 가능할 때
> • 소멸되는 재고일 때
> • 가용 능력 변경 비용이 높고, 한계 판매 비용은 낮을 때

8 ②

| 해설 | 예측 타당성은 선발 시험에 합격한 지원자들의 시험 성적과 입사 후의 직무 성과를 비교하는 것으로 입사 후 성과가 높을 사람을 선발하였다면 선발의 예측 타당성이 높다고 할 수 있다.
①, ③ 인재 선발 방침과 관련이 있다.
④ 잘못된 선발의 예이다.
⑤ 선발 방식에 대한 내용이다.

9 ②

| 해설 | ①, ④는 내부 모집의 장점, ③, ⑤는 내부 모집의 단점에 대한 설명이다.

10 ④

| 해설 | 고객 만족 경영에서의 고객은 내부 고객을 포괄하는 개념으로 적극적인 관계 마케팅을 통해 전환 비용을 극대화하면 고객의 재구매를 활성화시킬 수 있다.

> **필수개념**
> **고객 만족 경영의 효과**
> • 고객 로열티(Customer Loyalty)를 향상시킬 수 있다.
> • 마케팅 비용은 감소시키고, 효과는 증진시킨다.
> • 불만 고객과의 적극적인 소통으로 제품 및 서비스의 약점을 보완할 수 있다.
> • 내부 직원들의 만족도 제고로 업무 생산성을 높일 수 있다.
> • 잠재 고객들에게 기업의 이미지를 긍정적으로 인식시킬 수 있다.
> • 지속적 경쟁 우위를 강화할 수 있다.

11 ③

| 해설 | 고객을 계속 유지하기 위해서는 고객의 요구에 유연하게 대응할 수 있도록 직원에게 높은 자율성을 부여해야 한다.

12 ④

| 해설 | 시간이 지날수록 기술은 복잡해지고 고객은 이러한 기술의 진보를 따라잡지 못하고 있는 실정이다.

> **필수개념**
> **서비스 패러독스의 발생 원인**
> • 기대 측면
>   – 고객 의식의 변화   – 서비스의 동질화
>   – 경제적 서비스 환경
> • 성과 측면
>   – 서비스의 기계화   – 서비스의 획일화
>   – 기술의 복잡화   – 일선 직원 확보의 악순환
>   – 서비스의 인간성 상실

13 ③

| 해설 | 서비스의 3대 기본 속성 중 신뢰 속성은 서비스를 경험한 후에도 평가하기 어렵다는 특성을 가지고 있다.

> **필수개념**
> **서비스의 3대 기본 속성**
> • 탐색 속성: 구매 이전 단계에서 평가되는 품질 속성
>   예 의류, 장신구, 가구, 주택, 자동차
> • 경험 속성: 구매 전까지는 평가할 수 없으며, 서비스를 직접 경험하고 사용함으로써 평가할 수 있는 품질 속성
>   예 외식, 휴가, 미용, 놀이동산, 여행
> • 신뢰 속성: 신뢰를 바탕으로 서비스를 이해하고 서비스 경험 후 일정 기간이 지나 평가되는 품질 속성
>   예 상담, 수술, 법률 서비스, 치과 치료, 금융 투자, 질병 진단, 컨설팅

14 ②

| 해설 | 내부 상호 작용의 경계는 후방 직원의 행동과 지원 시스템 간 경계를 의미한다.

15 ⑤

| 해설 | 매력적 품질은 고객의 기대를 초과하거나 고객이 미처 기대하지 못한 부분에 대한 품질로 충족 시 큰 만족을 주고, 불충족 시에도 불만족을 일으키지 않는다.

> **필수개념**
>
> **서비스 품질의 구성**
> - 매력적 품질 요소
>   - 고객의 기대를 훨씬 초과하는 품질 요소로, 주문 획득 인자(경쟁사를 따돌리고 고객 확보 가능)로 작용한다.
>   - 고객은 충족 시 감동하고 불충족해도 크게 불만족하지 않는다.
>   - 소비자의 기대가 높아짐에 따라 일원적 또는 당연적 요소로 전환될 수 있으며, 이를 진부화 현상이라고 한다.
> - 일원적 품질 요소: 고객의 요구사항으로, 충족 시 만족하고 불충족 시 불만을 일으킨다.
> - 당연적 품질 요소: 마땅히 있을 것으로 생각되는 기본적 품질 요소로, 고객은 충족 시 당연하게 생각하고 불충족 시 불만을 일으킨다.
> - 무관심 품질 요소: 충족되든 불충족되든 불만을 일으키지 않는 품질 요소이다.
> - 역 품질 요소: 충족 시 불만족을 일으키고 불충족 시 만족하는 품질 요소이다.

16 ②

| 해설 | GAP 2는 기업 경영진이 소비자의 기대를 잘 알고 있을 수는 있으나, 적합한 서비스 설계와 표준화 선택을 하지 못하여 발생한다.

17 ④

| 해설 | 고객은 서비스에 대한 기대를 하고, 이에 따라 자신이 받은 서비스에 대해 평가를 내리므로 높은 기대 수준은 소비자의 만족도를 떨어트릴 수 있다.

18 ①

| 해설 | 서비스 품질 명세서와 실제 서비스 전달 간의 차이가 발생하는 것은 GAP 3(서비스 전달 격차)에 대한 문제이다. 시장 조사 방법의 개선은 GAP 1(고객과 경영자의 인지 격차)의 해결 방안에 해당한다.

19 ②

| 해설 | 내부 프로세스를 수행하는 직원도 기능적 수행에만 집중하는 것이 아니라 서비스 프로세스 전체를 이해하고 절차적 흐름을 고려해 서비스를 수행해야 한다.

20 ③

| 해설 | 시계열 분석법은 정량적 예측 방법에 해당하고 ①, ②, ④, ⑤는 정성적 예측 방법에 해당한다.

21 ②

| 해설 | 현재 이용하려는 서비스 기업과 관련된 경험만을 과거 경험으로 보는 것은 극히 제한적인 관점이다. 고객들은 해당 기업뿐만 아니라 유관 기업들의 경험도 비교하여 기대를 형성한다.

> **필수개념**
>
> **서비스 기대 영향 요인 – 통제 유무에 따른 관리**
> - 통제 가능 요인: 명시적 서비스 약속, 묵시적 서비스 약속
> - 통제 불가능 요인: 지속적 서비스 증강 인자, 개인적 욕구, 지각된 서비스 대안, 지각된 고객의 서비스 역할, 구전 커뮤니케이션, 과거 사용 경험, 상황 요인, 예상 서비스, 일시적 서비스 증강 인자

22 ④

| 해설 | 순환 주기 효과의 경우 어느 정도의 기간 동안 발현되는지 지정되지 않는 경우가 많다.

23 ②

| 해설 | ① 미리 도착하는 고객들에게 먼저 서비스를 제공할 수 있는 시스템은 일찍 온 사람이 먼저 서비스를 제공받기 때문에 예약 시스템이 필요가 없어진다.
③ 고객에게 제공할 수 있는 평균 서비스 시간을 기준으로 예상 도착 간격을 정하고 서비스 제공자의 휴식 시간을 감안한 예약 간격을 설정한다.
④ 첫 번째 고객이 예약을 이행하지 않았을 경우 서비스 능력의 유휴 시간으로 이어지게 되므로 신중히 결정하여야 한다.
⑤ 전체 서비스 제공 가능 시간에서 휴식 시간과 비예약 고객을 위한 서비스 시간을 제외시켜 예약 간격으로 나누면 예약 일정을 결정할 수 있다.

24 ①

| 해설 | ② 전략 수립 과정에서는 전사적으로 각 부서가 협업을 통해 적극적으로 참여해야 한다.
③ 전략적으로 선택된 부분은 일부지만 노력과 자원이 집중되므로 영향력이나 파급 효과는 크다.
④ 조직 내·외부의 환경 요인을 파악하여 경쟁에서 우위를 차지하기 위한 장기적 목표를 설정한다.
⑤ 전략적 의사 결정은 보통 연속적으로 이루어지기 때문에 상호 보완적이고 일관된 패턴을 가져야 한다.

25 ② (X)

| 해설 | 서비스 숍은 상호 작용과 고객화의 정도가 높다.

> **필수개념**
> **슈매너의 서비스 프로세스 매트릭스**
> • 서비스 공장: 고객과의 상호 작용 ↓, 노동 집중도 ↓
>   예 항공업, 호텔(리조트), 화물 운반 트럭
> • 서비스 숍: 고객과의 상호 작용 ↑, 노동 집중도 ↓
>   예 병원, 수리센터, 소규모 식당
> • 대량 서비스: 고객과의 상호 작용 ↓, 노동 집중도 ↑
>   예 소매업, 일반 금융업, 학교, 대중 운송업
> • 전문 서비스: 고객과의 상호 작용 ↑, 노동 집중도 ↑
>   예 법률 서비스, 컨설팅, 상담, 개인 금융

26 ① (O)

> **필수개념**
> **서비스 수요-공급 일치를 위한 방법**
> • 수요 측 조정 기법
>   - 성수기 수요 감소 전략: 고객들과의 의사소통, 영업 시간과 장소의 조정, 고객 우선순위 관리, 성수기 가격 전략, 예약을 통한 수요 평활화
>   - 비수기 수요 진작 전략: 현재 시장의 수요 진작, 비수기 가격 전략, 비수기 인센티브 제공(할인 및 추가 제공), 서비스 시설의 용도 변경으로 인한 수요 촉진, 서비스 상품의 다변화
> • 공급 측 조정 기법
>   - 성수기 공급 증대 전략: 노동 시간의 증가(연장 근로), 임시 시설의 보충 공급, 파트타임 직원의 활용, 아웃소싱 활용, 직원 교차 훈련
>   - 비수기 공급 조정 전략: 서비스 시설 및 장비 보수, 서비스 시설 및 장비의 용도 변경, 직원 교육 및 훈련, 직원 휴가

27 ① (O)

| 해설 | 전통적 견해에서는 모든 갈등이 나쁘다고 가정하였으나, 인간 관계적 견해나 상호 작용적 견해에서는 갈등이 긍정적 요소도 있다고 본다.

28 ② (X)

| 해설 | 이직 관리는 이직률의 증가를 막기 위하여 이직을 관리하는 것을 말한다. 개인적인 경력 목표를 설정하고 이를 달성하기 위한 경력 계획을 수립하는 활동은 경력 개발 관리이다.

29 ① (O)

| 해설 | 4C는 Customer(고객), Cost(비용), Convenience (편익), Communication(소통)을 의미하며 제공자와 고객의 양방향 상호 작용 중심의 성격을 가지고 있다.

30 ③ (제품의 서비스화)

> **필수개념**
> **제품의 서비스화와 서비스의 제품화**
> • 제품의 서비스화: 제품 또는 제품의 기능을 서비스화하여 제품과 서비스가 결합된 상태
>   예 정수기의 렌털 방식, 자동차에 유비쿼터스 환경 구현
> • 서비스의 제품화: 서비스를 강화하기 위해 제품을 부가하거나 서비스를 자동화하여 서비스를 대량 생산하는 제조업화를 추구하는 형태
>   예 키오스크(무인 정보 단말기), 농촌 체험마을 관광 상품

31 ② (FCFS)

> **필수개념**
> **선착순 규칙(FCFS; First Come, First Service)**
> • 먼저 도착한 고객이 먼저 서비스를 받는 것이다.
> • 모든 고객이 동등하게 취급되기 때문에 서비스를 기다리는 고객에 대한 평등주의적 접근 방식이다.
> • 다음으로 서비스를 받을 고객 확인 시 대기줄에서의 위치 외의 정보는 사용되지 않으므로 정적인 방식으로 간주된다.
> • 서비스의 다양한 상황을 고려하지 않는다는 한계가 있다.

32 ⑤ (고객화)

33 ④ (표준화)

34 ① [전사적 품질 경영(TQM)]

| 해설 | 제품 품질의 개선을 위하여 생산 및 경영 시스템뿐 아니라 조직 구성원의 의식 수준과 업무 수행 역량을 높이는 데 초점을 둔다.

35 ④

| 해설 | ①, ③ 직원 1의 발언은 예방 비용과 관련 있다.
② 직원 2의 발언은 외부 실패 비용과 관련 있다.
⑤ 서비스 품질 관리가 우수한 기업은 서비스 실패 사전 방지를 위한 비용의 비중이 높다.

필수개념

품질 비용의 구성
- 예방 비용: 실패 혹은 평가 비용을 최소화하기 위한 작업 또는 활동과 관련된 비용
  - 예 외주 업체 관리 비용, 교육 훈련비, 마케팅 조사비
- 평가 비용: 서비스 품질의 상태가 허용 수준을 만족하는지 확인하는 데 필요한 비용
  - 예 입고 검사 비용, 공정 검사 비용, 시험 비용, 품질 인증 비용 등
- 내부 실패 비용: 서비스 품질의 문제가 고객에게 전달되기 전에 발견되어 수정하는 비용
  - 예 폐기물, 재작업, 고장 발견, 불량 분석, 가동 정지
- 외부 실패 비용: 고객에게 전달된 제품 또는 서비스의 오류나 문제를 회복 및 보상하는 데 필요한 비용
  - 예 보증 수수료, 제품 책임, 제품 회수, A/S 비용, 판매 기회 손실

36 ⑤

| 해설 | 서비스 표준화는 모든 고객에게 동일한 서비스 프로세스를 제공하는 경우로, 직원 개개인의 능력을 올리는 것보다 일정하고 균일한 서비스 상품을 대량으로 생산하고 제공할 수 있는 시스템이 구축되어야 한다.

37 ②

| 해설 | 신문 기사는 항공사의 정책 중 수율 관리에 관한 내용이다. 수요에 따라 좌석을 바로 늘릴 수 없는 특징은 사전 판매가 가능하고, 일정 수준 이상의 수요가 발생하면 공급량 이상의 수요는 포기해야 된다는 점에서 항공사 정책의 적합성을 높인다.

필수개념

수율 관리 적용 조건
- 세분화가 가능한 시장일 때
- 수요의 변동성이 높을 때
- 사전 판매가 가능할 때
- 소멸되는 재고일 때
- 가용 능력 변경 비용이 높고, 한계 판매 비용은 낮을 때

38 ②

| 해설 | 빙수 매장의 경우는 성수기 공급 증대 전략에 해당한다.

39 ③

| 해설 | 직원 1과 직원 2의 의견은 모두 내부 모집에 해당한다. 내부 모집은 신속한 충원이 가능하고, 충원 비용을 절감할 수 있다는 장점이 있다.

40 ③

| 해설 | 제시된 사례는 부하 평가(상향식 평가)에 대한 내용이며 ③은 상사에 의한 고과에 대한 설명이다.

필수개념

상사에 의한 고과의 장단점
- 장점
  - 평가의 실시가 용이하다.
  - 비교적 직계 상사가 부하를 잘 알게 된다.
  - 보상의 통제가 가능하다.
- 단점: 수식적인 상하 관계에서 상사 주관에 의해 객관성이 결여될 소지가 있다.

41 ④

| 해설 | A. 전략적 제휴 전략(OW 또는 WO 전략)
B. 시장 침투 전략(TS 또는 ST 전략)
C. 제품 다각화 전략(OS 또는 SO 전략)

필수개념

SWOT 분석 전략
- SO 전략(강점-기회 전략): 시장의 기회를 활용하기 위해 강점을 사용하는 전략
- ST 전략(강점-위협 전략): 시장의 위협을 회피하기 위해 강점을 사용하는 전략
- WO 전략(약점-기회 전략): 기업의 약점을 극복함으로써 시장의 기회를 활용하는 전략
- WT 전략(약점-위협 전략): 시장의 위협을 회피하고 약점을 최소화하는 전략

42 ①

필수개념

고객 가치 증진과 연장
- 고객 가치 증진: 기존 제품이나 서비스에 부가적인 혜택을 제공하여 고객이 지각하는 가치를 높일 수 있다.
- 고객 가치 연장: 고객 가치의 접점을 서비스 '이용 전, 이용 중, 이용 후'로 연장하고, 새로운 혜택의 추가적인 제공을 통해 고객 가치를 높이는 것이다.

43 ③

| 해설 | 직원 1의 방식은 수요 추구형 전략, 직원 2의 방식은 공급 평준화 전략에 가깝다.

> **필수개념**
>
> **자체 공급 모형**
> - 수요 추구형 전략: 해당 시점에서 수요 예측치의 크기에 따라 공급의 크기를 조정하는 전략이다.
> - 공급 평준화 전략: 일정 기간 동안 수요의 평균 크기에 대한 공급 능력을 확보하는 전략이다.
> - 혼합 전략: 혼합 전략은 수요 추구형 전략과 공급 평준화 전략을 적절히 혼합하여 사용하는 전략이다.

44 ⑤

| 해설 | E 병원의 추가 야간 진료는 의사들의 추가적인 노동 시간이라는 측면에서 공급 증대 전략의 성격이 있다.

45 ⑤

| 해설 | 고객의 지각된 대기 시간이 고객의 불만을 가져올 수 있으므로 대기 시간에 대한 지각에 관심을 두어야 한다.

> **필수개념**
>
> **혼잡성 감소 전략**
> - 생산 관리: 기업이 수행할 수 있는 시스템 또는 제도의 변화
>   - 예약제 도입
>   - 커뮤니케이션 활용
>   - 인센티브 제공
>   - 공정한 대기 시스템 구축
>   - 대체 채널 개발 및 차선책 제시
> - 고객 인식 관리: 고객의 생각 및 감정의 변화
>   - 서비스가 곧 시작될 것이라는 느낌
>   - 구체적인 예상 대기 시간 안내 및 고객 선택의 기회 제공
>   - 고객을 유형별로 대응
>   - 이용되지 않는 자원은 없애기

46 ③

| 해설 | 사례 3에서 저녁 8시 30분 이후 고객에게 에피타이저를 제공하는 것은 일반적인 저녁 식사 시간이 지난 이후의 추가적인 수요를 창출하기 위한 방안이다.

47 ③

| 해설 | 비수기 인센티브를 제공하는 전략은 성수기 수요 감소 전략에 해당한다.

48 ③

| 해설 | 고객은 원인이 설명되지 않았을 때의 기다림을 더 길게 느낀다.

> **필수개념**
>
> **대기열의 심리**
> - 아무 일도 하지 않고 있는 시간이 뭔가를 하고 있을 때보다 더 길게 느껴진다.
> - 프로세스 이전의 기다림이 프로세스 내의 기다림보다 더 길게 느껴진다. 기다리는 동안 받게 될 서비스와 관련된 서비스를 받는다면 고객은 곧 서비스가 시작될 것이라 믿는다.
> - 근심과 불확실함은 대기 시간을 더 길게 느끼게 한다. 기다림에 관한 정보를 제공함으로써 불안을 덜어주어야 한다.
> - 불공정한 대기 시간이 더 길게 느껴진다.
> - 서비스가 더 가치 있을수록 사람들은 더 오랫동안 기다릴 것이다.
> - 혼자 기다리는 대기 시간이 더 길게 느껴진다. 다른 구성원에 의한 주의 분산으로 혼자보다 집단으로 기다리는 것이 더 편안하게 느껴지기 때문이다.

49 ②

| 해설 | 서비스는 제공자의 기분, 몸 상태, 환경, 조건 등에 따라 품질이 달라질 수 있다. 따라서 서비스를 일정 수준 이상의 균일한 품질로 만들려는 노력과 고객마다 다른 이질적 욕구를 충족시켜 주기 위해 고객 개개인별로 개별화시키는 과제가 중요하다.

50 ③

| 해설 | 생산과 소비가 분리되지 않고 동시에 일어나는 비분리성은 고객이 서비스 공급에 참여하여 서비스 생산에 관여함으로써 서비스 제공자의 일정 관리가 어려워진다.

모의고사 02회

1	①	2	⑤	3	②	4	⑤	5	⑤	6	①	7	⑤	8	③	9	④	10	⑤
11	②	12	③	13	①	14	⑤	15	③	16	③	17	③	18	①	19	④	20	①
21	④	22	⑤	23	①	24	②	25	①	26	①	27	①	28	①	29	②	30	④
31	①	32	⑤	33	①	34	②	35	⑤	36	①	37	①	38	①	39	④	40	③
41	⑤	42	⑤	43	②	44	⑤	45	④	46	①	47	①	48	④	49	④	50	④

1 ①
| 해설 | 서비스 패러독스가 발생하게 된 원인으로는 서비스 표준화, 기술 기반의 비인간적 서비스 증가, 숙련되지 않은 일선 근무자의 서비스 제공, 셀프 서비스 증가, 일부 기업의 좋은 서비스로 인한 고객의 기대 증가, 약속한 양질의 서비스 미제공 등이 있다.

2 ⑤
| 해설 | 서비스는 틀에 맞추어 구사하는 정형화에서 벗어나야 진정한 모습을 보이게 된다. 이는 때와 장소에 따라 수많은 변형된 서비스가 필요한 이유이다.

3 ②
| 해설 | ① 최소한의 보증은 무보증보다 효율적이다.
③ 서비스 설계 단계에 고객과 직원 등 모든 이해 관계자를 포함시킨다.
④ 복잡한 법률적 언어는 피하는 것이 바람직하다.
⑤ 고객이 보증을 요구할 경우 즉각적으로 대응한다.

4 ⑤
| 해설 | ① 서비스 품질은 격차가 작을수록 우수하다고 할 수 있다.
② 서비스 품질 격차 모델은 서비스 경험과 기대 사이에 발생 가능한 5가지 격차를 밝히는 것이다.
③ 품질 명세 격차는 고객 기대를 정확하게 품질 명세화할 수 있는 계획 과정의 확립이 전제되어야 해결할 수 있다.
④ 품질 명세 격차는 서비스 품질 명세가 경영자가 생각하는 고객 기대의 인지와 불일치할 때 발생한다.

5 ⑤
| 해설 | 서비스 프로세스의 개선은 서비스 제공자의 입장이 아닌 고객의 입장에서 개선되어야 한다.

> **필수개념**
>
> **서비스 프로세스 재설계의 목적**
> - 고객 만족도를 제고한다.
> - 서비스 프로세스상의 오류 제거 및 부족한 부분을 보완한다.
> - 기업의 서비스 생산성을 향상시킨다.
> - 서비스 프로세스의 단순화로 서비스 전달 시간을 감소시킨다.
> - 서비스 프로세스상의 인력을 조정하여 서비스 결과 품질을 향상시킨다.
> - 서비스 생산자 중심에서 고객 중심의 서비스 프로세스를 구축한다.

6 ①
| 해설 | ② 서비스는 시간 단위에 따른 변화가 크게 발생하기 때문에 가급적 시간 경과의 세분화된 단위에 따라 수요를 예측하고 관리하는 것이 좋다.
③ 날씨와 환경 등은 제품 수요보다 서비스 수요에 많은 영향을 미친다.
④ 동일 시간을 기준으로 할 때 서비스 수요의 변화 폭이 제품 수요의 변화 폭보다 크다.
⑤ 고객의 나이에 따른 특성은 서비스 수요 예측에 큰 영향을 미치지 않는다.

7 ⑤
| 해설 | 대기 행렬 이론에서는 서비스 시스템이 한 고객을 처리하는 데 걸리는 서비스 시간은 지수 분포를 따른다고 가정한다.

> **필수개념**
>
> **대기 행렬 이론의 분포**
> - 푸아송 분포: 단위 시간 동안 어떤 이벤트가 일어나는 수, 즉 서비스 제공 횟수, 고객 도착 수 등을 표현한다.
> - 지수 분포: 특정한 이벤트가 일어나는 시간의 간격, 서비스 시스템이 한 고객을 처리하는 데 걸리는 시간, 고객이 도착하는 시간 간격 등을 표현한다.

8 ③

| 해설 | 각 개인의 노동력은 각 개인에게 체계화된 인적 자원에 따라 다른 특성(이질성)을 지닌다. 따라서 각 인적 자원은 그들이 담당할 수 있는 직무가 다르다.

9 ④

| 해설 | ① 서열법의 장점이다.
② 기업에서 가장 많이 이용하는 직무 평가 방법은 점수법이다.
③ 요소비교법에 대한 설명이다.
⑤ 점수법에 대한 설명이다.

10 ⑤

| 해설 | ① 고객 가치에 대한 설명이다.
② 고객의 요구사항 파악에 대한 설명이다.
③ 고객 관계 관리에 대한 설명이다.
④ 서비스 수익 체인에 대한 설명이다.

11 ②

| 해설 | 경영 전략을 수립할 때 외부 환경 평가와 기업의 강점과 약점을 바탕으로 기업 전략을 수립한 후 경쟁 우선순위를 설정한다.

12 ③

| 해설 | ① 원가 우위 전략, 차별화 전략, 집중화 전략 등 본원적 전략은 사업 수준의 전략에 해당한다.
② 기능 전략에 대한 설명이다.
④ 기업 전략에 대한 설명이다.
⑤ 사업 전략에 대한 설명이다.

13 ①

| 해설 | 탁월한 서비스는 전사적으로 기획되어 설계된 서비스를 접점에서 전달하는 것으로 접점에만 포커스를 두지 않는다.

14 ⑤

| 해설 | 경쟁적 우위를 위해 저가격 제품 또는 서비스를 지속적으로 제공하는 것은 여러 가지 불이익과 한계가 있다.

> **필수개념**
>
> **지속적 경쟁 우위를 위한 노력**
> - 고객화된 서비스 인프라 구축
> - 대체가 어려운 서비스 프로그램 확보
> - 새롭고 창의적인 서비스 가치의 창출
> - 진입 장벽이 높은 서비스의 제공

15 ③

| 해설 | 패널 면접은 다수의 면접자가 1명의 피면접자를 면접하는 방법이다. 이는 면접 후 피면접자에 대한 의견을 교환하여 광범위한 평가가 가능하다.

16 ③

| 해설 | 직무 평가는 조직 내에서의 상대적인 중요도를 평가하므로 동종의 직무라 해도 속한 조직에 따라 직무 평가 결과가 다를 수 있다.

17 ③

| 해설 | 수요 추구형 전략의 단점에 해당하는 설명이다.

18 ①

| 해설 | 고정 주문 간격 모형은 주문 간격이 고정되어 있고 주기적 주문량을 신축적으로 바꾸는 방법이다.

19 ④

| 해설 | 순환 주기 효과의 경우 어느 정도의 기간 동안 발현되는지를 지정하지 않는 경우가 많다.

20 ①

| 해설 | 서비스 품질 명세서와 실제 서비스 전달 간의 차이는 GAP 3(서비스 전달 격차)에 대한 문제이다. 시장 조사 방법의 개선은 GAP 1(고객과 경영자의 인지 격차)의 해결 방안에 해당한다.

21 ④

| 해설 | 시간이 지날수록 기술은 복잡해지고 고객은 이러한 기술의 진보를 따라잡지 못하고 있는 실정이다.

> **필수개념**
> **서비스 패러독스의 발생 원인**
> • 기대 측면
>   – 고객 의식의 변화   – 서비스의 동질화
>   – 경제적 서비스 환경
> • 성과 측면
>   – 서비스의 기계화   – 서비스의 획일화
>   – 기술의 복잡화   – 일선 직원 확보의 악순환
>   – 서비스의 인간성 상실

22 ⑤

| 해설 | 인터넷 몰보다는 오프라인 마트에서 직원의 고객 응대가 중요하다.

23 ⑤

| 해설 | 서비스는 소멸하기 때문에 판매 이전으로 돌려주거나 돌려받기 어렵다.

24 ②

| 해설 | ① 서비스 패키지는 특정 환경에서 재화와 정보를 함께 결합하여 제공되는 상품의 묶음을 의미한다.
③ 핵심 서비스를 이용하기 위해 부대 서비스가 필요한 경우 촉진 서비스가 핵심 서비스의 이용을 촉진시킬 수 있다.
④ 서비스 경영자들은 고객들이 갈망하는 서비스 패키지와 일치하는 종합적 경험을 제공하는 것이 중요하다.
⑤ 서비스 패키지는 서비스의 무형적 특성으로 인해 서비스 경영자가 서비스가 무엇인지 명확하게 설명하기 어려워 개발되었다.

25 ① (O)

> **필수개념**
> **서비스 경제**
> 제조업, 농업, 광업과 대조적인 서비스 부문에 의해 경제 활동이 지배되는 경제로, 전체 노동력의 50% 이상이 서비스 부문에 종사한다면 서비스 경제에 진입되었다고 본다.

26 ① (O)

| 해설 | 유지 비용과 주문 비용이 상충 관계에 있으므로 이 둘의 합계인 총비용은 하향 볼록형 곡선이 되어 총비용을 최소로 하는 주문량인 경제적 주문량이 존재한다.

27 ① (O)

| 해설 | 서비스 수요는 재고로 관리되지 못하므로 수요가 발생하는 즉시 만족시키지 못하면 수요가 다른 제공자로 이동하거나 요구를 소멸시켜 버리기 때문에 사라지는 경우가 많다.

28 ① (O)

| 해설 | 직위(Position)란 한 사람이 수행하는 일의 단위를 말한다. 따라서 한 기업의 종업원 수는 곧 직위의 수를 의미한다.

29 ② (X)

| 해설 | 고객 가치 창조를 위한 혁신에는 가치 혁신(Value Innovation)과 비용 혁신(Cost Innovation)이 있다.

30 ④ (신협력적)

> **필수개념**
> **신협력적 노사 관계**
> • 내용: 국가적 차원에서 노사 문제를 해결하며, 국민 경제적 관점에서 노사 문제를 인식한다.
> • 주체: 사용자, 노조, 정부
> • 노조 상태: 협력적, 거시적 관계
> • 산업 형태: 사회적 합의 관점

31 ① (예방 비용)

32 ⑤ (품질 개선)

33 ③ (전문 서비스)

34 ② (상호 작용적)

35 ⑤

| 해설 | 서비스 표준화는 모든 고객에게 동일한 서비스 프로세스를 제공하는 경우로, 직원 개개인의 능력을 올리는 것보다 일정하고 균일한 서비스 상품을 대량으로 생산하고 제공할 수 있는 시스템의 구축이 더 중요하다.

36 ③

| 해설 | P 호텔에 예약한 고객이 초과 예약으로 인해 서비스 제공을 받지 못하여 발생하는 비용은 재고 부족 비용에 해당한다.

> **필수개념**
>
> **재고 과잉 비용과 재고 부족 비용**
> - 재고 과잉 비용: 노쇼의 발생으로 판매되지 못하고 남은 서비스의 가용 능력 비용
> - 재고 부족 비용: 예약 고객이 모두 나타나 서비스를 받지 못한 고객으로 인해 발생되는 비용

37 ④

| 해설 | A 회사가 적용한 기법은 델파이 기법에 해당한다.

> **필수개념**
>
> **델파이 기법**
> - 지명 집단 기법보다 규모가 조금 더 크고 과정을 조금 더 조직화한다.
> - 기술적 발전의 예측에 적합한 기법이다.
> - 시간이 오래 걸리고 설문지 작성의 어려움으로 인해 장기 예측에 주로 사용한다.

38 ④

| 해설 | 제시된 사례에서의 면접 유형은 공격적인 질문으로 피면접자의 전문 지식과 식견, 감정의 안정성과 좌절에 대한 인내성을 관찰하는 스트레스 면접 방법으로 압박감이 많은 직무 적성을 평가할 때 적합하다.

39 ④

| 해설 | A. 전략적 제휴 전략(OW 또는 WO 전략)
B. 시장 침투 전략(TS 또는 ST 전략)
C. 제품 다각화 전략(OS 또는 SO 전략)

> **필수개념**
>
> **SWOT 분석 전략**
> - SO 전략(강점-기회 전략): 시장의 기회를 활용하기 위해 강점을 사용하는 전략
> - ST 전략(강점-위협 전략): 시장의 위협을 회피하기 위해 강점을 사용하는 전략
> - WO 전략(약점-기회 전략): 기업의 약점을 극복함으로써 시장의 기회를 활용하는 전략
> - WT 전략(약점-위협 전략): 시장의 위협을 회피하고 약점을 최소화하는 전략

40 ③

| 해설 | C가 말한 웨딩홀의 정책은 비수기 수요 진작 전략에 해당한다.

41 ⑤

| 해설 | E 병원의 추가 야간 진료는 의사들의 추가적인 노동 시간이라는 측면에서 공급 증대 전략의 성격이 있다.

42 ⑤

| 해설 | ① 차별화 전략: 기업이 경쟁사와 다른 기능의 제품과 서비스를 고객에게 제공함으로써 차별성을 확보하는 전략이다.
② 원가 우위 전략: 제품과 서비스의 생산에 필요한 투입 원가를 낮추고, 공정(Process)상에 소요되는 비용을 절감하여 상품에 대한 고객의 접근성을 높임으로써 부가가치를 창출하는 전략이다.
③ 틈새 시장 전략: 기존의 비즈니스 시장에서 공략하지 않았던 새로운 사업 분야에 진입하는 전략이다.
④ 다각화 전략: 기업의 기존 비즈니스를 유지하면서 동시에 시장 내 다른 사업에 추가적으로 진입하는 전략이다.
⑤ 집중화 전략: 전체 시장의 다양성을 모두 공략하기보다는 목표 시장을 세분화하여 시장, 고객, 제품, 서비스 등의 특정 기준 중 자사의 이익에 가장 크게 기여할 기준을 선정하여 한 곳을 집중적으로 공략하는 전략이다.

43 ②

| 해설 | 서비스의 소멸성은 서비스 상품이 저장되거나, 재판매되거나, 돌려받을 수 없는 속성을 말한다. 호텔 객실은 시간이 지나면 소멸되는 특성 때문에 시간이 경과하면 호텔이 줄 수 있는 서비스 편익도 사라진다.

44 ⑤

| 해설 | K 요리점은 '고객이 원하는 가장 최선을 제공하라.'라는 기업 문화를 간직하고 있으므로 직원들은 기업 문화를 체득하고, 고객의 입장을 생각하여 두 사람의 주문을 기쁜 마음으로 수용하여야 한다.

45 ④

| 해설 | 제시된 자료만으로 공실에 대한 기회비용과 서비스 부족 비용을 계산하기에는 어렵다. 일반적으로 주위에 경쟁 호텔이 많은 경우에는 서비스 부족 비용이 서비스 기회비용보다 큰 경우가 많다.

46 ①

| 해설 | 성수기에는 상대적으로 정상가 단기 고객의 비율이 장기 고객의 비율보다 높아진다.

47 ⑤

| 해설 | ① 외부 인력 시장(광고, 인턴사원제 등)을 통해 선발하므로 모집의 원천이 다양하다.
② 고용평등법을 충족시키지 못할 위험이 있는 것은 내부 모집이다.
③ 외부 모집을 통해 새로운 아이디어와 견해가 유입된다.
④ 조직 내부의 정치와 관료제로 인해 비효율적일 수 있는 것은 내부 모집이다.

> **필수개념**
>
> **외부 모집의 장단점**
> - 장점
>   - 새로운 아이디어와 견해가 유입된다.
>   - 연쇄 효과로 인한 혼란이 없다.
>   - 급성장기의 수요를 충족시킨다.
>   - 경력자의 채용 시 직무 훈련 비용이 절감된다.
>   - 기업의 급격한 전환기에는 외부 충원이 효과적일 수 있다.
> - 단점
>   - 충원 시 시간과 비용이 소요된다.
>   - 선발 점수와 입사 후 성과가 일치하지 않을 수 있다.
>   - 재직자의 사기가 저하될 위험이 있다.

48 ④

| 해설 | 성장기 기업의 경우 내부 직원 중 유자격자를 충분히 공급하지 못하기 때문에 일반적으로 외부 모집을 활용한다.

49 ④

| 해설 | 애플과 롤스로이스의 경우는 제품을 판매하거나 사용하는 것을 촉진시키기 위해 서비스를 부가적으로 추가하여 제공한 경우로 이는 제품 중심의 PSS에 해당한다.

> **필수개념**
>
> **제품 서비스 시스템의 유형**
> - 사용 중심의 PSS: 제품의 기능적 사용권을 제공하는 사업과 같이 제품의 소유권 이전이 아닌, 서비스 사용 권리를 판매하는 형태이다.
>   예 정수기나 공기청정기 렌털 서비스, 공유 하우스 및 사무실 임대 서비스
> - 제품 중심의 PSS: 제품을 판매하거나 사용하는 것을 독려하기 위해 부가적인 서비스를 추가하여 제공하는 형태이다.
>   예 A/S, 제품 사용자에 대한 멤버십 혜택
> - 결과 중심의 PSS: 사용 중심의 PSS를 발전시킨 형태로, 제품은 사용하지 않은 채 그 제품으로부터 나오는 결과물만을 이용하는 형태이다. 고객에게 결과와 경험인 서비스 결과물을 최종적으로 전달한다.
>   예 3D 프린터를 사용한 고객 맞춤형 주문 제작 서비스

50 ④

| 해설 | ④는 전산 장비 판매를 촉진하기 위하여 서비스를 부가적으로 제공하는 형태인 '제품 중심의 PSS'의 예에 해당한다.

에듀윌 SMAT(서비스경영자격) 시험 – 답안지

수험자 유의사항

- 수험자는 문제지를 받는 즉시 과목, 페이지 번호, 매수 등 이상 여부를 반드시 확인해야 하며 1페라도 분리하거나 훼손하여서는 안 됩니다(1인 1부 지급).
- 문제지는 시험 종료 후 답안지(OMR 카드)와 함께 제출해야 하며, 미제출 시 부정처리 됩니다.
- 정확한 평가를 위해 제공된 시간 내에 답안을 작성하여 제출해야 합니다.
- 시험 시작 후에는 화장실 출입이 불가하며, 시험시간 중에는 퇴실할 수 없습니다.
- 시험시간 중 수험자가 휴대전화, 디지털 카메라, MP3 등 전자기기를 소지한 경우, 해당 시험은 무효로 하오니 절대 휴대하지 않도록 합니다.
- 부정 응시 및 문제 유출에 해당하는 행위, 즉, 답안 내역을 보조기억장치 및 기타 통신수단(개시판, 이메일, 메신저, 네트워크 등)을 이용하여 타인에게 전달 또는 외부로 유출하는 경우는 저작권법 제32조에 의거, 부정행위로 간주되어 본 시험 및 국가공인 자격시험을 2년간 응시할 수 없습니다.
- 시험 문제 및 답안 유출 시 해당자의 시험 무효화 및 민/형사상의 책임을 물을 수 있습니다.

답안지 작성 요령

- 답안지는 반드시 검정색 사인펜으로 기재하고 마킹하여야 합니다.
- 답안지를 잘못 작성할 시에는 카드를 교체하거나 수정테이프를 사용하여 수정할 수 있으나 불완전한 수정처리로 인해 발생하는 전산자동판독 불가 등 불이익은 수험자에게 있으니 주의하시기 바랍니다.
- 해당 모둠에 마킹합니다.
- 성명란은 수험자 본인의 성명을 정자체로 기재합니다.
- 수험번호는 해당 번호의 숫자로 기재하고 해당 번호에 마킹합니다.
- 답안은 해당 번호에 정확하게 마킹합니다.
- 올바른 마킹: ●
- 잘못된 마킹: ◐, ◑, ⊗, ◯

※ 해당 OMR 카드는 에듀윌에서 제작하여 실제와 다를 수 있습니다.

에듀윌 SMAT(서비스경영자격) 시험 – 답안지

수험자 유의사항

- 수험자는 문제지를 받는 즉시 과목, 페이지 문항, 매수 등 이상 여부를 반드시 확인해야 하며 1매라도 분리하거나 훼손해서는 안 됩니다(1인 1부 지급).
- 문제지는 시험이 끝난 후 답안지(OMR 카드)와 함께 제출해야 하며, 미제출 시 부정처리 됩니다.
- 정확한 평가를 위해 제한된 시간 내에 답안을 작성하여 제출해야 합니다.
- 시험 시작 후에는 화장실 출입이 불가능하며, 시험시간 중에는 퇴실할 수 없습니다.
- 시험시간 중 수험자가 휴대전화, 디지털 카메라, MP3 등 전자기기를 소지한 경우, 해당 시험은 무효로 하오니 절대 휴대하지 않도록 합니다.
- 부정 응시 및 문제 유출에 해당하는 행위 즉, 답안 내역을 보조기억장치 및 기타 통신수단(게시판, 이메일, 메신저, 네트워크 등)을 이용하여 타인에게 전달 또는 외부로 반출하는 경우는 저작권법 제32조에 의거, 부정행위로 간주되어 본 시험 무효화 및 국가공인 자격시험을 2년간 응시할 수 없습니다.
- 시험 문제 및 답안 유출 시 해당자에게 시험 무효화 및 민/형사상의 책임을 물을 수 있습니다.

답안지 작성 요령

- 답안지는 반드시 검정색 사인펜으로 기재하고 마킹해야 합니다.
- 답안지를 잘못 작성했을 시에는 카드를 교체하거나 수정테이프를 사용하여 수정할 수 있으나 불완전한 수정처리로 인해 발생하는 전산자동판독 불가 등을 불이익은 수험자에게 있으니 주의하시기 바랍니다.
- 해당 모형명을 마킹합니다.
- 성명란은 수험자 본인의 성명을 정자체로 기재합니다.
- 수험번호란은 숫자로 기재하고 해당 번호에 마킹합니다.
- 답안은 해당 번호에 정확하게 마킹합니다.
  - 올바른 마킹: ●
  - 잘못된 마킹: ◐, ⊗, ◯

※ 해당 OMR 카드는 에듀윌에서 제작하여 실제와 다를 수 있습니다.

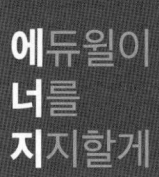

인생은 흘러가고 사라지는 것이 아니다.
성실로써 이루고 쌓아가는 것이다.

– 존 러스킨(John Ruskin)

시험장
필수
아이템

시험에 나올 이론을 한 손에!

빈출족보

Service

Management

Ability

Test

특별제공

빈출키워드 채우기

SUBJECT 01 서비스 산업 개론

01 서비스의 기본적인 특징과 대응 전략	• 무형성
	  – 서비스를 경험할 수 있는 실체의 단서를 제공한다.
	    예 성형외과 시뮬레이션
	  – 기업 이미지를 관리하고 구전을 적극 활용한다.
	• 이질성(변동성)
	  – 서비스 표준을 설계 및 수행한다.
	  – 서비스직에 적합한 직원을 선발한다.
	  – 표준화 또는 개별화 전략을 시행한다.
	  – 고객들이 인지할 수 있는 사전 교육을 한다.
	• 비분리성
	  – 고객 욕구를 세심하게 파악하여 관리해야 하고, 직원 선발 및 교육이 중요하다.
	  – 고객 관리, 단계별 정보를 제공한다.
	  – 다양한 서비스망을 구축한다.
	  – 복수 점포 입지 전략을 사용한다.
	• 소멸성
	  – 수요와 공급을 예측하여 서비스를 계획한다.
	    예 예약 시스템 등
	  – 수요 변동에 대비한다.
	    예 수요 감퇴기에 가격 인하, 촉진 활동 강화 등
	  – 직원의 다양한 업무 능력을 제고시킨다.

02 서비스 세일즈의 특징(서비스 직원의 역할)	• 탐색 속성: 구매 이전 단계에서 평가되는 품질 속성
	  예 의류, 장신구, 가구, 주택, 자동차 등
	• 경험 속성: 구매 전까지 평가할 수 없으며, 서비스를 직접 경험·사용 한 후 평가할 수 있는 품질 속성
	  예 외식, 휴가, 미용, 놀이동산, 여행 등
	• 신뢰 속성: 신뢰를 바탕으로 서비스를 이해하고 서비스를 경험한 후 일정 기간이 지나 평가되는 품질 속성
	  예 상담, 수술, 법률 서비스, 치과 치료, 금융 투자, 질병 진단, 컨설팅 등

03 서비스 패키지의 의의	• 서비스의 무형적인 특성 때문에 서비스 전문가도 서비스가 무엇인지 명확하게 말하기 어렵다. 이는 종합적인 서비스 경험을 만들어 내는 프로세스 내의 고객 참여가 서비스의 결과를 좌우하기 때문이기도 하다.

	- 예약제 레스토랑에서는 음식의 맛 이상으로 분위기가 중요하고, 은행에 대한 고객의 평가는 창구 직원의 친절성과 대기 정도에 따라 형성되기도 한다. 따라서 서비스 제공 주체는 고객이 갈망하는 부분과 일치하는 종합적인 경험을 제공하는 것이 중요하다. - 서비스 패키지란 특정 환경에서 서비스가 재화 및 정보와 함께 결합되어 제공되는 상품의 묶음이다. - 서비스 패키지는 크게 핵심 서비스와 부가 서비스로 나뉘는데, 핵심 서비스는 고객들이 기본적으로 기대하는 서비스이며, 부가 서비스는 핵심 서비스를 지원하는 성격의 서비스이다.
04 서비스 혁명	서비스 경제에서 새로운 서비스가 탄생되어 파급되는 속도와 범위가 산업 혁명보다 더 빠르게 진행되어 경제가 급진적으로 변화하는 현상을 말한다. 이는 물질적 풍요의 시대를 열었던 산업 혁명과 비교하여 볼 때 서로 비슷한 현상이다.

05
서비스 패러독스
	- 의미: 서비스 경제의 발달, 경제적 풍요, 기술의 발달로 양적·질적으로 더 높은 수준의 서비스를 대량으로 공급받음에도 불구하고 소비자들이 체감하는 서비스 품질은 하락하는 현상을 의미한다.
	- 발생 원인
	  - 기대 측면: 고객 의식의 변화, 서비스의 동질화, 경제적 서비스 환경
	  - 성과 측면: 서비스의 기계화, 서비스의 획일화, 기술의 복잡화, 일선 직원 확보의 악순환, 서비스의 인간성 상실
	- 극복 방안
	  - 고객의 기대 수준 파악
	  - 과대 포장 주의
	  - 고객 측면의 SSTs 도입
	  - 고객 교육
	  - 사회적 기능

06
호로비츠의
서비스 분류
	- 일반화된 서비스: 접점의 빈도와 지속 시간 ↓, 상호 작용의 밀도 ↓
	  - 피상적이고 기능적인 상호 작용이 필요하다.
	  - 고객에 대한 깊은 사전 지식은 불필요하다.
	  - 표준화된 매뉴얼로 서비스가 간단하여 비숙련 직원도 응대가 가능하다.
	  - 접점 분위기가 유쾌하고 즐겁다.
	    예 패스트푸드점, 택배 서비스
	- 개인화된 서비스: 접점의 빈도와 지속 시간 ↓, 상호 작용의 밀도 ↑
	  - 고객은 자신의 문제가 개별적인 차원으로 취급되기를 원한다.
	  - 고객의 문제를 해결해 줄 수 있는 높은 집중력과 전문성이 요구된다.
	  - 서비스 제공자의 경청 능력과 반응이 중요하다.
	    예 유지, 보수, 문제 상담, 세일즈

- 안정적인 서비스: 접점의 빈도와 지속 시간 ↑, 상호 작용의 밀도 ↓
  - 장소와 시간에 관계없이 직원의 일관된 태도가 중요하다.
  - 모든 직원이 고객의 요구 사항에 따라 응답할 수 있는 능력이 필요하다.
  - 거래에 대한 조언은 제공 정보가 동일하다.
    예 호텔, 레스토랑, 항공
- 사려 깊은 서비스: 접점의 빈도와 지속 시간 ↑, 상호 작용의 밀도 ↑
  - 고객과의 인간관계 유지 능력, 문제 해결을 위한 전문 능력, 고객과의 관계를 발전시킬 수 있는 대화 능력이 필요하다.
  - 고객의 상황 배려를 통해 비즈니스 관계를 확대할 수 있는 전문가, 숙련자가 접점에 필요하다.
    예 법률 서비스, 컨설팅, 전문 교육

07 서비스업의 특징 (제조업과의 비교)

- 진입 장벽이 낮다.
- 규모의 경제를 실현하기 어렵다.
- 수요의 변동이 심하다.
- 고객 충성도의 확보가 핵심이다.
- 내부 고객의 만족이 중요하다.

08 제품의 서비스화와 서비스의 제품화

- 제품의 서비스화: 제품 또는 제품의 기능을 서비스화하여 제품과 서비스가 결합되는 형태이다.
  예 정수기의 렌털 방식, 자동차의 유비쿼터스 환경 구현
- 서비스의 제품화: 서비스를 강화하기 위해 제품을 부가하거나 서비스를 자동화하여 서비스를 대량 생산하는 제조업화를 추구하는 형태이다.
  예 키오스크(무인 정보 단말기), 농촌 체험 마을 관광 상품, 공유 이동 수단

09 융합 상품의 결합 방식

- 제품+제품 융합: 여러 제품을 하나의 제품으로 융합한 형태이다.
- 서비스+서비스 융합: 서비스와 서비스가 융합하여 새로운 서비스를 만드는 형태이다.
- 제품+서비스 융합
  - 제품 중심인 경우: 아이팟+아이튠즈 음원 서비스, 자동차 판매+할부 금융 제공 등
  - 서비스 중심인 경우: 라이브 공연 또는 강연 내용을 CD로 제작, 상담 또는 컨설팅 결과를 사례집으로 출판 등

서비스 프로세스 개발 및 품질 관리

01 서비스 프로세스의 의미	• 서비스 제공자가 보유한 물적·인적 자원을 투입(Input)하여 제품과 서비스라는 결과물(Output)을 만들어 내는 일련의 과정이자 행위의 집합이다. • 서비스가 제공되는 원리이자 실행 매커니즘으로 서비스 활동의 흐름을 나타내는 서비스 운영 시스템을 말한다. • 서비스 제공자가 소비자의 문제를 해결하여 고객의 경험을 디자인하고, 고객에게 새로운 가치를 만들어 줌으로써 고객 만족으로 이어지는 가치의 흐름을 의미한다. • 서비스 프로세스가 서비스 상품 그 자체가 되기도 하지만, 경우에 따라 서비스 전달 과정으로써의 서비스 채널(Channel)의 의미도 지닌다.

02 슈매너의 서비스 프로세스 매트릭스	• 서비스 공장: 고객과의 상호 작용과 고객화 정도 ↓, 노동 집중도 ↓
	  – 항공업
	  – 호텔(리조트)
	  – 화물 운반 트럭
	• 대량 서비스: 고객과의 상호 작용과 고객화 정도 ↓, 노동 집중도 ↑
	  – 소매업
	  – 일반 금융업
	  – 학교
	  – 대중 운송업
	• 서비스 숍: 고객과의 상호 작용과 고객화 정도 ↑, 노동 집중도 ↓
	  – 병원
	  – 수리 센터
	  – 소규모 식당
	• 전문 서비스: 고객과의 상호 작용과 고객화 정도 ↑, 노동 집중도 ↑
	  – 법률 서비스
	  – 컨설팅
	  – 상담
	  – 개인 금융

03 서비스 디자인 과정	정보 수집 → 아이디어 도출 → 공유 및 피드백 → 프로토타이핑 → 아이디어 통합

04 서비스 청사진의 의미	• 린 쇼스택(G. L. Shostack)이 1984년 「하버드 비즈니스 리뷰」지에 처음으로 제안한 서비스의 흐름을 나타내는 프로세스 도식이다. • 서비스의 전 과정에서 서비스 제공자와 이용자의 경험 사이에서 발생한 일련의 행위들을 시각적으로 표현한 것이다. • 서비스 이용자와 관련된 접점 및 비접점의 제공자(개인 또는 조직)가 행하는 다양한 활동들을 시간적 흐름과 공간적 개념에 따라 보여 준다. • 서비스 프로세스의 전 과정을 단계별로 전방과 후방, 지원 프로세스로 구분하고 가시선을 통해 눈에 보이는 업무와 눈에 보이지 않는 업무로 나누어 보여 준다. 이를 통해 서비스의 전체적인 흐름을 한눈에 파악하기 쉽다. • 서비스 기업에는 서비스 청사진에 고객과 직원 간의 역할 및 서비스 요소 등을 나타내어 시각적으로 서비스 작용을 확인할 수 있게 한다. • 전사적 차원에서 접점에 있지 않은 직원일지라도 본인의 업무가 어떻게 고객에게 전달되고 어떤 영향을 미치는지를 파악하는 데 매우 효과적인 자료로 활용된다.
05 서비스 프로세스 개선의 필요성	• 기존 서비스 프로세스의 효율성이 떨어진다. • 트렌드 변화에 따른 고객의 기대를 새롭게 반영해야 한다. • 사회·문화·경제적 환경 변화로 고객의 니즈가 달라졌다. • 기술 환경의 변화로 더욱 진화한 서비스 프로세스가 필요하다. • 새로운 기능적 요소가 추가되었다. • 서비스 조직의 구조적 재편성으로 인해 새로운 서비스 프로그램으로 전환되어야 한다.
06 피시본 다이어그램	• 발생한 문제를 생선의 큰 뼈대로 보고 문제의 많은 원인들이 작은 가시처럼 붙어 있는 형태이다. • 문제가 복잡하거나 많은 데이터가 필요할 때 특정 문제에 대해 가능한 한 많은 원인을 찾는 데 효과적이며, 문제 해결에 집중하여 불필요한 의사 결정을 줄여 준다는 장점이 있다.
07 서비스 가치 공동 창출의 의미	• 고객을 경영에 참여시켜 서비스 상품의 포괄적인 영역에 의견을 반영하는 것이다. • 기업 중심이 아닌 기업과 고객, 협력자 등 모든 이해 당사자가 함께 새로운 가치를 창출하는 주체이다. • 외부 고객에게 새로운 경험을 선사하기 위해서는 먼저 내부 고객에게 더 나은 경험을 제공해야 한다는 인식에서 시작한다.
08 서비스 가치 공동 창출의 등장 배경	• 기업 주도의 서비스 생산 방식은 기업과 고객의 가치(Value) 차이를 넓혔다. • 가치에 대한 고객들의 인식이 교환 가치에서 사용 가치로 그 중요성이 전환되었다.

- 정보 통신 기술(ICT; Information Communication Technology)의 발달로 기업의 독점적 정보가 대중화되고, 고객들에게 기업만이 가치 생산의 주체가 아니라는 인식이 퍼졌다.
- 고객뿐 아니라 상품과 관련된 이해관계자들의 경험도 중요하다는 연구가 제기되었다.
- 서비스 생산에 고객 참여의 요구가 증가했다.

09 서비스 품질의 의의

- 서비스 상품의 거래 및 이용 전 고객의 기대와 사후 성과의 비교 측정 결과이다.
- 서비스 이용자마다 경험 만족에 대한 기대가 다양하고 주관적이므로 특정 기준만으로 평가하기 어렵다.
- 거래 시점뿐 아니라 서비스를 받는 전 과정에서 평가가 이루어진다.
- 기대와 지각의 차이, 만족의 정도, 고객 지향 여부 등 다양한 평가 요소가 존재하는 복합적인 개념이다.
- 직접적인 경험을 통해 인지되는 경험적 품질의 성향이 강하다.
- 순간의 만족보다는 지속적으로 높은 수준의 일관된 서비스 유지가 중요하다.

10 서비스 품질의 개선 방법

- 서비스 품질을 향상시키려고 노력하는 전사적 기업 문화가 정착되어야 한다.
- 자사가 제공하는 서비스를 정확하게 파악하고 고객의 반응 지점을 알아야 한다.
- 계속해서 변화하는 고객의 기대를 예측하고 그에 따라 서비스 수준, 방법 등을 변화시킨다.
- 서비스에 대한 기대 수준이 서비스 품질에 만족할 수 있도록 적절히 관리되어야 한다.
- 고객에게 서비스를 제공받는 시기, 구체적인 서비스 형태 등을 설명하여 서비스 정보를 학습하게 한다.

11 서비스 품질 측정의 어려움

- 서비스 품질은 고객 개개인이 느끼는 주관적 평가이다.
- 고객에게 전달되기 전에 서비스 품질 테스트가 어렵다.
- 고객으로부터 서비스 품질 관련 데이터를 수집하는 데 어려움이 있다.
- 고객은 프로세스의 일부이며 변화 가능성이 높다.
- 자원과 고객이 같이 움직이므로 고객이 자원의 변화를 파악하기 쉽다.

12 카노의 품질 모형 - 서비스 품질의 구성

- 매력적 품질 요소
  - 고객의 기대를 훨씬 초과하는 품질 요소로, 주문 획득 인자(경쟁사를 따돌리고 고객 확보 가능)로 작용한다.
  - 고객은 충족 시 감동하고 불충족해도 크게 불만족하지 않는다.
  - 소비자의 기대가 높아짐에 따라 일원적 또는 당연적 요소로 전환될 수 있으며, 이를 진부화 현상이라고 한다.
  예 자동차의 자율 주행 기능, 스마트폰의 차별화된 부가 기능 등

- 일원적 품질 요소: 고객의 요구 사항으로, 충족 시 만족하고 불충족 시 불만족을 일으킨다.
  - 예 자동차 연비, 배달 업체의 배송 시간, 패키지 상품의 선택 옵션 사항 등
- 당연적 품질 요소: 마땅히 있을 것으로 생각되는 기본적 품질 요소로, 고객은 충족 시 당연하게 생각하고 불충족 시 불만족을 일으킨다.
  - 예 스마트폰 웹서핑 및 촬영 기능, 자동차 에어백, 종업원의 접객 태도 등
- 무관심 품질 요소: 충족 여부에 상관없이 만족도 불만족도 일으키지 않는 품질 요소이다.
  - 예 Q&A 게시판, 화장실의 화장지 색, 서비스 직원의 학벌 등
- 역 품질 요소: 충족 시 불만족을 일으키고 불충족 시 만족하는 품질 요소이다.
  - 예 매장 내 모든 주문/결제 시스템의 무인화 구성

13 GAP(갭) 모형

- [GAP 1] 고객과 경영자의 인지 격차: 고객 기대와 기대에 대한 경영자의 지각 간 차이
- [GAP 2] 품질 명세 격차: 고객 기대에 대한 경영자의 지각과 조직의 서비스 품질 디자인과 명세서의 차이
- [GAP 3] 서비스 전달 격차: 서비스 품질 명세서와 실제 서비스 전달 간 차이
- [GAP 4] 시장 커뮤니케이션 격차: 실제 서비스 전달과 서비스에 대한 통합된 의사소통 간 차이
- [GAP 5] 기대 서비스와 지각 서비스의 격차: 고객의 기대와 혼합된 영향으로 야기된 기대 서비스와 지각된 서비스의 차이

14 TQM (총체적/전사적 품질 경영)의 경영 철학

- 품질은 조직의 핵심 목표로 인식되어야 한다.
- 고객은 품질에 대해 정의를 내리는 가장 중요한 존재이다.
- 산출 결과에 부정적인 영향을 미치는 불완전한 변수들을 파악하고 감소시켜야 한다.
- 조직의 변화는 특정 개인이 아닌, 전체 조직 단위로 함께 지속적으로 이루어져야 한다.
- 최고 경영자는 조직 내 품질 중심의 문화를 정착시키고, 품질 경영에 대한 장기적 안목을 통해 직원들을 독려해야 한다.
- 전사적 개념으로 부서 간의 품질 문화를 공유하고, 유기적으로 업무 협업을 해야 한다.
- 고객 만족(CS)을 극대화하기 위해 조직의 장기적 계획과 발전 방향을 수립해야 한다.

15
서비스 품질의 트릴로지
	• 서비스 품질 계획
	  – 고객(내부 고객, 외부 고객) 식별 – 서비스 품질 목표 설정
	  – 서비스 상품의 콘셉트 개발 – 서비스 프로세스 개발
	  – 서비스 프로세스의 지원 역량 분석 – 서비스 프로세스 능력 입증
	• 서비스 품질 통제
	  – 통제 대상 선정 – 측정 단위 선정
	  – 측정 방법 선정 – 성과 표준 선정
	  – 실제 성과 측정 활동 – 차이 분석
	  – 차이에 대한 대응 개발 – 대응책 실행
	• 서비스 품질 개선
	  – 개선 필요성 입증 – 개선을 위한 특정 프로세스 규명
	  – 원인 규명과 진행 절차 마련 – 원인 규명을 위한 진단 실시
	  – 해결 방안 제시 – 해결 방안의 유효성 입증
	  – 개선 성과 유지 및 통제 방안 개발

16
품질 비용(COQ)의 구성
	• 예방 비용: 실패 혹은 평가 비용을 최소화하기 위한 작업 또는 활동과 관련된 비용
	  예 외주 업체 관리 비용, 교육 훈련비, 마케팅 조사비 등
	• 평가 비용: 서비스 품질의 상태가 허용 수준을 만족하는지 확인하는 데 필요한 비용
	  예 입고 검사 비용, 공정 검사 비용, 시험 비용, 품질 인증 비용 등
	• 내부 실패 비용: 서비스 품질의 문제가 고객에게 전달되기 전에 발견되어 수정하는 비용
	  예 폐기물, 재작업, 고장 발견, 불량 분석, 가동 정지 등
	• 외부 실패 비용: 고객에게 전달된 제품 또는 서비스의 오류나 문제를 회복 및 보상하는 데 필요한 비용
	  예 보증 수수료, 제품 책임, 제품 회수, A/S 비용, 판매 기회 손실 등

17
불량 품질 비용(PQC)의 구성
	• 직접적 불량 품질 비용
	  – 통제 가능 불량 품질 비용: 예방 비용, 평가 비용
	  – 결과적 불량 품질 비용: 내부 실패 비용, 외부 실패 비용
	  – 장비의 불량 품질 비용
	• 간접적 불량 품질 비용
	  – 고객의 불만 비용
	  – 고객에게 귀속 비용
	  – 명성 상실 비용
	  – 기회 상실 비용

서비스 수요 및 공급 관리

01 서비스 수요의 특성	• 서비스의 무형성으로 인해 어려운 재고 관리 • 서비스의 변동성 • 서비스의 다양성과 이질성 • 시간과 공간의 제약
02 수요 변동성의 5가지 유형	• 도착 변동성(Arrival Variability): 서비스를 받고자 하는 고객들이 균일하게 분포하지 않으며 이는 고객의 대기나 서비스 공급자의 유휴 시간으로 귀결된다. • 능력 변동성(Capability Variability): 고객의 지식, 신체적 능력, 기술은 능력 변동성을 발생시키는데, 똑같은 서비스여도 어떤 고객은 과업을 쉽게 수행하지만 어떤 고객은 많은 시간이 소요될 수 있다. • 요구사항 변동성(Request Variability): 고객별로 서로 다른 요구사항으로 인해 서비스 소요 시간이 일정하지 않게 나타난다. 고객은 서비스 제공 범위 밖의 영역에 대해 요구하기도 한다. 예 은행에서 오랜 시간 대출 상담을 받아야 하는 고객과 지폐를 동전으로 바꾸고 싶어 하는 고객 • 노력 변동성(Effort Variability): 서비스 상호작용에서 고객이 어떤 역할을 수행한다면 참여 수준은 노력 변동성으로 나타날 수 있다. 예 쇼핑 카트를 일정한 장소에 반납하고 가는 행위 • 주관적 선호 변동성(Subjective Preference Variability): 좋은 대우를 받았다는 기대 수준으로, 고객마다 다르게 나타난다. 예 개인 정보를 분석하여 서비스를 제공하였을 때, 맞춤 서비스에 만족하는 사람과 개인 정보 유출에 불쾌함을 느끼는 사람

03 대표적인 정성적 예측 방법	• 지명 집단 기법
	  - 8~12명의 전문가가 모여 자유로운 토론과 투표의 과정을 거쳐 수요를 예측하는 방법이다.
	  - 기업 내 담당자와 기업 외부의 관련 분야 전문가 또는 주요 고객들이 포함된다.
	• 델파이 기법
	  - 그리스 델파이 신전에서 신탁을 받는 것과 같이 전문가들을 대상으로 하여 우편을 통해 질문과 응답에 대한 통계 및 피드백의 과정을 의견이 일치할 때까지 반복적으로 사용하는 방법이다.
	  - 지명 집단 기법보다 더 큰 규모의 대상에 적합하며 조사 과정이 조금 더 조직화되어 있다.

- 기술적 발전에 대한 예측에 적합한 기법이다.
- 시간이 오래 걸리고 설문지 작성의 어려움으로 인해 주로 장기 예측에 사용한다.
• 시장 조사법
  - 대상 시장에 대하여 설문지, 전화, 개별 방문을 통해 자료를 수집하고 이에 기초하여 예측하거나 가설을 설정하고 검증한다.
  - 주로 신서비스를 시장에 출시하기 전에 미래 수요를 예측하기 위해 사용한다.
  - 장기적으로는 기술과 환경의 변화로 인해 정확도가 낮지만, 단기 예측에 대한 정확도가 매우 높은 편이며 시장의 호황과 불황의 분기점을 비교적 잘 예측할 수 있다.
  - 예측 비용과 시간이 비교적 많이 소요된다.
• 역사적 유추법: 신제품과 같이 과거 자료가 없을 때 이와 비슷한 기존 제품이 과거 시장에서 도입기, 성장기, 성숙기를 거치면서 어떻게 수요가 성장했는지에 입각하여 수요를 유추하는 방법이다.
  예 가사 도움 서비스에 대한 수요 증가는 아이 돌봄 서비스의 증가 곡선을 따를 수 있다.
• 판매원 의견 예측법
  - 판매원들에게 각자 담당하고 있는 지역의 수요를 예측하도록 하고 이러한 지역 수요의 예측치들을 모두 합하여 전체의 수요로 간주하는 예측 방법이다.
  - 판매원의 예측은 최근의 동향에 의해 크게 영향을 받는다.
    예 매출 저조 시 비관적 예측을 한다.
  - 판매원은 의식적으로 과소 예측을 하는 경우가 많은데, 예측치를 판매 책임량으로 정하는 경우 특히 심하게 나타난다.

04 공급과 수요가 불일치할 때 발생하는 현상

• 서비스를 제공하는 시간이 부족하면 직원의 입장에서는 최소한의 서비스를 제공할 수밖에 없고 불필요한 시간을 제거하여 서비스 공급 능력을 높일 수 있다.
• 고객의 대기가 길어지면 일부 고객은 거래를 그만두기 때문에 기회비용이 발생하고 수요는 감소한다.
• 수요가 늘어날 경우 신속한 서비스 제공을 위한 직원의 노력은 서비스 공급 능력을 높이는 반면, 고객에 대한 불친절과 서비스 질의 하락이 발생될 수 있다.
• 고객의 대기가 길어지면 고객은 자신의 구매 의사를 다시 고민하므로 이는 구매 취소 및 고객 이탈로 이어지기도 한다.

05 자체 공급 모형

• 수요 추구형 전략: 해당 시점에서 수요 예측치의 크기에 따라 공급의 크기를 조정하는 전략이다.
  - 장점: 그날 예측하여 그날 판매하기 때문에 재고가 남거나 부족해질 문제가 없다.
  - 단점: 공급 능력인 서비스 직원을 채용하거나 해고하는 데 비용이 발생한다.
• 공급 평준화 전략: 일정 기간 동안 수요의 평균 크기에 대한 공급 능력을 확보하는 전략이다.
  - 장점: 수요량에 상관없이 매월 일정 수준의 고용과 공급량을 할당하기 때문에 인력이나 장비를 안정적으로 운영할 수 있다.

	- 단점: 수요가 평균보다 많거나 적을 수도 있기 때문에 재고 관리에 부담이 될 수 있다. • 혼합 전략: 수요 추구형 전략, 공급 평준화 전략을 적절히 혼합하여 사용하는 전략이다.

06
주문 공급 모형
	• 고정 주문량 모형: 매번 주문량은 고정되어 있고, 주문 시점과 주문 간격을 신축적으로 바꾸는 방식이다.
	• 고정 주문 간격 모형: 매번 주문 간격은 고정되어 있고, 주문량을 신축적으로 바꾸는 방식이다.
	  – 장점: 주기적으로 재고 수준을 점검하기 때문에 통제 비용이 적게 소요되고, 같은 공급자에게 반복 주문을 하므로 주문 비용이 절감된다.
	  – 단점: 안전 재고의 수준이 높다. 관리에 대한 기간이 '리드 타임'에서 '주문 간격+리드 타임'으로 늘어났기 때문에 안전 재고도 늘어나게 된다. 또한 주문 기간과 시점이 정해져 있기 때문에 관리의 유연성이 낮다.

07 일회 주문 모형	• 서비스 공급 계획 방법 중 '유통 기간이 있는' 서비스를 얼마나 주문할 것인가를 결정하는 모형이다. • 주문량이 수요량보다 적은 경우 수요를 포기해야 하고, 반대로 주문량이 수요량보다 많은 경우 남는 공급량을 버릴 수밖에 없다. • 일회성 수요이기 때문에 주문 시점을 고려할 필요는 없고 주문량만 정하면 된다.

08
서비스 수요-공급
일치를 위한 방법
	• 성수기 수요 감소 전략
	  – 고객들과의 의사소통 – 영업 시간과 장소의 조정
	  – 고객 우선순위 관리 – 성수기 가격 전략
	  – 예약을 통한 수요 평활화
	• 비수기 수요 진작 전략
	  – 현재 시장의 수요 진작 – 비수기 가격 전략
	  – 비수기 인센티브 제공(할인 및 추가 제공)
	  – 서비스 시설의 용도 변경으로 인한 수요 촉진
	  – 서비스 상품의 다변화
	• 성수기 공급 증대 전략
	  – 노동 시간의 증가(연장 근로) – 임시 시설의 보충 공급
	  – 파트타임 직원의 활용 – 아웃소싱 활용
	  – 직원 교차 훈련
	• 비수기 공급 조정 전략
	  – 서비스 시설 및 장비의 보수 – 서비스 시설 및 장비의 용도 변경
	  – 직원 교육 및 훈련 – 직원 휴가

09 대기열의 심리	• 아무 일도 하지 않고 있는 시간이 뭔가를 하고 있을 때보다 더 길게 느껴진다. 예 병원·은행에서 읽을거리 제공, 영화관에서 예고편이나 다른 영화의 명장면 제공, 소아과에 실내 놀이터 제공 등

	• 근심과 불확실함은 대기 시간을 더 길게 느끼게 한다. 기다림에 관한 정보를 제공함으로써 불안을 덜어주어야 한다. • 불공정한 대기 시간이 더 길게 느껴진다. • 서비스가 가치 있을수록 사람들은 더 오랫동안 기다린다. • 혼자 기다리는 대기 시간이 더 길게 느껴진다. 다른 구성원에 의한 주의 분산으로 혼자보다 집단으로 기다리는 것이 더 편안하게 느껴지기 때문이다.

10
혼잡성 감소 전략
	• 생산 관리(기업이 수행할 수 있는 시스템 혹은 제도의 변화)
	  - 예약제 도입
	  - 커뮤니케이션 활용
	  - 인센티브 제공
	  - 공정한 대기 시스템 구축
	  - 대체 채널 개발 및 차선책 제시
	• 고객 인식 관리(고객의 생각 및 감정의 변화)
	  - 서비스가 곧 시작될 것이라는 느낌
	  - 구체적인 예상 대기 시간 안내 및 고객 선택의 기회 제공
	  - 고객을 유형별로 대응
	  - 이용되지 않는 자원은 없애기

11
대기 행렬 시스템의 우선순위 규칙
	• 정적 규칙: 이미 정해진 기준대로 처리하는 방법이다.
	  - 선착순 규칙: 먼저 도착한 고객이 먼저 서비스를 받는 규칙이다. 모든 고객이 동등하게 취급되기 때문에 서비스를 기다리는 고객에 대한 평등주의적 접근 방식이지만 서비스의 다양한 상황을 고려하지 않는다는 한계가 있다.
	  - 최단 작업 시간 규칙: 고객이 시스템에서 보내는 평균 시간을 최소화하게 하는 규칙이다. 처리 시간이 긴 작업들은 처리 시간이 짧은 작업에 의해 후순위로 밀려나기 때문에 고객의 입장에서는 공정성이 떨어진다.
	• 동적 규칙: 고객들의 마감 시간을 확인한 후 마감 시간이 임박한 서비스부터 먼저 처리한다.
	  - 긴급률 규칙: 긴급률이 최소인 작업에 우선순위를 부여하는 기준이다. 즉, 여유 시간이 짧은 작업부터 먼저 수행한다.
	  - 우선권 부여 규칙: 어떤 고객이 서비스를 받고 있더라도 우선순위가 높은 고객이 오면 기존 고객의 서비스는 중단되고 우선순위가 높은 고객이 서비스를 받게 되는 것이다. 예 응급환자 우선 진료

12
대기 행렬 이론의 분포
	• 푸아송 분포: 단위 시간 동안 어떤 이벤트가 일어나는 수, 즉 서비스 제공 횟수, 고객 도착 수 등을 표현한다.
	  예 한 시간 동안 방문한 고객의 숫자는 20명이다. → 도착률
	• 지수 분포: 특정한 이벤트가 일어나는 시간의 간격, 서비스 시스템이 한 고객을 처리하는 데 걸리는 시간, 고객이 도착하는 시간 간격 등을 표현한다.
	  예 새로운 고객이 방문하는 시간의 간격은 2분이다. → 도착 시간, 간격

13 대기 행렬의 종류	• 단일 행렬+단일 직원+단일 단계: 차례대로 한 줄 서기를 하는 형태이다. 　예 부스 형태의 테이크아웃 커피 전문점, 한 가지 메뉴만 판매하는 길거리 음식점 등 • 단일 행렬+단일 직원+연속 단계: 고객은 한 줄로 서서 차례대로 여러 가지 서비스 과정을 거친다. 　예 카페테리아, 뷔페, 병원의 건강 검진 등 • 다수 서비스 제공자에 대한 평행선 대기: 고객에게 몇 개의 대기선 중 하나를 선택하도록 하는 것으로, 동일한 속도로 처리되지 않는 경우 다른 대기선에 비해 상대적으로 늦어지는 불리함이 있다. 　예 마트 계산대, 공항 보안 검색대, 놀이동산 입장 등 • 지정 서비스 제공자에 대한 지정 대기선: 특정 범주의 고객에게는 다른 대기선을 할당한다. 　예 마트의 소량 계산대, 비행기 일등석의 별도 라인, 은행 VIP 라운지 등 • 다수 서비스 제공자에 대한 단일 대기선(뱀형): 하나의 대기선을 통해 선착순으로 먼저 온 고객에게 다수의 서비스 제공자 중 필요한 서비스 창구로 이동할 수 있도록 한다. 　예 공중화장실의 한 줄 서기, A/S 센터의 대기, 전시장 입장 대기 등
14 원가 중심의 가격 결정이 어려운 이유	• 서비스를 구매 단위로 규정하여 단위당 가격을 설정하기 어려운 컨설팅, 건축, 상담, 교육 등의 서비스는 산출 단위보다 투입 단위로 가격을 결정한다. 따라서 대부분의 전문 서비스는 시간당 가격으로 결정된다. • 원가에 기초하여 서비스 가격을 설정한다 하더라도 서비스 원가를 산출하기가 어렵다. 특히 기업이 다양한 서비스를 제공할 때 계산이 더 복잡해진다. • 원가의 구성 요소가 원자재가 아닌 직원의 시간이므로 계산은 더 복잡해진다.
15 가격 경쟁이 심해지는 경우	• 경쟁자나 대체재의 수가 증가할 때 • 경쟁자 혹은 대체재의 분포가 넓어질 때 • 산업 내의 생산 능력이 과도하게 증가할 때 • 서비스 표준화가 명확하고 가격이 유일한 비교 대상이 되는 업종일 때
16 가격 차별화의 성공 조건	• 각 세분 시장의 수요 수준이 서로 달라야 한다. • 세분화된 시장별 합법적인 가격으로 결정해야 한다. • 고객의 지각된 가치 속에서 이미 세분 시장별로 그 차이를 느낄 수 있어야 한다. • 가격 차별화를 통한 추가 수익이 소비 시장을 둘 이상으로 분리시켜 운영하는 비용을 초과해야 한다.
17 고객 가치 차원에 따른 가격 차별화	• 가치란 가격적으로 쉽게 접근할 수 있어야 한다.: 할인, 단수 가격, 일치 가격, 침투 가격 • 가치란 특별한 사람들을 위한 고가 상품에 있다.: 품위 가격, 초기 고가격

		• 가치란 고객 요구별 차별화된 상품 가격이다.: 가치 가격, 세분 시장 가격 • 가치란 보편성에 기반하여 주고받는 대가적 가격이다.: 기준 가격, 묶음 가격, 보완 가격, 결과 중심 가격
18	수율 공식	• 수율 = 실제 수익 ÷ 잠재 수익 • 실제 수익 = 실제 사용량 × 실제 가격 • 잠재 수익 = 전체 가능 용량 × 최대 가격
19	수율 관리의 적용 요건	• 세분화가 가능한 시장일 때: 고객의 욕구, 가격 지불 의도 등 몇 개의 세분 시장으로 구분할 수 있는 가능성이 있어야 수율 관리가 차별적인 가격과 제공을 통해 더 효과적으로 사용될 수 있다. • 수요의 변동성이 높을 때: 성수기와 비수기의 구분이 명확하고 계절적인 수요가 발생할 때 수율 관리의 적합성이 상승한다. • 사전 판매가 가능할 때: 여유 있는 예약에서 임박한 판매까지 시간이 경과함에 따라 서비스 가격은 변동하게 되는데, 사전 판매 및 선불 판매를 할 수 있다면 수율 관리의 적합성이 상승한다. • 소멸되는 재고일 때: 서비스 판매가 되지 못하면 서비스 가용 능력이 소멸되는 경우 수율 관리의 적합성이 상승한다. • 가용 능력 변경 비용이 높고, 한계 판매 비용은 낮을 때: 서비스 가용 능력을 변경하는 비용이 높아 수요의 변동에 맞추어 서비스 공급 능력을 쉽게 조절할 수 없는 경우, 즉 서비스 공급이 제한되어 일정 수준 이상의 서비스 수요가 발생하면 공급량 이상의 수요에 대해서는 포기해야 하는 상황에서 수율 관리의 적합성이 상승한다.

20	서비스 기대 관리 방법 - 구매 단계별 관리	• 구매 전 단계
		  - 서비스 제공 전 고객이 어떤 기대를 가지고 있는지 조사한다.
		  - 고객이 기대할 수 있는 서비스를 홍보를 통해 알린다.
		  - 고객이 기대하는 서비스를 일관성 있게 제공한다.
		• 구매 단계
		  - 서비스 제공 과정에서 직원은 고객과 지속적으로 소통한다.
		  - 고객의 기대에 맞추어 서비스를 변경한다.
		  - 서비스 수정 시 불가피한 이유에 대해 설명한다.
		• 구매 후 단계
		  - 기대가 충족되었는지에 대해 고객과 대화한다.
		  - 사후 관리 프로그램을 개발한다.
		  - 불만 고객을 처리하기 위한 프로그램을 개발한다.

서비스 인적 자원 관리

01 인적 자원 관리의 중요성	• 기업에서 경영의 주체는 사람이며, 인적 자원은 기업의 가장 소중한 전략적 자산이다. • 인재를 어떻게 확보하고 개발하느냐에 따라 조직 경영의 성패가 결정된다고 볼 수 있다. 즉, 인적 자원을 관리하고 개발하는 기업은 계속 성장하지만 그렇지 못한 기업은 개선이나 발전을 기대할 수 없다. • 인적 자원을 통해 창출되는 조직 역량은 비교적 장기간에 걸쳐 형성되며 경쟁 기업과도 차별화된다. 이러한 조직 역량이 조직 문화가 될 때 지속적인 경쟁력의 원천이 될 수 있다. • 조직 역량은 인적 자원 관리를 통해 확보되고 발현될 수 있다. • 고객의 접점에서 서비스를 전달하는 직원의 태도는 고객 만족과 조직의 성과로 이루어질 수 있기 때문에 서비스 직원의 효과적인 인적 자원 관리는 매우 중요하다.
02 인적 자원 관리의 성격	• 경제적 합리성과 인간성을 동시에 추구 • 인적 자원의 개발과 자율성 • 인적 자원의 형성과 책임성

03 내부 모집의 장단점	• 장점
	   – 추가적인 홍보 활동 없이 직원의 동기 부여에 좋은 영향을 미칠 수 있다.
	   – 이미 능력이 검증된 사람을 채용할 수 있다.
	   – 재직자의 개발 동기 부여와 장기 근속 유인을 제공한다.
	   – 충원과 훈련, 조직에 적응하는 데 소비되는 시간과 비용을 단축할 수 있다.
	   – 성장기·정체기의 내부 충원은 재직자의 직장 안전을 제공한다.
	• 단점
	   – 성장기 기업은 유자격자를 충분히 공급하지 못한다.
	   – 조직 내부 이동의 연쇄 효과로 인해 혼란이 야기될 수 있다.
	   – 조직 내부 정치와 관료제로 인해 비효율적일 수 있다.
	   – 고용 평등법을 충족시키지 못할 위험이 있다.

04 외부 모집의 장단점	• 장점
	   – 새로운 아이디어와 견해가 유입된다.
	   – 연쇄 효과로 인한 혼란이 없다.
	   – 급성장기의 수요를 충족시킨다.
	   – 경력자 채용 시 직무 훈련 비용이 절감된다.
	   – 기업의 급격한 전환기에는 외부 충원이 효과적일 수 있다.

	• 단점 − 충원 시 시간과 비용이 소요된다. − 선발 점수와 입사 후 성과가 일치하지 않을 수 있다. − 재직자의 사기가 저하될 위험이 있다.
05 면접의 유형	• 계획적 면접 − 성공이나 실패의 잠재 가능성을 찾기 위해 실시한다. − 행동 면접과 심층 면접이 있다. • 정형적 면접 − 질문 내용을 사전 목록으로 준비한다. − 구조적 면접과 지시적 면접이 있다. • 비지시적 면접 − 지원자에게 의사 표현의 자유를 부여한다. − 질문 기법과 훈련이 필요하다. • 스트레스 면접 − 공격적인 질문으로 피면접자의 전문 지식과 식견, 감정의 안정성과 인내성, 인성 등을 확인한다. − 압박감이 많은 직무 적성 평가이다. • 패널 면접 − 다수가 피면접자 1명을 면접한다. − 광범위한 평가가 가능하다. • 블라인드 면접: 면접 전에 기본적인 서류는 심사하지만 면접에서는 이력서의 내용을 면접에 전혀 반영하지 않는 방식이다.
06 직무 평가의 의미	• 조직(기업이나 기타 조직) 내에서 각 직무가 지니는 상대적인 가치를 결정하는 과정을 말한다. • 직무 분석에 의하여 작성된 직무 기술서 또는 직무 명세서를 기초로 이루어진다. • 기업 내 각종 직무의 중요성, 직무 수행상의 복잡성, 위험도, 난이도, 책임성 등을 비교·평가하여 직무 간의 상대적 가치를 체계적으로 결정하는 과정이다. • 직무 평가는 조직 내에서의 상대적인 중요도를 평가하므로 동종의 직무라고 하더라도 조직에 따라 직무 평가의 결과가 다를 수 있다.
07 직무 평가의 방법	• 서열법: 평가자가 포괄적인 관점에서 직무의 난이도를 상호 비교하여 그 순위를 결정하는 방법이다. • 분류법: 서열법보다 좀 더 발전한 것으로, 사전에 직무 등급표를 만들고 각 직무를 직무 등급표의 분류 기준과 비교·검토하여 해당 등급에 편입시키는 방법이다. • 점수법: 기업에서 가장 많이 사용하는 방법으로, 직무를 구성 요소로 분해하고 각 요소별 중요도에 따라 점수를 부여한 후, 각 점수를 계산하여 각 직무별 가치를 평가하는 방법이다.

	• 요소 비교법: 점수법과 함께 많이 사용되는 방법으로, 가장 핵심이 되는 몇 개의 기준 직무를 선정하여 각 직무의 평가 요소를 기준 직무의 평가 요소와 연결시켜 비교함으로써 모든 직무의 상대적 가치를 결정하는 방법이다.
08 인사 고과의 요소별 평가 항목	• 업무 성과: 업적 달성도, 업무 처리 내용, 섭외 활동 실적, 부하 육성 • 업무 수행 태도(역량): 업무 수행 태도, 품성 • 업무 수행 능력(잠재 능력 포함): 업무 추진력, 지도 통솔력, 판단 처리력, 기획 및 창의력
09 인사 고과의 유형	• 자기 고과: 직원의 자기 통제 의식을 높여 주며, 직원이 자신의 직무 수행 상태를 어느 정도 파악하고 있는지 생각할 기회를 부여한다. • 상사에 의한 고과(하향식 평가): 상사가 부하를 고과하는 방법으로 가장 많이 활용되고 있다. • 동료에 의한 고과: 동료가 서로 평가하는 방법이다. • 부하에 의한 고과(상향식 평가): 부하가 상사를 고과하는 것으로 상사의 업무 수행 능력, 부하와의 관계 등을 평가하는 방법이다. • 인적 자원 관리자나 전문가에 의한 고과: 객관성을 유지하기 위해 외부 전문가에게 맡기는 방법으로 현장 토의법, 평가 센터 등을 활용한다. • 다면적 고과: 여러 가지 방법 중 두 개 이상을 종합하여 사용하는 방법으로 고과자의 주관과 편견을 감소시키는 효과를 얻을 수 있다.
10 인사 고과의 방법	• 서열법: 능력, 업적 등을 종합하여 직원들 간의 서열을 매기는 방법이다. • 강제 할당법: 피평가자를 미리 정해 놓은 비율에 강제로 할당하는 방법으로, 너무 관대하게 평가하는 등 규칙적 오류를 방지할 수 있다. • 평정 척도법: 피평가자의 자질을 직무 수행상 달성한 정도에 따라 사전에 마련된 척도를 근거로 평가하는 방법이다. 가장 오래되고 널리 사용하는 방법이다. • 대조표법: 평가 항목별로 미리 정해져 있는 체크 리스트를 중심으로 평가하는 방법이다. 평가자는 평가에 대한 부담을 덜 수 있고, 결과의 신뢰성과 타당성이 증가한다. • 목표 관리법: 상급자와 상의하여 달성할 목표를 정한 후 일정 기간 이후의 성과와 계획했던 목표를 비교하면서 달성 여부를 평가하는 방법이다. 상사는 지원의 기회를, 부하는 참여의 기회를 갖는다. • 행동 기준 척도법: 업무 수행 과정상 중요한 사실을 많이 추출하여 몇 개의 범주 또는 차원으로 나눈 다음, 각 범주의 중요한 사실을 척도에 의해 평가하는 방법이다. • 인적 평가 센터법: 평가 센터에서 특별히 평가를 위해 훈련된 관리자들이 평가하는 방법으로 주로 관리의 잠재능력을 확인하기 위해 이용된다. • 자유 서술법: 평가받는 사람이 스스로 자신을 평가하는 방법이다. 동기 부여 및 자기 개발의 효과가 있다.

11	보상의 종류	• 경제적 보상: 직접 보수(급여, 봉급)와 간접 보수(복리 후생)가 있다. • 사회적 보상: 신분과 직위(권한과 책임)를 의미한다. • 심리적 보상: 직무 만족과 동기 부여(외부적 보상과 직무의 내재적 보상)를 의미한다.
12	노동조합의 기능	• 경제적 기능: 가장 기본적이고 중심적인 기능으로 조합원의 경제적 이익과 권리를 유지·개선한다. 예 근로 시간 단축, 임금 인상, 작업 환경의 개선, 복리 후생 등 • 공제적 기능: 조합이 기금을 설치하여 질병, 재해, 고령, 사망, 실업 등으로 인해 조합원의 노동 능력이 일시적 또는 영구적으로 상실되는 경우를 대비하는 상호 공제 활동을 말한다. • 정치·사회적 기능: 근로자의 생활 향상을 위한 활동 분야로, 노동 관계법을 비롯한 모든 법령의 제정 및 개정, 물가 정책, 사회 보장 제도, 기타 사회 복지 정책 등 정부의 정책에 대한 정치적 발언과 주장을 한다.

13	직무 충실화	보다 높은 자주성과 책임감을 부여하기 위해 직무를 재정의하거나 재구성하는 것을 말하며, '수직적 직무 확대'라고도 한다.
		• 방법
		  – 직무 수행에 보다 많은 자유를 주고, 허용된 확대 범위 안에서 의사 결정을 가능하게 한다.
		  – 참여와 상호 작용을 장려하고, 직무에 대한 책임감을 부여한다.
		  – 직무의 사회 기여와 제품에 대한 기여의 기회를 준다.
		  – 직무 성과를 환류시켜 주고, 작업 조건 개선에 참여하게 한다.
		• 장점: 개인적 성장과 작업 경험에 대한 기회를 제공한다.
		• 단점: 기술 및 비용상의 문제로 낮은 숙련도를 필요로 하는 작업에는 적용하기 어렵다.

14	갈등 프로세스 5단계	갈등의 표면화 → 인지와 개인화 → 행동의 결정(갈등 처리 의도) → 행동 → 결과

15	갈등의 순기능과 역기능	• 순기능(조직 성과 향상)
		  – 창의력 고취
		  – 의사 결정의 질적 개선
		  – 응집력의 증가
		  – 능력의 새로운 평가
		• 역기능(조직 성과 저하)
		  – 목표 달성 노력의 약화
		  – 심리 상태의 변화
		  – 제품의 품질 저하

고객 만족 경영(CSM) 전략

01 고객 만족의 결정 요소

- 제품 또는 서비스 특징: 제품이나 서비스의 특징은 고객의 평가에 영향을 미친다.
- 고객 감정: 고객의 서비스 전 감정, 소비 체험으로부터 얻은 부정적 감정과 긍정적 감정은 서비스 지각에 영향을 미친다.
- 서비스의 결과에 귀인: 기대 대비 성과의 만족 수준 정도에 따라 달라진다.
- 공정성의 지각: 다른 고객과 비교하여 공정한 서비스를 받았는지의 여부에 따라 달라진다.
- 기업 이미지: 기업의 사회적 역할, 내부(고객) 마케팅에 영향을 받는다.

02 서비스 스케이프

- 서비스 프로세스의 장소에서 물리적 환경의 영향을 강조하기 위해 발전시킨 개념이다.
- 시설의 외적 요소(풍경, 외형적 디자인, 주차 공간, 주변 환경 등)와 내적 요소(내부 인테리어, 장식, 장비, 표식, 구도, 환기, 온도 등)로 구성되어 있다.

03 기대 수준 형성 요인

- 통제 가능한 단기 요인
  - 제품 및 서비스의 특성
  - 광고와 판촉 활동
  - 매장의 시각적 제품 구성
  - 서비스 스케이프
  - 직원들의 행동과 태도
  - 서비스 마인드
  - 첫인상(이미지)
- 통제 가능한 장기 요인
  - 제품 및 서비스의 품질 지속성
  - 제품 및 서비스의 혁신
  - 전략적 마케팅 활동
  - 가격 정책의 다양화
  - 고객 개별화에 따른 차별화 전략
- 통제 불가능한 요인
  - 고객의 개인 취향
  - 구전에 의한 제품 및 서비스 정보
  - 경쟁사의 활동에 따른 외부 요인
  - 거시적인 인구 통계학적 구조의 변화
  - 사회, 환경 및 문화적 트렌드 영향

04 고객 만족 경영의 정의

- 고객의 기대 이상의 만족을 실현하기 위해 '고객 만족(CS)'이라는 전사적 목표를 바탕으로 고객의 욕구와 니즈를 파악하고, 상품의 기획부터 생산, 유통, 판매, 판매 후 시점까지의 기업 활동 전 영역에 고객 우선주의를 적용한 경영 활동을 말한다.
- 기업이 제공하는 상품이나 서비스에 대한 고객의 만족도를 높이기 위하여 계속적으로 고객들의 기대와 욕구, 만족 수준을 조사하고, 이를 바탕으로 불만족 요인을 개선함으로써 고객 만족도를 높인다.

05 고객 만족 경영의 의의	• 경영상의 모든 영역에서 고객의 입장을 고려하고 만족시키기 위한 고객 중심적 신경영을 말한다. • 상품이 지닌 최고의 품질뿐 아니라 기획부터 유통, 사후 관리까지의 과정에 내재된 기업 문화, 상품 이미지, 기업 철학 등을 고객에게 제공하여 기대치 이상의 만족감을 충족시킴으로써 고객의 재구매율을 높이고 선호를 지속시킨다. • 현대 사회에서 고객 만족이 기업의 이익을 창출하는 가장 중요한 수단임을 인식함으로써 경영 활동의 초점을 고객 만족에 맞춘다. • 시장 점유율, 원가 절감 등의 단기적인 관점이 아닌, 장기적으로 고객을 만족시킴으로써 수익을 지속적으로 확대해 가는 구조를 구축하는 데 목적을 둔다. • 고객 만족을 실천하다 보면 고정 고객층이 확보되고, 호의적 구전 광고 효과를 통해 신규 고객 개발도 가능해지기 때문에 기업의 이익이 향상되고 시장 점유율도 따라서 높아진다는 원리를 지향한다.
06 고객 만족 경영의 효과	• 고객 충성도(Customer Loyalty, 고객 로열티)를 향상시킬 수 있다. • 마케팅 비용을 감소시키고 효과를 증진시킨다. • 불만 고객과 적극적으로 소통하여 제품 및 서비스의 약점을 보완할 수 있다. • 내부 직원들의 만족도 제고로 업무 생산성을 높일 수 있다. • 잠재 고객들에게 기업의 이미지를 긍정적으로 인식시킬 수 있다. • 지속적 경쟁 우위를 강화할 수 있다.
07 고객 만족 경영의 성공 요건	• 고객 만족 경영에 대한 최고 경영자의 의지와 목표를 전사적으로 공유한다. • 고객 만족 경영에 대한 전사적인 조직 문화를 구축한다. • 주기적이고 지속적인 고객 만족 조사를 통해 변화하는 고객의 니즈에 대응한다. • 공정한 평가 시스템을 구축하여 직원들의 성과에 따른 충분한 보상과 지원을 한다. • 고객 접점 중심의 MOT를 설계한다. • 혁신적인 프로세스 기법을 활용한다.
08 고객 만족 경영의 문제점	• 세분화되고 다양해지는 고객의 요구에 따른 기업의 부담이 증가한다. • 기업 간의 경쟁 심화로 매출 대비 수익 구조가 악화되기도 한다. • 접점 업무의 부담과 피로도 증가로 직원들의 감정 노동 피해가 심화된다. • 주관적·비합리적인 고객 만족 평가 요소는 결과의 신뢰성을 떨어뜨린다. • 기업의 고객 만족 경영 활동이 반드시 객관적이고 산술적인 수익성으로 환원되지는 않는다. • 새로운 경험에 대한 고객들의 요구는 창의성과 지속적인 혁신을 필요로 한다.

09 고객 만족 경영의 실패 요인	• 최고 경영자의 고객 만족 경영 의지가 상실되었다. • 경영진의 '고객'과 '고객 만족'에 대한 인식 오류가 있다. • 부서 간, 개인 간의 협업 정신이 결여되어 있다. • 고객 만족 경영을 단기적 성과로 인식하는 분위기가 만연해 있다.
10 충성 고객의 의미	• 기업의 고객 만족 경영의 결과에 만족한 고객으로 제품 또는 서비스를 반복적으로 재구매 및 사용하는 고객이다. • 기업을 대신해 다른 사람에게 기업 또는 브랜드를 추천하는 고객이다. • 경쟁 업체의 경영 활동에 동요하지 않으며, 전환 또는 이탈하지 않는 고객이다. • 기업이 생산한 새로운 상품의 가격에 민감하지 않은 고객이다. • 한 기업의 다양한 품목의 제품과 서비스를 포괄적으로 구매하는 고객이다.
11 고객 만족과 충성 고객	• 고객 유지 효과는 양적·질적 측면에서 모두 중요하다. • 고객의 이탈 및 경쟁사로의 전환은 기업의 장기적인 수익에 매우 큰 영향을 미친다. • 고객 이탈 관리를 통해 신규 고객으로부터의 손실을 기존 고객으로 보충할 수 있다. • 충성 고객의 개발을 위해서는 고객 만족에 대한 피드백이 지속적으로 이루어져야 한다. • 고객과의 지속적 관계 유지를 통해 고객 정보가 축적되고, 이 정보를 활용하여 보다 차별화된 서비스로 충성 고객을 만들 수 있다.
12 충성 고객의 확보 전략	• 고객 관리에 있어 표준화된 프로세스가 아닌 고객화(Customized) 프로세스를 지향한다. • 제품 및 서비스의 생산 과정에 고객의 참여를 독려하고 의견을 적극 수용한다. • 고객의 비즈니스 향상과 라이프 스타일의 변화를 응원하고 지원한다. • 기존 고객과의 비즈니스 관계에서 가족과 같은 관계로 전환하여 유지한다. • 고객의 생일, 결혼기념일과 같은 개인적인 경조사를 기억하고 축하의 표현을 한다.
13 고객 가치 개선의 전략	• 생산자 관점에서 사용자 관점으로 가치 인식이 변화해야 한다. • 고객의 미충족된 니즈를 찾아 고객에게 실질적인 가치로 제공해야 한다. • 상대적 가치를 추구하고 경쟁자보다 개선된 창조적 가치를 추구해야 한다. • 고객 선순환 사이클을 통해 내부 고객의 가치부터 개선해야 한다. • 고객 중심으로 문제를 해결한다. B2B 사업에서도 최종 소비자 관점에서 가치를 창조해야 한다.

14 고객 서비스 삼각형	• 고객: 서비스 혜택을 받는 대상은 누구인가? • 전략: 고객에게 혜택을 제공하기 위한 경영상의 계획이 있는가? • 직원: 누가 서비스 전달에 적합하며, 프로세스를 책임질 것인가? • 시스템: 서비스 전달에 있어 요구되는 핵심 요소와 절차는 무엇인가?
15 국가 고객 만족 지수(NCSI)의 기능	• 거시 경제 및 산업 동향 분석 • 산업 전체 업종 간 고객 만족도 비교 • 고객 만족 전략 수립 • 미래 수익성 예측 • 고객의 브랜드 또는 상품의 구매 결정에 방향성 제시
16 경영 전략의 의미	• 분명한 경영 전략의 방향을 설정한다. • 경쟁자와 비교한 강점과 약점의 내용을 알게 된다. • 기업이 보유하는 주요 기능과 핵심 역량을 이용하는 프로젝트에 희소한 자원을 분배한다. • 급격하게 변화하는 정치적·사회적 환경 요소를 규명한다. • 어떤 경쟁자의 행동을 지켜 보아야 할 것인가를 인식한다.
17 마이클 포터의 산업 구조 분석 모형 - 5가지 위협 요소	• 잠재적 신규 진입 • 대체재 • 구매자의 협상력 • 공급자의 협상력 • 기존 사업자
18 서비스 산업에서 경쟁이 심해지는 원인	• 상대적으로 진입 장벽이 낮다. • 다른 제품으로 대체 가능성이 높다. • 규모의 경제에 대한 기회가 적다. • 고객 충성도를 달성하기 어렵다. • 주로 소규모 기업이 많이 존재한다. • 퇴출 장벽이 낮다.
19 SWOT 분석	• 목적: 자사의 내부 역량과 기업의 외부적 환경적 요인을 분석하여 기업의 미래 사업 전략 수립에 활용한다. • SWOT 분석 전략 　- SO 전략(강점-기회 전략): 시장의 기회를 활용하기 위해 강점을 사용하는 전략이다. 　- ST 전략(강점-위협 전략): 시장의 위협을 회피하기 위해 강점을 사용하는 전략이다. 　- WO 전략(약점-기회 전략): 기업의 약점을 극복함으로써 시장의 기회를 활용하는 전략이다. 　- WT 전략(약점-위협 전략): 시장의 위협을 회피하고 약점을 최소화하는 전략이다.

20 경쟁 우위 전략	• 원가 우위 전략: 제품과 서비스의 생산에 필요한 투입 원가를 낮추고, 공정(Process)상에 소요되는 비용을 절감하여 상품에 대한 고객의 접근성을 높임으로써 부가 가치를 창출하는 전략이다. • 집중화 전략: 전체 시장의 다양성을 모두 공략하기보다는 목표 시장을 세분화해 시장, 고객, 제품, 서비스 등의 특정한 기준 중 자사의 이익에 가장 크게 기여할 기준을 선정하여 한 곳을 집중 공략하는 전략이다. • 차별화 전략: 기업이 경쟁자와 다른 기능의 제품과 서비스를 고객에게 제공함으로써 차별성을 확보하는 전략이다.

21
STP 전략
	• 시장 세분화
	  - 일대일 마케팅과 매스 마케팅 사이에 존재한다.
	  - 성향 및 특성이 비슷한 고객군으로 시장을 구분하고 기업의 상품에 맞는 최적의 시장 규모를 찾는 것을 말한다.
	• 목표 대상 선정
	  - 세분화된 시장별 매력도를 분석한다.
	  - 구체적이고 명확한 마케팅 목표 시장 및 고객을 선정하는 것을 말한다.
	  - 타깃은 상품 구매 가능성을 지니고 있어야 한다.
	• 포지셔닝
	  - 목표 시장과 고객들에게 각인될 브랜드 및 상품의 이미지를 선정한다.
	  - 경쟁자와의 차별성을 바탕으로 상대적 위치를 결정한다.
	  - 다양한 채널을 통한 지속적이고 일관성 있는 브랜드 관리 및 광고를 통해 고객의 마음속에 자리 잡는다.

22 마케팅 믹스 4P에서 4C로의 전환	• 제품(Product) → 고객(Customer): 고객의 요구 및 가치 • 가격(Price) → 비용(Cost): 가치 획득에 필요한 비용 • 장소(Place) → 편익(Convenience): 가치 교환(유통)의 편리성 • 촉진(Promotion) → 소통(Communication): 기업과의 의사소통

23
PSS(제품과
서비스의 통합)
전략
	• 의미: 제품의 효용과 기능이 품질이나 성능에 의해 평가되는 것이 아니라 고객이 원하는 서비스를 제공할 수 있는가에 따라 결정된다.
	• 유형
	  - 사용 중심의 PSS: 제품의 기능적 사용권을 제공하는 사업과 같이 제품의 소유권 이전이 아닌 서비스 사용 권리를 판매하는 형태이다.
	    예 성수기 렌털 서비스, 공유 하우스 및 사무실 임대 서비스 등
	  - 제품 중심의 PSS: 제품 판매나 사용을 독려하기 위해 부가적인 서비스를 추가하여 제공하는 형태이다.
	    예 A/S, 제품 사용자에 대한 멤버십 혜택 등
	  - 결과 중심의 PSS: 사용 중심의 PSS를 발전시킨 형태로, 제품은 사용하지 않은 채 그 제품으로부터 나오는 결과물만을 이용하는 형태이다. 고객에게 결과와 경험인 서비스 결과물을 최종적으로 전달한다.
	    예 3D 프린터를 이용한 고객 맞춤형 주문 제작 서비스 등

고객의 꿈, 직원의 꿈, 지역사회의 꿈을 실현한다

펴낸곳 (주)에듀윌　**펴낸이** 양형남　**출판총괄** 김기철　**에듀윌 대표번호** 1600-6700
주소 서울시 구로구 디지털로 34길 55 코오롱싸이언스밸리 2차 3층
© 2025 eduwill. Created with AI assistance.
협의 없는 무단 복제는 법으로 금지되어 있습니다.

에듀윌 도서몰 book.eduwill.net	• 부가학습자료 및 정오표: 에듀윌 도서몰 > 도서자료실 • 교재 문의: 에듀윌 도서몰 > 문의하기 > 교재(내용, 출간) / 주문 및 배송

핵심요약(이론+모의고사)
무료특강 제공

고퀄리티의 강의로 SMAT 모듈 C
합격에 한 걸음 더 가까워집니다.

에듀윌로 합격한
찐! 합격스토리

김○아 합격생

모듈 A, B, C 한 번에 합격, 에듀윌이라 가능했어요!

육아와 가사로 인해 시간적 여유가 많지 않은 주부들에게는 단기간에 끝낼 수 있는 핵심정리와 요약이 굉장히 중요하잖아요! SMAT 공부를 하며 에듀윌의 빈출 족보와 사례형의 예시들이 이해하는 데 많은 도움이 되었습니다. 또한 무료 강의를 들으면서 강사님께서 각 파트별로 들어주는 예시들을 꼼꼼히 메모해 두었더니 복습할 때 큰 도움이 되더라고요. SMAT는 최소한 3회 복습을 기본적으로 하고, 헷갈리는 문제들이 많으니 요약된 지문을 자세히 정독하는 것을 추천합니다. 또 본문을 학습하면서 적중 예상문제를 푸는 것도 중요합니다! 여러분도 할 수 있습니다. 시작이 어려울 뿐 합격하고 나면 남는 건 뿌듯함입니다!

한○기 합격생

1주면 됩니다. 에듀윌 SMAT로 지금 시작하세요!

서비스직에 종사했었음에도 불구하고 생소한 용어들이 많았는데, 에듀윌 SMAT는 용어 개념정리를 먼저 해주고 '합격팁'으로 학습별 가이드를 제공하고 있어 단기간 이론 습득에 도움이 많이 되었습니다. 무엇보다 단기 합격에 초점을 맞춘 책이라 불필요한 내용이 없고 시험에 나온 내용 위주로 구성되어 있는 점, 실제 시험과 유사한 모의고사가 수록되어 있고 빈출족보가 수록되어 있다는 점 등이 단기 합격을 목표로 하고 있는 예비 응시생에게 적극 추천해 주고 싶은 부분입니다. 예비 응시생 여러분, 에듀윌 책 한 권으로 단 1주 만에 합격하고 Skill Up하세요!

강○미 합격생

SMAT 합격은 에듀윌을 추천합니다!

서비스 관련 전공을 했지만, 공부를 안 한 지 너무 오래되어 막상 자격증을 위한 시험을 본다고 하니 앞이 막막했는데 1주끝장으로 시원하게 합격했습니다. 하루에 한 파트씩 무료강의를 듣고 책 내용 중 빈출이라고 표시되어 있는 부분들을 중점적으로 보았는데 대체로 그 부분에서 시험 출제가 많이 되었습니다. 시험을 앞두고 가볍게 핸드북처럼 제공된 빈출족보를 들고 다니면서 수시로 외우고, 함께 수록되어 있는 OMR 카드로 마킹 시간까지 체크하며 모의고사를 실제 시험처럼 연습하였더니 좋은 성적으로 합격할 수 있었습니다. 합격을 위한 지름길, 책 한 권에 수험생들을 위한 배려까지 담아주는 에듀윌을 추천합니다!

다음 합격의 주인공은 당신입니다!

빠르고 확실한 1주 플래너

플래너 이용 TIP!
SUBJECT마다 자주 출제되는 유형에 맞춰 학습하세요!

 사례형 사례에서 이론을 찾을 수 있어야 해요!

 연결형 정의와 의미를 정확하게 알아두세요!

 OX형 헷갈리는 이론이 없도록 꼼꼼히, 여러 번 보세요!

	차례 및 학습순서			공부한 날	
SUBJECT 01 서비스 산업 개론	CH 01 서비스와 서비스 산업 (사)(연)	P.18	1일	월	일
	CH 02 서비스 경제의 발전과 패러독스 (사)(연)(OX)	P.25		월	일
	CH 03 유형별 서비스 관리 (사)	P.28		월	일
	CH 04 서비스 비즈니스 모델 (사)	P.34		월	일
	적중 예상문제	P.38		월	일
SUBJECT 02 서비스 프로세스 개발 및 품질 관리	CH 01 서비스 프로세스의 이해 (사)(연)	P.52	2일	월	일
	CH 02 서비스 프로세스의 개선	P.60		월	일
	CH 03 서비스 연구 개발(R&D)	P.64		월	일
	CH 04 서비스 품질과 품질 측정 모형 (사)(연)(OX)	P.68		월	일
	CH 05 TSQM(총체적 서비스 품질 경영) (연)	P.75		월	일
	적중 예상문제	P.78		월	일
SUBJECT 03 서비스 수요 및 공급 관리	CH 01 서비스 수요 관리 (사)(연)	P.94	3일	월	일
	CH 02 서비스 공급 관리	P.102		월	일
	CH 03 서비스 대기 관리 (사)	P.107		월	일
	CH 04 서비스 가격 관리	P.117		월	일
	CH 05 서비스 수율 관리 (사)	P.123		월	일
	CH 06 서비스 기대 관리	P.127		월	일
	적중 예상문제	P.130		월	일
SUBJECT 04 서비스 인적 자원 관리	CH 01 인적 자원 관리의 이해	P.144	4일	월	일
	CH 02 서비스 인력 선발 (사)	P.147		월	일
	CH 03 직무 분석·평가 및 보상 (연)	P.150		월	일
	CH 04 노사 관계 관리	P.157		월	일
	CH 05 서비스 인력의 노동 생산성 관리 (사)(연)(OX)	P.160		월	일
	적중 예상문제	P.168		월	일
SUBJECT 05 고객 만족 경영(CSM) 전략	CH 01 고객 만족 경영 개론 (사)(연)(OX)	P.180	5일	월	일
	CH 02 고객 만족(CS)의 평가	P.191		월	일
	CH 03 경영 전략 분석	P.196		월	일
	CH 04 경쟁 우위 전략 및 서비스 마케팅 (연)	P.202		월	일
	적중 예상문제	P.209		월	일
특별부록	모의고사	01회		6일	월	일
		02회			월	일
	빈출족보			7일	월	일

여유가 있다면 2주 플래너

플래너 이용 TIP!
SUBJECT마다 자주 출제되는 유형에 맞춰 학습하세요!

 사례형 - 사례에서 이론을 찾을 수 있어야 해요!

 연결형 - 정의와 의미를 정확하게 알아두세요!

 OX형 - 헷갈리는 이론이 없도록 꼼꼼히, 여러 번 보세요!

	차례 및 학습순서			공부한 날	
SUBJECT 01 서비스 산업 개론	CH 01 서비스와 서비스 산업 사 연	P.18	1일	월	일
	CH 02 서비스 경제의 발전과 패러독스 사 연 OX	P.25		월	일
	CH 03 유형별 서비스 관리 사	P.28	2일	월	일
	CH 04 서비스 비즈니스 모델 사	P.34		월	일
	적중 예상문제	P.38		월	일
SUBJECT 02 서비스 프로세스 개발 및 품질 관리	CH 01 서비스 프로세스의 이해 사 연	P.52	3일	월	일
	CH 02 서비스 프로세스의 개선	P.60		월	일
	CH 03 서비스 연구 개발(R&D)	P.64	4일	월	일
	CH 04 서비스 품질과 품질 측정 모형 사 연 OX	P.68		월	일
	CH 05 TSQM(총체적 서비스 품질 경영) 연	P.75		월	일
	적중 예상문제	P.78	5일	월	일
SUBJECT 03 서비스 수요 및 공급 관리	CH 01 서비스 수요 관리 사 연	P.94		월	일
	CH 02 서비스 공급 관리	P.102	6일	월	일
	CH 03 서비스 대기 관리 사	P.107		월	일
	CH 04 서비스 가격 관리	P.117	7일	월	일
	CH 05 서비스 수율 관리 사	P.123		월	일
	CH 06 서비스 기대 관리	P.127		월	일
	적중 예상문제	P.130	8일	월	일
SUBJECT 04 서비스 인적 자원 관리	CH 01 인적 자원 관리의 이해	P.144		월	일
	CH 02 서비스 인력 선발 사	P.147	9일	월	일
	CH 03 직무 분석·평가 및 보상 연	P.150		월	일
	CH 04 노사 관계 관리	P.157		월	일
	CH 05 서비스 인력의 노동 생산성 관리 사 연 OX	P.160	10일	월	일
	적중 예상문제	P.168		월	일
SUBJECT 05 고객 만족 경영(CSM) 전략	CH 01 고객 만족 경영 개론 사 연 OX	P.180	11일	월	일
	CH 02 고객 만족(CS)의 평가	P.191		월	일
	CH 03 경영 전략 분석	P.196		월	일
	CH 04 경쟁 우위 전략 및 서비스 마케팅 연	P.202	12일	월	일
	적중 예상문제	P.209		월	일
특별부록	모의고사	01회		13일	월	일
		02회			월	일
	빈출족보			14일	월	일

에듀윌이
너를
지지할게

ENERGY

처음에는 당신이 원하는 곳으로
갈 수는 없겠지만,
당신이 지금 있는 곳에서
출발할 수는 있을 것이다.

– 작자 미상

에듀윌 SMAT 모듈 C
1주끝장

INTRO
머리말

※ 저자 순서는 가나다 순입니다.

SMAT 전문 교수진이 단기 합격을 보장합니다

SMAT로 서비스 기초부터 전문가 수준까지

그동안 서비스 산업 분야는 다른 산업과 달리 직무가 광범위하고 유동적이라는 이유로 하나의 통합된 학습을 통한 자격 인증을 한다는 것이 매우 어려웠다. 하지만 국가공인 SMAT는 다양한 서비스 분야의 종사자들이 자신의 직무에 얽매이지 않고, 서비스 기초부터 전문가 수준까지 수준별로 학습하고, 단계별 그 자격을 인정받을 수 있는 기준을 제시하였다. 필자는 다양한 서비스 세일즈 현장을 경험한 실무 자산과 많은 교육 현장에서 SMAT를 지도해 온 경험 자산을 토대로 수험생이 이해하기 쉽고, 합격률을 높일 수 있는 내용을 이 책에 담았다.

김정현

- **약력**
  - 한국외국어대학교 경영대학원 석사
  - 현) 번타임코리아 대표
    - 부천대학교 공동훈련센터 외래교수
    - 산업인력공단 일학습병행 영업/마케팅 교수
  - 전) 대전보건대학교 창업&경영 겸임교수
    - 한국생산성본부 본부직속 SMAT 공인강사
    - 리츠칼튼 호텔 호텔리어
    - (주)프라이어스 사업 본부장

SMAT 합격으로의 지름길

수년간 많은 기업체와 대학에서 서비스 교육을 하면서 서비스가 학문으로서 인정받지 못하고 있다는 느낌을 받았다. 때문에 SMAT는 본인뿐 아니라, 많은 서비스 강사 혹은 교수들에게 사막의 오아시스 같은 존재였을 것이다. 이 책은 자격증 취득 이상으로 '서비스'에 물음표를 가지는 모든 이들에게 체계적으로 정리된 이론과 사례로 도움을 주고자 하였다. 현장 실무에서 꼭 알아야 하는 내용으로 서비스 입문자부터 관리자까지 누구나 이해하기 쉽게 구성하였으며, SMAT 합격의 지름길로 안내할 것이다.

박정아

- **약력**
  - 한양대학교 교육공학과 박사과정, 서강대학교 교육대학원 석사
  - 현) IT&BASIC 교육연구소 소장
    - 포스코(POSCO) 외 CS전문강사
    - 한국생산성본부 파트너강사
  - 전) (주)호텔신라 면세유통사업부 CS팀 근무
    - (주)홈플러스테스코 CS전문강사
    - 오산대학교 관광서비스경영실무 외래교수
- **수상**
  - 제11회 i-TOP 경진대회 서비스경영 분야 최우수상

서비스 전문가로의 시작

더욱 다양해지는 고객의 요구에 기업은 고객 중심적인 사고와 행동으로 고객 감동을 실현하고 있다. 때문에 기업에서는 서비스 경쟁력 강화를 위해 반드시 서비스 전문가를 필요로 하고, SMAT는 이런 요구에 기초를 다지는 초석이 될 것이다. 다년간 SMAT를 준비하는 수험생들과 함께 공부하며 그들이 원하는 것이 무엇인지, 합격을 위해 어떻게 공부해야 되는지에 대한 고민을 하였고, 그 노하우를 이 책에 담았다. SMAT에 도전하는 모든 분들께 큰 도움이 되기를 바라며 진심으로 합격을 응원한다.

유지영
- **약력**
  - 인하대학교 교육대학원 석사
  - 현) SP컨설팅 대표
    - 커넥트밸류(주) 전임강사
    - 한국교육정보센터 이사
    - 한국생산성본부 인증 SMAT 공인강사
    - 연성대학교, 신안산대학교, 대림대학교 SMAT 외래교수
  - 전) 한화생명 CS전문강사

검수
양용훈
- **약력**
  - 경희대학교 일반대학원 마케팅 석사
  - 현) 커넥트밸류(주) 대표
    - 창의적서비스연구소 소장
    - 한국강사협회 이사
  - 전) 한국생산성본부 CS교육팀 책임전문위원/팀장
    - 서울시 고객만족자문위원회 자문위원
    - SMAT 출제위원
    - 행복한성공컨설팅 대표
    - 제주국제자유도시개발센터 CS자문위원

GUIDE
시험 안내

국내 최초 서비스경영 분야 국가공인 자격

2015년부터 국가공인 자격시험으로 시행되어 다수의 기업과 대학에서 구성원의 서비스 역량 강화를 위해 활용하고 있다.

국가직무능력표준(NCS)기반 실무형 자격

NCS에 의거 산업별, 직무별 핵심 역량 및 성공 요인으로 설계되어 현장 활용도가 높은 실무형 자격시험이다.

학점은행제에 따른 학점인정

국가평생교육진흥원 고시 '제24차 자격학점 인정기준'에 의거하여 1급(컨설턴트) 취득 시 10학점, 2급(관리자) 취득 시 6학점이 부여되어 서비스경영 분야의 최대 학점으로 인정된다.

※ 1급(컨설턴트): 전문학사(경영, 관광경영), 학사(경영학, 관광경영학, 호텔경영학)일 경우, 전공필수 학점으로 인정
※ 2급(관리자): 전문학사(경영, 관광경영)일 경우, 전공필수 학점으로 인정
※ 위에 제시된 전공이 아닐 경우, 일반선택 학점으로 인정

1. 2026 시험일정

SMAT는 2, 4, 6, 8, 10, 12월은 둘째 주 토요일에, 5, 11월은 넷째 주 토요일에 시행됩니다(연 8회), 시험 방문접수는 'KPC자격지역센터'에서 가능합니다. 지역센터도 사전 연락 후 내방 바랍니다.

※ 시험일정은 시행처 사정에 따라 변경될 수 있으니 반드시 'KPC자격 홈페이지(license.kpc.or.kr)를 통해 확인 바랍니다.

2. 등급 부여 기준

SMAT는 각 모듈별로 응시할 수 있으며, 합격한 모듈에 따라 등급을 부여한다. 모듈 B 또는 모듈 C를 먼저 취득할 경우 모듈 A를 취득해야 자격이 부여되므로 모듈 A의 우선 취득을 권장한다.

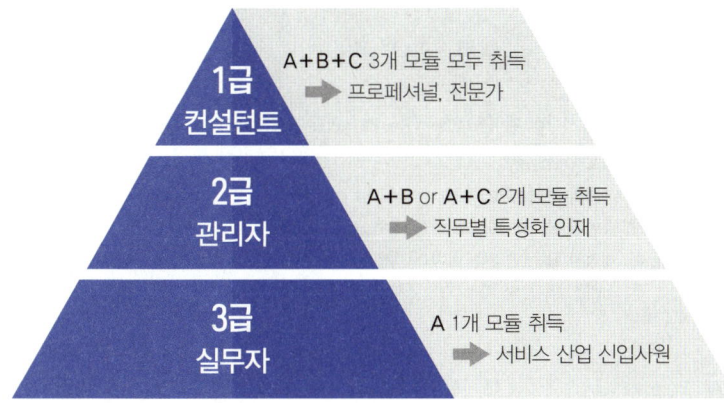

※ 시험방법: PBT 방식으로 모듈별 70분간 진행하며 5개 유형으로 총 50문항 출제
※ 합격기준: 100점 만점 중 70점 이상 합격

3. 모듈 C 세부 출제범위

과목	출제범위
서비스 산업 개론	유형별 서비스의 이해, 서비스 산업의 특성 이해, 서비스 경제 시대 이해, 서비스 패러독스, 서비스 비즈니스 모델의 이해 등
서비스 프로세스 설계 및 품질 관리	서비스 품질 측정 모형 이해, 서비스 GAP 진단, 서비스 R&D 분석, 서비스 프로세스 모델링, 서비스 프로세스 개선방안 수립 등
서비스 공급 및 수요 관리	서비스 수요 예측기법 이해, 대기 행렬 모형, 서비스 가격·수율 관리, 서비스 고객 기대 관리, 서비스 공급 능력 계획 수립 등
서비스 인적 자원 관리(HRM)	인적 자원 관리의 이해, 서비스 인력 선발, 직무 분석/평가 및 보상, 노사 관계 관리, 서비스 인력 노동 생산성 제고 등
고객 만족 경영(CSM) 전략	경영 전략 주요 이론, 서비스 지향 조직 이해, 고객 만족의 평가 지표 분석, 고객 만족도 향상 전략 수립 등

GUIDE

4. 시험유형

SMAT 시험은 모듈별 50문항으로 구성되며, 5가지 유형으로 출제된다.

PART 1 일반형 5지선다형으로, 24문항 출제

1. 다음 중 서비스 패러독스(Service Paradox)가 발생하게 된 원인으로 가장 적절한 것은?
   ① 셀프서비스 증가
   ② 고객의 기대 감소
   ③ 숙련된 서비스 제공자 일선 배치
   ④ 개인의 요구에 맞춘 서비스 개별화
   ⑤ 서비스 생산 및 제공 과정에서 인간 존중

PART 2 O/X형 주어진 문장의 참과 거짓을 판별하는 유형으로, 5문항 출제

[25~29] 다음 문항을 읽고 옳고(O), 그름(X)을 선택하시오.

25. 경제의 서비스화와 관련하여, 후크스(1968)는 GNP의 절반 이상이 서비스 부문에서 창출되는 경제를 '서비스 경제'라고 정의하였다.   (① O ② X)

26. EOQ 모형에서 Q 값이 증가할 때 유지 비용은 늘어나고, 주문 비용은 줄어든다. 즉, 유지 비용과 주문 비용은 반비례 관계에 있다.   (① O ② X)

PART 3 연결형 제시된 보기 중 문장에서 설명하는 내용과 일치하는 보기를 찾는 유형으로, 5문항 출제

[30~34] 다음 설명이 의미하는 적합한 개념을 각각 선택하시오.

| ① 전사적 품질 경영(TQM) | ② FCFS | ③ 제품의 서비스화 |
| ④ 표준화 | ⑤ 고객화 | |

30. 융합 상품의 개발 방식 중 정수기 판매 회사에서 제품을 판매하는 대신 렌털 서비스로 전환한 경우의 방식   (   )

PART 4 사례형 — 비즈니스 상황에서 접할 수 있는 다양한 상황을 서술한 제시문을 바탕으로 문제를 푸는 유형, 10문항 출제

39. 다음 사례의 부서에서 계획하고 있는 방법으로 팀원을 모집했을 때 이에 대한 설명으로 가장 적절하지 않은 것은?

> 부서장: 우리가 맡은 대형 프로젝트가 계속해서 늘어나면서 업무가 과중된 것 같습니다. 그래서 팀원을 신규로 충원할까 하는데, 어떤 방식으로 선발하는 편이 좋을지 의견 있으시면 말씀해 주세요.
> 직원 1: 제 생각에는 외부 경력자를 채용하는 방법도 있겠지만, 회사 내부의 옆 본부에 있는 사람을 뽑는 게 보다 효율적일 것 같습니다.
> 직원 2: 저도 그렇게 생각합니다. 마케팅 3팀의 김 과장 같은 사람은 기존에 저희 업무를 해 보았기 때문에 보다 업무를 효율적으로 할 수 있을 것입니다.

① 훈련과 조직화 시간을 단축할 수 있다.
② 능력이 충분히 검증된 사람을 채용할 수 있다.

PART 5 통합형 — 비즈니스 상황에서 접할 수 있는 다양한 상황을 서술한 제시문을 바탕으로 2개의 문항을 푸는 유형, 6문항 출제

[49~50] 다음을 읽고 물음에 답하시오.

> 미용사: 어떤 스타일로 해드릴까요?
> 손 님: 저번처럼 김태희 스타일로 해주세요.
> 미용사: 앞머리는 이 정도로 짧고, 옆과 뒤는 목이 드러나도록 일직선인 단발머리 스타일이요?
> 손 님: 앞머리는 그보다 약간 더 길게 해주세요.
> 미용사: 커트가 끝났습니다. 마음에 드세요?
> 손 님: 지난번 스타일과 많이 다른 것 같아요. 뭔가 어색해요.
> 미용사: 옆과 뒤를 조금 더 짧게 해드릴까요?

49. 손님이 지난번 스타일과 다르다고 인식하는 이유는 서비스의 어떤 특성 때문인가?
① 무형성   ② 이질성   ③ 비분리성

시험 당일, 합격 전략

어렵다고 포기하지 말고 상황을 상상하자!
SMAT 시험은 실무형 자격 시험이라는 취지에 맞게 실제 사례를 묻는 문제가 많이 출제된다.
때문에 문제가 어려울 땐 포기하기보다는 실제 상황을 상상하면
어렵게만 느껴졌던 문제가 생각보다 쉽게 풀릴 수도 있다!

쉬는 시간을 활용하라!
모듈별 쉬는 시간은 20분,
시험 종료 15분 전부터 중도 퇴실이 가능하기 때문에 최대 35분의 쉬는 시간이 주어진다!
이 황금같은 시간 동안 빈출족보 또는 실제 시험 동형 모의고사를 확인하자.

주의 쉬는 시간만 너무 믿지는 말 것!
  중도 퇴실 시 시험이 끝날 때까지 시험장에 들어갈 수 없다.
  시험장 앞에서 공부가 잘 될 것이라는 보장은 없다.

STRUCTURE
구성과 특징

이론부터 문제까지 단기에!
단기 공략 커리큘럼

학습방향을 제시해주는! 과목별 이론

SMAT 공식 출제기준에 맞추어 구성하고, SUBJECT별 학습방법과 '빈출 키워드', 자주 출제되는 이론을 파악할 수 있는 '형광펜' 표시 등을 통해 단기 합격을 위한 학습방향을 제시하였다.

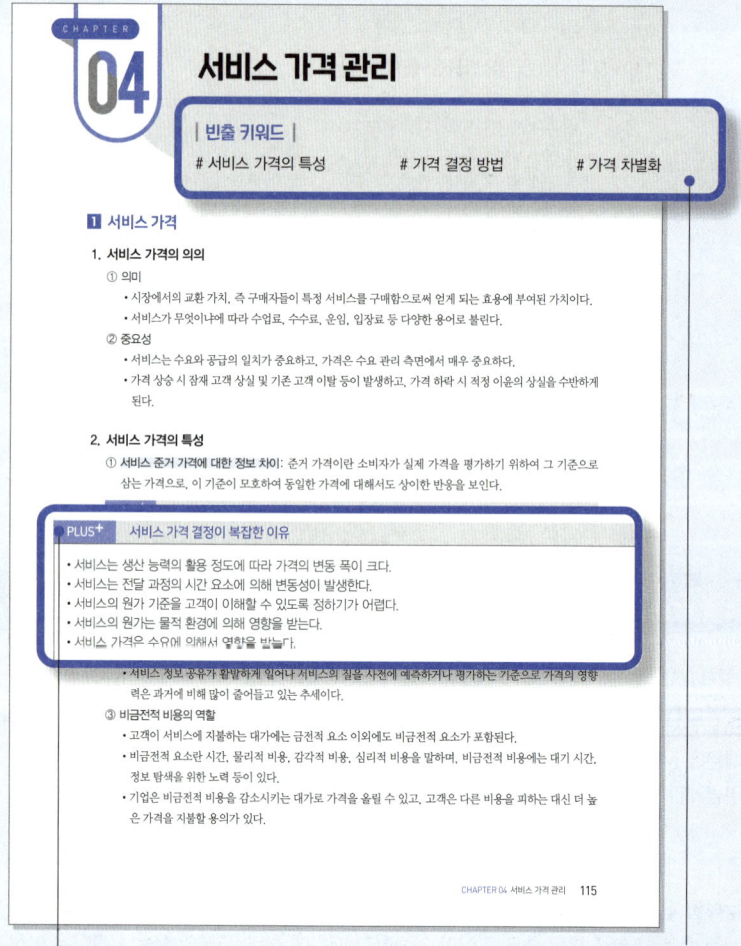

PLUS+
용어나 개념, 사례 등 이론을 이해하거나 학습의 흐름에 도움 되는 이론 수록!

빈출 키워드
출제 비중이 높은 내용, 자주 출제되는 키워드 등을 학습 전에 먼저 확인!

"1주/2주 플랜을 선택하여 플래너와 함께 학습하세요!"

에듀윌이 만든! 적중 예상문제

학습한 이론을 바로 확인할 수 있는 적중 예상문제를 실제 시험 난이도, 형태 그대로 수록하였다.

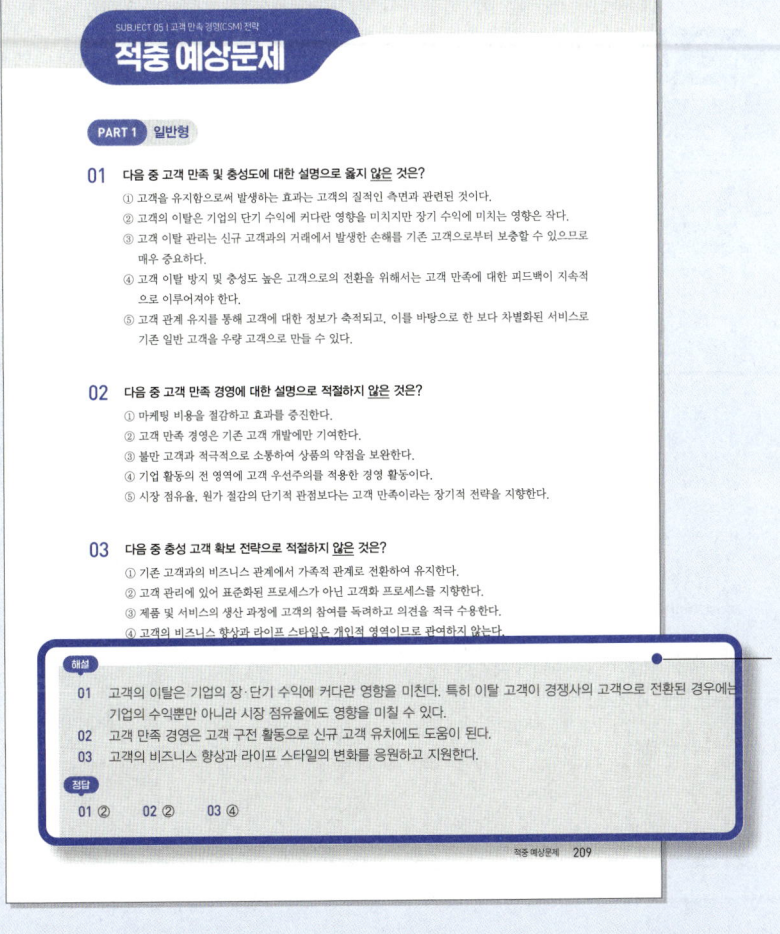

정답 및 해설

왜 정답인지 직관적으로 파악할 수 있는 해설! 문제와 같은 페이지에 수록하여 편리하게 오답 체크 가능!

STRUCTURE

시험 직전까지 볼,
시험장 필수 아이템

시험에 나올 이론을 한 손에! 빈출족보

시험에 나올 이론을 압축하여 시험 직전까지 빈출이론을 확인할 수 있도록 하였다.

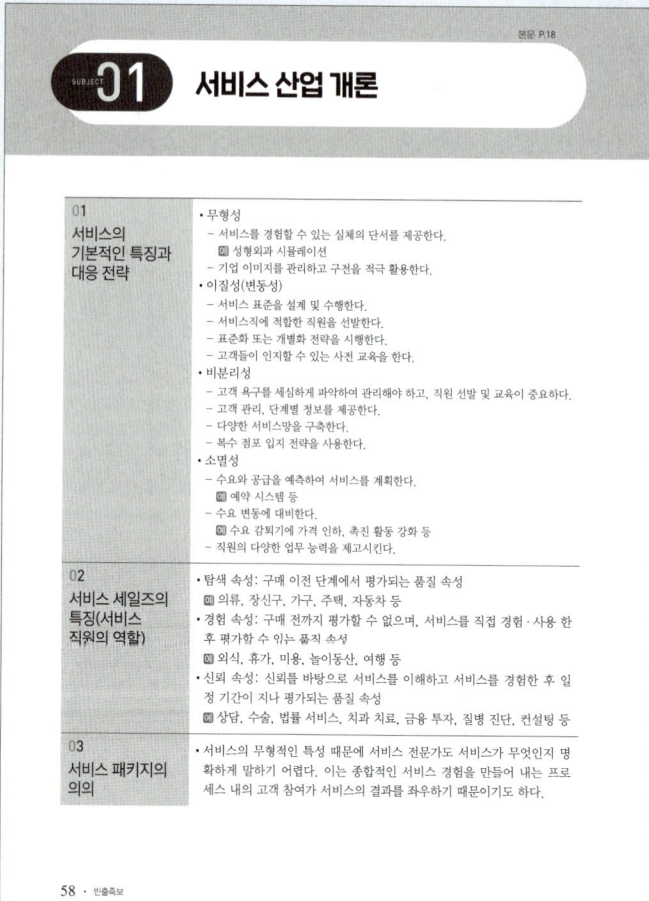

실제 시험과 완벽 동일 구성!
한국생산성본부(KPC) 제공
모의고사 그대로 수록!

주관처 제공 모의고사 그대로! 실제 시험 동형 모의고사

문제지부터 OMR 카드까지 실제 시험을 완벽하게 구현하였다.
여기에 상세한 정답 및 해설과 필수개념이 더해져 완벽한 마무리가 가능하다.

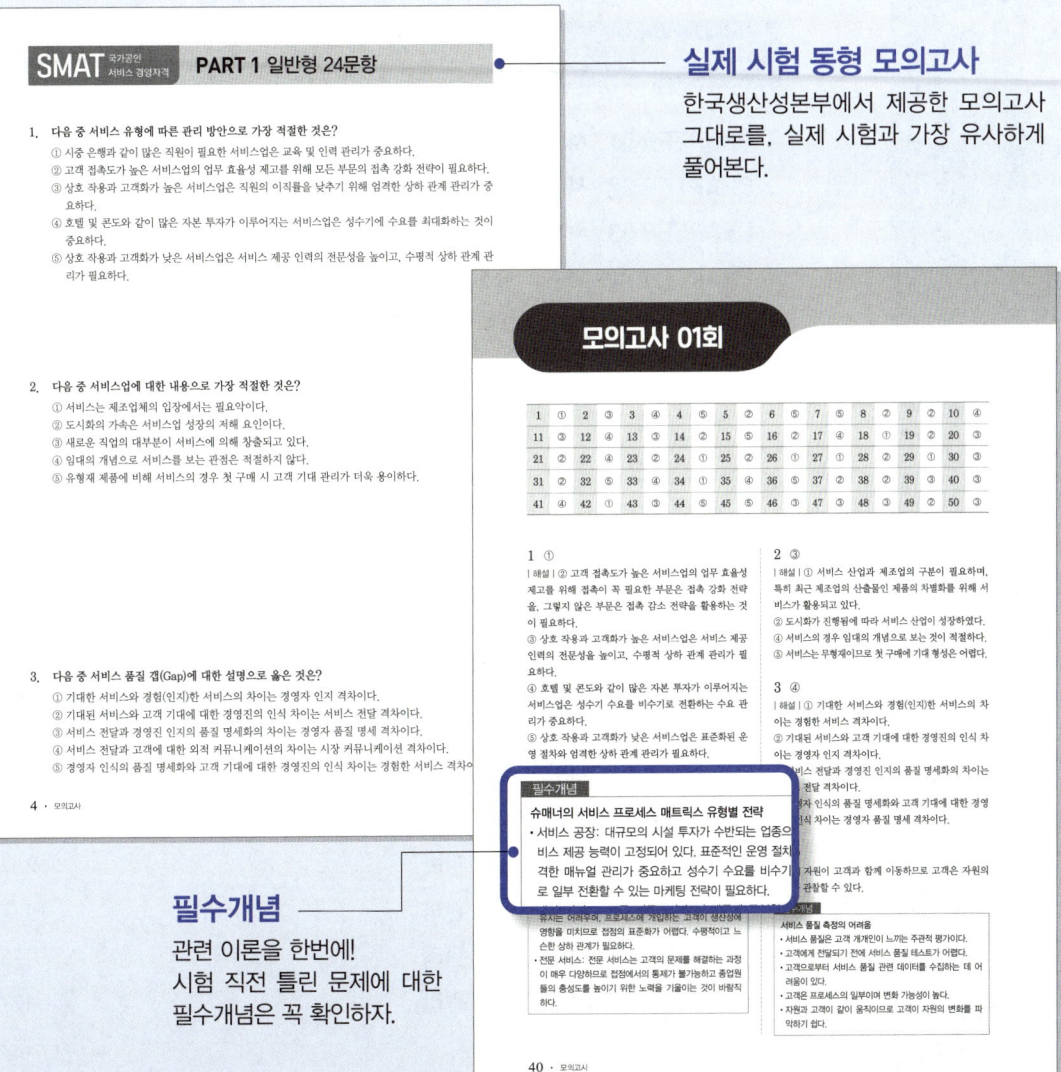

실제 시험 동형 모의고사
한국생산성본부에서 제공한 모의고사 그대로를, 실제 시험과 가장 유사하게 풀어본다.

필수개념
관련 이론을 한번에!
시험 직전 틀린 문제에 대한 필수개념은 꼭 확인하자.

CONTENTS 차례

SUBJECT 01 | 서비스 산업 개론

CHAPTER 01	서비스와 서비스 산업	18
CHAPTER 02	서비스 경제의 발전과 패러독스	25
CHAPTER 03	유형별 서비스 관리	28
CHAPTER 04	서비스 비즈니스 모델	34
적중 예상문제		38

SUBJECT 02 | 서비스 프로세스 개발 및 품질 관리

CHAPTER 01	서비스 프로세스의 이해	52
CHAPTER 02	서비스 프로세스의 개선	60
CHAPTER 03	서비스 연구 개발(R&D)	64
CHAPTER 04	서비스 품질과 품질 측정 모형	68
CHAPTER 05	TSQM(총체적 서비스 품질 경영)	75
적중 예상문제		78

SUBJECT 03 | 서비스 수요 및 공급 관리

CHAPTER 01	서비스 수요 관리	94
CHAPTER 02	서비스 공급 관리	102
CHAPTER 03	서비스 대기 관리	107
CHAPTER 04	서비스 가격 관리	117
CHAPTER 05	서비스 수율 관리	123
CHAPTER 06	서비스 기대 관리	127
적중 예상문제		130

SUBJECT 04 | 서비스 인적 자원 관리

CHAPTER 01	인적 자원 관리의 이해	144
CHAPTER 02	서비스 인력 선발	147
CHAPTER 03	직무 분석·평가 및 보상	150
CHAPTER 04	노사 관계 관리	157
CHAPTER 05	서비스 인력의 노동 생산성 관리	160
적중 예상문제		168

SUBJECT 05 | 고객 만족 경영(CSM) 전략

CHAPTER 01	고객 만족 경영 개론	180
CHAPTER 02	고객 만족(CS)의 평가	191
CHAPTER 03	경영 전략 분석	196
CHAPTER 04	경쟁 우위 전략 및 서비스 마케팅	202
적중 예상문제		209

특별부록

빈출족보
- SUBJECT 01
- SUBJECT 02
- SUBJECT 03
- SUBJECT 04
- SUBJECT 05

실제 시험 동형 모의고사
- 01회
- 02회
- 정답 및 해설

SUBJECT 01

서비스 산업 개론

CHAPTER 01 서비스와 서비스 산업
CHAPTER 02 서비스 경제의 발전과 패러독스
CHAPTER 03 유형별 서비스 관리
CHAPTER 04 서비스 비즈니스 모델

학습방법

- ☑ 서비스의 기본적인 특징과 대응 전략을 알고 서비스 제공자가 서비스 전달 과정에서 고려해야 하는 속성과 관리 이슈를 학습한다.
- ☑ 서비스의 확장에도 고객 만족도가 하락하는 이유와 극복 방안을 학습한다. 서비스 경제 시대에서 기업의 생존 전략을 알고 서비스 관리자로서 적절한 전략 방향을 구상할 수 있다.
- ☑ 서비스 산업의 유형별 분류를 살펴보고 산업별 비교를 통해 서비스 운영, 개선, 개발에 필요한 전략을 알아본다. 또한 유형별 관리 이슈에 대해 학습한다.
- ☑ 서비스 비즈니스 모델과 그 성과를 평가하는 방법을 이해하고 적용할 수 있다.

CHAPTER 01 서비스와 서비스 산업

| 빈출 키워드 |

\# 서비스의 특징   \# 서비스의 3대 기본 속성   \# 서비스 패키지
\# 서비스 마케팅 삼각형

1 서비스의 이해

1. 서비스의 의미

① 서비스는 고객 만족을 목적으로 사람, 설비, 시설에 의해 제공되는 일체의 행위 및 성과 노력을 의미한다. 유형의 제품과 마찬가지로 서비스는 고객의 욕구 충족을 위해 존재한다.

② 제조 활동이 물질적 재화를 통해 효용을 만들어 내는 것이라면, 서비스는 무형적 효용을 창조하는 생산적인 활동으로 볼 수 있다.

③ 서비스의 경제학적 정의

애덤 스미스 (Adam Smith)	• 법관, 교사, 연예인 등의 서비스 노동은 부를 창출할 수 없기 때문에 비생산적 노동으로 간주한다. • 생산적 노동은 자본과 교환되는 노동이나 상품에 실현되는 노동이므로 서비스는 이에 해당하지 않는 것으로 본다.
세이 (J.B. Say)	• 부의 본질은 효용이며, 생산이란 물질의 창조가 아니라 효용의 창조라고 주장한다. • 비물질적인 것은 보존이 용이하지 않으므로 부가 아니라고 주장하는 애덤 스미스의 견해에 반대한다.
마셜 (A. Marshall)	• '인간은 물질적인 물체를 창조할 수 없다.'고 주장한다. • 물질적인 물체를 만들었다 해도 이는 단지 효용을 만든 것에 불과하고 물질의 형태와 구조를 변화시켜 욕구 충족에 보다 적합하게 만든 것일 뿐이라고 주장한다.

④ 서비스의 경영학적 정의

활동론적 정의	• 미국 마케팅 협회(AMA; American Marketing Association): 서비스는 판매를 위해 제공되거나 연계되어 제공되는 활동, 효익, 만족이다. • 스탠턴(Stanton): 서비스는 소비자나 이용자에게 판매될 경우 욕망에 대한 만족을 가져오는 무형의 활동이며, 반드시 유형재나 타 서비스의 판매와 결부되지 않고 독립적으로 인식되어야 한다. • 블루아(Blois): 서비스는 한 재화의 형태에서 물리적 변화 없이 편익과 만족을 낳는 판매에 제공되는 활동이다.
속성론적 정의	• 라스멜(Rathmell): 서비스는 무형재이다. • 주드(Judd): 서비스는 소유권 이전이 없는 재산이다. • 쇼스택(Shostack): 서비스는 무형재가 아니며 무형재로 판매되지도 않는다.
봉사론적 정의	레빗(Levitt): 현대 서비스는 전통적인 발상에서 탈피하여 인간이 제공하는 봉사적 서비스를 인간으로부터 분리하여 인간 노동을 기계로 대체하는 방법(서비스의 기계화, 표준화, 시스템화를 통한 생산성 향상)이라고 정의한다.
인간 상호 관계론적 정의	코틀러(Kotler): 서비스를 무형적 성격을 띠는 일련의 활동으로 서비스 종업원과 상호 관계에서부터 발생하여 고객의 문제를 해결해 주는 것이라고 정의한다.

2. 서비스의 중요성

① 현대 사회를 살아가는 개인과 조직은 모두 서비스의 도움 없이 생활이나 사업을 하는 것이 불가능해졌다. 과거 소비자에 의해 자체 생산되던 많은 것들이 이제는 개인화된 서비스로 대체되고 있는 모습을 볼 수 있다.
② 기업의 경우에도 사업에 필요한 다양한 서비스가 제공되며 법률, 회계, 경영 자문, 직원 교육, 임대, 제조 영역의 비즈니스 서비스업이 등장하고 있다.
③ 상품이나 제품을 사용하기 위해 서비스가 필요하던 시대에서 서비스를 잘 이용하기 위해 제품의 지원이 필요한 시대로 전환되었다. 예를 들어, 이동하면서 SNS나 메일 확인, 인터넷 검색 등의 모바일 서비스를 이용하기 위해 스마트폰을 사용하는 것과 같다.
④ 사회·문화의 변화로 새로운 직업의 대부분이 서비스 사업에 의해 창출되고 있다. 다양한 개인 서비스 사업(학원, 진로 상담, 취업 컨설팅, 몸조리, 육아 서비스, 세탁 서비스, 외식, 숙박, 여행, 이동 및 레저 등)의 증가로 개인의 삶에서 서비스가 차지하는 비중은 더 높아지고 있다.
⑤ 4차 산업 사회에서 전통적 서비스에 새로운 서비스가 결합된 복합 서비스 사업이 요구되고 있다.
⑥ 오늘날 소비자는 유형적 제품의 기능적 가치뿐 아니라 삶의 질을 높이기 위한 무형적 활동의 가치 역시 중요하게 생각한다.

3. 서비스의 기본적인 특징과 대응 전략 빈출

구분	특징	대응 전략
무형성	• 서비스는 보고, 듣고, 만지고, 평가할 수 있는 객체가 아닌 무형적인 것이다. • 서비스는 전시하거나 전달하는 것이 어렵다. • 특허를 내기 어렵고, 가격 책정이 어렵다.	• 서비스를 경험할 수 있는 실체의 단서를 제공한다. 예 성형외과 시뮬레이션 • 기업 이미지를 관리하고 구전을 적극 활용한다.
이질성 (변동성)	• 서비스는 종업원이 어떻게 전달하느냐에 따라 전혀 다른 서비스가 되기도 한다. • 서비스는 통제 불가능한 다양한 요인으로 인해 계획과 일치하는지를 확인하기 어렵다.	• 서비스 표준을 설계 및 수행한다. • 서비스직에 적합한 직원을 선발한다. • 표준화 또는 개별화 전략을 시행한다. • 고객들이 인지할 수 있는 사전 교육을 실시한다.
비분리성	• 서비스는 생산과 동시에 소비되고 고객이 개입되기 때문에 서비스 과정에 고객으로 인하여 서비스 결과가 달라진다. • 서비스 제공 주체가 반드시 현장에 있어야 한다. • 집중화보다 분권화를 해야 하는 상황이 많고, 대량 생산이 어렵다.	• 고객 욕구를 세심하게 파악하여 관리해야 하고, 직원 선발 및 교육이 중요하다. • 고객 관리, 단계별 정보를 제공한다. • 다양한 서비스망을 구축한다. • 복수 점포 입지 전략을 사용한다.
소멸성	• 서비스는 저장할 수 없고 재판매가 어려우며, 재고로 보관할 수 없다. • 서비스는 교환, 반품, 환불의 어려움이 있다. • 수요와 공급을 맞추기가 어렵다.	• 수요와 공급을 예측하여 서비스를 계획한다. 예 예약 시스템 등 • 수요 변동에 대비한다. 예 수요 감퇴기에 가격 인하, 촉진 활동 강화 등 • 직원의 다양한 업무 능력을 제고시킨다.

4. 서비스의 다양한 속성

① 서비스의 3대 기본 속성

탐색 속성	구매 이전 단계에서 평가되는 품질 속성 예 의류, 장신구, 가구, 주택, 자동차 등
경험 속성	구매 전까지 평가할 수 없으며, 서비스를 직접 경험·사용하고 평가할 수 있는 품질 속성 예 외식, 휴가, 미용, 놀이동산, 여행 등
신뢰 속성	신뢰를 바탕으로 서비스를 이해하고 서비스 경험 후 일정 기간이 지나 평가되는 품질 속성 예 상담, 수술, 법률 서비스, 치과 치료, 금융 투자, 질병 진단, 컨설팅 등

② 서비스 전달 과정에서의 속성

구분	운영상 측면	고객 관계상 측면
내용	서비스의 속성에 의해 서비스 생산과 고객 전달 과정에서 발생하는 운영상의 특성	서비스의 속성이 고객과의 관계에 영향을 미치게 되는 특성
속성	• 비저장성 • 일회성 • 현장 구매성 • 노출 가능성 • 사용권성 • 인식의 곤란성 • 연속성 • 유통의 불가성 • 대량 생산 • 판매의 곤란성 • 입지 의존성	• 가치 판단의 차이성 • 행위의 절차성 • 내용의 이질성 • 수요의 불규칙성 • 표출의 다양성 • 수급의 협동성 • 선택의 가변성 • 가격의 탄력성 • 필요의 무한성

> **PLUS⁺ 서비스에 대한 편견과 오해**
>
> - 서비스는 육체적인 차원이 아닌 대단히 정신적이고 심리적인 것이다.
> - 공짜나 대신 없어주는 것이 아니다.
> - 보다 정교한 연구 대상이다.
> - 많은 이익을 가져다 주는 경영의 대상이다.
> - 국가적으로 추진해 나가야 할 전략적 대상이다.
>
> 만약, 기업들이 서비스를 노예적 속성과 개인적 직무 차원에서 바라보는 시각에서 벗어난다면 서비스업은 엄청난 진보를 이룰 것이다.
> — 하버드대 레빗(T. Levitt) 교수

5. 서비스 패키지 빈출

① 의의
- 서비스의 무형적인 특성 때문에 서비스 전문가도 서비스가 무엇인지 명확하게 설명하기 어렵다. 이는 종합적인 서비스 경험을 만들어 내는 프로세스 내의 고객 참여가 서비스의 결과를 좌우하기 때문이기도 하다.
- 예약제 레스토랑에서는 음식의 맛 이상으로 분위기가 중요하고, 은행에 대한 고객의 평가는 창구 직원의 친절성과 대기 정도에 따라 형성되기도 한다. 따라서 서비스 제공 주체는 고객이 갈망하는 부분과 일치하는 종합적인 경험을 제공하는 것이 중요하다.
- 서비스 패키지란 특정 환경에서 서비스가 재화 및 정보와 함께 결합되어 제공되는 상품의 묶음이다.
- 서비스 패키지는 크게 핵심 서비스와 부가 서비스로 나뉘는데, 핵심 서비스는 고객들이 기본적으로 기대하는 서비스이며, 부가 서비스는 핵심 서비스를 지원하는 성격의 서비스이다.

② 구성 요소 및 평가 기준

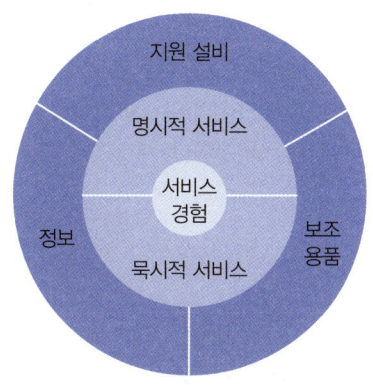

구성 요소	내용	평가 기준
서비스 경험	서비스 패키지를 통해 고객이 얻게 되는 경험이다.	–
명시적 서비스	• 서비스의 본질적인 구성 요소로, 고객이 오감을 통해 인지할 수 있는 부분이다. • 서비스 패키지의 핵심적인 부분을 구성한다. 예 치아 치료 후 통증 감소, 정비 후 부드럽게 달리는 자동차 등	• 서비스 인력의 교육 • 포괄성 • 일관성 • 이용 가능성
묵시적 서비스	• 고객이 희미하게 느끼는 심리적 혜택이나 서비스 외관적 특색이다. • 서비스 패키지에 대한 외관적 특성을 구성한다. 예 직원의 친절과 배려, 해외 대학 학위의 위상, 대출 사무실의 사생활 보호 등	• 서비스 태도, 분위기, 대기 • 지위 상태 • 안전감 • 편리성
정보	효율적이며 고객화된 서비스 제공을 가능하게 하는 고객 정보 및 데이터이다. 예 환자의 진료 기록, 비행기의 좌석 정보 등	• 정확성 • 적시성 • 유용성
지원 설비	서비스 제공 이전에 반드시 갖추어야 하는 물리적 자원이다. 예 골프 코스, 스키 리프트, 항공기 등	• 입지, 건축적 적합성 • 시설 배치, 실내 장식 • 지원 설비
보조용품	서비스 제공 과정에서 고객이 추가적으로 구매하거나 제공받는 물품이다. 예 건강 검진 결과표, 법적 서류, 상품 구매 시 사은품 등	• 일관성 • 양 • 선택

PLUS⁺ 서비스 패키지의 예

- 호텔의 경우 서비스 제공 이전에 건물이 꼭 필요하다. 즉, 호텔에서의 지원 설비는 콘크리트로 된 건물이다. 고객이 추가로 구매하거나 제공받는 보조용품에는 세면도구가 해당되며, 명시적 서비스는 깨끗한 방과 편안한 침대이다. 묵시적 서비스로는 친절한 직원과 조도가 밝은 주차장에서 느끼는 안전함의 정도가 될 것이다. 빈방에 대한 정보는 예약에 사용될 정보이다.
- 서비스 패키지에서 보조용품의 중요성에 따라 순수 서비스(무형의 행위적 서비스 예 어린이 돌보기, 트레이너의 지도)와 혼합 서비스(서비스와 유형재가 혼합된 서비스 예 항공 서비스, 호텔 서비스, 놀이동산)로 나눌 수도 있다. 예를 들어, 정신과 의사는 아무런 보조용품을 사용하지 않으므로 순수 서비스로 분류할 수 있고, 자동차 정비소는 많은 보조용품을 사용하므로 혼합 서비스가 될 수 있다.

6. 서비스 마케팅 삼각형 [빈출]

① 필립 코틀러(Philip Kotler)의 서비스 마케팅 삼각형(Service Marketing Triangle)은 기업, 직원, 고객 세 가지 요소로 구성되어 이들 사이의 삼각관계를 고려할 수 있다.
② 서비스 마케팅의 구조는 기업과 직원 사이의 내부 마케팅, 기업과 고객 사이의 외부 마케팅, 직원과 고객 사이의 상호 작용 마케팅이라는 세 가지 하위 마케팅으로 이루어진다.

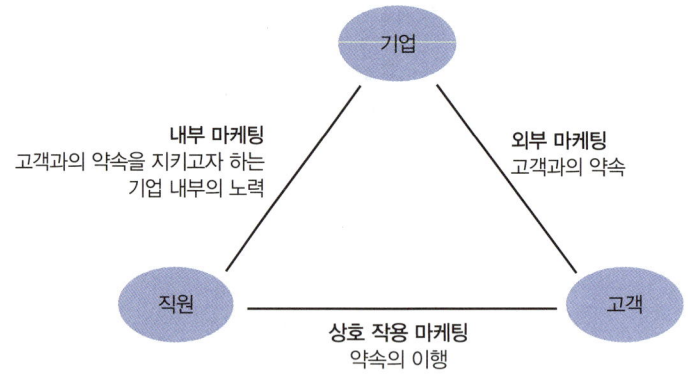

내부 마케팅	• 기업과 직원 간에 이루어지는 마케팅이다. • 내부 마케팅이 외부 마케팅(관계 마케팅)보다 우선적으로 수행되어야 한다. • 서비스 품질 관리를 위해 내부 직원을 대상으로 교육·훈련을 하고, 이들에게 동기를 부여하는 마케팅 활동이다.
외부 마케팅 (관계 마케팅)	• 기업과 고객 간에 이루어지는 마케팅이다. • 서비스 산업에서도 CEO는 고객을 조사하고, 고객에게 제공할 서비스를 설계·디자인하여 제공하는 서비스 품질을 약속한다.
상호 작용 마케팅	• 직원과 고객 간에 이루어지는 마케팅이다. • 서비스 기업의 직원들이 직접 고객과 접촉하면서 실제 서비스를 제공한다. • 직원과 고객의 상호 작용 마케팅을 통해 고객 만족과 서비스 품질 향상에 도움이 될 수 있다.

2 서비스 산업의 이해

1. 서비스 산업의 의미

① 서비스 산업이란 금융, 통신, 무역, 관광, 의료, 교육, 지식 기반 서비스 등의 여러 분야에서 다양한 서비스 상품을 제공하는 산업이다.
② 서비스는 '사람, 정보, 제품'을 투입하고 일련의 변환 과정을 통해 다시 '사람, 정보, 제품'을 산출하는 과정이며, 이러한 생산 프로세스를 지닌 기업군을 서비스 산업이라고 한다.
③ 테오도르 레빗(Theodore Levitt)은 '서비스 산업이란 별도로 존재하지 않는다. 다만, 서비스 요소를 보다 많이 또는 보다 적게 가진 산업들이 존재하는 것이다. 역설적으로 모든 산업은 다 서비스 산업이다.'라고 서비스 산업과 제조업을 이분법적으로 구분 지어 생각하는 것은 의미가 없음을 시사한 바 있다.

2. 서비스 산업의 분류

UN의 국제표준산업분류	도소매업, 음식·숙박업, 운송 창고 통신업, 금융 중개업, 부동산 및 사업 서비스업, 공공 서비스, 국방, 교육, 보건, 가사 서비스, 오락 및 문화 서비스, 국제 및 외국 기관의 행정 서비스 등
한국의 표준산업분류	도소매업, 음식·숙박업, 운수업, 통신, 금융 보험, 부동산 임대, 사업 서비스, 공공 행정, 교육 서비스, 보건 사회 복지, 오락 문화 운동, 기타 공공, 가사 서비스, 국제 외교 기관
국민 계정상 경제활동분류	서비스 산업(도소매업, 음식·숙박업, 운수 창고 및 통신업, 금융 보험, 부동산 및 사업 서비스업, 사회 및 개인 서비스업), 정부 서비스 생산자(공공 행정, 국방, 교육 및 보건)

3. 제조업의 변천사와 한계점

① 제조업의 변천사

제조업 1.0	• 가내 수공업, 경공업 중심이다. • 기계를 활용하기보다 사람(노동력)을 중심으로 생산한다.
제조업 2.0	• 대량 생산 시스템이 도입된다. 　예 포드의 컨베이어 시스템 • 표준화, 분업화, 전문화를 추구하며, 사람이 하던 일을 기계로 전환하는 혁신이 일어난다. • 자동차, 조선, 비행기 등 부품을 결합하여 완제품을 만드는 조립·장치 산업이 성행한다.
제조업 3.0	• 상이한 분야와의 융합으로 시스템이 중심이 되는 생산 방식이다. • 하드웨어보다 소프트웨어에서의 핵심 역량을 강화시킨다. • 고객 센터, 콜 센터, A/S 부서 등과 같은 기능 부서가 강화되고, 고객 만족 관련 활동과 시장을 좀 더 알기 위한 활동에 집중한다.
제조업 4.0	• IoT(사물 인터넷)와 생산 시스템의 결합으로 스마트 팩토리(Smart Factory)를 통한 혁명을 추구한다. • 수평적 소통 방식이 확산되어 다수의 지점에서 자동적인 의사 결정이 이루어진다.

② 제조업의 한계점

구매력의 한계	• 아무리 우수한 제품도 무한으로 구매하기 어렵다. • 내구성이 좋아지면 구매 주기가 길어진다.
출혈 경쟁	• 제조업 기술의 노출로 경쟁자의 진입 장벽이 낮아진다. • 경쟁자의 증가로 경쟁이 심화된다. • 성숙기 후반으로 진입하면서 제조업은 본원적 경쟁 우위를 갖추기 어려워진다.
마진의 감소	• 제품의 상향 평준화로 소비자들이 제품 선택에 있어서 가격을 중요하게 여긴다. • 가격 경쟁으로 기업 마진이 감소한다. • 저마진 고효율의 제조업은 투자 수익률에서 서비스업에 뒤처진다.
소비자의 변화	과거의 소비자가 구매와 소유를 통해 만족감을 추구했다면, 현대의 소비자는 사용 혹은 경험의 충족으로 만족감을 추구한다.

4. 서비스 산업의 변화

① 전통적 서비스 산업과 현대 서비스 산업의 특징

전통적 서비스 산업	현대 서비스 산업
• 주로 노동 집약적인 소규모 점포가 많다. • 서비스 제공 영역이 지역적 범위로 제한된다. • 대기업으로 성장하는 데 많은 제약 요소가 존재한다. • 특정한 인적 서비스에 한정된다. • 대규모의 자본이나 투자 유치가 어렵다.	• 서비스 산업이 농수산·광업 및 제조 부문의 생산 활동을 촉진하고 지원한다. • 소규모가 아닌 기업 형태의 거대한 규모로 발전한다. 예 페이스북, 구글, 마이크로소프트, 이베이, 아마존 등 • 국내뿐만 아니라 글로벌 경영을 바탕으로 하는 기업이 등장한다. • 과거에 비해 상당한 하드웨어를 보유하면서 다양한 간접 부문의 확대와 설비, 장치, 자산이 증가한다. • 노동 집약적 서비스가 자동화 서비스로 전환된다.

② 고용 양산의 변화
- 지난 30년간 제조 부문의 일자리는 감소하였으나, 서비스 부문에서는 4,400만 개 이상의 새로운 일자리가 창출되었다.
- 여성의 사회 진출과 여가 시간의 증대로 건강, 사회 복지, 교육 등 전문직 및 비즈니스 서비스 분야의 고용이 증가하였다.

PLUS⁺ 제조업에서 서비스 산업으로의 발전한 예시

- **제조업의 서비스화**: 제일제당이 CJ로 변화
- **제조업의 부가 서비스 증대**: 컴퓨터, 자동차 등의 A/S 확대
- **서비스 기업의 부가 서비스 증대**: CMA의 금리 인상, 은행의 개인 금고 제공, 당일 배송 시스템
- **신종 서비스업 등장**: O2O(Online to Offline) 사업의 성장, 키오스크(Kiosk, 무인 정보 단말기)의 확대
- **서비스의 고급화, 전문화, 다양화**: 파인 다이닝, 업 스케일(Up Scale) 레스토랑 등장

서비스 경제의 발전과 패러독스

| 빈출 키워드 |

\# 서비스 경제의 의미　　　\# 서비스 혁명　　　\# 서비스 패러독스

1 서비스 경제

1. 서비스 경제의 의미 빈출

① 서비스 경제란 제조업, 농업, 광업과 대조되는 서비스 부문에 의해 경제 활동이 지배되는 경제로, 전체 노동력의 50% 이상이 서비스 부문에 종사한다면 서비스 경제에 진입하였다고 본다.
② 후크스(1968)는 GNP의 절반 이상이 서비스 부문에서 생산되는 경제를 서비스 경제라고 정의하였으며, 이러한 기준으로 보았을 때 우리나라는 이미 서비스 경제로 진입하였다고 볼 수 있다.
③ 국가의 경제가 발전할수록 서비스 경제화는 가속되며, 이러한 현상은 현재뿐 아니라 미래에도 지속될 것이다.

PLUS⁺　경제 활동의 발전 단계

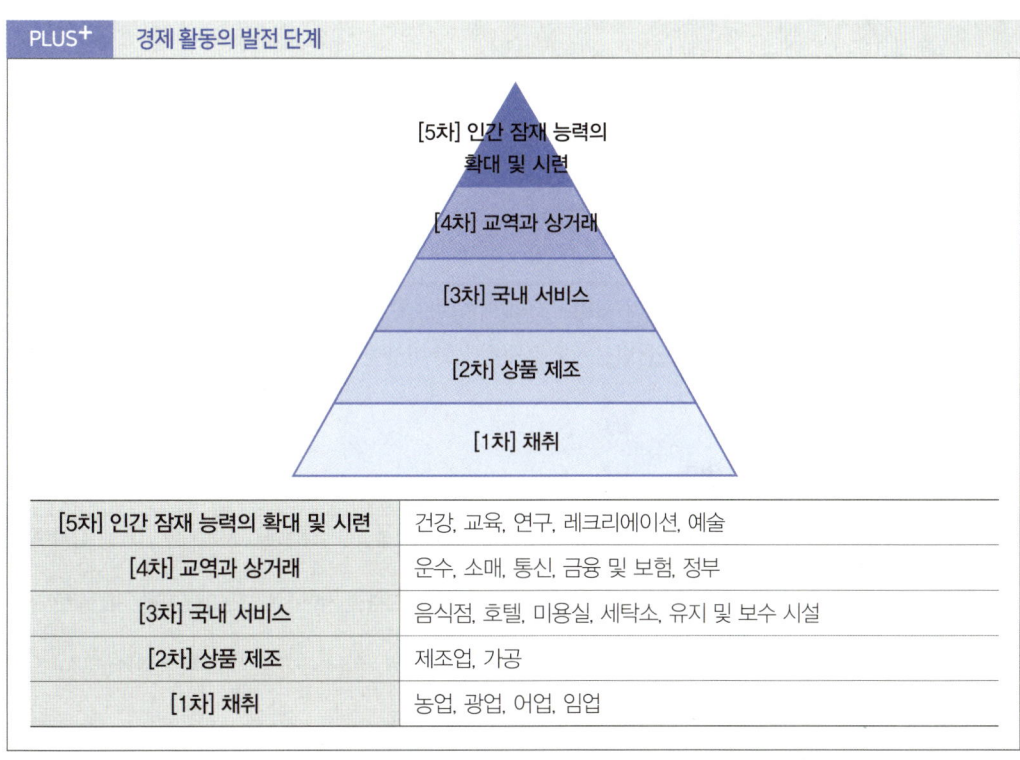

[5차] 인간 잠재 능력의 확대 및 시련	건강, 교육, 연구, 레크리에이션, 예술
[4차] 교역과 상거래	운수, 소매, 통신, 금융 및 보험, 정부
[3차] 국내 서비스	음식점, 호텔, 미용실, 세탁소, 유지 및 보수 시설
[2차] 상품 제조	제조업, 가공
[1차] 채취	농업, 광업, 어업, 임업

2. 서비스 경제의 성장 이유 〔빈출〕

① 서비스 부문의 지출 비중 확대: 소비 지출 확대와 자본 집약적 사업, 생산성 증가, 고용 안정
② 정보 기술의 발달: 전통적 서비스 제공 방식을 대체하는 새로운 개념의 서비스 등장
③ 소비자 욕구의 다양화와 고급화: 라이프 스타일 변화에 따른 다양한 서비스의 출현
④ 기업 활동의 필요성 증대: 기업 경쟁의 심화에 의한 필요, 비즈니스 서비스 출현
⑤ 여성의 사회 참여 확대: 여성의 사회 진출과 취업으로 인한 가사 노동 서비스의 대체
⑥ 삶의 복잡화: 전문적인 서비스 기관을 통한 문제 해결 증대
⑦ 제품의 복잡화 증가: 사용상의 어려움으로 인해 교육·수리 서비스의 수요 증가
⑧ 새로운 서비스의 등장: 혁신적 서비스, 기존 서비스의 서비스 추가, 서비스 계열 확장

3. 서비스 혁명 〔빈출〕

서비스 혁명(Service Innovation)이란 서비스 경제에서 새로운 서비스가 탄생되어 파급되는 속도와 범위가 산업 혁명보다 더 빠르게 진행되어 경제가 급진적으로 변화하는 현상을 말한다. 이는 물질적 풍요의 시대를 열었던 산업 혁명과 비교하여 볼 때 서로 비슷한 현상이다.

> **PLUS⁺ 후기 산업화 진행으로 인해 전환된 패러다임**
> - 생산(Product)에서 서비스 수행(Performance)으로 전환되었다.
> - 하이테크형 제조 중심의 사회에서 하이터치형 인간 중심의 사회로 전환되었다.
> - 산업화 시대의 제조 우위에서 지식과 정보를 강조하는 서비스 우위로 전환되었다.

2 서비스 산업 - 서비스 패러독스 〔빈출〕

1. 서비스 패러독스의 의미

서비스 패러독스(Service Paradox)란 서비스 경제의 발달, 경제적 풍요, 기술의 발달로 양적·질적으로 더 높은 수준의 서비스를 대량으로 공급받음에도 불구하고 소비자들이 체감하는 서비스 품질은 하락하는 현상이다.

2. 서비스 패러독스의 발생 원인

기대 측면	• **고객 의식의 변화**: 기대 수준이 점점 높아짐에 따라 고객 입장에서 서비스를 당연한 절차로 여기기 시작하였다. • **서비스의 동질화**: 모든 경쟁자들이 높은 수준의 기능적 서비스를 제공함에 따라 차별화된 서비스로 인식되기 어렵다. • **경제적 서비스 환경**: 많은 기업들이 상향 평준화된 서비스를 제공함으로써 차별화된 서비스 제공에 한계가 생기기 시작하였다.

성과 측면	• **서비스의 기계화**: SSTs(Self Service Technologies System)의 발달로 복잡한 제품 사용에 있어서 고객과 직원의 어려움이 발생하였다. • **서비스의 획일화**: 지나친 표준화로 서비스의 개별성을 상실하였다. • **기술의 복잡화**: 기술의 발달로 제품이 복잡해짐에 따라 고객이 기술의 진보를 따라가지 못하게 되었다. • **일선 직원 확보의 악순환**: 계속되는 인력 확보의 어려움으로 충분한 교육을 받지 못한 직원을 접점에 투입하여 획일적이고 무미건조한 서비스를 제공하게 되었다. • **서비스의 인간성 상실**: 인간을 서비스 과정의 도구로 인식하여 고객과 직원 간의 상호 작용에서 인간적 배려가 상실되었다.

3. 서비스 패러독스의 극복 방안

① **고객의 기대 수준 파악**: 고객의 기대 수준을 파악하고 관리한다.

② **과대 포장 주의**: 서비스를 지나치게 과대 포장함으로써 고객이 잘못된 기대를 형성하지 않도록 가능한 만큼만 약속한다.

③ **고객 측면의 SSTs 도입**: SSTs(Self Service Technology system)가 또 다른 컴플레인의 진원지가 되지 않도록 고객 편의 중심의 SSTs를 도입한다.
  예 고객 친화적 UI(사용자 인터페이스), UX(사용자 경험) 개발

④ **고객 교육**: 자동화 및 기계화를 도입한 후 고객에게 이용에 필요한 지식과 역량을 위한 지원 및 교육을 제공한다.

⑤ **사회적 기능**: 서비스 제공 과정의 기능적인 면뿐만 아니라 사회적 요구에 따른 기능도 고려한다.

4. 서비스 패러독스 해결을 위한 서비스 재인식

S(Sincerity, Speed, Smile)	서비스에는 성의, 신속, 미소가 있어야 한다.
E(Energy)	서비스에는 활기찬 에너지가 넘쳐야 한다.
R(Revolutionary)	서비스는 혁신적이고 신선해야 한다.
V(Value)	서비스는 거래하는 양자 모두에게 가치가 있어야 한다.
I(Impressive)	서비스는 고객에게 기쁨과 감동을 제공할 수 있어야 한다.
C(Communication)	서비스는 상호 커뮤니케이션이다.
E(Entertainment)	서비스에는 진심 어린 환대가 있어야 한다.

CHAPTER 03 유형별 서비스 관리

| 빈출 키워드 |

\# 러브락의 서비스 분류   \# 호로비츠의 서비스 분류

1 서비스 유형별 분류

1. 서비스 유형별 분류의 필요성

① 서비스는 업종에 따라 다르지만 속성상 상호 공통된 요소가 많기 때문에 같은 업종뿐만 아니라 다른 업종 간의 벤치마킹도 서비스의 개선과 발전에 도움이 될 수 있다.
② 서비스 경영에 대해 체계적으로 이해할 수 있으며, 산업 간의 공통 학습이 가능하다.
③ 서비스 콘셉트에 기초가 되는 접점의 바람직한 분위기, 접점 인력의 선발 기준, 직원의 훈련 방법, 직원의 경력 개발 계획, 동기 부여 방법, 조직의 지원 수준, 권한 부여 수준을 체계적으로 파악할 수 있다.
④ 기업의 효율적인 서비스 운영을 위해 유형별 서비스 경영 방법에 차이가 필요하다.
⑤ 서비스 개선과 서비스 개발에 활용할 수 있다.

2. 서비스의 유형별 분류법

① 미국 통계청에 의한 분류

유통 서비스	물건이나 인적 이동을 담당하는 수송 서비스나 정보 이동을 담당하는 정보 통신 혹은 정보 처리 산업이 제공하는 서비스
도소매업	제품의 상거래 관련 서비스로 생산자와 소비자를 연결하여 장소적 혹은 시간적 편리성을 제공하는 서비스
비영리 서비스	정부 및 공공 이익을 위한 비영리 기관이나 공익 단체와 같이 사적인 이익을 추구하지 않는 조직이 제공하는 서비스
생산자 서비스	재무, 보험, 부동산, 사업 서비스, 법률 및 기타 전문가 서비스로 제조업이나 서비스업에 제공되는 중간재적 서비스
소비자 서비스	의료, 교육, 자동차 정비 및 기타 유지 보수, 숙박, 레저, 민간 가계를 포함하는 사회적·개인적 서비스로 생활의 질을 높이기 위해 개인에게 제공하는 서비스

② 서비스 기능에 의한 분류

유통 서비스	운송, 통신, 무역 서비스
생산자 서비스	금융, 기업, 부동산 서비스
사회적 서비스	의료, 교육, 우편, 공공 및 비영리 서비스
개인 서비스	호텔, 식/음료, 여행, 정비, 가사/용역 서비스

③ 마케팅 분야에서의 분류

주드(Judd, 1964)	• 일정 기간 제품을 사용하거나 소유할 권리를 가지는 임대된 제품 • 고객이 자신이 보유한 상품을 유지·보수하기 위해 소유한 제품 • 비상품 서비스(개인적 경험)
라스멜(Rathmell, 1974)	• 판매자 유형 • 구매자 유형 • 구매 동기 • 구매 형태 • 규제 정도
쇼스택(Shostack, 1977)	제품에 포함되어 있는 물리적 재화와 서비스의 비율
힐(Hill, 1977)	• 사람에게 영향을 주는 서비스와 사물에 영향을 주는 서비스의 비교 • 서비스의 영원한 효과와 일시적 효과의 비교 • 효과의 전환 가능성과 비전환 가능성의 비교 • 물질적 효과와 정신적 효과의 비교 • 개별 서비스와 집단 서비스의 비교
토마스(Thomas, 1978)	• 설비 중심의 서비스(미숙련자도 가능한 서비스) • 사람 중심의 서비스(숙련자에 의한 서비스)
체이스(Chase, 1978)	서비스 제공에서 요구되는 대고객 접촉 정도에 따라 고접촉 서비스와 저접촉 서비스로 분류
코틀러(Kotler, 1980)	• 사람 중심과 설비 중심의 비교 • 고객의 참여가 필요한 정도 • 개인의 욕구 충족과 기업의 욕구 충족의 비교 • 영리 서비스와 비영리 서비스의 비교 • 공공 서비스와 개인적 서비스의 비교
모리스 & 존스턴 (Morris & Johnston, 1987)	• 고객 처리 서비스 • 소유물 처리 서비스 • 정보 처리 서비스

④ 서비스 유형에 대한 이차원적 분류

구분		서비스 대상	
		사람	사물
서비스 행위	유형	• 사람에 대한 유형적 서비스이다. • 고객의 서비스 참여도가 가장 높다. • 고객을 직접 대하는 현장 직원의 업무 능력과 태도가 가장 중요하다. 예 여객 운송, 병원, 건강 관리, 미용실, 이발소, 식당, 술집, 장례업	• 유형 자산에 대한 유형적 서비스이다. • 사람이 아닌 일반 재화나 고객의 소유물에 대한 서비스이다. • 고객이 반드시 현장에 존재할 필요가 없고, Door-to-Door 서비스가 대부분이다. 예 화물 운송, 수리, 보관, 세탁, 택배, 조경
	무형	• 사람을 대상으로 하는 무형적 서비스이다. • 감성, 지성, 마인드 등 정신적 영역에 영향을 미친다. • 전문적이다. 예 광고, PR, 엔터테인먼트, 방송, 교육, 예술 공연	• 무형 자산에 대한 무형적 서비스이다. • 고객이 보유한 돈, 기록, 데이터 등의 무형적 자산을 대상으로 한다. • 직원의 전문성, 신뢰성에 기초한 이미지 관리, 고객이 느끼는 실질적 혜택이 중요하다. 예 회계, 은행, 증권, 보험, 법률, 데이터 처리

⑤ **러브락(Lovelock)의 다차원적 서비스 분류** 빈출

- **서비스 행위의 성격에 따른 분류**: 서비스 상품의 본질과 그것을 제공하는 핵심 편익을 이해하는 데 도움이 된다.

구분	서비스의 직접적인 대상	
	사람	사물
유형	여객 운송, 병원, 건강 관리, 미용실, 이발소, 식당, 술집, 장례업	화물 운송, 수리, 보관, 세탁, 택배, 조경
무형	광고, PR, 엔터테인먼트, 방송, 교육, 예술 공연	회계, 은행, 증권, 보험, 법률, 데이터

- **고객과의 관계 유형에 따른 분류**: 서비스 조직은 고객과 지속적인 관계를 맺기 위한 전략을 통하여 반복 구매와 고객 애호도를 유지할 수 있다. 또한 비공식 관계에서 서비스 상품은 주로 공공재의 성격을 띠며 세금으로 충당되는 경우로, 회원제 관계에 비해 고객의 성격이나 소비의 목적을 파악하기 어렵다.

구분	서비스 조직과 고객과의 관계	
	회원 관계	비공식 관계
계속적 제공	은행, 전화 가입, 보험	라디오 방송, 경찰, 무료 고속도로
단속적 제공	국제 전화, 정기 승차권, 연극 회원	렌터카, 우편 서비스, 유료 고속도로

- **고객별 서비스 변화와 재량 정도에 따른 분류**: 고객의 요구에 대응하는 직원의 권한 위임 행사 정도와 고객별 서비스의 변화 정도에 따른 분류로, 서비스 특성에 따라 노동 집중도와 고객과의 상호 작용 정도에 따라 서비스의 개별화와 표준화가 가능하다.

구분	고객에 따라 서비스를 변화시킬 수 있는 정도	
	높음	낮음
직원의 권한 위임 행사 정도 높음	법률, 의료, 건축, 가정 교사	교육, 질병 예방 프로그램
직원의 권한 위임 행사 정도 낮음	호텔, 고급 식당	영화관, 패스트푸드점

- **수요와 공급의 관계(공급이 제한된 정도)에 따른 분류**: 제조업은 수요의 변동에 따라 재고 조절이 용이하지만, 서비스는 수요와 공급을 관리하는 데 어려움이 많다. 수요와 공급의 관리는 수익성 유지에 매우 중요하다.

구분	시간에 따른 수요의 변동 정도	
	많음	적음
피크 수요 충족 가능	전기, 전화, 소방, 경찰	은행, 보험, 법률 서비스
피크 수요에 비해 공급 능력 낮음	회계, 호텔, 식당, 여객 운송, 극장	위와 비슷하나 기본 수준에 미달하는 능력을 갖는 서비스

- **서비스 제공 방식(고객과 서비스 기업과의 관계)에 따른 분류**: 고객과 서비스 조직 간의 상호 작용 방식과 서비스 조직의 이용 가능성에 따른 분류이다.

구분	서비스 지점	
	단일 입지	복수 입지
고객이 서비스 기업으로 감	극장, 이발소	버스, 패스트푸드점
서비스 기업이 고객에게 감	잔디 관리, 콜택시, 방역	우편 배달, 긴급 자동차 수리
떨어져서 거래함	신용 카드, 지역 TV 방송	방송 네트워크, 전화

⑥ 호로비츠(Horovitz)의 서비스 분류 **빈출**
- 호로비츠는 접점에 있는 직원들이 고객과 맺고 있는 양과 질적인 측면의 관계 수준을 통해 서비스 유형을 분류하였다.
- 이 분류를 통해 서비스 현장 실무자는 해당 서비스를 수행하는 직원의 선발 기준, 커리어 관리, 동기 부여 및 권한 위임의 범위를 결정할 수 있고, 고객의 기대 수준에 대응할 수 있다.

구분		접점의 빈도와 지속 시간	
		낮음	높음
상호 작용의 밀도	낮음	일반화된 서비스 • 피상적이고 기능적인 상호 작용이 필요하다. • 고객에 대한 깊은 사전 지식은 불필요하다. • 표준화된 매뉴얼로 서비스가 간단하여 비숙련 직원도 가능하다. • 접점 분위기가 유쾌하고 즐겁다. 예 패스트푸드점, 택배 서비스	안정적인 서비스 • 장소와 시간에 관계없이 직원의 일관된 태도가 중요하다. • 모든 직원이 고객의 요구 사항에 따라 응답할 수 있는 능력이 필요하다. • 거래에 대한 조언은 제공 정보가 동일하다. 예 호텔, 레스토랑, 항공
	높음	개인화된 서비스 • 고객은 자신의 문제가 개별적인 차원으로 취급되기를 원한다. • 고객의 문제를 해결해 줄 수 있는 높은 집중력과 전문성이 요구된다. • 서비스 제공자의 경청 능력과 반응이 중요하다. 예 유지, 보수, 문제 상담, 세일즈	사려 깊은 서비스 • 고객과의 인간관계 유지 능력, 문제 해결을 위한 전문 능력, 고객과의 관계를 발전시킬 수 있는 대화 능력이 필요하다. • 고객의 상황 배려를 통해 비즈니스 관계를 확대할 수 있는 전문가, 숙련자가 접점에 필요하다. 예 법률 서비스, 컨설팅, 전문 교육

⑦ 크리스토퍼(Christopher)의 거래 단계별 서비스 분류

거래 전 서비스	• 서비스를 준비하는 단계로, 고객 서비스 지침을 사전에 제공함으로써 고객에게 자신이 받을 서비스에 대해 미리 알 수 있도록 안내한다. • 판매 가능성을 타진하고 촉진하는 예약 서비스 등이 있다. • 사전에 고객과 접촉하여 수요를 예측하고 잠재 고객 마케팅 등 새로운 서비스 수요 창출이 가능하다. • 너무 과한 거래 전 서비스는 고객에게 부담을 주거나 불신을 초래할 수도 있다.
현장 서비스 (거래 중)	• 고객과 서비스 제공자 간에 직접적인 상호 작용이 이루어지는 서비스의 본질적인 부분이며, 고객이 업장에 들어오는 순간 등이 해당한다. • 서비스 제공자의 역량이 가장 크게 발휘되는 단계이다.
거래 후 서비스	• 현장에서 제품이나 서비스 구매 후 지원할 필요가 있는 서비스 항목이다. • 판매 후 발생되지만 거래 전이나 거래 시점에 계획되어 있어야 하며, 컴플레인, 클레임 등이 이에 해당한다. • 거래 후 서비스는 서비스에 대한 평가를 바꿀 수 있는 기회이자 위기이다. • 서비스 종료 이후의 유지 서비스로, 충성 고객 확보를 위해 매우 중요하다.

⑧ 21세기 서비스 분류

핵심 경험	본질적 형태	사례
창조적	새로운 아이디어	광고, 공연
지원적	중간 매개	운송, 통신
경험적	고객 참여	대화, 놀이공원
정보적	정보 접근	인터넷 검색 엔진
해결적	전문가적 도움	상담, 컨설팅
생활적	삶의 질 개선	관광, 웰빙

2 유형별 서비스 관리 전략

1. 서비스 유형별 자원 관리

① 서비스 유형의 구분
- 서비스 유형을 나누는 이유는 어떤 서비스 유형이냐에 따라 접점 분위기, 선발 기준, 훈련 방법, 경력 개발 계획, 동기 부여 방법, 조직 지원 정도, 권한 위임 정도가 모두 다르기 때문이다.
- 우수한 직원을 채용하는 것도 중요하지만 이들을 우수한 직원으로 육성하기 위하여 서비스 유형별 혹은 접점별 적합한 서비스 자원 유지 전략을 활용할 수 있어야 한다.

② 서비스 유형별 자원 관리(호로비츠의 서비스 분류)

구분	일반화된 서비스	안정적인 서비스	개인화된 서비스	사려 깊은 서비스
접점 분위기	즐겁고 유쾌	정중한 도움	즉각적 대응	사려 깊은 전문성
선발 기준	밝음, 정직, 젊음, 수용, 첫 직장, 저임금	밝음, 정직, 전문 지식과 기술, 젊은 계층, 첫 직장	유경험자, 숙련된 기술, 순발력, 대응력	전문성, 대화 능력, 인간관계 능력, 비즈니스 마인드
훈련 방법	제품, 서비스, 일선에서 회사에 대하여 접점 관리자가 역량 훈련 진행	일선에서 회사 문화, 서비스 품질, 전문 지식에 대해 훈련하며, 접점 관리자는 코치 역할 제공	목표에 대한 훈련, 멘토 제도, 새로운 지식이나 기술에 대한 빠른 업데이트	멘토 제도, 우수한 자에게 특별 보상, 회사 문화에 대한 훈련, 개인 전문성 향상을 위한 역량 개발
경력 개발 계획 (CDP)	직원이 한 가지 직무에 머물지 않도록 자주 회전	내부 승진을 통한 경로 제공	고객 사이트의 출장과 사이트 변경을 통한 전문적 경험	내부 승진과 파트너십을 통해 성과 공유
동기 부여 방법	승리하는 분위기 유지, 자유롭고 열정적인 분위기	내부 고객 만족과 경력 기회 제공	개인의 실적에 따른 보상, 인정과 우호성, 전문성 인정	주도적 업무 수행, 독립적 의사 결정, 도전과 지속적 교육
조직 지원 정도	업무 매뉴얼과 밀접한 지원	처리하기 어려운 문제에 대한 도움과 지원, 좋은 지원 부서	개인적 면담, 완벽한 지원 시스템	고객과 관련되지 않은 문제까지 적극적 도움
권한 위임 (Empowerment)	제한된 범위의 계층에 따른 임파워먼트 리스트	정해진 행동 리스트 범위에서 계층에 따른 차등	직무 관련 완벽한 임파워먼트와 자율권	완전한 임파워먼트

2. 서비스 유형별 매트릭스 작성 및 활용

고객에게는 통합적으로 제공되는 서비스더라도 기업은 서비스의 효과성과 성과 증진을 위하여 서비스 유형별 자원의 핵심적 관리 포인트를 찾아내어 집중해야 한다.

① **고객의 참여도에 따른 관리**: 사람을 대상으로 서비스하는 접점의 경우 고객 참여 정도에 따라 구분하여 대응하도록 한다.

- **고객 참여도가 높은 경우**: 고객이 적극적으로 개입하기 때문에 개별적 요구도 커질 수밖에 없다. 이 경우에는 고객과 직원이 서비스를 공동 생산하는 형태이기 때문에 개별화된 서비스를 제공해야 한다. 주로 고객과 직원과의 접촉 문제와 다른 고객 간의 상호 작용(구전)에 대한 관리가 필요하다.
  예 결혼 상담, 다이어트 프로그램, 개인 레슨 등
- **고객 참여도가 낮은 경우**: 일관되고 표준화된 서비스를 제공할 수 있다.
  예 버스, 영화관 등

② **수요 관리**

- 서비스는 시간적 소멸성을 가진다. 서비스 능력은 저장할 수 없기 때문에 사용되지 않으면 영원히 사용될 기회를 잃어버린다.
  예 비행기의 빈 좌석, 병원의 빈 병실, 호텔의 빈 객실, 환자가 없는 시간대의 치과
- 서비스는 수요가 일정하지 않고 성수기, 비수기의 급격한 변동성을 지니고 있다. 따라서 성수기 수요의 일부를 비수기로 전환할 필요가 있다.
  예 예약 서비스, 가격 인센티브 제공, 서비스 능력 조정, 대기

③ **정보 기술의 활용**: 서비스업에서 정보 커뮤니케이션 기술(ICT; Information Communication Technology)의 활용은 경쟁력 향상에 매우 중요한 이슈이다.
  예 서비스 제공자와 고객이 분리될 수 있는 원격 교육, 원격 진료 등

④ **부가 서비스 영역의 증가**: 고객의 요구가 점점 늘어나고 기업들의 경쟁이 심화되고 있기 때문에 기업은 제품의 효과적인 이용을 위한 서비스를 제공한다.
  예 전문 정보 제공, A/S 제공, 제품 사용상 발생되는 다양한 문제에 대한 실시간 기술 지원 제공 등

⑤ **고객 접촉도에 따른 접점 관리**: 접점에서 발생하는 접촉도에 따라 고접촉 서비스, 중간 접촉 서비스, 저접촉 서비스로 나뉜다.

- **고접촉 서비스**: 주변 환경, 서비스 요소가 매우 중요하며, 일관된 서비스를 제공하기 힘들기 때문에 서비스 품질 관리가 어렵다. 주로 고객이 직접 방문하는 형태이며 비용이 높다.
  예 미용, 의료 등
- **중간 접촉 서비스**: 서비스 전 과정에 고객이 참여하지 않는 경우이다.
  예 경영 컨설팅, 보험 가입, 택배, 세탁물 등
- **저접촉 서비스**: 물리적 접촉이 거의 일어나지 않는 일시적 관계로, 안정된 서비스 생산이 가능하고 제어가 쉽지만 상대적으로 고객과의 상호 작용이 적다.
  예 TV 홈쇼핑, 온라인 주식 거래 등

CHAPTER 04 서비스 비즈니스 모델

| 빈출 키워드 |
서비스 생태계의 패러다임 전환   # 제조업과 비교한 서비스업의 특징
융합 상품

1 서비스에서의 비즈니스

1. 서비스 비즈니스 모델의 의의
① 비즈니스 모델이란 하나의 조직이 어떻게 가치를 창조하고 전파하여 포착해 내는지를 합리적이고 체계적으로 묘사한 것이다.
② 서비스 비즈니스 모델은 사용자 혹은 고객을 중심으로 지식과 정보가 통합되고 역동적이면서 능동적인 비즈니스 환경에서 유연성과 현장 중심의 개별 역량을 필요로 한다. 동시에 추상적이고 계량화되기 어려운 성과를 보다 체계화하고 기업의 고객 가치에 집중하기 위한 프레임을 제공한다는 것에 의의가 있다.

2. 서비스 생태계의 패러다임 전환 [빈출]
① 전통적인 비즈니스 생태계가 폐쇄된 채널에 고립되어 있었던 반면, 서비스 중심의 산업 생태계는 사용자와 고객을 중심으로 지식과 정보가 통합되는 개방된 생태계의 특징을 보이고 있다.
② 서비스 중심의 산업 환경에서 패러다임의 변화를 정리하면 다음과 같다.

전통적인 관점	패러다임의 변화	서비스 중심적인 관점
제품(Products)	가치 패러다임(Value Paradigm)	서비스(Services)
밀다(Push)	고객 패러다임(Customer Paradigm)	끌다(Pull)
과정(Processes)	기술 패러다임(Technology Paradigm)	플랫폼(Platforms)
전략(Strategies)	역량 패러다임(Competence Paradigm)	역량(Capabilities)
정률(Scale)	수익 패러다임(Revenue Paradigm)	범위(Scope)
능률(Efficiency)	운영 패러다임(Operation Paradigm)	유연성(Flexibility)

3. 서비스 비즈니스 모델의 집중 분야

내/외부 고객과의 관계 (Relationship)	• 서비스 비즈니스 모델에서의 관계는 수평적이고 자발적이어야 한다. • 기업-고객, 기업-사회 집단, 고객-고객, 고객-사회 집단 등 광범위한 관계를 포괄한다. • 기업은 부서 간의 협력, 부서 간의 의사 결정이 더 중요하다.
고객의 문제를 해결해 주는 제공물(Offerings)	• 고객의 문제를 해결해 주는 솔루션의 측면이다. • 고객의 라이프 스타일에 어떤 서비스가 어떻게 가치를 제공하는지 이해해야 한다.
서비스 생산과 전달 과정에서 사용되는 자원(Resources)	• 기업, 고객, 이해관계자 범위와 관련된 모든 자원을 포함한다. • 자원의 종류는 역량, 자산, 프로세스, 지식, 기술과 조직 등이 있다.

가치 산출의 요소 수익 모델 (Revenue Models)	• '서비스 가치를 위하여 기꺼이 돈을 지불하는가?'에 대한 대답이다. • 가격 관리, 수익 관리, 서비스 묶음을 포함한 수익 모델이 확장되어야 한다.
서비스 혁신을 일으키는 사고방식(Mindset)	• 서비스 혁신의 동인(Key Drivers)으로 학습, 가치, 정서, 배려, 인식에 대한 이해가 중요하다. • 합리적이면서 정서를 이해하는 사고방식과 계획 방법을 활용할 수 있어야 한다.

4. 서비스 비즈니스 모델의 성과 평가

고객이 원하는 성과를 기반으로 한 가치	• 기업은 고객이 원하는 성과를 중심으로 평가해야 한다. • 서비스는 고객의 문제를 해결할 수 있어야 한다. • 서비스는 고객의 문제를 해결하기 위하여 더 정교하게 제공되어야 한다.
효과적인 가치 전달	• 보다 높은 가치를 제공하기 위하여 다양하고 폭넓은 비즈니스 파트너와 협력해야 한다. • 가치 향상을 위하여 더 높은 수준의 전문 기술이 요구된다. • 기업은 협업과 전문성을 활용하여 효과적으로 가치를 전달해야 한다.
책임과 의무의 전개	• 약속한 서비스 성과를 제공해야 한다. • 서비스 약속을 지키기 위하여 서비스 수행과 관련된 다양한 위험에 대해서도 책임과 의무를 다해야 한다. • 서비스에 관련된 위험을 측정하고 관리하는 것은 서비스 제공자의 매우 중요한 책무이다.

2 서비스 기업의 생존 전략 빈출

1. 제조업에서 서비스업으로의 전환

① 산업화 시기의 경제 발전이 제품의 생산과 소유의 중심으로 전개되었다면, 서비스 비즈니스 환경에서는 제품의 사용과 경험을 중심으로 전개된다.
② 경제의 패러다임이 변화됨에 따라 산업화 시대에 제조업으로 성장해 오던 기업들이 성장의 한계를 인식하고 서비스업으로 전환하고 있다.
③ 서비스업과 제조업은 기업 운영에 대한 기본 원리와 패러다임이 매우 다르기 때문에 제조업에서 서비스업으로의 전환은 단순히 사업의 영역을 바꾸는 것 이상으로 기업의 근본적인 조직 구조에서부터 조직의 시스템, 종업원의 수행 방식과 마인드 전체를 바꾸는 매우 광범위한 전환을 의미한다.

> **PLUS+** 제조업과 비교한 서비스업의 특징 빈출
>
> • 진입 장벽이 낮다.
> • 규모의 경제를 실현하기 어렵다.
> • 수요의 변동이 심하다.
> • 고객 충성도의 확보가 핵심이다.
> • 내부 고객의 만족이 중요하다.

2. 경영 패러다임의 서비스 경영 방식으로의 전환

① 경영 패러다임이란 한 시대의 기업 경영에서 보이는 여러 가지 현상들을 분석하여 체계를 갖춤으로써 조직의 이윤 추구를 위한 일정 기준을 정해 주는 것을 말한다.

② 제조업과 서비스업의 가치 흐름 차이: 제조업과 서비스업은 기본적으로 가치의 흐름이 다르다. 제조업의 가치 흐름이 PO(Product Out) 방식인 반면, 서비스업의 가치 흐름은 PI(Product In) 방식이다.

제조업의 가치 흐름	서비스업의 가치 흐름
• 생산 후 판매 방식, 가치 흐름은 PO(Product Out) 방식이다. • 생산된 제품에 대해 재고 전략을 사용하여 안정적으로 공급한다. • 공급 중심의 운영 방식이다.	• 요청 후 생산 방식, 가치 흐름은 PI(Product In) 방식이다. • 시장에서 요구하는 것을, 요구하는 만큼, 적시에 공급하는 방식으로 재고와 생산 자원의 유휴를 최소화하는 최적의 생산 시스템을 추구한다. • 수요 중심의 운영 방식이다.

③ 서비스 지배 논리(Service Dominant Logic)
- 가치가 상대방과의 교환 상황에서 항상 공동으로 창출된다는 점에서 모든 경제 활동이 서비스라는 견해이다. 가치 창출이 다른 사람을 위하여 교환을 통해 역량을 활용하는 것으로 정의될 때 서비스가 근본이 된다는 것이다.
- 서비스 지배 논리의 10가지 근본적인 약속(FP; Foundation Promises)

FP 1	서비스는 산출물의 무형성이 아니라 활동 혹은 프로세스이며 다른 사람을 위해 역량을 능동적으로 활용하는 것에서 비롯된다.
FP 2	후기 산업 사회에서 가치 창출 프로세스는 교환 과정을 용이하게 하는 많은 중간 시스템(인터넷)으로 인해 복잡하다.
FP 3	비록 제품이 에너지, 자원, 노동 비용 등을 포함하고 있지만 제품은 사용 시점에서만 가치를 실현한다.
FP 4	경쟁 우위는 고객의 가치를 창출하는 데 적용될 수 있는 기업의 지적 자산, 스킬, 지식에서 획득된다.
FP 5	서비스가 다른 사람을 위해 역량을 활용하는 것이라면 농업 경제, 산업 경제, 후기 산업 경제 모두 본질적으로 서비스이다.
FP 6	가치가 고객과의 공동 생산으로 발생한다면 서비스 활동은 상호 작용하는 관계에서 고객을 반드시 포함한다.
FP 7	제품이 사용되기 전에는 본질적인 가치를 갖고 있지 않은 것처럼 서비스도 고객이 그 서비스를 활성화하기 전까지는 단지 가치를 창출할 수 있는 능력만을 갖는다.
FP 8	서비스는 고객과 함께 생산되기 때문에 서비스 교환은 본질적으로 고객 중심이 된다.
FP 9	가치는 고객이 교환을 달성하기 위해 다른 자원 통합자와 더불어 서비스 제공자의 자원을 통합하고 활용할 때 생성된다.
FP 10	각 고객들은 경험으로 특정 시점 그리고 특정 상황에서의 고객 니즈에 근거하여 서비스의 가치 혹은 품질을 결정한다.

④ PI(Process Innovation) 방식의 활용
- 좋은 제품을 더 빠르고 저렴하게 만들 수 있도록 업무 처리 방식을 고객 중심으로 개혁하는 활동이다.
- 기존의 업무 처리 방식을 고객 중심으로 바꿈으로써 경쟁 우위의 변화 대응력을 조기에 확보하는 프로세스 혁신의 경영 기법이다.

- PI의 추진 요소

업무 프로세스	정보 시스템	조직
• 업무의 단순화, 표준화, 통합화 • 고객 중심으로 업무 프로세스 개선 • 회사 내/외부 프로세스 관통	• 전사 통합 • 패키지 시스템 도입 • 최신 IT 기술 도입	• 프로세스 중심 조직 설계 및 기업 문화 혁신 • 사용자 및 IT 전문가의 참여

3. 고객을 위한 융합 상품 제공

① 의의
- 제조업의 변화와 관련하여 선진 기업들의 사례를 보면 기존의 제조업에서 벗어나 고부가가치의 새로운 제조 영역으로 진출하거나 상대적으로 수익성이 높은 서비스업으로 영역을 확대하는 것이 추세였다. 그러나 최근에는 고객의 니즈를 만족시키기 위하여 제품과 서비스의 결합을 추구하고 있으며, 이를 제품의 서비스화(Product Servitization), 서비스의 제품화(Service Productization)라고 부른다.
- 기업이 제품을 만들 때 '무엇을 만들어야 할 것인가'보다는 '고객의 혜택을 높이기 위해 어떤 제품이 만들어져야 하는가'를 중심으로 사고함으로써 융합 상품의 결합이 이루어진다.

② 제품의 서비스화와 서비스의 제품화

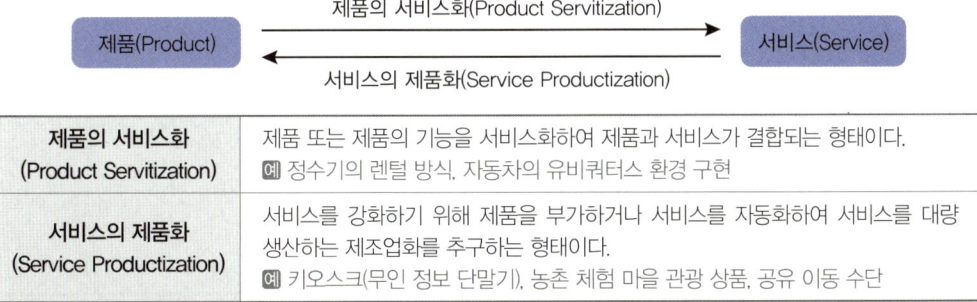

제품의 서비스화 (Product Servitization)	제품 또는 제품의 기능을 서비스화하여 제품과 서비스가 결합되는 형태이다. 예 정수기의 렌털 방식, 자동차의 유비쿼터스 환경 구현
서비스의 제품화 (Service Productization)	서비스를 강화하기 위해 제품을 부가하거나 서비스를 자동화하여 서비스를 대량 생산하는 제조업화를 추구하는 형태이다. 예 키오스크(무인 정보 단말기), 농촌 체험 마을 관광 상품, 공유 이동 수단

③ 융합 상품의 결합 방식 [빈출]

제품 + 제품 융합	여러 제품을 하나의 제품으로 융합한 형태이다. 예 사무 환경에서 보편적으로 사용되는 4개의 사무기기를 하나의 기기로 융합한 형태 프린터 복합기 = 프린터 + 복사기 + 팩스 + 스캐너
서비스 + 서비스 융합	서비스와 서비스를 융합하여 새로운 서비스를 만드는 형태이다. 예 의료 관광 = 의료 서비스 + 관광 서비스, 실버타운, 복합 문화 공간, O2O 서비스, 화상 강연 등
제품 + 서비스 융합	• 제품 중심인 경우: 아이팟 + 아이튠즈 음원 서비스, 자동차 판매 + 할부 금융 제공 등 • 서비스 중심인 경우: 라이브 공연 또는 강연 내용을 CD로 제작, 상담 또는 컨설팅 결과를 사례집으로 출판 등

④ 기술의 발전과 고객 중심 서비스의 개발
- 정보 커뮤니케이션 기술의 발전은 서비스의 제품화를 촉진시키는 중요한 촉매제 역할을 수행하고 있다.
- 호텔 객실 예약의 경우 과거에는 프런트 데스크에서 발생하던 서비스 과정이었지만, 현재는 고객이 인터넷을 통해 직접 선택할 수 있다. 여행지의 선택과 여행 상품의 구성을 위한 상담 서비스를 원하지 않는 고객이 여행지를 스스로 선택하고 여행 상품을 직접 구성할 수 있도록 여러 서비스를 하나의 표준화된 모듈로 묶어 하나의 상품으로 구성하는 제품화가 가능하게 되었다.

적중 예상문제

SUBJECT 01 | 서비스 산업 개론

PART 1 일반형

01 서비스 마케팅 삼각형(Service Marketing Triangle) 중 기업과 직원 사이에 형성되는 마케팅은?
① 관계 마케팅
② 외부 마케팅
③ 내부 마케팅
④ 사회적 마케팅
⑤ 상호 작용 마케팅

02 다음 중 서비스 생태계의 패러다임 전환의 연결이 옳지 않은 것은?
① Revenue Paradigm: Scope → Scale
② Value Paradigm: Products → Services
③ Operation Paradigm: Efficiency → Flexibility
④ Technology Paradigm: Processes → Platforms
⑤ Competence Paradigm: Strategies → Capabilities

03 다음 중 서비스 패키지에 대한 설명으로 옳은 것은?
① 예약제 레스토랑은 맛이 가장 중요하기 때문에 분위기를 크게 고려하지 않아도 된다.
② 서비스 패키지란 특정 환경에서 재화들 간의 결합으로 제공되는 상품의 묶음을 의미한다.
③ 서비스 패키지의 구성 요소로는 서비스 경험, 명시적 서비스, 묵시적 서비스, 정보, 지원 설비, 보조용품이 있다.
④ 서비스 패키지는 서비스의 이질성 때문에 서비스 전문가라도 서비스를 명확하게 설명할 수 없다는 이유로 개발되었다.
⑤ 서비스 패키지는 크게 핵심 서비스와 부가 서비스로 나뉘는데, 부가 서비스는 고객들이 기본적으로 기대하는 서비스를 말하며, 핵심 서비스는 부가 서비스를 지원하는 성격을 지닌 것을 말한다.

04 다음 중 러브락(Lovelock)의 서비스 분류 형태로 옳지 않은 것은?

① 서비스 기능에 의한 분류
② 고객과의 관계 유형에 따른 분류
③ 고객별 서비스 변화와 재량 정도에 따른 분류
④ 수요와 공급의 관계에 따른 분류
⑤ 서비스 제공 방식에 따른 분류

05 서비스의 3대 기본 속성 중 상담, 수술, 법률 서비스, 치과 치료, 금융 투자, 질병 진단, 컨설팅 등 서비스를 경험한 후에도 평가하기 어려운 속성은 무엇인가?

① 탐색 속성　　　　　　　　　② 신뢰 속성
③ 경험 속성　　　　　　　　　④ 기대 속성
⑤ 무형적 속성

해설

01 기업과 직원 간에 이루어지는 마케팅은 내부 마케팅이다. 그밖에 서비스 마케팅 삼각형으로는 기업과 고객 간에 이루어지는 외부 마케팅(관계 마케팅), 직원과 고객 간에 이루어지는 상호 작용 마케팅이 있다.
02 Revenue Paradigm(수익 패러다임)의 전통적인 관점은 Scale(정률), 서비스 중심적인 관점은 Scope(범위)이다.
03 ① 예약제 레스토랑에서는 음식의 맛 이상으로 분위기가 중요하다.
② 서비스 패키지란 특정 환경에서 서비스가 재화 및 정보와 함께 결합되어 제공되는 상품의 묶음을 의미한다.
④ 서비스 패키지는 서비스의 무형성 때문에 서비스 전문가라도 서비스를 명확하게 설명할 수 없다는 이유로 개발되었다.
⑤ 서비스 패키지는 크게 핵심 서비스와 부가 서비스로 나뉘는데, 핵심 서비스는 고객들이 기본적으로 기대하는 서비스를 말하며, 부가 서비스는 핵심 서비스를 지원하는 성격을 지닌 것을 말한다.
04 러브락의 서비스 분류 형태는 서비스 행위의 성격에 따른 분류, 고객과의 관계 유형에 따른 분류, 고객별 서비스 변화와 재량 정도에 따른 분류, 수요와 공급의 관계에 따른 분류, 서비스 제공 방식에 따른 분류이다.
05 서비스의 3대 기본 속성 중 신뢰 속성은 서비스를 경험한 후에도 평가하기 어려운 속성으로 신뢰를 바탕으로 서비스를 이해하고 평가하는 것이다. 상담, 수술, 법률 서비스, 치과 치료, 금융 투자, 질병 진단, 컨설팅 등이 이에 해당한다.

정답

01 ③　　02 ①　　03 ③　　04 ①　　05 ②

06 다음 중 서비스 유형별 분류에 대한 설명으로 적절하지 않은 것은?

① 일반화된 서비스는 표준화된 매뉴얼이 중요하고 유쾌하고 즐거운 접점 분위기를 유지해야 한다.
② 호텔, 레스토랑과 같이 안정적인 서비스는 장소와 시간에 관계없이 직원의 일관된 태도가 중요하다.
③ 사려 깊은 서비스는 고객의 상황 배려를 통해 비즈니스 관계를 확대할 수 있는 숙련자가 접점에 필요하다.
④ 택배 서비스와 같이 피상적이고 기능적인 상호 작용만 하면 되는 서비스는 고객에 대한 깊은 사전 지식이 필요 없다.
⑤ 유지, 보수, 문제 상담 등의 개인화된 서비스는 고객과의 인간관계 유지 능력, 문제 해결을 위한 전문 능력, 고객 관계를 발전시킬 수 있는 대화 능력이 필요하다.

07 다음 중 서비스 패러독스에 대한 설명으로 옳지 않은 것은?

① 서비스의 지나친 표준화로 서비스의 개별성을 상실하였다.
② 기술이 복잡해지면서 고객이 기술의 진보를 따라잡지 못하였다.
③ 경제적으로 풍요로워지면서 서비스에 대한 만족도가 상승하였다.
④ 인간을 서비스 과정의 도구로 인식하여 고객과 직원 간의 상호 작용에서 인간적 배려의 느낌이 상실되었다.
⑤ SSTs(Self Service Technologies system)의 발달로 복잡한 제품 사용에 있어서 고객과 직원의 어려움이 발생하였다.

08 다음 중 제조업과 비교한 서비스업의 특징에 대한 설명으로 옳지 않은 것은 무엇인가?

① 서비스업은 제조업에 비해 진입 장벽이 낮다.
② 규모의 경제를 실현하기 좋다.
③ 수요의 변동이 심하다.
④ 고객 충성도의 확보가 핵심이다.
⑤ 내부 고객의 만족이 중요하다.

09 다음 중 융합 상품의 형태와 예시의 연결이 바르지 <u>않은</u> 것은?

① 제품 + 제품 융합: 프린터 복합기, 스마트폰
② 제품 + 서비스 융합: 컨벤션 센터, 오페라 하우스
③ 서비스 + 서비스 융합: 의료 관광, 실버타운, 복합 문화 공간
④ 제품의 서비스화: 정수기나 비데 판매 회사의 렌털 서비스
⑤ 서비스의 제품화: 안내원이 담당하던 관광 안내를 키오스크가 수행

10 다음 중 서비스 기업의 생존 전략에 대한 설명으로 옳지 <u>않은</u> 것은?

① 경영의 패러다임을 서비스 경영 방식으로 전환하고 있다.
② 고객에게 혜택을 주는 융합 상품이 개발·생산되고 있다.
③ 제조업의 패러다임은 Product Out 방식이었지만, 서비스업은 Product In 방식이다.
④ 제조업으로 성장을 해 오던 기업들이 성장의 한계를 인식하고 서비스업으로 전환하고 있다.
⑤ 제품의 사용과 경험을 중시하던 시대에서 생산과 소유를 중시하는 방향으로 변화하고 있다.

해설

06 고객과의 인간관계 유지 능력, 문제 해결을 위한 전문 능력, 고객 관계를 발전시킬 수 있는 대화 능력이 필요한 서비스는 법률 서비스, 컨설팅, 전문 교육 등의 사려 깊은 서비스이다. 개인화된 서비스는 고객의 문제를 해결해 줄 수 있는 높은 집중력과 전문성이 요구되며 서비스 제공자의 경청 능력과 반응이 중요하다.
07 서비스 경제의 발달, 경제적 풍요, 기술의 발달로 양적으로나 질적으로 더 높은 수준의 서비스를 대량으로 공급받음에도 불구하고 소비자들이 체감하는 서비스 품질은 하락하였다.
08 제조업과 달리 서비스업은 대량 생산 효과가 적어 규모의 경제를 달성하기 어렵다.
09 제품 + 서비스 융합은 제품 중심과 서비스 중심으로 나누어진다. 제품 중심의 융합에는 아이팟 + 아이튠즈 음원 서비스, 자동차를 판매하면서 할부 금융을 제공하는 형태가 있으며, 서비스 중심의 융합에는 라이브 공연 또는 강연 내용을 CD로 제작, 상담 또는 컨설팅 결과를 사례집으로 출판하는 형태가 있다.
10 제품의 생산과 소유를 중시하던 시대에서 사용과 경험을 중시하는 방향으로 변화하고 있다.

정답

06 ⑤   07 ③   08 ②   09 ②   10 ⑤

11 다음 중 서비스 경제의 성장 이유로 적절하지 않은 것은?

① 비정규직 증가
② 제조업 내 서비스 부문 증대
③ 경제 발전에 따른 산업 구조의 진화
④ 기술 혁신에 따른 새로운 서비스의 등장
⑤ 여성의 사회 참여 확대 및 여가시간 증대

12 다음 중 서비스 경제 환경에서 기업의 생존 전략으로 옳지 않은 것은?

① 고객을 위한 융합 상품 제공
② 제조업에서 서비스업으로의 전환
③ 경영 패러다임의 서비스 경영 방식으로의 전환
④ 독자생존의 논리 중심의 서비스 분리 경영 전략
⑤ 제품의 생산과 소유에서 사용과 경험을 중시하는 사고의 변화

13 다음 제품 서비스(Product Service)에 대한 내용과 의미가 다른 것은?

> 지원 및 유지 보수 서비스는 지속적으로 미국 경제의 중요한 부분으로 자리를 잡아가고 있으며, 제품수명주기 동안 초기 구매의 최소 3배 이상의 거래금액이 발생하고(Gaiardelli, 2007), 초기 제품 판매의 2배 이상의 수익을 창출하고 있다(Kim et al, 2007). 기계 및 장비 제조산업의 경우 최근 제품 수익률은 1~2% 이하로 떨어진 반면 수리, 스페어 부품, 보전활동과 같은 판매 후 서비스의 수익률은 10% 이상이다(Gebauer, 2008).

① 공급자가 제공하는 제품 품질이 경제적 거래의 핵심이다.
② 서비스 자체가 독립적으로 이익을 창출하는 거래 활동이다.
③ 제품시장에서 경쟁이 커질수록 지원 서비스는 가치 창출의 주요 차별화 요인이 된다.
④ 차별화를 위해 자사의 제품을 보완할 수 있는 잠재적 추가 서비스의 중요성이 커지고 있다.
⑤ 제품의 판매 전부터 판매 후까지 제공되는 고객의 니즈 파악뿐만 아니라 정보 제공, 품질 보증, 각종 지원 등이 중요하다.

PART 2 O/X형

[14~16] 다음 문항을 읽고 옳고(O), 그름(X)을 선택하시오.

14 고객의 혜택을 중심으로 융합 상품을 개발하는 방법 중 하나로 복합 문화 공간은 서비스와 서비스의 융합에 해당한다. (① O ② X)

15 후크스(1968)가 정의한 '서비스 경제'는 GNP의 70% 이상이 서비스 부문에서 생산되는 경제를 말한다. 이러한 기준으로 보았을 때 우리나라는 이미 서비스 경제로 진입되었다고 볼 수 있다. (① O ② X)

16 정보 커뮤니케이션 기술의 발전은 서비스의 제품화를 촉진시키는 중요한 촉매제 역할을 수행하고 있다. (① O ② X)

해설
11 비정규직 증가와 같은 고용 형태는 서비스 경제의 성장에 영향을 미치지 않는다.
12 서비스 경제 환경에서 기업은 제품과 서비스를 분리하지 않고 하나의 융합 상품의 관점으로 기획, 생산 및 유통해야 한다.
13 공급자가 제공하는 제품 품질 이상으로 지원 및 유지 보수 서비스에서의 부가가치가 중요해지고 있다.
14 O 고객의 혜택을 중심으로 융합 상품을 개발하는 방법 중 서비스와 서비스의 융합에는 의료 관광, 실버타운, 복합 문화 공간 등이 해당한다.
15 X 후크스(1968)는 GNP의 절반 이상이 서비스 부문에서 생산되는 경제를 '서비스 경제'라고 정의하였다. 이러한 기준으로 보았을 때 우리나라는 이미 서비스 경제로 진입되었다고 볼 수 있다.
16 O

정답
11 ① 12 ④ 13 ① 14 ① 15 ② 16 ①

PART 3 연결형

[17~20] 다음 설명이 의미하는 적합한 개념을 각각 선택하시오.

―| 보기 |―
① 서비스 패러독스　　② 서비스 혁명
③ PI(Process Innovation)　　④ 서비스 패키지

17 좋은 제품을 더 빠르고, 저렴하게 만들 수 있도록 고객 중심으로 업무 처리 방식을 개혁하는 활동이다.　　(　　)

18 서비스 경제의 발달, 경제적 풍요, 기술의 발달로 양적으로나 질적으로 더 높은 수준의 서비스를 대량으로 공급받음에도 불구하고 소비자들이 체감하는 서비스 품질은 하락하는 현상을 의미한다.　　(　　)

19 특정 환경에서 서비스가 재화 및 정보와 함께 결합되어 제공되는 상품의 묶음을 의미한다.　　(　　)

20 서비스 경제에서 새로운 서비스가 탄생되어 파급되는 속도와 범위가 산업 혁명보다 더 빠르게 진행되어 경제가 급진적으로 변화하는 현상을 말한다.　　(　　)

PART 4 사례형

21 다음은 제조업에 비해 서비스 산업에서 경쟁이 치열한 이유에 대한 의견이다. 각자 제시한 의견과 그 이유로 적절하지 <u>않은</u> 것은?

> 홍길동: 제조업처럼 기계 설비 및 공장에 대규모 자본 투자가 필요하지 않기 때문입니다.
> 이슬기: 제조업보다 상대적으로 경쟁자가 많기 때문입니다.
> 김보현: 계절, 요일, 시간 등에 따라 수요의 변동이 크기 때문입니다.
> 정수진: 서비스를 표준화하여 대량으로 생산 및 공급이 어렵기 때문입니다.
> 최진수: 경쟁자가 많아 고객들의 재구매를 유도하기 어렵기 때문입니다.

① 홍길동: 상대적으로 높은 퇴출 장벽이다.
② 이슬기: 기업 규모가 작다.
③ 김보현: 수요가 불규칙하다.
④ 정수진: 규모의 경제에 대한 기회가 적다.
⑤ 최진수: 고객 충성도가 낮다.

22 A사는 고객과의 접점 빈도가 높고 장기간 유지되는 관계 속에서 고객의 문제 해결을 위해 전문적인 상담과 조언을 제공한다. 이 과정에서 고객의 상황을 깊이 이해하고 장기적 신뢰 관계를 구축하는 것이 핵심이다. 이 경우 A사가 제공하는 서비스 유형으로 가장 적절한 것은 무엇인가?

① 일반화된 서비스(패스트푸드점, 택배 서비스)
② 안정적인 서비스(호텔, 레스토랑, 항공)
③ 개인화된 서비스(유지·보수, 문제 상담, 세일즈)
④ 사려 깊은 서비스(법률 서비스, 컨설팅, 전문 교육)
⑤ 일회성 단순 서비스(편의점, 자판기)

해설

17 PI(Process Innovation)
18 서비스 패러독스
19 서비스 패키지
20 서비스 혁명
21 홍길동의 의견은 서비스 산업이 제조업에 비해 초기 투자비가 적게 소요되기 때문에 상대적으로 진입 장벽이 낮다는 것이다.
22 사려 깊은 서비스는 접점 빈도와 지속 시간이 모두 높고, 고객과의 깊은 관계 유지 및 문제 해결 능력이 필요하다. 법률서비스, 컨설팅, 전문 교육 서비스 등이 해당된다.

정답

17 ③ 18 ① 19 ④ 20 ② 21 ① 22 ④

23 다음의 미래에 발생할 수 있는 사례를 통해 연상되는 사회 현상은?

> 가게에서 식사 중인 고객이 종업원을 부른다. 그런데 종업원은 뒤도 돌아보지 않고 마치 자동 응답기처럼 "원하시는 메뉴를 눌러 주세요. 밑반찬은 1번, 밥은 2번, 잘못 누르셨습니다. 다시 들으시려면…"이라고 대답한다. 이런 종업원의 반응에 고객은 언짢은 표정을 짓는다. 종업원의 이런 반응은 소비자들이 기업의 획일적이고 무미건조한 서비스를 만났을 때 보이는 반응과 매우 흡사하다.

① 서비스 스케이프
② 서비스 디자인
③ 서비스의 경제화
④ 서비스 패러독스
⑤ 서비스 패키지

PART 5 통합형

[24~25] 다음 사례를 읽고 물음에 답하시오.

> 국내에서 가장 인지도가 있는 커피 전문점인 C사는 제공된 커피가 고객의 입맛에 맞지 않는다면 언제든지 고객이 원하는 맛의 커피로 바꿔 주는 서비스를 제공하고 있다. C사의 커피 사이즈가 다음과 같을 때, 한 손님이 멤버십 회원들에게 무료로 제공되는 커피 샷 추가 서비스와 휘핑크림 추가 서비스를 통해 작은 사이즈의 커피를 주문하면서 마치 큰 사이즈의 커피와 같은 크기로 만들어 달라는 주문을 하였다.
> • A 사이즈: 커피 2샷 + 휘핑크림
> • B 사이즈: 커피 3샷 + 휘핑크림
> 평소 이와 같은 고객의 요구가 못마땅했던 매장 직원은 회사의 정책을 설명하며 해당 요구를 거절하였고, 이런 직원의 태도에 대해 고객은 강한 불만을 표현하였다.

24 고객은 매장 직원이 거절하였을 때 큰 사이즈의 커피를 먹는 것보다 작은 사이즈의 커피에 샷 추가를 한 후 휘핑크림를 넣는 것이 입맛에 맞는다며 고객이 원하는 방법으로 커피를 만들 것을 주문하였다고 한다. 이 고객의 요구에 대한 매장 직원의 처리 방법으로 가장 적절한 것은?

① 모든 고객의 입맛은 상황에 따라 변할 수 있으므로 고객의 요구를 들어주는 것이 맞다.
② 모든 고객의 입맛을 만족시키는 것은 불가능하므로 고객의 요구를 들어주지 않아도 된다.
③ 원하는 맛의 커피로 바꿔 주는 서비스가 있으므로 고객의 요구를 들어주는 것이 맞다.
④ 회사의 정책에서도 이 사례가 나와 있기 때문에 고객의 요구를 들어주지 않아도 된다.
⑤ 메뉴에 고객의 요구에 가장 근접하는 제품이 있으므로 고객의 요구를 들어주지 않아도 된다.

25 고객의 요구에 맞게 서비스를 제공하지 못하는 경우 고객이 강하게 불만족을 표출하여 일선 직원과 마찰이 발생하곤 한다. 위의 사례와 같이 동일한 매뉴얼을 사용함에도 불구하고 발생하는 문제의 원인은 무엇인가?

① 서비스를 제공하는 순간 사라져버리는 현상 때문에 발생한다.
② 서비스를 제공받는 고객들의 상황이 항상 일정하지 않기 때문에 발생한다.
③ 서비스가 눈에 보이지 않아 실제 고객의 요구가 얼마나 충족되는지 알 수 없다.
④ 서비스는 고객과 직접 접촉을 통해 제공되므로 고객의 불만족은 항상 발생한다.
⑤ 서비스는 촉진 제품을 사용하므로 촉진 제품에 따라 고객의 불만족이 발생할 수 있다.

해설

23 사례에서는 서비스의 공업화와 기술화에 대한 패러독스 현상을 보여주고 있다. 이는 고객의 소리에 자동 응답 시스템처럼 획일적인 반응으로 무미건조하게 응대하는 직원의 모습에 대해 시사하는 바가 크다.

24 서비스의 특성 중 이질성에 대한 사례이다. 서비스 제공자나 수혜자 모두 각각의 상황에 따라 동일한 촉진 제품에 대해서도 다르게 인지할 수 있다는 점을 감안하여 서비스 매뉴얼에 포함시키는 것이 좋다. 따라서 올바른 서비스를 제공하려면 고객의 다양성을 감안하여 서비스 접점 시스템과 대응 프로그램을 마련하여야 한다.

25 서비스의 특성 중 이질성으로 인해 발생하는 상황이다. 매뉴얼을 모든 고객에게 일률적으로 적용하다 보면 해당 서비스에 불만족한 고객이 예기치 않게 발생할 수 있다. 따라서 서비스 제공자에게 충분한 권한 위임을 통해 다양한 상황에 대처할 수 있도록 해야 한다.

정답

23 ④   24 ①   25 ②

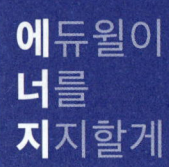

작은 문제를 해결해 나가면
큰 문제는 저절로 해결될 것이다.

– 디어도어 루빈

SUBJECT 02

서비스 프로세스 개발 및 품질 관리

CHAPTER 01　서비스 프로세스의 이해
CHAPTER 02　서비스 프로세스의 개선
CHAPTER 03　서비스 연구 개발(R&D)
CHAPTER 04　서비스 품질과 품질 측정 모형
CHAPTER 05　TSQM(총체적 서비스 품질 경영)

학습방법

- 서비스 프로세스의 개념 및 서비스 매트릭스 구조에 대해 정확하게 이해하고 서비스 청사진의 구조에 대해 학습한다.
- 서비스 프로세스의 개선 과정과 개선 도구에 대해 학습한다.
- 서비스 혁신의 종류와 혁신을 위한 연구 개발 이론 및 가치 공동 창출의 의미에 대해 학습한다.
- 서비스 품질의 개념을 살펴보고 서비스 품질 측정과 관련된 연구와 다양한 이론에 대해 학습한다.
- TSQM(총체적 서비스 품질 경영)의 의미와 서비스 품질 비용의 개념을 이해한다.

무료강의 바로보기

CHAPTER 01 서비스 프로세스의 이해

| 빈출 키워드 |
슈매너의 서비스 프로세스 매트릭스　　# 표준화 전략　　# 고객화 전략
서비스 청사진

1 서비스 프로세스의 개념

1. 서비스 프로세스의 의미 [빈출]
① 서비스 프로세스(Service Process)는 서비스 제공자가 보유한 물적·인적 자원을 투입(Input)하여 제품과 서비스라는 결과물(Output)을 만들어 내는 일련의 과정이자 행위의 집합이다.
② 서비스가 제공되는 원리이자 실행 매커니즘으로 서비스 활동의 흐름을 나타내는 서비스 운영 시스템을 말한다.
③ 서비스 제공자가 소비자의 문제를 해결하여 고객의 경험을 디자인하고, 고객에게 새로운 가치를 만들어 줌으로써 고객 만족으로 이어지는 가치의 흐름을 의미한다.
④ 서비스 프로세스가 서비스 상품 그 자체가 되기도 하지만, 경우에 따라 서비스 전달 과정으로써의 서비스 채널(Channel)의 의미도 지닌다.

2. 서비스 프로세스의 중요성 [빈출]
① 상품 자체의 결과적 품질만을 중요시했던 시대에서 상품의 구매 및 사용상의 모든 과정에서 느끼는 경험적 만족도가 중요한 시대가 되었다.
② 기업 입장에서는 효과적인 서비스 프로세스를 통해 직원들의 업무 수행 성과를 높이고, 불필요한 서비스 요소의 투입을 막아 경제적 이득을 볼 수 있다.
③ 서비스 프로세스를 통한 고객의 만족 여부는 향후 고객 구매 활동에 많은 영향을 준다.
④ 잘못된 서비스 프로세스는 고객의 불만족 요소가 된다.
⑤ 서비스 생산과 제공 과정의 설계는 단순한 제품 마케팅보다 더 높은 수준의 고객 만족을 이끌어내는 중요한 활동이다.

3. 서비스 프로세스의 개발 시 주의 사항 [빈출]
① 먼저 직원과 고객의 역할 관계를 명확히 정의해야 한다.
② 서비스 프로세스의 각 단계에 고객 가치가 충분히 반영될 수 있도록 고객을 참여시킨다.
③ 전체적인 관점에서 생각하고 각각의 개별 활동들은 하나의 시각에서 인식한다.
④ 서비스 프로세스 설계 시 고객 만족을 극대화할 수 있도록 직원의 업무 처리 능력을 고려한다.
⑤ 궁극적으로 서비스 프로세스는 목적을 중심으로 설계하고 의미 있는 결과가 나올 수 있도록 성과 평가 프로그램을 서비스 프로세스와 상호 연계시켜야 한다.

4. 서비스 프로세스의 구성

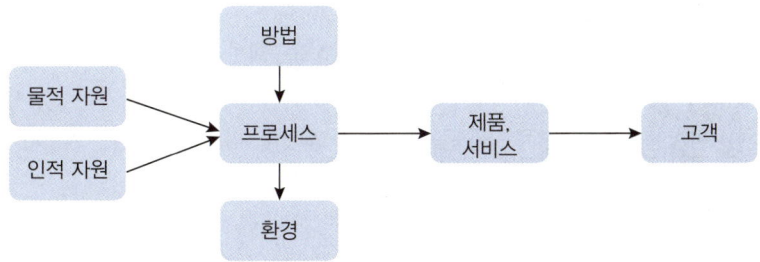

2 서비스 프로세스 모델의 이해

1. 서비스 프로세스의 구분

① 서비스 프로세스의 분류 기준
- 상호 작용과 고객화 정도: 고객과 서비스 프로세스의 상호 작용 정도 및 서비스의 고객화 정도이다.
- 노동 집중도: 서비스 제공에 필요한 장치나 설비 등에 대한 의존도 대비 사람에 의존하는 정도인 노동에 대한 의존도의 상대적인 비율이다.

② 슈매너(Schmenner)의 서비스 프로세스 매트릭스 빈출

구분		고객과의 상호 작용과 고객화 정도	
		낮음	높음
노동 집중도	낮음	서비스 공장(Service Factory) • 항공업 • 호텔(리조트) • 화물 운반 트럭	서비스 숍(Service Shop) • 병원 • 수리 센터 • 소규모 식당
	높음	대량 서비스(Mass Service) • 소매업 • 일반 금융업 • 학교 • 대중 운송업	전문 서비스(Professional Service) • 법률 서비스 • 컨설팅 • 상담 • 개인 금융

- 서비스 공장(상호 작용과 고객화 정도 ↓, 노동 집중도 ↓): 대규모의 시설 투자가 수반되는 업종으로 서비스 제공 능력이 고정되어 있다. 표준적인 운영 절차와 엄격한 매뉴얼 관리가 중요하고 성수기 수요를 비수기 수요로 일부 전환할 수 있는 마케팅 전략이 필요하다.
- 대량 서비스(상호 작용과 고객화 정도 ↓, 노동 집중도 ↑): 노동 집중도가 높아 종업원의 역량이 매우 중요하기 때문에 적합한 종업원 선발에 노력을 기울여야 한다.
- 서비스 숍(상호 작용과 고객화 정도 ↑, 노동 집중도 ↓): 높은 고객화로 인하여 비용은 증가하고 품질 유지는 어려우며, 프로세스에 개입하는 고객이 생산성에 영향을 미치므로 접점의 표준화가 어렵다. 수평적이고 느슨한 상하 관계가 필요하다.
- 전문 서비스(상호 작용과 고객화 정도 ↑, 노동 집중도 ↑): 전문 서비스는 고객 문제를 해결하는 과정이 매우 다양하므로 접점에서의 통제가 불가능하고 종업원들의 충성도를 높이기 위한 노력을 기울이는 것이 바람직하다.

2. 서비스 프로세스의 표준화와 고객화 전략

① 표준화(Standardization) 전략 `빈출`
- 서비스 전달 과정을 기업의 관점에서 특정 기준으로 표준화하여 모든 고객들이 동일화되고 일관된 서비스를 받을 수 있도록 설계한 서비스 프로세스이다.
- 대량의 서비스 생산을 목적으로 하기 때문에 서비스 프로세스의 표준화 전략은 기업의 서비스 생산성 증가, 업무의 효율성 및 합리적인 경영을 위한 목적으로 주로 사용된다.
- 대다수 프랜차이즈 형식의 서비스 사업이 이에 해당하며, 특정 소수의 고객이 아닌 불특정 다수의 고객을 공략하므로 서비스 대중화 전략이라고도 한다.
- 현대 사회의 IT 기술 발전으로 온라인 서비스가 활성화되면서 애플리케이션(Application)을 활용한 '온라인 고객 접점 서비스'는 대표적인 표준화 전략의 예이다.

PLUS⁺ 표준화 전략의 예

스타벅스	• 오감 마케팅을 통한 표준화 전략이다. • 사이렌 오더(Siren Order)를 통해 주문을 간편화하였다. • 교육 훈련을 통한 수준급의 MOT 서비스 역량을 유지한다.
맥도날드	• 전 세계 맥도날드의 메뉴와 맛을 일정하게 유지한다. • 무인 주문 시스템의 도입으로 생산성을 증가시킨다.
프리미엄 아웃렛	• 신세계가 운영하는 명품 및 복합 브랜드 할인 매장 단지이다. • 각 지점마다 비슷한 건물 디자인과 서비스 시스템을 활용하며 동일 브랜드를 입점한다.

② 고객화(Customization) 전략 `빈출`
- 고객의 다양한 요구에 탄력적으로 반응하고 개별 고객의 니즈를 맞춤형으로 제공하기 위해 고객의 욕구 및 관심 사항을 우선적으로 고려하여 서비스 프로세스를 설계하는 것을 말한다.
- 앞으로 서비스 산업 사회의 많은 영역에서 표준화를 통한 대량 생산 방식이 고객 맞춤형 주문 생산 방식으로 상당 부분 대체될 것이다.
- 일반적으로 고객화 전략을 추구하는 서비스 프로세스에서는 표준화 프로세스보다 직원들에게 더 많은 권한이 주어진다. 그 결과 직원들은 현장에서 요구되는 고객들의 요청에 보다 신속하고 유연한 대응이 가능하고, 고객들은 개인적이고 차별화된 서비스를 받을 수 있게 된다.
- 4차 산업 시대를 대표하는 AI(인공지능)의 발전으로 온라인상에서도 일방적인 서비스가 아닌 고객의 특성을 실시간으로 반영한 차별화된 서비스를 제공할 수 있을 것으로 기대하고 있다.

PLUS⁺ 고객화 전략의 예

파나소닉 사이클 텍	전자기기 회사 파나소닉의 자회사로, 주문한 고객의 정확한 키, 몸무게, 선호 색상에 맞춰 제품을 생산하여 제공한다.
아마존	고객의 인구 통계학적 기본 정보를 포함한 과거 구매 내역, 구매 상품에 대한 반응, 장바구니 내역 및 검색 등으로 수집된 실시간 데이터를 AI 알고리즘으로 분석하여 개별 고객을 대상으로 맞춤형 구매를 제안하는 초개인화 서비스이다.
퍼스널 쇼퍼	VIP 고객을 1:1로 도와주는 사람이다. 고객의 취향과 가치, 예산 등의 정보를 분석하여 상품을 선별해 구매 정보를 제시하거나 고객에게 맞춤화된 구매를 대행해 준다.

③ 표준화와 고객화(개인화) 서비스 프로세스의 비교 빈출

구분	표준화 서비스 프로세스	고객화(개인화) 서비스 프로세스
설치 위치 및 배치	생산자 중심	고객 중심
디자인	규격화, 통제·관리 위주	다양화, 고객 요구 위주
일정 계획	완료 시점 중시	과정 중시
생산 계획	예측 생산	주문 생산
직원 능력	기능적 측면 중시	커뮤니케이션 능력 중시
품질 통제	표준화, 고정적	주관성, 변동적
시간 표준	시간 표준의 준수	시간 표준이 엄격하지 않음

PLUS+ 호텔의 교과서 - 리츠칼튼 호텔의 고객화 전략

최고의 고품격 서비스로 명성을 얻는 리츠칼튼 호텔은 수십 년 동안 20개 항목으로 구성된 고객 서비스 수칙을 엄격하게 규정한 프로세스 조항에 맞게 직원들에게 적용해 왔다. 하지만 2006년에 이러한 규칙으로는 빠르게 변화하는 시대적 환경 속에서 고급 호텔을 이용하는 고객들의 다양한 요구에 효과적으로 대응하기 어렵고, 낮아진 연령층과 이전보다 넓어진 계층의 고객들의 니즈를 충분히 채울 수 없다는 사실을 인정하게 되었다. 고객이 기대하는 가치와 다양성을 미리 만들어 놓은 획일화된 서비스 프로세스로 충족할 수 없었기 때문에 서비스 프로세스를 보다 유연하고 창의적으로 만들 필요가 있었다. 변화를 선택한 리츠칼튼 호텔은 고객 응대 수칙을 12가지 조항으로 줄이고, 설비와 객실 청소를 담당하는 직원들을 제외한 고객과의 접점에서 일하는 현장 직원들에게 스스로 판단할 수 있는 최대한의 재량권을 주었다. 이를 통해 고객과의 관계를 더욱 친밀하게 만들고 고객에게 잊지 못할 경험을 제공함으로써 고객 만족도가 크게 높아졌다.

3. 서비스 디자인 빈출

① 의미
- 서비스 제공자와 고객이 공유하는 경험의 품질을 높이기 위해 서비스 프로세스를 통해 인적 요소와 제반 환경, 커뮤니케이션 등의 기타 서비스 요소를 구성하는 것을 말한다.
- 고객이 무형의 서비스를 구체적으로 경험하고 평가할 수 있도록 고객과 서비스가 접촉하는 모든 경로의 유·무형 요소를 창조하는 것이다.

② 특징 빈출
- 고객의 경험에 초점을 두고 서비스의 결과적 이용 품질을 디자인의 핵심 가치로 추구한다.
- 서비스 전략과 프로세스, 접점의 통합적인 디자인을 고려해서 전체적인 시각으로 접근한다.
- 새로운 현장의 경험을 유·무형 매체와 조합하여 새로운 아이디어로 창출한다.
- 고객의 자연스러운 경험을 위해 시간적 흐름에 따라 고객의 경험 접점을 디자인한다.
- 다양하고 실용적인 서비스 결과를 위해 고객의 행동 패턴을 분석하여 디자인에 반영한다.

PLUS⁺ 경험 디자인과 서비스 디자인의 비교

구분	경험 디자인	서비스 디자인
초점	고객 중심	고객-기업 균형
관점	• 고객의 잠재 니즈 발견 • 고객 경험 향상	• 고객의 잠재 니즈 발견 • 이해관계자의 욕구 발견 • 표준화 또는 개인화
방법	• 고객 관찰 • 스토리 보드 • 페르소나 • 유저빌리티 테스트 • 집단 심층 면접(FGI; Focus Group Interview)	• 고객 관찰 • 스토리 보드 • 페르소나 • 유저빌리티 테스트 • 서비스 청사진(Service Blueprint) • 집단 심층 면접(FGI; Focus Group Interview)
결과	정량/정성의 논리적 근거가 있는 디자인 결과물	시각화된 보고서와 즉시 확인이 가능한 결과

③ 접근법

기계적 접근법	서비스를 하나의 제품으로 보고 각각의 경험 요소를 부품으로 인식하여 각 요소별 디자인에 초점을 둔다.
전체적 접근법	• 전체 서비스 과정을 하나의 서비스 상품으로 인식한다. • 물적·인적 요소와 각 요소 간 연결 등을 포괄적으로 고려한다. • 고객의 시각에서 서비스를 이용하는 데 전체적으로 불편함이 없도록 시간과 공간적 흐름까지 생각한다. • 서비스를 구성하는 인적 역량, 물적 인프라의 특성을 잘 반영한다.
통합적 접근법	기계적 접근법과 전체적 접근법을 조합한다.

④ 과정

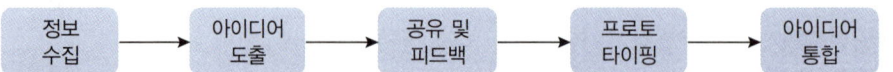

정보 수집	각 분야의 현장을 직접 관찰하거나 간접 자료를 통해 정보를 수집한다.
아이디어 도출	• 수집된 정보를 바탕으로 새로운 아이디어를 도출한다. • 서비스 주체 및 방법, 도구 등 다양한 아이디어를 창출하다
공유 및 피드백	서비스 맵과 시각적 도구를 활용해 현장의 이해관계자들과 아이디어를 공유한 후 피드백한다.
프로토타이핑 (데모 버전)	• 완성된 서비스 상품이 출시되기 전 미완성 상태의 시스템 모형을 만든다. • 새로운 아이디어를 상품화시키는 마지막 단계로, 상품의 출시 전 시장의 선(先)반응을 살피기 위해 준비되어 사전 체험 목적으로 사용된다. 이를 통해 숨겨진 문제점을 파악하고 개선하여 최종적으로 서비스 상품의 완성도를 높일 수 있다.
아이디어 통합	프로토타이핑의 결과를 토대로 문제점을 최종 보완하여 서비스 프로세스 개발을 완성한다.

⑤ 활용 도구

서비스 블루프린트 (Service Blueprint)	서비스 청사진이라고 하며, 서비스가 전달되는 전체 과정을 서비스 제공자와 이용자의 모든 관점에서 시각화시켜 놓은 서비스 설계도를 말한다.
스토리 보드 (Story Board)	창의적인 아이디어를 간단하게 시각화해서 나타낸 것이다.
페르소나 (Persona)	고객 개인이나 집단을 관심사에 따라 분류한 뒤 이를 추상적, 실제적 분류와 통합 과정을 거쳐 대상을 하나의 캐릭터로 만드는 방법이다.
브레인스토밍 (Brain storming)	창의적 발상 기법으로, 집단에 소속된 구성원들이 자발적으로 자연스럽게 제시한 아이디어 목록을 통해 특정 문제에 대한 해답을 찾는 아이디어 도출 방법이다.
서비스 사파리 (Service Safari)	조사자가 고객의 입장이 되어 현장을 체험하면서 좋은 경험과 나쁜 경험을 그대로 기록하는 방법이다.
플로우 차트 (Flow Chart)	서비스 프로세스 흐름도 또는 순서도라고 하며, 어떤 일을 처리할 때 여러 종류의 상자와 이를 이어 주는 화살표를 이용하여 수행 순서를 보여 주는 알고리즘 또는 프로세스이다.

3 서비스 청사진 빈출

1. 서비스 청사진의 의미

① 서비스 청사진(Service Blueprint)이란 린 쇼스택(G. L. Shostack)이 1984년 「하버드 비즈니스 리뷰」지에 처음으로 제안한 서비스의 흐름을 나타내는 프로세스 도식이다.
② 서비스의 전 과정에서 서비스 제공자와 이용자의 경험 사이에서 발생한 일련의 행위들을 시각적으로 표현한 것이다.
③ 서비스 이용자와 관련된 접점 및 비접점의 제공자(개인 또는 조직)가 행하는 다양한 활동들을 시간적 흐름과 공간적 개념에 따라 보여 준다.
④ 서비스 프로세스의 전 과정을 단계별로 전방과 후방, 지원 프로세스로 구분하고 가시선을 통해 눈에 보이는 업무와 눈에 보이지 않는 업무로 나누어 보여 준다. 이를 통해 서비스의 전체적인 흐름을 한눈에 파악하기 쉽다.
⑤ 서비스 기업은 서비스 청사진에 고객과 직원 간의 역할 및 서비스 요소 등을 나타내어 시각적으로 서비스 작용을 확인할 수 있게 한다.
⑥ 전사적 차원에서 접점에 있지 않은 직원일지라도 본인의 업무가 어떻게 고객에게 전달되고 어떤 영향을 미치는지를 파악하는 데 매우 효과적인 자료로 활용된다.

2. 서비스 청사진의 구성 [빈출]

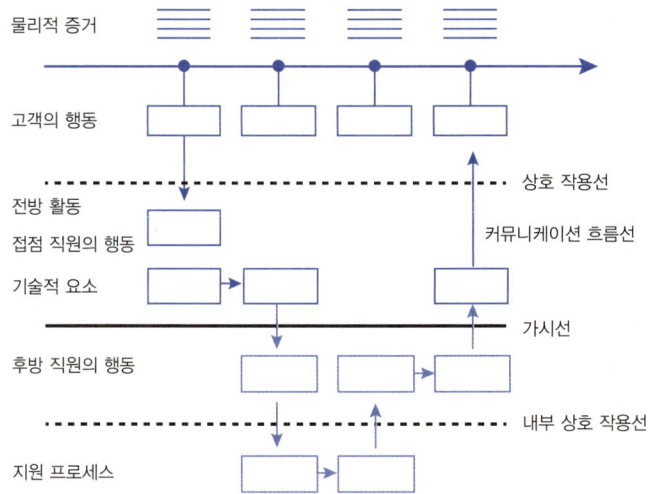

① 행동

물리적 증거	고객이 경험하게 되는 다양한 물리적 요소
고객의 행동	서비스 프로세스의 흐름을 정하는 고객의 다양한 행위 요소
전방 활동	고객과의 직접 상호 작용을 통해 유발되는 서비스 요소
접점 직원의 행동	전방 활동의 중요한 요소로 고객과 직접적인 상호 작용으로 제공되는 접점 직원들의 행위
후방 직원의 행동	가시선 밖 보이지 않는 영역에서 접점 직원의 업무를 지원하는 직원 또는 부서의 서비스 활동
지원 프로세스	효과적이고 유기적인 서비스의 수행을 위해 사용되는 기업의 자원과 시스템, 유관 부서의 지원

② 선

상호 작용선	고객과 직원이 만나는 현장의 접점을 구분한 선
가시선	고객에게 보이는 범위와 보이지 않는 범위를 구분
내부 상호 작용선	서비스 현장에서 고객에게 보이지는 않지만 서비스를 전달하기 위한 지원 시스템과 후방 직원을 구분한 선
커뮤니케이션 흐름선	서비스 프로세스에서 정보와 커뮤니케이션의 흐름을 화살표 방향으로 나타낸 선

3. 서비스 청사진의 작성 단계

[1단계] 프로세스 선정	서비스 청사진의 대상 프로세스 선정하기
[2단계] 고객 행동 분석	프로세스에 참여하는 고객 또는 집단을 분석하고 행동을 특정하기
[3단계] 서비스 프로세스의 분해	접점 직원 및 후방 직원 행동, 지원 프로세스를 분석하여 정리하고 상호 작용선, 가시선, 내부 상호 작용선 구분하기
[4단계] 서비스 청사진 도식화	분석한 각 영역별 서비스 활동 및 흐름을 도표를 이용해 시각화하여 프로세스 표현하기
[5단계] 물리적 증거의 작성	서비스 프로세스에 사용된 물리적 요소 기입하기

4. 서비스 청사진의 사례 빈출

① 미용실 서비스 프로세스

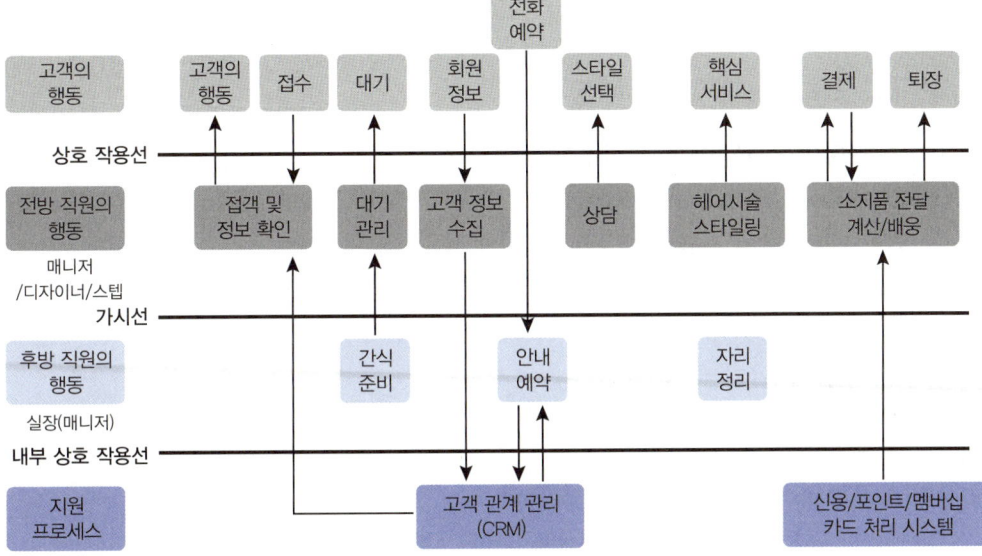

② 병원 서비스 프로세스

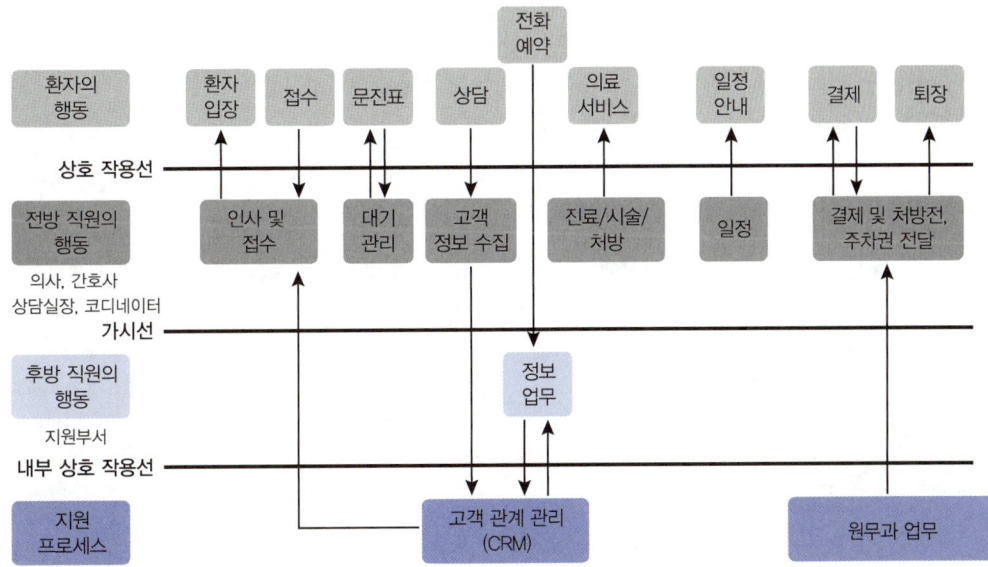

서비스 프로세스의 개선

| 빈출 키워드 |
서비스 프로세스 재설계   # 서비스 프로세스 개설 과정
피시본 다이어그램

1 서비스 프로세스의 개선과 재설계

1. 서비스 프로세스 개선(Reform)의 필요성
① 기존 서비스 프로세스의 효율성이 떨어진다.
② 트렌드 변화에 따른 고객의 기대를 새롭게 반영해야 한다.
③ 사회·문화·경제적 환경 변화로 고객의 니즈가 달라졌다.
④ 기술 환경의 변화로 더욱 진화한 서비스 프로세스가 필요하다.
⑤ 새로운 기능적 요소가 추가되었다.
⑥ 서비스 조직의 구조적 재편성으로 인해 새로운 서비스 프로그램으로 전환되어야 한다.

2. 서비스 프로세스 재설계(Redesign)의 의미
기존에 사용하던 서비스 프로세스를 개선하기 위해 서비스 요소를 고객의 니즈와 욕구 변화에 맞게 수정·보완하거나, 전체 프로세스를 처음부터 다시 설계하는 것을 의미한다.

3. 서비스 프로세스 재설계의 목적 빈출
① 고객 만족도를 다시 분석하여 개선한다.
② 서비스 프로세스상의 오류를 제거하고 부족한 부분을 보완한다.
③ 기업의 서비스 생산성을 향상시킨다.
④ 서비스 프로세스의 단순화로 서비스 전달 시간을 감소시킨다.
⑤ 서비스 프로세스상의 인력을 조정하여 서비스 결과 품질을 향상시킨다.
⑥ 서비스 생산자 중심에서 고객 중심의 서비스 프로세스를 구축한다.

4. 서비스 프로세스 재설계의 혜택과 문제점

구분	고객 혜택	기업 혜택	문제점
물리적 측면 재설계	• 편의성 향상 • 기능의 향상 • 흥미 유발	• 직원 만족도 향상 • 생산성 향상 • 차별화	• 모방이 쉬움 • 많은 비용 필요 • 고객의 기대 심리 상승
묶음 서비스 제공	• 편의성 향상 • 서비스의 종류 및 다양성 확보	• 고객 유지 • 고객당 서비스 이용 수량 증대	• 고객에게 비용 부담으로 인식될 수 있음 • 표적 고객에 대한 지식 필요

가치 창출에 기여하지 않는 단계 제거	• 효율성 향상 • 서비스 접근 및 사용 속도 상승	• 효율성 향상 • 생산성 향상 • 고객 맞춤 서비스 가능	고객과 직원의 교육 필요
셀프 서비스로의 전환	• 서비스 속도 상승 • 접근성 향상 • 비용 절감	• 생산성 향상 • 기술에 대한 평판 • 비용 절감	• 고객의 역할 수행 준비 • 피드백 감소 • 관계 형성을 위한 대면 기회 감소
서비스를 고객에게 직접 배달	• 편의성 향상 • 접근성 향상	• 위치적 한계 극복 • 고객 기반 확장 • 차별화	• 물류 부담 • 비용 증대

2 서비스 프로세스의 개선 과정

1. 서비스 프로세스 개선의 대상 분석

고객	고객의 계층과 연령대, 고객의 참여 정도, 고객의 기대 및 잠재적 욕구 등
기업	서비스 프로세스의 표준화, 제도, 운영 방침, 조직 구조, 교육·훈련 등
프로세스	프로세스의 비전, 목적, 성과, 측정 및 평가 기준

2. 서비스 프로세스의 개선 과정

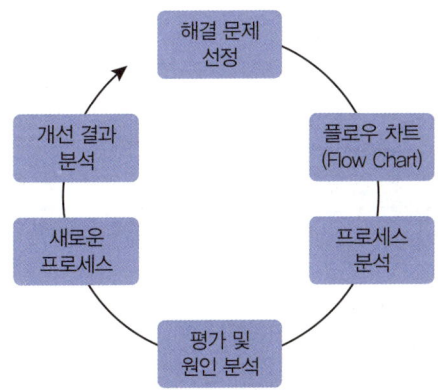

[1단계] 해결 문제 선정	프로세스상 개선해야 할 문제점을 선정한다.
[2단계] 플로우 차트(Flow Chart)	플로우 차트를 활용하여 프로세스 흐름도를 작성하고 이를 통해 해결해야 할 문제점을 도출한다.
[3단계] 프로세스 분석	프로세스 흐름도상 개선해야 할 문제와 과제를 분석한다.
[4단계] 평가 및 원인 분석	문제에 대한 근본적인 원인(인과관계)을 분석한다.
[5단계] 새로운 프로세스	문제를 해결하고 과제를 개선할 새로운 프로세스를 창출한다.
[6단계] 개선 결과 분석	새로운 서비스 프로세스를 실행하고 결과를 평가한다.

3. 서비스 프로세스의 개선 도구(Tool) 빈출

① 플로우 차트(Flow Chart)
- 다이어그램의 한 종류로, 여러 종류의 상자와 이를 이어 주는 화살표를 이용해 명령의 순서를 보여 주는 알고리즘 또는 프로세스를 말하며, 흐름도 또는 순서도라고도 한다.
- 프로세스 작용은 상자들과 작업 흐름(Workflow)을 나타내는 화살표 연결로 나타내며, 이러한 다이어그램 표현은 주어진 문제에 대한 솔루션 모델을 보여 준다.
- 프로그램 흐름도는 하나의 업무를 전체적, 종합적으로 나타내어 해당 작업의 진행 순서를 나타내는 개략 흐름도와 프로그램 내부를 상세히 나타내는 상세 흐름도로 구분한다.

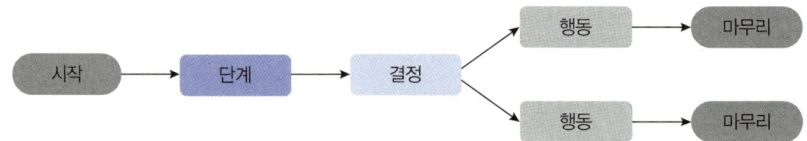

② 파레토 차트(Pareto Chart)
- 중요한 전체 효과를 만드는 한정된 수의 작업을 선택하기 위한 의사 결정의 통계 방법으로, 대부분의 결과는 그 원인의 20%에서 비롯된 파레토 원리를 기초로 한다.
- 문제의 원인을 가장 중요한 영역부터 중요하지 않은 영역까지 분류하는 그래픽 도구로, 자료들이 어떤 범주에 속하는지를 나타내는 계수형 자료일 때 각 범주에 대한 빈도를 막대의 높이로 나타낸 도표이다.
- 서비스 기업에서는 서비스 품질 개선을 목적으로 최고의 효율성을 얻을 수 있는 서비스 영역을 찾아내거나 반대로 문제를 일으키는 주요 원인을 찾아 분석하기 위한 도구로 사용된다.

예 레스토랑의 선택 시 고려 사항 분석

만족 요소	표본	표본 비율	누적 비율
서비스의 품질	90	40.91%	40.91%
브랜드의 명성	50	22.73%	63.64%
직원의 친절함	25	11.36%	75.00%
가격의 적정성	22	10.00%	85.00%
시설의 청결도	16	7.27%	92.27%
접근성	12	5.45%	97.72%
주차 시설	5	2.28%	100.00%
표본 합계	220	100.00%	

↓

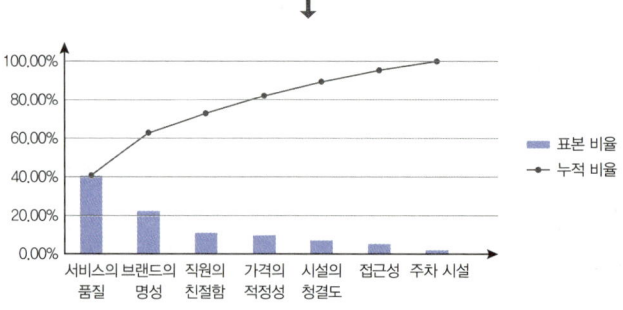

③ 데밍 사이클(Deming Cycle)
- 1950년 데밍(William Edwards Deming) 박사가 개발한 경영 기법으로, 'PDCA' 또는 'PDSA' 사이클이라고도 한다.
- 생산과 품질 관리에 있어 제품 또는 서비스를 지속적으로 개선하고, 문제를 해결하기 위해 고안된 솔루션이다.
- 문제 해결을 위한 기준을 세워 놓고 반복적 시험과 연구를 통해 최고의 해결 방법을 찾아가는 과정을 나타낸 것으로, 이는 'Plan-Do-Check-Act' 또는 'Plan-Do-Study-Act' 과정에 바탕을 둔다.
- 데밍 사이클은 시작과 종결이 아닌 지속적이고 반복적인 순환적 프로세스이다.
- PDCA 단계 중 2, 3단계에 가장 중요한 비중을 둔다. Do-Check/Study 단계에서 충분히 만족할 만한 해결법이 나오지 않는다면 다음 단계로 넘어가지 않는다.
- 사이클 과정을 통해 품질이 개선되면 조직의 생산성이 높아지므로 경쟁력 역시 향상된다.

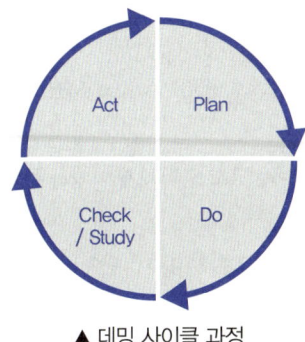

▲ 데밍 사이클 과정

Plan	해결해야 할 문제에 대한 가설을 세우고 결과를 예측한다.
Do	문제 해결에 가설을 시도 또는 테스트한다.
Check / Study	실제 시도한 결과를 예측 결과와 비교·연구해서 효과를 측정한다.
Act	분석한 자료를 토대로 개선점을 보완하여 다시 실행한다.

④ 피시본 다이어그램(Fishbone Diagram) 빈출
- 일본의 통계학 박사 카오루 이시카와가 발명한 인과관계 분석 도구로, 이시카와 다이어그램이라고도 하며 모형이 생선 뼈처럼 생겼다하여 피시본 다이어그램이라고 한다.
- 발생한 문제를 생선의 큰 뼈대로 보고 문제의 많은 원인들이 작은 가시처럼 붙어 있는 형태이다.
- 문제가 복잡하거나 많은 데이터가 필요할 때 특정 문제에 대해 가능한 한 많은 원인을 찾는 데 효과적이며, 문제 해결에 집중하여 불필요한 의사 결정을 줄여주는 장점이 있다.

예 호텔 이용객 불만 증가

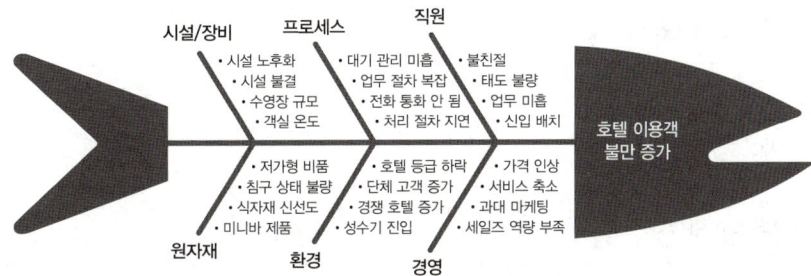

CHAPTER 03 서비스 연구 개발(R&D)

| 빈출 키워드 |

\# 서비스 혁신   \# 서비스 연구 개발(R&D)   \# 서비스 가치 공동 창출

1 서비스 혁신과 서비스 연구 개발

1. 서비스 혁신 빈출

① 의미
- 서비스 혁신(Service Innovation)은 서비스의 실용성을 증진시키기 위해 새로운 콘셉트로 개발되거나 의미 있는 서비스로 발전해 나가는 것을 뜻한다.
- 고객과의 상호 작용을 위한 새로운 채널, 유통 시스템과 기술의 개발 또는 결합을 통해 만들어진 진보된 서비스 개념이기도 하다.
- 서비스 혁신은 서비스 생산자와 고객 모두에게 이익을 주며, 개발자의 경쟁력을 향상시킨다.

② 특징
- 특정 부분에서 창조된 서비스가 다른 환경과 상황에도 안정화되고 체계적으로 작용될 수 있도록 복제 가능한 요소들을 지니고 있어야 한다.
- 서비스 혁신은 기술이나 체계적인 방법을 기반으로 하는 서비스 제품 또는 서비스 프로세스를 말한다. 하지만 서비스 분야에서의 혁신이 반드시 기술에만 의존해야 하는 것은 아니다. 오히려 서비스 혁신은 기술적 요소와 비기술적 요소(인문, 사회, 문화 등)를 융합했을 때 그 성과가 큰 경우가 많다.
  예) 사우스 웨스턴 항공사의 턴 어라운드(Turn Around) 시간의 단축, 애플 제품의 감성적 기능 전략, 인공지능 TV, 언택트(Untact) 요구에 따른 온택트(Ontact) 플랫폼 서비스, AI 기능 기반의 ChatGPT 등

PLUS+ 덴 헬톡(Den Hertog)의 4가지 서비스 혁신 차원

서비스 콘셉트	새로운 유형의 서비스 가치
고객과의 상호 작용	고객의 서비스 참여, 공동 가치 창출
서비스 전달 시스템	기업과 고객의 연계, 유통 과정의 진화, 접점의 다양화
기술적 옵션	빅데이터, 인공 지능, 무인화 등

③ 유형 빈출
- 급진적 혁신(Radical Innovation)

핵심 혁신	신규 비즈니스를 통한 새로운 고객 및 시장 개척 예) 우주관광서비스, 3D프린팅 기술서비스
새로운 사업	기존 고객을 대상으로 신규 비즈니스 시작 예) O2O&O2C 사업 등장, 라이브 커머스(Live Commerce) 플랫폼 등장, AI를 활용한 셀프 제작 서비스
새로운 서비스	기존 시장에 새로운 서비스 제공 예) 무인 자동차 개발, 키오스크(Kiosk, 무인 정보 단말기) 설치, 24시 셀프 결제 무인 점포

- 점진적 혁신(Progressive Innovation)

서비스 라인 확대	기존 상품에 새로운 기능 및 서비스 옵션 추가 **예** 스마트폰의 진화, 자동차 편의 기능 개선
서비스 개선	기존 서비스의 특성 변경 및 개선 **예** 항공사 운항 노선의 다양화 및 확대
스타일 변화	기존 고객의 인식이나 태도 변화 유도 **예** 비대면 수업, 1인 사용 제품

- **존속적 혁신(Sustaining Innovation)**: 기존 고객들이 가치를 두었던 차원에서 기존 제품을 좀 더 개선한다.
  예 운항 거리가 길어진 항공기, 화소 수가 높아진 카메라 렌즈, 화질이 개선된 TV
- **파괴적 혁신(Disruptive Innovation)**: 경쟁자의 새로운 기술·제품·서비스가 등장하여 기존 강자의 지위를 위협하고 높은 수준의 상품 시장에서 경쟁이 어려워지면, 오히려 기존 상품보다 하위 수준의 상품화로 고객이 더 낮은 비용과 편리성으로 선택을 하게 만드는 전략이다.
  예 저가형 스마트폰, 잉크젯 복합기, 저가 항공사
- **협력적 혁신(Collaborative Innovation)**: 기존에 따로 존재하던 두 개 이상의 상품, 기술 또는 역량을 조합하거나 통합하여 새로운 서비스를 만들어 내는 것이다.
  예 항공과 호텔의 패키지 상품, 스마트폰 내비게이션, 복합 쇼핑몰

2. 서비스 연구 개발(R&D) 빈출

① 의미
- 서비스 연구 개발(Service R&D; Service Research & Development)은 혁신적인 서비스의 창조 및 새로운 서비스 전달 체계의 개발을 목적으로 창의적 지식을 활용한 연구 개발 활동을 의미한다.
- 일반적인 제품의 연구 개발 활동이 기술의 발전을 통해 '제품 자체와 생산 및 유통의 혁신'을 지향하는 반면, 서비스 연구 개발은 기술 이외에 인문·경제·사회 과학 등의 연구를 바탕으로 '새로운 서비스 개발', '서비스 전달 체계 혁신'을 추구한다.
- 서비스 연구 개발은 이전에 없었던 '새로운 서비스의 창조'와 더욱 '업그레이드(Upgrade)된 서비스 프로세스'의 개발이라는 서비스 혁신을 도모하고, 서비스 혁신을 통해 상용화된 서비스 상품은 고객의 생활에 편의와 효용을 증대시키고 나아가 삶의 질을 높이는 데 기여한다.

② 유형: 서비스 연구 개발 활동의 표준적 기준으로 활용할 수 있도록 제공되는 서비스와 서비스 대상을 기준으로 서비스 연구 개발을 분류하였다.

구분		서비스	
		기존	신규
고객	기존	[유형 1] 서비스 개선	[유형 2] 서비스 확장
	신규	[유형 3] 고객 확장	[유형 4] 서비스 창출

- **[유형 1] 서비스 개선**
  - 기존에 제공되는 서비스의 전달 체계를 개선하거나 인문, 사회 과학적 요소를 결합하여 고품질의 서비스를 제공하기 위한 연구 개발 활동이다.
  - 신기술 적용이나 비즈니스 모델 개선을 통해 기존에 제공되는 서비스의 품질 제고를 목적으로 하며 새로운 시장이나 고객의 개척에 대한 부담이 없다.
    예 택배 회사가 배송 상황을 실시간으로 조회할 수 있도록 시스템을 개선하여 당일 주문·배송 시스템을 구축함

- **[유형 2] 서비스 확장**
  - 기존 서비스를 기반으로 파생된 신규 서비스를 기존 고객들에게 제공하기 위한 연구 개발 활동이다.
  - 기존 서비스에 신기술 등이 결합되어 서비스의 제공 범위가 넓어진다.
    > 예 보험 회사가 모바일로 고객의 재무 상태를 조회하고 분석하는 시스템을 제공하여 기존 고객들에게 보험 관련 서비스뿐 아니라 재무 설계, 자산관리까지 서비스의 제공 범위를 확장함

- **[유형 3] 고객 확장**
  - 한정된 고객에게 제공되고 있는 서비스를 더 많은 고객에게 제공하기 위한 연구 개발 활동이다.
  - 제공되는 서비스의 전달 체계 개선, 비용 절감, 맞춤형 상품화, 유통 구조 개선 등을 통해 기존 서비스를 이용하지 않는 고객들이 손쉽게 서비스를 경험할 수 있다.
    > 예 오프라인 교육만 진행하던 교육 컨설팅 회사가 더 많은 고객들이 서비스를 이용할 수 있도록 온라인 교육을 제공함

- **[유형 4] 서비스 창출**
  - 서비스와 기술, 제품, 문화, 지식의 결합 혹은 융합으로 기존에 제공되지 않았던 신규 서비스를 창출하여 새로운 시장을 개척하기 위한 연구 개발 활동이다.
  - 새로운 서비스 모델과 시장 개척이 모두 요구되므로 성과의 도출이 용이하지는 않으나, 성과가 도출될 경우 고부가가치의 서비스 제공이 가능하다.
    > 예 메타버스 서비스 환경의 개발, 언택트 의료 처방 및 치료 서비스

③ 활동 범위

혁신 창조	새로운 서비스, 개발 및 기존 서비스의 발전
기술 개발	융합 상품 연구, 복합 서비스 개발
경영 활동	자본 확보, 마케팅 연구, 경영 도구 및 기법 향상
교육 훈련	인적 자원의 역량 강화를 위한 연구

PLUS⁺ 신서비스 개발 과정

신서비스 개발(NSD; New Service Development) 과정은 신제품 개발 과정과 유사하나, 서비스만의 차별적 특성으로 인해 부분적인 차이점이 있다.

마케팅 분석 → 아이디어 창출 → 서비스 디자인 → 시운전 및 보완 → 서비스 상용화

- 마케팅 분석
  - 현재 서비스 시스템 분석
  - 환경 및 고객 분석
- 아이디어 창출
  - 아이디어 발굴 및 검토
  - 서비스 콘셉트 지정
- 서비스 디자인
  - 서비스 프로세스 구상
  - 서비스 인적 요소 선정
  - 서비스 물리적 시설 배치
- 시운전 및 보완
  - 프로토타입 테스트
  - 테스트 결과 평가/보완
  - 재실행 및 개선
- 서비스 상용화
  - 샘플링 시장 조사
  - 서비스 상품 출시

2 서비스 가치 공동 창출 [빈출]

1. 서비스 가치 공동 창출의 의미
① 서비스 가치 공동 창출(Co-creation for Service Value)은 고객을 경영에 참여시켜 서비스 상품의 포괄적인 영역에 의견을 반영하는 것이다.
② 기업 중심이 아닌 기업과 고객, 협력자 등 모든 이해 당사자가 함께 새로운 가치를 창출하는 주체이다.
③ 외부 고객에게 새로운 경험을 선사하기 위해서는 먼저 내부 고객에게 더 나은 경험을 제공해야 한다는 인식에서 시작한다.

2. 서비스 가치 공동 창출의 등장 배경
① 기업 주도의 서비스 생산 방식은 기업과 고객의 가치(Value) 차이를 넓혔다.
② 가치에 대한 고객들의 인식이 교환 가치에서 사용 가치로 그 중요성이 전환되었다.
③ 정보 통신 기술(ICT; Information Communication Technology)의 발달로 기업의 독점적 정보가 대중화되고, 고객들에게 기업만이 가치 생산의 주체가 아니라는 인식이 퍼졌다.
④ 고객뿐 아니라 상품과 관련된 이해관계자들의 경험도 중요하다는 연구가 제기되었다.
⑤ 서비스 생산에 고객 참여의 요구가 증가했다.

3. 공동 창출(Co-creation)의 분류 및 핵심 요소

공동 생산(Co-production)	사용 가치(Value In Use)
• 지식(Knowledge) • 동등(Equity) • 상호 작용(Interaction)	• 경험(Experience) • 개인화(Personalization) • 관계(Relationship)

4. 서비스 가치 공동 창출의 구성
가치 공동 창출은 기업과 고객 간의 상호 작용에 초점을 둔 경험 지향적 개념이다.

기업	고객	상호 작용
• 채널(Channel) • 플랫폼(Platform) 제공	• 지식 • 기술 역량 • 임무의 복잡성 • 참여 비용	• 지속적인 대화 • 정보의 용이한 접근성 • 투명한 정보 교환 • 이익과 위험의 균형

5. 서비스 가치 공동 창출의 혁신적 전략의 진화

폐쇄형 혁신(Closed Innovation)	내부 역량에 전적으로 의존한다.
협력적 혁신(Collaborative Innovation)	조직 간의 협력에 초점을 둔다.
개방형 혁신(Open Innovation)	개인을 포함한 폭넓은 협력의 대상에 초점을 둔다.
공동 혁신(Co-innovation)	공동 창출을 통한 공유 가치(Shared Value) 창출과 융합을 통한 가치의 실현에 초점을 둔다.

CHAPTER 04 서비스 품질과 품질 측정 모형

| 빈출 키워드 |
서비스 품질의 개선 방법   # 서비스 품질 측정의 어려움   # 카노의 품질 모형
서브퀄(SERVQUAL)   # GAP(갭) 모형

1 서비스 품질의 개념

1. 서비스 품질의 의의 [빈출]
① 서비스 상품의 거래 및 이용 전 고객의 기대와 사후 성과의 비교 측정 결과이다.
② 서비스 이용자마다 경험 만족에 대한 기대가 다양하고 주관적이므로 특정 기준만으로 평가하기 어렵다.
③ 거래 시점뿐 아니라 서비스를 받는 전 과정에서 평가가 이루어진다.
④ 기대와 지각의 차이, 만족의 정도, 고객 지향 여부 등 다양한 평가 요소가 존재하는 복합적인 개념이다.
⑤ 직접적인 경험을 통해 인지되는 경험적 품질의 성향이 강하다.
⑥ 순간의 만족보다는 지속적으로 높은 수준의 일관된 서비스 유지가 중요하다.

2. 서비스 품질 관련 이론
① 파라슈라만(Parasuraman): 소비자들이 인식한 서비스 품질은 서비스 기업이 제공해야 한다고 느끼는 소비자의 기대와 서비스 기업이 제공한 성과에 대한 소비자들의 인식을 비교하는 데서 나온다.
② 루이스&붐스(Lewis&Booms): 서비스 품질은 제공된 서비스의 수준이 고객의 기대를 얼마나 만족시키는가의 척도로, 고객의 기대와 일치되도록 일관된 서비스를 제공하는 것을 의미한다.
③ 그뢴루스(Gronroos): 서비스 품질은 소비자가 지각한 서비스와 기대한 서비스를 비교 평가한 결과이며 기술적 품질, 기능적 품질, 이미지와 같은 제 변수와 함수 관계에 있다.

3. 서비스 품질의 개선 방법
① 서비스 품질을 향상시키려고 노력하는 전사적 기업 문화가 정착되어야 한다.
② 기업이 제공하는 서비스를 정확하게 파악하고 고객의 반응 지점을 알아야 한다.
③ 계속해서 변화하는 고객의 기대를 예측하고 그에 따라 서비스 수준, 방법 등을 변화시킨다.
④ 서비스에 대한 기대 수준이 서비스 품질에 만족할 수 있도록 적절히 관리되어야 한다.
⑤ 고객에게 서비스를 제공받는 시기, 구체적인 서비스 형태 등을 설명하여 서비스 정보를 학습하게 한다.

2 서비스 품질 측정 모형의 이해

1. 서비스 품질 측정
① 필요성
- 서비스 품질 측정을 통해 현재 서비스의 수준과 문제점을 분석할 수 있다.
- 서비스 품질 개선의 목적을 가진 경쟁 우위 확보 전략의 시작점이다.
- 정확하고 분명한 기준의 서비스 품질 측정은 개선 및 보완점을 명확하게 해 준다.

② 어려움
- 서비스 품질은 고객 개개인이 느끼는 주관적 평가이다.
- 고객에게 전달되기 전에 서비스 품질 테스트가 어렵다.
- 고객으로부터 서비스 품질 관련 데이터를 수집하는 데 어려움이 있다.
- 고객은 프로세스의 일부이며 변화 가능성이 높다.
- 자원과 고객이 함께 움직이므로 고객이 자원의 변화를 파악하기 쉽다.

2. 서비스 품질 측정 관련 연구

① 가빈(Garvin)의 품질 범주
- 정의

선험적 접근	품질은 우월성과 동일 개념으로, 경험으로 알 수 있으나 분석이 어렵다.
제품 중심적 접근	품질을 제품 고유의 속성, 측정 가능한 변수로 적용한다.
사용자 중심적 접근	고객 관점으로 품질을 설계하고, 수요 지향적이며, 주관적으로 고객 니즈를 반영한다.
제조 중심적 접근	공급 측면의 관점으로, 제품이 매뉴얼과 일치하면 고객 신뢰가 상승한다.
가치 중심적 접근	기능과 가격에 의해 품질을 정의하는 생산 관리 측면의 관점이다.

- 8가지 품질 범주

성과	상품의 가치가 주는 결과
특징	특정 상품이 가지고 있는 경쟁적 차별성
신뢰성	잘못되거나 실패할 가능성의 척도
적합성	고객들의 세분화된 요구를 충족시킬 수 있는 능력
지속성	상품이 고객들에게 지속적으로 가치를 제공할 수 있는 능력
서비스 제공 능력	기업이 고객에 대해 가질 수 있는 경쟁력
심미성	사용자의 감각에 호소할 수 있는 내용
인지된 품질	기업 또는 브랜드 명성

② 그뢴루스(Gronroos)의 6가지 품질 요소

전문성과 기술	고객들에게 서비스 제공자의 전문성을 인식시키는 것
태도와 행동	고객들이 서비스 접점에서 만족하게 되는 진정성
접근성과 융통성	고객 중심으로 서비스 제공 위치와 매뉴얼이 조정된다는 느낌
신뢰성과 믿음	서비스 시스템이 잘 지켜지고, 고객 우선의 서비스를 할 것이라는 믿음
서비스 회복	문제 발생 시 즉각적으로 최적의 해결 방안을 줄 것이라는 느낌
평판과 신용	서비스 공급 운영의 신뢰, 성과와 가치에 대한 공감

③ 주란(Juran)의 서비스 품질 분류

사용자의 눈에 안 보이는 내부적 품질	설비, 시설 등의 보수가 잘 이루어지고 있는지를 나타내는 품질
사용자의 눈에 보이는 하드웨어적 품질	• 서비스 스케이프(Servicescape) • 쇼핑몰 진열 및 동선 • 음식점의 메뉴
사용자의 눈에 보이는 소프트웨어적 품질	• 은행의 업무 처리 방식 • 서비스 직원의 고객 응대 • 병원의 입·퇴원 절차
서비스 시간성과 신속성	• 대기하는 시간, A/S 시간 • 매우 중요한 요소이므로 소프트웨어 품질과 구분
심리적 품질	• 내부 고객의 만족도 • 고객들이 기업에 갖는 이미지

PLUS⁺ 서비스 스케이프

서비스 스케이프(Servicescape)는 Service와 Scape의 합성어로, 마케팅 믹스 7P를 주장한 B. H. Booms와 M. J. Bitner(『서비스 회사를 위한 마케팅 전략과 조직 구성』의 저자)가 서비스 프로세스의 장소에서 물리적 환경의 영향을 강조하기 위해 발전시킨 개념이다. 서비스 스케이프는 시설의 외적 요소(풍경, 외형적 디자인, 주차 공간, 주변 환경 등)와 내적 요소(내부 인테리어, 장식, 장비, 표식, 구도, 환기, 온도 등)로 구성되어 있다.

④ 3차원적 접근
- 레티넨(Lehtinen): 물리적 품질, 상호 작용 품질, 기업 이미지 품질
- 카마커(Karmarker): 성과 품질, 적합 품질, 의사소통 품질

⑤ 다차원적 접근 – SERVQUAL 차원(PZB; Parasuraman&Zeithaml&Berry, 1988)
- 신뢰성
- 응답성
- 공감성
- 확신성
- 유형성

3. 서비스 품질 측정 모형 [빈출]

① 그뢴루스(Gronroos)의 서비스 품질 모형: 전체적인 서비스 품질은 기대 서비스와 지각 서비스의 비교를 통해 소비자에게 지각된다.
- 기대 서비스: 경험적 요인, 전통적 마케팅 활동, 광고, 인적 판매, 가격, 외부 구전 영향
- 지각 서비스 질(상호 작용 과정 영향)

기술적 품질(Technical Quality)	기능적 품질(Functional Quality)
• 객관적 측정 • 결과 품질(What)	• 주관적 측정 • 과정 품질(How)

② **카노(Kano)의 품질 모형** 빈출 : 소비자는 제품의 미비한 부분에 대해서 불만을 가지면서도, 충분한 경우에는 당연하다고 느낄 뿐 만족하지 않는 경향이 있다.

- 의의
  - 품질 속성이 가지고 있는 진부화 현상을 설명할 수 있는 단서를 제공한다.
  - 매력적 품질 요소를 찾아 차별화된 서비스를 제공한다.
  - 거래 상황에서 중요한 가이드라인이 된다.
  - 만족/불만족(주관적 측면)과 충족/불충족(객관적 측면)을 고려한다.
- 서비스 품질의 구성 빈출

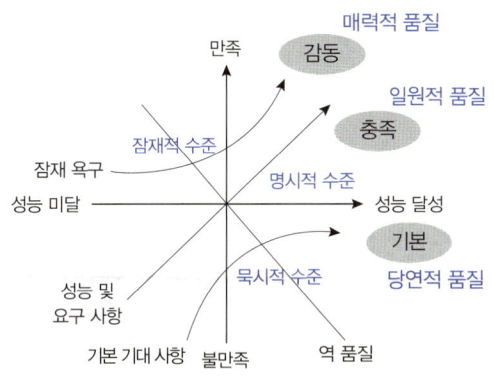

매력적 품질 요소	• 고객의 기대를 훨씬 초과하는 품질 요소로, 주문 획득 인자(경쟁사를 따돌리고 고객 확보 가능)로 작용한다. • 고객은 충족 시 감동하고 불충족해도 크게 불만족하지 않는다. • 소비자의 기대가 높아짐에 따라 일원적 또는 당연적 요소로 전환될 수 있으며, 이를 진부화 현상이라고 한다. 예 자동차의 자율 주행 기능, 스마트폰의 차별화된 부가 기능 등
일원적 품질 요소	고객의 요구 사항으로, 충족 시 만족하고 불충족 시 불만족을 일으킨다. 예 자동차 연비, 배달 업체의 배송 시간, 패키지 상품의 선택 옵션 사항 등
당연적 품질 요소 빈출	마땅히 있을 것으로 생각되는 기본적 품질 요소로, 고객은 충족 시 당연하게 생각하고 불충족 시 불만족을 일으킨다. 예 스마트폰의 웹서핑 및 촬영 기능, 자동차 에어백, 종업원의 접객 태도 등
무관심 품질 요소	충족 여부에 상관없이 만족도 불만족도 일어나지 않는 품질 요소이다. 예 Q&A 게시판, 화장실의 화장지 색, 서비스 직원의 학벌 등
역 품질 요소	충족 시 불만족을 일으키고 불충족 시 만족하는 품질 요소이다. 예 매장 내 모든 주문/결제 시스템의 무인화 구성

3 서비스 품질 측정 기법

1. 서브퀄(SERVQUAL) 측정 [빈출]

PZB(Parasuraman&Zeithaml&Berry)는 서비스 품질은 서비스가 가진 무형적이고 이질적인 특성으로 인해 주관적이고 추상적인 개념이기 때문에 일관된 기준으로는 측정하기 어렵다고 판단하였으며, 기업이 서비스 품질을 평가하는 방법으로 소비자 지각의 평가를 강조하였다.

또한 PZB는 연구 결과 서비스의 형태와 종류는 달라도 서비스 품질을 평가하는 기준으로 10개의 차원이 있다는 것을 발견하여 정립하고, 이후 1988년에 5개의 품질 차원으로 축소 및 통합하였다.

10가지 차원	내용	수정된 5가지 차원 [빈출]	정의
신뢰성	믿음, 일관성, 서비스 정확성	신뢰성(Reliability)	약속한 서비스를 정확하게 이행할 수 있는 능력
반응성	신속한 대응 능력	응답성(Responsiveness)	신속한 서비스 제공 의지
능력	지식과 기술	확신성(Assurance)	직원의 지식, 공손함, 신뢰성, 안전성을 유발시키는 능력
예의	고객에 대한 공손한 태도		
신용도	평판, 기업 이미지		
안전성	위험, 의심 제거		
접근성	서비스 접근의 용이성	공감성(Empathy)	고객에 대한 개인적 관심과 애정
의사소통	경청과 의사 전달 능력		
고객 이해	고객 욕구의 학습 노력		
유형성	서비스 평가의 외형적 단서	유형성(Tangibles)	물리적 시설, 장비, 직원

① 중요성
- 서비스에 대한 고객의 인식과 행동을 분석한다.
- 고객에 의해 지각된 서비스 실행 성과를 측정한다.
- 서비스 수행 과정과 품질 표준을 평가할 수 있는 기준(차원)을 마련하였다.

② 문제점
- 차원성의 범용에 대한 문제가 있다.
- 기대와 지각의 개념으로 서비스 품질이 측정 가능한지에 대한 논란이 있다.
- 기대 수준의 측정이 타당한지에 대한 문제가 있다.
- 가격이나 비용 측면의 합리성이 배제되어 있다.

2. KS-SQI 모형(한국 서비스 품질 지수)

① 이유재, 이준엽(2000)은 서브퀄(SERVQUAL) 모형이 우리나라에 적합하지 않다고 판단하고 수정 대안을 제시하였다.
② 우리나라 산업과 고객 특성을 반영하여 서비스 산업 전반의 품질에 대한 소비자 만족 정도를 나타내는 종합 지표이다.

성과 측면		과정 측면	
• 본원적 욕구 충족	• 예상 외 혜택	• 고객 응대	• 신뢰감
• 약속 이행	• 창의적 서비스	• 접근 용이성	• 물리적 환경

3. GAP(갭) 모형 빈출

고객의 기대 수준과 실제 제공받은 서비스에 대해 인지한 수준의 차이를 바탕으로 서비스 품질을 측정하는 방법으로, 고객이 서비스를 제공받는 과정을 세분화하고 각 과정에서 발생할 수 있는 차이를 이용하여 서비스 수준을 평가한다.

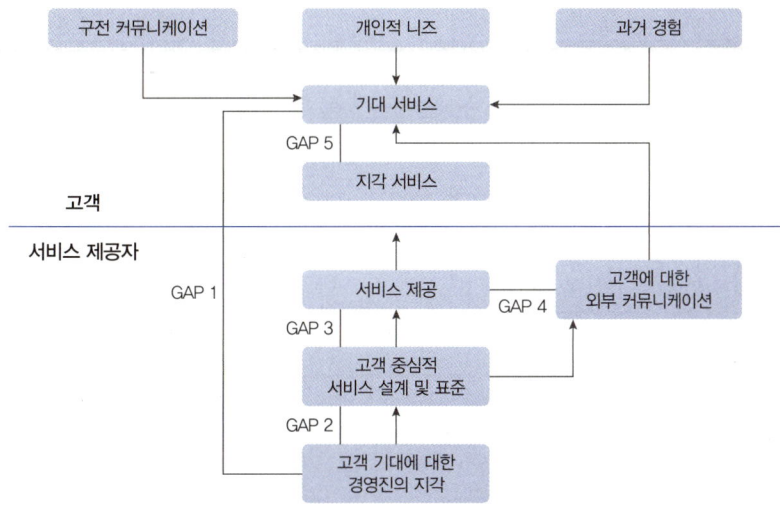

[GAP 1] 고객과 경영자의 인지 격차	고객 기대와 기대에 대한 경영자의 지각 간 차이
[GAP 2] 품질 명세 격차	고객 기대에 대한 경영자의 지각과 조직의 서비스 품질 디자인과 명세서의 차이
[GAP 3] 서비스 전달 격차	서비스 품질 명세서와 실제 서비스 전달 간 차이
[GAP 4] 시장 커뮤니케이션 격차	실제 서비스 전달과 서비스에 대한 통합된 의사소통 간 차이
[GAP 5] 기대 서비스와 지각 서비스의 격차	고객의 기대와 혼합된 영향으로 야기된 기대 서비스와 지각 서비스의 차이

> **PLUS+** 기대 서비스와 지각 서비스 간의 차이
>
> - **기대 서비스**: 고객이 서비스를 경험할 때 사용하는 준거점이다.
> - **지각 서비스**: 고객이 실제 경험한 서비스에 대한 주관적 평가이다.
> - **기대 서비스의 원천**
>   - 통제 가능 요인: 가격, 광고, 판매 촉진 등
>   - 제한적 영향을 미치는 요인: 개인적 욕구, 구전 등

① [GAP 1] 고객과 경영자의 인지 격차

발생 원인	• 잘못된 시장 조사 • 고객 조사의 중요성에 대한 이해 부족 • 경영자의 고객 기대 파악 실패 • 지나치게 복잡한 정보 전달 과정
해결 방안	• 고객과 경영진 사이의 상호 작용을 증대한다. • 고객 접점의 서비스 제공자와 경영진 사이의 커뮤니케이션을 촉진한다. • 고객 컴플레인과 피드백을 포함한 시장 조사로 수집된 자료를 객관적으로 분석 및 해석한다. • 서비스 실패에 대한 수정 보완의 회복 프로세스를 개발하여 고객 기대에 대한 이해도를 높인다.

② [GAP 2] 품질 명세 격차

발생 원인	• 체계적이지 못한 서비스 설계 • 서비스 수행 목표 및 기준의 부재 • 고객 중심적 서비스 업무의 표준화 결여
해결 방안	• 전사적으로 서비스 전달에 대한 정확한 목표와 고객 만족의 비전을 수립하고 공유한다. • 서비스 전달 프로세스를 고객 관점에서 표준화·체계화·정형화한다. • 측정 가능한 서비스 기준을 설정하여 공유하고, 고객 기대를 반영한 서비스 상품을 개발한다.

③ [GAP 3] 서비스 전달 격차

발생 원인	• 인사 정책의 결함 • 역할의 모호성 및 역할 간의 갈등 • 부적절한 평가 및 보상 시스템 • 직무에 대한 부적응 • 업무에 부적합한 관리/통제 시스템 • 업무에 부적합한 직원
해결 방안	• 서비스 제공자를 적재적소에 배치하고 적합한 교육 훈련을 시행한다. • 정기적인 피드백 및 서비스 품질 목표를 측정하여 효과적인 보상 시스템을 적용한다. • 서비스 현장에 적절하게 권한을 위임함으로써 현장 서비스 능력을 강화한다. • 기준에 맞는 서비스를 제공할 수 있도록 정확한 수요 예측과 그에 맞는 적절한 공급 능력을 보유한다.

④ [GAP 4] 시장 커뮤니케이션 격차

발생 원인	• 커뮤니케이션의 부족·부적합 • 커뮤니케이션 중 과잉 약속 • 고객 기대 관리 부족 • 통합 서비스 커뮤니케이션 부족
해결 방안	• 커뮤니케이션 과정에 서비스 전달 직원을 참여시키고 수평적인 커뮤니케이션 구조를 활성화시킨다 • 제약 요소 발생 시 즉각 해결하고 변경 사항에 대해서 공유한다. • 합의 또는 계약 시 포함되는 업무와 성과 보증의 문서화 등 물리적 단서를 남긴다.

⑤ [GAP 5] 기대 서비스와 지각 서비스의 격차

발생 원인	GAP 1, 2, 3, 4
해결 방안	GAP 1, 2, 3, 4의 복합적 원인으로 인해 상황에 따른 해결 방안이 필요하다.

CHAPTER 05 TSQM(총체적 서비스 품질 경영)

| 빈출 키워드 |
\# TQM의 의의   \# TSQM의 실행 방법   \# 품질 비용의 구성
\# COQ와 PQC

1 TSQM(총체적 서비스 품질 경영)

1. TQM(총체적 품질 경영)의 의의

TQM(Total Quality Management, 총체적 품질 경영)이란 기업이 생산하는 제품 및 서비스의 품질을 계속적으로 향상·개선하여 품질의 경쟁 우위를 확보하고, 고객 만족(CS)을 목표로 기업의 모든 조직과 구성원들이 경영에 전사적으로 관여하는 것을 말한다. 이를 위해 담당하는 부서나 개인뿐 아니라 마케팅과 세일즈, 재무, 생산, 유통 및 노사 관계와 교육 훈련에 관련된 조직과 심지어 협력업체 및 고객까지도 기업의 품질을 구성하는 요소로 인식하고 품질 개념에 포함해서 관리해야 한다.

2. TQM의 경영 철학 [빈출]

① 품질은 조직의 핵심 목표로 인식되어야 한다.
② 고객은 품질에 대해 정의를 내리는 가장 중요한 존재이다.
③ 산출 결과에 부정적인 영향을 미치는 불완전한 변수들을 파악하고 감소시켜야 한다.
④ 조직의 변화는 특정 개인이 아닌, 전체 조직 단위로 함께 지속적으로 이루어져야 한다.
⑤ 최고 경영자는 조직 내 품질 중심의 문화를 정착시키고, 품질 경영에 대한 장기적 안목을 통해 직원들을 독려해야 한다.
⑥ 전사적 개념으로 부서 간의 품질 문화를 공유하고, 유기적으로 업무 협업을 해야 한다.
⑦ 고객 만족(CS)을 극대화하기 위해 조직의 장기적 계획과 발전 방향을 수립해야 한다.

3. TQC과 TQM의 차이

TQC (총체적 품질 관리)	제품 중심으로 고객의 요구 품질을 충족시키기 위해 비제조 분야를 포함한 전사적 업무 수행의 수준을 높이는 데 초점을 둔다.
TQM (총체적 품질 경영)	제품 품질의 개선을 위하여 생산 및 경영 시스템뿐 아니라 조직 구성원의 의식 수준과 업무 수행 역량을 높이는 데 초점을 둔다.

4. TSQM(총체적 서비스 품질 경영)의 의미

TSQM(Total Service Quality Management, 총체적 서비스 품질 경영)이란 고객의 기대에 부응하는 품질을 갖춘 서비스 상품을 생산하고 제공하기 위하여 서비스의 고유 특성을 고려한 인적·물적·시스템적 경영 요소를 전사 차원에서 표준화하여 체계적으로 관리해 나가는 것을 말한다.

5. TSQM(총체적 서비스 품질 경영)의 실행 〔빈출〕

① TSQM의 목표를 명확히 확립한다.
② TSQM의 전담 부서를 설치한다.
③ 고객과의 접점 서비스에 대한 표준화를 만든다.
④ 고객이 TSQM에 참여할 수 있는 다양한 채널과 기회를 마련한다.
⑤ TSQM에 직원들을 참여시키고 보상 체계를 준비한다.
⑥ 서비스 전문 인력을 선발한다.
⑦ 교육 및 훈련을 강화한다.
⑧ 고객 접점 직원들에게 판단의 재량 권한을 부여한다.
⑨ TSQM에 대한 주기적인 점검 및 정확한 평가를 실시한다.

2 서비스 품질의 트릴로지(3가지 기준)

1. 품질 트릴로지

주란(Juran)의 품질 트릴로지(Quality Trilogy)는 품질의 구성 요소를 고객의 요구를 반영한 제품의 특징과 무결함이라고 보고, 품질을 향상시키기 위한 과정을 3단계로 설명한 것이다.

품질 계획 (Quality Planning)	품질 목표를 달성하기 위해 고객의 요구와 발전한 제품의 특성을 포함한 계획을 세운다.
품질 통제 (Quality Control)	품질 목표를 달성하기 위해 계획을 실행하는 동안 변수를 통제하고 편차를 측정한다.
품질 개선 (Quality Improvement)	기대한 성과 수준을 보다 향상시키는 과정으로 개선점을 확인하고 혁신적인 인적 역량을 갖춘다.

2. 서비스 품질의 트릴로지

서비스 품질의 트릴로지(Service Quality Trilogy)는 주란의 품질 트릴로지에 서비스의 개념을 입힌 것으로, 훌륭한 품질의 서비스를 고객에게 제공하기 위해 서비스 품질 계획과 서비스 품질 통제, 서비스 품질 개선의 과정을 거친다.

서비스 품질 계획 (Service Quality Planning)	• 고객(내부 고객, 외부 고객) 식별 • 서비스 상품의 콘셉트 개발 • 서비스 프로세스의 지원 역량 분석	• 서비스 품질 목표 설정 • 서비스 프로세스 개발 • 서비스 프로세스 능력 입증
서비스 품질 통제 (Service Quality Control)	• 통제 대상 선정 • 측정 방법 선정 • 실제 성과 측정 활동 • 차이에 대한 대응 개발	• 측정 단위 선정 • 성과 표준 선정 • 차이 분석 • 대응책 실행
서비스 품질 개선 (Service Quality Improvement)	• 개선 필요성 입증 • 원인 규명과 진행 절차 마련 • 해결 방안 제시 • 개선 성과 유지 및 통제 방안 개발	• 개선을 위한 특정 프로세스 규명 • 원인 규명을 위한 진단 실시 • 해결 방안의 유효성 입증

3 서비스 품질의 측정 비용 빈출

1. 품질 비용(COQ)

① 의미: 품질 비용(COQ; Cost Of Quality)은 일정 수준 이상의 품질을 갖춘 제품이나 서비스 상품을 개발·유지하기 위해 '품질 관리 시스템'을 개발하고 상품을 검수하기 위한 투입 비용과 상품의 불량으로 발생하는 비용의 총합이다.
- 품질이 불완전하기 때문에 발생하는 비용이다.
- 품질이 완전하게 되도록 노력하는 일체의 비용이다.
- 제품과 공정이 완전하다면 발생하지 않았을 기회비용이다.
- 예방을 위한 품질 비용이 가장 적게 든다.

② 구성

예방 비용 (Prevention Cost)	실패 혹은 평가 비용을 최소화하기 위한 작업 또는 활동과 관련된 비용 예 외주 업체 관리 비용, 교육 훈련비, 마케팅 조사비 등
평가 비용 (Appraisal Cost)	서비스 품질의 상태가 허용 수준을 만족하는지 확인하는 데 필요한 비용 예 입고 검사 비용, 공정 검사 비용, 시험 비용, 품질 인증 비용 등
내부 실패 비용 (Internal Failure Cost)	서비스 품질의 문제가 고객에게 전달되기 전에 발견되어 수정하는 비용 예 폐기물, 재작업, 고장 발견, 불량 분석, 가동 정지 등
외부 실패 비용 (External Failure Cost)	고객에게 전달된 제품 또는 서비스의 오류나 문제를 회복 및 보상하는 데 필요한 비용 예 보증 수수료, 제품 책임, 제품 회수, A/S 비용, 판매 기회 손실 등

PLUS+ 1 : 10 : 100의 원칙

예방 비용을 1원 투자하면 평가 비용은 10원, 실패 비용은 100원을 줄일 수 있다.

2. 불량 품질 비용(PQC)

① 의미
- 불량 품질 비용(PQC; Poor Quality Cost)은 기대 이하의 서비스 품질 수준으로 인해 발생하는 비용이다.
- COQ가 산출되지 않는 지원 부서와 고객의 품질 비용을 포함한다.
- 현대 사회의 PQC 개념은 효율적이지 못한 비즈니스 프로세스나 세일즈 기회의 상실과 같은 잠재적 가치 비용까지도 포함한다.

② 구성

직접적 불량 품질 비용 (Direct Poor Quality Cost)	간접적 불량 품질 비용 (Indirect Poor Quality Cost)
회사의 지출 장부에서 확인할 수 있는 비용이다. • 통제 가능 불량 품질 비용: 예방 비용, 평가 비용 • 결과적 불량 품질 비용: 내부 실패 비용, 외부 실패 비용 • 장비의 불량 품질 비용	회사의 지출 장부에서 확인이 어려운 비용으로, 영업 손실의 원인이 된 고객의 노력과 시간의 손실, 재정적 비용 등은 산술적으로 측정하기가 어렵다. • 고객의 불만 비용 • 고객에게 귀속 비용 • 명성 상실 비용 • 기회 상실 비용

적중 예상문제

PART 1 일반형

01 다음 중 서비스 프로세스에 대한 설명으로 옳지 않은 것은?
① 잘못된 서비스 프로세스는 고객의 불만족 요소가 된다.
② 제품 마케팅은 서비스 생산의 흐름과 과정보다 훨씬 더 중요하다.
③ 효과적인 서비스 프로세스를 통해 불필요한 서비스 요소의 투입을 막아 경제적 이득을 볼 수 있다.
④ 서비스 프로세스는 서비스가 제공되는 실행 절차이자 매커니즘이며 활동의 흐름으로, 서비스의 제공 및 운영 시스템을 말한다.
⑤ 서비스 제공자가 소비자의 문제를 해결하여 고객의 경험을 디자인하고, 고객에게 새로운 가치를 만들어 줌으로써 고객 만족으로 이어지는 '가치의 흐름'을 의미한다.

02 다음 중 서비스 유형에 따른 관리 방안으로 가장 적절한 것은?
① 노동 집약 정도가 높고 표준화된 교육 서비스업은 교육 및 인력 관리가 중요하다.
② 컨설팅과 같은 서비스업은 직원의 이직률을 낮추기 위해 엄격한 상하 관계 관리가 중요하다.
③ 많은 시설 투자를 기반으로 하는 호텔과 같은 서비스업은 성수기의 수요에 집중하는 것이 중요하다.
④ 병원과 같이 고객 접촉도가 높은 서비스업은 업무 효율성 제고를 위해 모든 부문의 접촉 강화 전략이 필요하다.
⑤ 상호 작용과 고객화가 낮은 서비스업은 서비스 제공 인력의 전문성을 높이고, 수평적 상하 관계 관리가 필요하다.

03 다음 중 고객화 전략에 대한 설명으로 옳지 않은 것은?
① 고객들은 개인적이고 차별화된 서비스를 받을 수 있다.
② 고객의 다양한 요구에 탄력적으로 반응하기 위해 적합한 전략이다.
③ 표준화 전략을 지향하는 기업의 직원들보다 더 많은 권한이 주어진다.
④ 서비스의 대량 생산을 위해 반드시 필요한 미래 서비스 산업 전략이다.
⑤ 고객의 욕구 및 관심 사항을 우선적으로 고려하여 프로세스를 설계한다.

04 다음 중 서비스 청사진에 대한 설명으로 옳은 것은?
① 물리적 증거는 기업의 서비스 시스템과 유관 부서의 지원을 말한다.
② 상호 작용선은 접점 직원과 현장의 고객이 만나는 접점을 구분하는 선이다.
③ 가시선은 눈에 보이지 않는 후방 직원들과 지원 시스템을 구분하는 선이다.
④ 지원 프로세스는 서비스 현장에서 접점 직원들을 도와주는 후방 직원들을 말한다.
⑤ 전방 활동은 가시선 밖에서 고객들이 직원들에게 서비스를 요구하는 다양한 행위이다.

05 다음 중 서비스 혁신의 유형이 <u>아닌</u> 것은?
① 급진적 혁신　　　　　　　② 파괴적 혁신
③ 존속적 혁신　　　　　　　④ 기본적 혁신
⑤ 협력적 혁신

해설
01　서비스 생산의 흐름과 과정은 제품 마케팅보다 훨씬 더 중요하다.
02　② 컨설팅과 같이 상호 작용과 고객화가 높은 서비스업은 서비스 제공 인력의 전문성을 높이고, 수평적 상하 관계 관리가 필요하다.
　　③ 호텔이나 리조트와 같이 많은 투자가 이루어지는 서비스업은 성수기에 몰리는 수요를 비수기의 수요로 전환하는 전략이 중요하다.
　　④ 고객 접촉도가 높은 서비스업의 경우 접촉이 꼭 필요한 부문에는 접촉 강화 전략을, 그렇지 않은 부문에는 접촉 감소 전략을 활용해야 한다.
　　⑤ 상호 작용과 고객화가 낮은 서비스업은 표준화된 운영 절차와 엄격한 상하 관계 관리가 필요하다.
03　서비스의 대량 생산에 적합한 전략은 표준화 전략이다.
04　① 물리적 증거는 고객이 경험하게 되는 다양한 물리적 요소를 말한다.
　　③ 가시선은 직원들의 활동 범위를 고객에게 보이는 범위와 보이지 않는 범위로 구분하는 선이다.
　　④ 지원 프로세스는 효과적인 서비스 수행을 위해 사용되는 기업의 자원과 시스템, 유관 부서의 지원을 말한다.
　　⑤ 전방 활동은 고객과의 직접 상호 작용을 통해 유발되는 서비스 요소를 의미한다.
05　서비스 혁신의 유형으로는 급진적 혁신, 점진적 혁신, 존속적 혁신, 파괴적 혁신, 협력적 혁신이 있다.

정답
01 ②　02 ①　03 ④　04 ②　05 ④

06 갭(GAP) 모형에서 고객이 기대하는 바를 기업이 정확히 알지 못할 때의 해결 방안으로 적절한 것은?
① 체계적인 서비스 설계
② 서비스 품질 목표 개발
③ 경영층과의 소통 채널 개선
④ 일선 직원들에 대한 권한 부여
⑤ 서비스 적합성을 높이기 위한 교육 훈련

07 다음 중 서비스 품질 측정이 어려운 이유로 옳지 않은 것은?
① 고객에게 전달되기 전에 서비스 품질 테스트가 어렵다.
② 서비스 품질은 고객 개개인이 느끼는 주관적 평가이다.
③ 고객은 참여자로서 프로세스를 구성하고 있으며, 변수가 많다.
④ 자원과 고객이 따로 존재하므로 고객이 자원의 변화를 파악하기 쉽다.
⑤ 고객으로부터 서비스 품질과 관련한 정보를 수집하는 데 어려움이 있다.

08 다음 중 PZB가 개발한 서브퀄(SERVQUAL)의 5가지 차원의 속성으로 옳지 않은 것은?
① 신뢰성
② 응답성
③ 확신성
④ 공감성
⑤ 무형성

09 다음 중 서비스 품질 비용에 대한 설명으로 옳지 <u>않은</u> 것은?

① 서비스 품질 비용의 절약을 위해서는 내부 실패 비용에 최선을 다해야 한다.
② 평가 비용이란 제품 또는 서비스에 투입된 요소의 규격 적합 평가에 드는 비용이다.
③ 내부 실패 비용이란 서비스가 고객에게 전달되기 전에 발견된 문제의 해결 비용이다.
④ 예방 비용이란 실패 혹은 평가 비용을 최소화하기 위한 작업 또는 활동과 관련된 비용이다.
⑤ 외부 실패 비용이란 고객에게 제공된 제품 또는 서비스의 오류나 문제를 회복 및 보상하는 데 필요한 비용이다.

10 서비스 품질 관리의 가장 큰 오류 중 하나는 관리의 대상을 접점에 한정하는 경우 발생한다. 조직 문화, 사람, 기술을 고객 지향적으로 융합하여 우수한 서비스 품질을 달성하려는 경영 방법은 무엇인가?

① 통합적 자원 경영
② 통합적 서비스 프로세스 경영
③ 총체적(전사적) 자원 관리
④ 총체적(전사적) 재무 경영
⑤ 총체적(전사적) 서비스 품질 경영

해설

06 GAP 1은 고객이 기대하는 바를 기업이 정확히 알지 못하여 발생하는 지각의 차이로, 고객에 대한 정확한 기대 조사, 시장 조사 방법의 개선, 경영층과의 소통 채널 개선, 고객 관계의 증진, VOC에 대한 올바른 대응과 피드백 방법으로 문제를 해결할 수 있다.
07 자원과 고객이 같이 움직이므로 고객이 자원의 변화를 파악하기 쉽다.
08 서브퀄(SERVQUAL)은 신뢰성, 응답성, 확신성, 공감성, 유형성으로 구성되어 있다.
09 서비스 품질 비용을 최소화하기 위해서는 예방 활동에 집중해야 한다.
10 총체적 서비스 품질 경영은 우수한 서비스 품질을 달성하기 위해 기업의 모든 활동을 융합하는 경영을 의미한다.

정답

06 ③   07 ④   08 ⑤   09 ①   10 ⑤

11 다음 중 서비스 품질의 비용에 대한 설명으로 옳지 않은 것은?

① 예방 비용이 증가하면 불량의 발생이 감소하며 내부 실패 비용, 외부 실패 비용이 전반적으로 감소한다.
② 판매된 차량에 불량이 발견되어 차량을 모두 리콜하는 경우 회수 비용은 외부 실패 비용과 관련있다.
③ 1:10:100의 원칙에 따를 때, 품질 비용은 일반적으로 '실패 비용〈평가 비용〈예방 비용' 크기로 발생한다.
④ 평가 비용은 서비스 품질의 상태가 허용 수준을 만족하는지 확인하는 데 필요한 비용으로 시험 비용, 공정 검사 비용 등이 있다.
⑤ 고객에게 제품을 인도하기 전에 품질 수준이 미달하는 제품을 폐기함에 따른 손실 비용, 불량품을 재작업하는 비용은 내부 실패 비용과 관련있다.

12 다음 중 서비스 청사진에 대한 설명으로 옳지 않은 것은?

① 일반적으로 서비스 청사진 작성의 첫 번째 단계는 물리적 증거를 작성하는 것이다.
② 서비스 청사진의 주요 용도 중 하나는 서비스 프로세스의 개발과 기존 서비스 프로세스의 개선이다.
③ 서비스 청사진의 작성이 완료되면 서비스 대기가 발생하는 지점을 찾아 서비스 프로세스 개선 활동을 한다.
④ 새로운 서비스를 디자인하기 위해서는 흐름, 순서, 관계 등에 대한 프로세스를 기술하기 위한 도구가 필요하다.
⑤ 서비스 청사진을 이용한 서비스 프로세스 설계는 무형적 서비스 요소를 개념적으로 정리하여 볼 수 있다는 장점이 있다.

13 다음 중 고객과의 접촉도에 따른 서비스 시스템의 분류에 대한 설명으로 옳지 않은 것은?

① 고접촉 시스템에서는 고객의 물적·심리적 욕구를 충족시켜 줄 수 있는 배치가 필요하다.
② 고접촉 시스템에 해당하는 경우 서비스 생산 과정은 고객에게 직접적인 영향을 미친다.
③ 저접촉 시스템에서 고객은 서비스 생산 스케줄의 초기 단계부터 반드시 포함되어 관리해야 한다.
④ 전방 종업원은 고객과의 접촉도가 높고 서비스 과정의 특성이 복잡하며 기대치가 높은 경우가 많다.
⑤ 은행의 경우 지점 등 전방 서비스는 수표 처리센터 등 후방 서비스에 비하여 고객과의 고접촉 시스템에 가깝다.

14 서비스 프로세스 재설계(Redesign)가 필요한 이유로 옳지 <u>않은</u> 것은?

① 서비스 생산자 중심에서 고객 중심의 서비스 프로세스를 구축한다.
② 서비스 프로세스상의 오류 제거 및 부족한 부분을 보완한다.
③ 기업의 서비스 생산성의 향상을 위해서이다.
④ 서비스 프로세스의 복잡화로 고객의 서비스 전달 시간을 다양화한다.
⑤ 서비스 프로세스상의 인력을 조정하여 서비스 결과 품질을 향상시킨다.

15 서비스 프로세스 재설계(Redesign)를 통해 고객이 얻게 될 혜택은?

① 직원 만족도 개선
② 고객 편의성의 향상
③ 서비스 생산성 및 효율성 향상
④ 고객 부가가치의 증대
⑤ 마케팅 비용절감

16 경쟁자의 새로운 기술·제품·서비스가 등장하여 오히려 기존 상품보다 하위 수준의 상품화로 고객이 더 낮은 비용과 편리성으로 선택을 하게 만드는 혁신은?

① 존속적 혁신
② 점진적 혁신
③ 급진적 혁신
④ 파괴적 혁신
⑤ 협력적 혁신

해설

11 1:10:100의 원칙은 '예방 비용<평가비용<실패 비용'으로 예방 비용을 1원 투자하면 평가 비용은 10원, 실패 비용은 100원을 줄일 수 있다는 것이다.
12 서비스 청사진 작성의 첫 번째 단계는 서비스 청사진의 대상 프로세스를 선정하는 것이다.
13 저접촉 시스템에서 서비스 생산 단계 초기에는 고객의 접촉 영역을 최소화하고, 접촉이 반드시 필요한 부분 중심으로 고객 접촉 프로세스를 설계한다.
14 서비스 프로세스의 단순화로 서비스 전달 시간을 단축한다.
15 서비스 프로세스 재설계는 고객의 서비스 이용에 편리함을 제공한다.
16 파괴적 혁신에 해당한다.

정답

11 ③ 12 ① 13 ③ 14 ④ 15 ② 16 ④

17 서비스 연구 개발의 유형에 해당하지 않는 것은?

① 서비스 개선
② 서비스 확장
③ 고객 확장
④ 서비스 창출
⑤ 고객 퇴출

18 KS-SQI모델(한국 서비스 품질 지수)에서 성과 측면에 해당하는 것은?

① 본원적 욕구 충족
② 신뢰감
③ 접근 용이성
④ 고객 응대
⑤ 물리적 환경

19 TQSM(총체적 서비스 품질 경영)을 위한 방안으로 옳지 않은 것은?

① TSQM의 전담 부서를 설치한다.
② 고객과의 접점 서비스에 대한 표준화를 만든다.
③ 고객 참여를 독려하기 위한 다양한 채널과 기회를 마련한다.
④ TSQM에 직원들을 참여시키고 보상체계를 준비한다.
⑤ 고객 접점 직원들의 판단의 재량권한을 제한한다.

PART 2 O/X형

[20~23] 다음 문항을 읽고 옳고(O), 그름(X)을 선택하시오.

20 피시본 다이어그램(Fishbone Diagram)은 인과관계를 규명하는 분석 도구로 특정 문제에 대해 가능한 한 많은 원인들을 찾는 데 효과적이다.　　　　　　　　　　　　　　(① O ② X)

21 카노의 품질 요소에서 '충족 시 당연하게 생각하고 불충족 시 불만을 가지는 품질 요소'는 매력적 품질 요소이다.　　　　　　　　　　　　　　　　　　　　　　　　　　(① O ② X)

22 총체적 품질 경영에서 제품 품질의 개선을 위해 생산 및 경영 시스템은 중요하나, 직원들의 의식 수준까지는 중요하지 않다.　　　　　　　　　　　　　　　　　　　　(① O ② X)

23 파레토 차트는 생산과 품질 관리에 있어 제품 또는 서비스를 지속적으로 개선하고, 문제를 해결하기 위해 고안된 솔루션으로 'Plan-Check-Act' 또는 'Plan-Do-Study-Act'의 과정에 바탕을 둔다.　　　　　　　　　　　　　　　　　　　　　　　　　　　　(① O ② X)

해설

17 고객 퇴출은 서비스 연구개발의 유형에 해당하지 않는다.
18 ②~⑤ 과정 측면에 해당한다.
19 접점 직원들이 스스로 판단해 최적의 선택을 할 수 있는 재량권을 보장한다.
20 O 발생한 문제를 생선의 큰 뼈대로 보고 문제의 여러 원인들이 작은 가시처럼 붙어 있는 형상이라고 하여 피시본(Fishbone)이라고 불린다.
21 X 충족 시 당연하게 생각하고 불충족 시 불만을 가지는 품질 요소는 당연적 품질 요소이다. 매력적 품질 요소는 '고객이 충족하면 감동하고 불충족해도 크게 불만족하지 않는 품질 요소'이다.
22 X 총체적 품질 경영(TQM)이 총체적 품질 관리(TQC)와 가장 다른 점은 구성원의 의식 수준과 업무 역량까지 고려한다는 점이다.
23 X '데밍 사이클'에 대한 설명이다.

정답

17 ⑤   18 ①   19 ⑤   20 ①   21 ②   22 ②   23 ②

PART 3 연결형

[24~27] 다음 설명이 의미하는 적합한 개념을 각각 선택하시오.

| 보기 |
① 서비스 디자인　　② 서비스 프로세스
③ 서비스 품질　　　④ PQC

24 서비스 제공자가 보유한 물적·인적 등의 자원을 투입(Input)하여 제품과 서비스라는 결과물 (Output)을 만들어 내는 일련의 과정이자 행위이다. (　　　)

25 서비스 상품의 거래 및 이용 전 고객의 기대와 사후 성과의 비교 측정 결과이다. (　　　)

26 서비스 제공자와 고객이 공유하는 경험의 품질을 높이기 위해 인적 요소와 제반 환경, 커뮤니케이션 등의 기타 서비스 요소를 서비스 프로세스를 통해 구성한다. (　　　)

27 상품의 기대 이하의 품질 수준으로 인해 발생하는 비용을 말한다. (　　　)

PART 4 사례형

28 다음 중 서비스 품질을 개선하기 위한 방안으로 가장 적절하지 <u>않은</u> 의견을 제시한 직원은?

> ○○ 대학 병원은 서비스 품질 경진 대회를 통해 고객에 대한 서비스 품질을 향상시키는 방안을 선정하기로 하였다.
> 총무팀 김 과장: 서비스 품질의 시작은 기업의 전사적인 협력 문화가 정착되는 것입니다.
> 원무팀 김 주임: 서비스를 제공받는 시기, 서비스 형태 등의 구체적 서비스 정보를 고객에게 제공해야 합니다.
> 총무팀 이 대리: 꾸준히 변화하는 고객 기대를 예측하고 그에 따라 서비스 수준, 방법 등을 변화시켜야 합니다.
> 원무팀 차 과장: 우리 회사가 고객에게 제공하는 서비스에 대해 분석하고, 고객이 반응하는 부분을 알아야 합니다.
> 기획팀 나 대리: 확실하게 서비스 기대 수준을 높이기 위해 고객에게 서비스에 대한 충분한 기대심을 심어 주어야 합니다.

① 김 과장
② 김 주임
③ 이 대리
④ 차 과장
⑤ 나 대리

해설

24 서비스 프로세스는 서비스가 제공되는 실행 절차이자 매커니즘이며 활동의 흐름으로, 서비스의 제공 및 운영 시스템을 말한다.
25 서비스 품질은 거래 시점을 포함한 서비스를 받는 모든 과정에서 기대와 성과의 평가가 이루어진다.
26 서비스 디자인은 고객이 무형의 서비스를 구체적으로 경험하고 평가할 수 있도록 고객과 서비스가 접촉하는 모든 경로의 유·무형 요소를 창조하는 것을 말한다.
27 PQC는 불량 품질 비용으로 현대 사회에서 서비스 상품의 비효율적 프로세스나 세일즈 기회의 상실과 같은 잠재적 가치 비용까지도 포함한다.
28 기업에 대한 과도한 기대는 오히려 자신이 받은 서비스에 대한 평가를 절하할 수 있으므로 기업 이미지에 해가 될 수 있다.

정답

24 ②　25 ③　26 ①　27 ④　28 ⑤

29 다음 사례에 나타난 서비스 프로세스 재설계 과정으로 적합한 것은?

> A 기업은 기존 서비스가 기업과 고객 모두에게 비용 부담을 발생시키고 효율적이지 못하다는 판단에 따라 기존의 서비스 프로세스를 과감히 리모델링하여 고객 만족을 높이기로 하였다. 프로젝트 팀장으로 임명된 김 부장은 다음의 목표를 1차적 핵심 과제로 설정하여 서비스 프로세스의 재설계를 기획하였다.
> • 기업의 서비스 속도를 상승시킨다.
> • 고객의 서비스 참여를 높인다.
> • 기업 및 고객의 비용을 줄인다.
> • 기업 서비스에 대한 고객의 평판을 높인다.

① 물리적 측면의 재설계
② 일괄 서비스의 제공
③ 가치 창출에 기여하지 않는 단계의 제거
④ 셀프 서비스로의 전환
⑤ 고객에게 서비스를 직접 배달

30 다음은 김 부장 식구가 펜션에서 겪었던 일이다. 김 부장 식구가 펜션에서 받은 만족감은 카노의 품질 모형에서 어떤 서비스 품질 요소에 해당하는가?

> 가족 여행으로 제주도를 찾은 김 부장 가족은 아침 일찍부터 시작된 빡빡한 스케줄로 인해 상당한 피로감을 느끼고 저녁이 되어서야 겨우 숙소에 도착했다. 숙소는 고즈넉한 해변가에 위치한 제주도 전통 가옥 형식의 작은 펜션이라 서비스에 대한 큰 기대를 하지 않았는데, 막상 숙소에 도착하니 사장님의 환대와 패키지에 포함되지 않은 인심 좋은 사장님의 정갈하고 맛있는 저녁 식사까지 제공받고 기대 이상의 만족감을 느끼게 되었다.

① 매력적 품질 요소
② 일원적 품질 요소
③ 당연적 품질 요소
④ 무관심 품질 요소
⑤ 역 품질 요소

PART 5 통합형

[31~32] 다음을 읽고 물음에 답하시오.

> 슈매너(Schmenner)는 서비스를 분류하기 위한 기준으로 '고객과의 상호 작용과 개별화 정도'와 '노동 집중도'의 개념을 이용한 서비스 프로세스 매트릭스를 제시하였다.

구분		고객과의 상호 작용과 고객화 정도	
		낮음	높음
노동 집중도	낮음	(가)	(나)
	높음	(다)	(라)

31 위의 (가)~(라)에 들어갈 내용을 바르게 연결한 것은?

	(가)	(나)	(다)	(라)
①	서비스 숍	서비스 공장	대량 서비스	전문 서비스
②	대량 서비스	전문 서비스	서비스 공장	서비스 숍
③	서비스 공장	서비스 숍	전문 서비스	대량 서비스
④	서비스 공장	서비스 숍	대량 서비스	전문 서비스
⑤	서비스 공장	대량 서비스	서비스 숍	전문 서비스

해설

29 셀프 서비스로의 전환 시 고객은 서비스 속도 상승, 접근성 향상, 비용 절감의 혜택을, 기업은 생산성 향상, 기술에 대한 평판, 비용 절감의 혜택을 얻을 수 있다.
30 매력적 품질 요소는 고객 감동의 원천이며, 고객의 기대를 훨씬 초과하는 품질 요소이다.
31 노동 집중도와 고객과의 상호 작용과 고객화 정도가 모두 낮은 (가) 영역은 서비스 공장, 모두 높은 (라) 영역은 전문 서비스, 고객과의 상호 작용과 고객화 정도만 높은 (나) 영역은 서비스 숍, 노동 집중도만 높은 (다) 영역은 대량 서비스에 해당한다.

정답

29 ④   30 ①   31 ④

32 위의 (가)~(라)에 해당하는 사례로 적절하지 <u>않은</u> 것은?

① (가) 영역에 속하는 리조트는 효과적인 마케팅을 통하여 대량의 고객 수요를 창출하고자 한다.
② (나) 영역에 속하는 자동차 정비소는 접점의 프로세스가 주로 표준화된다는 특징이 있다.
③ (다) 영역에 속하는 일반 은행은 직원 관리가 중요한 이슈가 되며 매뉴얼을 통해 관리해야 한다.
④ (라) 영역에 속하는 법률 서비스는 충분한 법률 지식 및 경험적 역량을 갖추고 있어야 한다.
⑤ 학교와 소매점은 (다) 영역에 해당한다.

32 서비스 숍의 영역은 프로세스에 개입하는 고객이 생산성에 영향을 미치므로 접점의 프로세스가 표준화되기 어렵다.

32 ②

에듀윌이 너를 지지할게

ENERGY

인생에 새로운 시도가 없다면
결코 실패하지 않습니다.

단 한 번도 실패하지 않은 인생은
결코 새롭게 시도해 보지 않았기 때문입니다.

– 조정민, 『인생은 선물이다』, 두란노

SUBJECT 03

서비스 수요 및 공급 관리

CHAPTER 01 서비스 수요 관리
CHAPTER 02 서비스 공급 관리
CHAPTER 03 서비스 대기 관리
CHAPTER 04 서비스 가격 관리
CHAPTER 05 서비스 수율 관리
CHAPTER 06 서비스 기대 관리

학습방법

- ☑ 서비스 수요 예측의 필요성을 알고 예측 방법을 학습한다.
- ☑ 적절한 수요 관리를 통하여 보다 효율적인 서비스 현장 운영을 할 수 있다.
- ☑ 서비스 공급 관리 전략을 이해하고 효율적인 공급 관리 방안을 학습한다.
- ☑ 대기 행렬의 영향 요소와 주요 용어를 알고 대기 상황을 효과적으로 관리하기 위한 대기 행렬 모형 및 관리 방안을 학습한다.
- ☑ 서비스 가격 전략의 개념을 확인하고 가격 수립 방안을 학습한다.
- ☑ 서비스 수율 관리의 개념을 입체적으로 알고 현장에 적용할 수 있다.
- ☑ 고객의 서비스 기대 개념을 이해하고 기대 관리의 주요 요소를 학습한다.

무료강의
바로보기

CHAPTER 01 서비스 수요 관리

| 빈출 키워드 |
서비스 수요-공급 관리   # 정성적 예측 방법   # 정량적 예측 방법
이동 평균법

1 서비스 수요의 이해

1. 서비스 수요의 개요
① 철저한 서비스 수요 관리에도 불구하고 고객이 몰리는 시간은 항상 일정하지 않다. 이때 원하는 시간에 서비스를 받지 못하는 고객이 발생하면 고객 이탈로 이어져 기업의 입장에서는 소중한 고객을 잃게 된다.
② 호텔의 객실 수나 항공기 좌석 수와 같이 고정된 생산 능력에 대한 투자 결정이 이루어진 후에는 호텔 객실이나 항공기 좌석이 늘 채워져 있어야 손실이 없다.
③ 서비스 수요와 공급을 일치시켜 서비스 능력을 증가시킬 수 있는 운영 전략을 탐색해야 하는데, 이와 같이 서비스 수요를 관리하고 통제하는 것을 서비스 수요 관리(Demand Management)라고 한다.

2. 서비스 수요의 특성 빈출
① **서비스의 무형성으로 인해 어려운 재고 관리**
   - 서비스는 장래에 사용될 목적으로 창고에 저장되어 있는 제품이 아닌 사람과 사람 사이에 전달되는 무형의 개인적 경험이다.
   - 서비스는 생산과 동시에 소멸되므로 재고로 저장이 불가능하다.
   - 서비스는 수요가 발생하는 즉시 제공되지 않으면 수요 자체가 사라진다.
② **서비스의 변동성**
   - 서비스 수요는 월별, 주별, 요일별, 시간대에 따라 일정하지 않고 변동성이 매우 크다.
   - 일정 시점에 집중되거나 시간대별로 급격한 변동을 보일수록 수요 예측은 더 어려워진다.
     예 일반적인 점심시간, 7~8월에 집중된 휴가 기간
③ **서비스의 다양성과 이질성**
   - 서비스는 종류가 다양하고 이질적이기 때문에 서비스 공급 능력을 수요와 일치시키기가 어렵다.
   - 서비스 간의 호환이 어렵기 때문에 공급량이 서비스 수요보다 크면 남은 공급 능력을 버려야 하고, 반대로 수요량이 공급 능력을 넘어서면 넘치는 수요를 포기해야 한다.
④ **시간과 공간의 제약**
   - 서비스는 공간 사이의 이동이 불가능하고 주로 특정 시간에 제공되어야 한다는 제약이 따른다.
   - 원하는 장소와 시간대에 제대로 서비스를 제공하지 못할 수 있고, 서비스를 제공한다고 해도 많은 비용이 발생하는 문제로 이어질 수 있다.

3. 수요 변동성의 5가지 유형

프랜시스 프레이(Frances Frei)는 서비스 운영에 있어서 수요 변동성의 5가지 유형을 제시하였다.

① **도착 변동성(Arrival Variability)**: 고객은 자신의 스케줄에 따라 나타나므로 서비스를 받고자 하는 고객들이 균일하게 분포하지 않으며 이는 고객의 대기나 서비스 공급자의 유휴 시간으로 귀결된다.

② **능력 변동성(Capability Variability)**: 고객의 지식, 신체적 능력, 기술은 능력 변동성을 발생시키며, 똑같은 서비스라도 어떤 고객은 과업을 쉽게 수행하지만 어떤 고객은 많은 시간이 소요될 수 있다.

③ **요구 사항 변동성(Request Variability)**: 고객별로 서로 다른 요구 사항으로 인해 서비스 소요 시간이 일정하지 않게 나타난다. 고객은 서비스 제공 범위 밖의 영역에 대해 요구하기도 한다.
   예 은행에서 오랜 시간 대출 상담을 받아야 하는 고객과 지폐를 동전으로 바꾸고 싶어 하는 고객

④ **노력 변동성(Effort Variability)**: 서비스 상호 작용에서 고객이 어떤 역할을 수행한다면 참여 수준은 노력 변동성으로 나타날 수 있다.
   예 쇼핑 카트를 일정 장소에 반납하고 가는 행위

⑤ **주관적 선호 변동성(Subjective Preference Variability)**: 좋은 대우를 받았다는 기대 수준으로, 고객마다 다르게 나타난다.
   예 개인 정보를 분석하여 서비스를 제공하였을 때, 맞춤 서비스에 만족하는 사람과 개인 정보 유출에 불쾌함을 느끼는 사람

4. 서비스 수요-공급 관리

① 의의
   - 수요 관리란 적절한 고객의 수요를 예측하는 것이고, 공급 관리란 적절한 때 서비스를 공급하는 것이다.
   - 서비스 수요-공급 관리는 고객의 수요에 맞추어 적절한 수준의 서비스를 공급하는 것을 말한다.
   - 서비스는 수요와 공급이 불일치하는 경우가 많은데, 서비스 공급이 서비스 수요를 초과하는 경우 재고(Inventory)가 발생하고, 서비스 수요가 서비스 공급을 초과하는 경우 대기(Queue)가 발생한다.

② 서비스 수요-공급 관리

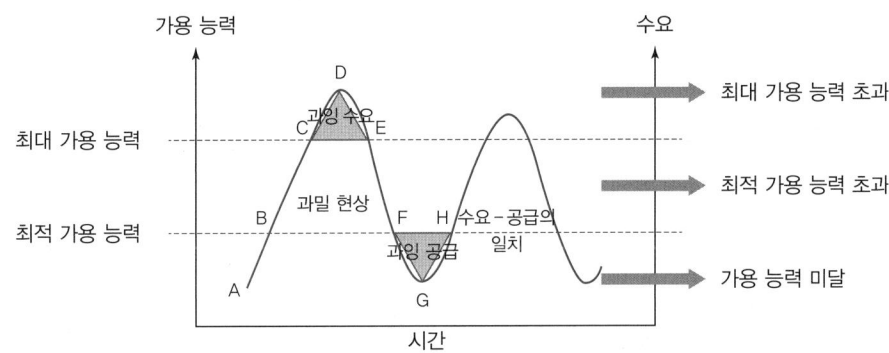

▲ 수요-공급의 불일치로 발생되는 상황

과잉 수요 (△CDE)	• 수요가 최대 공급 능력을 초과하는 경우이다. • 찾아오는 고객이 많아 서비스 공급 능력이 이를 수용하지 못하는 상태이다. • 기업이 제공할 수 없는 영역이며, 고객의 이탈로 수익 창출의 기회를 잃어 기회비용이 발생한다.
과밀 현상	• 수요가 적정 공급량을 초과하기 시작하는 상태로 서서히 과밀 현상이 발생한다. • 아직까지는 기회비용이 발생하지 않는 상태이다. • 수요에 대응하기 위해 제한된 인력으로 서비스 제공에 포함된 인적·물적 요소들의 업무 부하량이 높아지면서 서비스의 질이 차츰 떨어진다. • 서비스 품질이 하락하고 고객의 입장에서도 낮은 서비스 품질로 인식된다.
과잉 공급 (△FGH)	• 수요가 공급에 미치지 못하는 상태로, 기업은 보유하고 있는 서비스 인력과 시설을 제때 활용하지 못한다. • 투자하여 갖춰 놓은 공급 능력을 활용하지 못하기 때문에 매몰 비용이 발생하고 손실이 크다.
수요-공급의 일치	• 수요와 공급이 균형을 이루는 상태로, 가장 이상적이다. • 고객의 입장에서도 양질의 서비스를 제공받기 때문에 높은 서비스 품질로 인식된다.

2 서비스 수요 예측 방법

수요 예측(Demand Forecasting)은 기업의 제품과 서비스에 대한 수요의 양과 시기를 예측하는 것이다. 수요 예측이 이루어지면 수요 충족을 위해 필요한 자원에 대한 예측이 이루어지는데, 이는 구매되는 제품 혹은 서비스뿐만 아니라 기업의 설비, 기계, 노동력에 대한 양과 시기를 예측하는 것이다. 정확한 예측을 바탕으로 공급 계획을 수립해야만 공급의 과잉이나 부족 문제를 방지할 수 있다.

> **PLUS+ 수요 예측 기법 선정 시 고려 사항**
> - 요구되는 예측의 형태
> - 예측 대상 기간, 예측 단위 기간, 예측 간격
> - 자료의 활용 가능성
> - 예측 시스템의 개발, 설치, 운영 비용
> - 예측 대상의 변화 형태
> - 예측 시스템의 운영 용이성
> - 관리자의 이해 및 협조 정도

1. 대상 기간에 따른 분류 빈출

장기 예측	• 예측 대상 기간이 2년 이상인 경우로 제품 계획, 능력 계획, 입지 결정 등 주로 기업의 전략적 의사 결정과 관련된 경우에 활용된다. • 예측 기간이 길기 때문에 환경 예측에 근거한 주관적 판단이 많이 이용되며, 정확도가 상대적으로 가장 낮다.
중기 예측	• 보통 6개월에서 2년의 기간 동안 계량적 접근이 가능하고 전문가의 의견도 많은 도움이 된다. • 총괄 계획, 인력 계획, 자재 계획, 외주 계획 등이 해당한다.
단기 예측	• 보통 6개월 이내의 분기별, 월별, 주별, 일별 예측을 말한다. • 상대적으로 정확한 예측이 가능하다.

2. 수요 예측 방법의 유형 빈출

① **정성적 예측 방법(Qualitative Method)**: 적은 인원을 대상으로 하여 고객의 의견을 심층적으로 파악할 수 있는 방법으로, 경영자의 판단, 전문가의 의견, 마케팅 부문의 정보와 경험, 시장 조사 결과 등을 참고하여 주관적으로 미래의 수요를 예측하는 방법을 통칭한다.

- 정성적 예측을 하는 경우
    - 예측에 필수적인 과거의 데이터가 없거나 수집에 지나치게 많은 비용과 시간이 드는 경우
    - 신규 서비스에 대한 수요를 예측하는 경우
    - 외부 환경 요인이 크게 변화하여 과거 데이터의 의미가 없어지거나 변질된 경우
    - 시장의 수요가 어느 한 가지 요인의 특성보다 여러 요인들의 복합적인 상호 관계에 의해 결정되는 경우
    - 양적 조사의 사전 단계로 가설을 발견하거나 예비 정보를 수집할 경우

- 장단점

장점	• 단순성, 유연성, 현장성, 명확성, 심층적, 신속성, 저비용 • 고객을 잘 파악하고 있는 사람과 조직이 가장 현실적이며 직접적인 정보를 바탕으로 예측 가능하다.
단점	• 근시안적 정보만으로 접근하는 경우가 있어 결과가 전체 시장을 대표하지 못한다. • 연구원과 조정자의 자질(주관 반영, 논리성 부족)에 영향을 많이 받는다. • 고객 이외의 환경적 요인의 변화를 파악하고 장기적 관점의 수요를 예측하는 데 한계가 있다.

- 대표적인 정성적 예측 방법

지명 집단 기법 (Nominal Group Technique)	• 8~12명의 전문가가 모여 자유로운 토론과 투표의 과정을 거쳐 수요를 예측하는 방법이다. • 기업 내 담당자와 기업 외부의 관련 분야 전문가 또는 주요 고객들이 포함된다.
델파이 기법 (Delphi Method)	• 그리스 델파이 신전에서 신탁을 받는 것과 같이 전문가들을 대상으로 하여 우편을 통해 질문과 응답에 대한 통계 및 피드백의 과정을 의견이 일치할 때까지 반복적으로 사용하는 방법이다. • 지명 집단 기법보다 더 큰 규모의 대상에 적합하며 조사 과정이 조금 더 조직화되어 있다. • 기술적 발전에 대한 예측에 적합한 기법이다. • 시간이 오래 걸리고 설문지 작성의 어려움으로 인해 장기 예측에 주로 사용한다.
시장 조사법 (Market Research)	• 대상 시장에 대하여 설문지, 전화, 개별 방문을 통해 자료를 수집하고 이에 기초하여 예측하거나 가설을 설정하고 검증한다. • 주로 신서비스를 시장에 출시하기 전에 미래 수요를 예측하기 위해 사용한다. • 장기적으로는 기술과 환경의 변화로 인해 정확도가 낮지만, 단기 예측에 대한 정확도가 매우 높은 편이며 시장의 호황과 불황의 분기점을 비교적 잘 예측할 수 있다. • 예측 비용과 시간이 비교적 많이 소요된다.
역사적 유추법	신제품과 같이 과거 자료가 없을 때 기존의 유사한 제품이 시장에서 도입기, 성장기, 성숙기를 거치면서 수요가 어떻게 성장했는지에 입각하여 수요를 유추하는 방법이다. 예 가사 도움 서비스에 대한 수요는 아이 돌봄 서비스의 증가 곡선을 따를 수 있다.
판매원 의견 예측법 (Sales Force Composite)	• 판매원들에게 각자 담당하고 있는 지역의 수요를 예측하도록 하고 이러한 지역 수요의 예측치들을 모두 합하여 전체의 수요로 간주하는 예측 방법이다. • 판매원의 예측은 최근의 동향에 의해 크게 영향을 받는다. 예 매출 저조 시 비관적 예측을 한다. • 판매원은 의식적으로 과소 예측을 하는 경우가 많은데, 예측치를 판매 책임량으로 정하는 경우 특히 심하게 나타난다.

CHAPTER 01 서비스 수요 관리

> **PLUS+** 델파이 기법의 진행 단계
>
> | 하한치 평균 상한치 | 하한치 평균 상한치 | 하한치 평균 상한치 |
> |:-:|:-:|:-:|
> | [1 라운드] | [2 라운드] | [3 라운드] |
>
> - 1단계: 예측하려는 대상에 대한 전문가를 선정한다.
> - 2단계: 예측 대상에 대한 질문을 전문가들에게 우송한다.
> - 3단계: 전문가들은 자신의 의견을 적은 답을 송부한다.
> - 4단계: 전문가들의 의견을 통계 낸 후 그 결과를 다시 전문가들에게 보낸다.
> - 5단계: 다른 사람들의 의견을 자신의 의견과 비교할 기회를 준다.
> - 6단계: 동일한 질문에 대한 전문가들의 새로운 답을 모아서 또 통계를 내고 피드백할 기회를 준다.
> - 7단계: 전문가들의 의견이 일치할 때까지 이러한 과정을 반복한다.

② **정량적 예측 방법(Quantitative Method)**: 대량의 데이터로 가설을 검증하여 결론을 확정 지을 경우 사용된다.

- 인과형 예측 방법(Causal Forecasting Method)
  - 인과형 예측 방법은 수요에 영향을 주는 환경 요인들을 파악하고, 수요와 이 요인들 간의 인과관계를 파악함으로써 미래의 수요를 예측하는 기법이다.
  - 수요를 종속 변수로 하고, 수요에 영향을 주는 요인들을 독립 변수로 하며, GNP(국민 총생산), 경쟁 업체의 판매 정책, 출생률 등 기업의 외적 환경 변화와 관련된 요인들과 광고나 판촉 활동, 품질, 신용 정책 등 기업의 내적 요인들이 모두 모형에 반영될 수 있다.

회귀 분석법 (Regression Analysis)	• 수요에 영향을 주는 요인들을 독립 변수(x_i)로, 수요를 종속 변수(Y)로 하고, 독립 변수에 대한 함수로 수요를 통계적으로 모형화한 것이다. • n개의 독립 변수가 있다면 종속 변수와 독립 변수 사이의 관계는 다음과 같이 표시된다. $$Y = a_0 + a_1 x_1 + a_2 x_2 + \cdots + a_n x_n$$
계량 경제 모형	• 경제 전체의 흐름과 움직임을 경제 이론에 기초해서 다수의 행태 방정식 형태로 축약하여 표현한 분석적인 틀이다. • 경제 각 부문의 주요 변수들 사이의 인과관계 또는 상호 의존 관계를 하나의 방정식 체계로 모형화함으로써 경제 예측 및 각종 경제 정책의 효과성 분석 등에 활용된다. • 광범위한 자료 수집과 고급 분석을 필요로 하므로 장기 예측에 주로 사용된다.

- 시계열 예측 방법(Time Series Analysis)
  - 시계열이란 변수값의 순차적인 배열을 의미하는데, 시간의 흐름에 따른 변수값을 일정 시간의 간격으로 정리한 것이다.
  - 시계열 예측 방법은 과거 수요 패턴의 연장선상에서 미래의 수요를 예측하는 방법이다.
  - 과거의 수요에 대한 자료가 필요하며, 자료를 얻는 데 필요한 노력이 다른 예측 방법에 비해 간단하고 적용이 쉽지만 수요 패턴의 변화가 예상되거나 장기간 예측 시에는 부적절하다.
  - 일별 구매량, 월별 구매량, 분기별 구매량 등이 대표적인 시계열 자료이다.

> **PLUS+ 시계열 자료의 5가지 변동 요소** 빈출
>
> - **추세 변동**: 어떤 현상이 일정한 방향으로 나아가는 경향이다.
> - **경향 변동**: 전반적인 수요의 장기적 변화 경향으로, 증가하거나 감소하는 전반적인 추세를 나타낸다.
> - **순환 변동**: 경기 변동과 같이 정치, 경제, 사회적 요인에 의한 변화로 장기적인 수요의 순환적인 변화 현상을 의미한다.
> - **계절적 변동**: 계절에 따른 수요의 변화로, 1년 단위로 반복된다.
> - **우연 변동**: 설명할 수 없는 요인 또는 돌발 요인에 의하여 일어나는 변화를 의미한다.

- **이동 평균법**
  - 이동 평균법은 시계열 예측 방법 중 가장 쉽게 적용될 수 있는 방법으로, 시계열 자료에 추세, 순환 변동, 계절적 변동이나 급격한 변화가 없을 때 유용하다.
  - 시간의 흐름에 따라 계속 움직이면서 가장 최근의 자료만을 가지고 계산한 평균법이다.
  - 가장 오래된 자료를 제거하는 대신, 가장 최근의 자료를 추가하여 평균값을 갱신함으로써 미래의 수요를 예측하는 방법이다.
  - 특정 시점(t)을 기준으로 최근 기간(m) 동안의 수요량을 이용하여 이동 평균을 구하는 식은 다음과 같다.

  $$F_{t+1} = MA_t = \sum_{i=t+m-1}^{t} \frac{A_i}{m}$$

  (F_{t+1}: 시점 $t+1$에 대한 예측치, MA_t: 시점 t에서의 이동 평균, A_i: 시점 i의 실제 수요량)

  - 민감도와 안정성을 고려하여 m을 설정하는데, m의 값이 작을수록 최근의 수요가 불안정한 경우에 사용하는 것이 좋다.

  예 다음은 L 음식점의 매출을 조사한 것이다.

구분	1월	2월	3월	4월	5월	6월
판매량	50	30	45	60	70	

  이동 평균법의 주기를 4개월로 적용하여 단순 이동 평균법으로 6월의 매출을 예측하면 '(70+60+45+30)÷4=51.25'이다.

- **지수 평활법**
  - 가장 최근 데이터에 가장 큰 가중치가 부여되고 시간이 지남에 따라 가중치가 기하학적으로 감소되는 가중치 이동 평균 예측 방법이다.
  - 데이터들이 시간의 지수 함수에 따라 가중치를 가지므로 지수 평활이라고 한다.
  - 오래된 자료일수록 가중치는 점점 작아지지만 완전히 배제되지는 않고 계산이 간단하며, 최근 자료를 필요로 한다.

  $$F_t = F_{t-1} + \alpha(A_{t-1} - F_{t-1}) \text{ (단, } 0 < \alpha < 1)$$

  - α는 최근 정보를 얼마나 반영할 것인가에 대한 가중치이다. α의 결정은 기업의 상황이나 계수의 성질

에 따라 신중하게 결정해야 하는데 일반적으로 작은 α값은 수요가 안정적인 표준화된 서비스 수요에 대한 예측에 적합하고, 큰 α값은 수요의 변동이 심한 서비스 수요 예측에 적합하다.

$$\text{차기 예측치} = \text{전기 예측치} + \alpha(\text{전기 실적치} - \text{전기 예측치})$$
$$= \text{전기 예측치} + \alpha \times \text{전기 실적치} - \alpha \times \text{전기 예측치}$$
$$= \alpha \times A_{t-1} + (1-\alpha) \times F_{t-1}$$

예 다음은 S서점의 매출액을 조사한 것이다.

구분	실제 수요량	예측치
1월	30	28
2월	25	27.5
3월	33	31.4
4월		

$\alpha = 0.6$으로 가정하고 지수 평활에 의한 4월의 수요 예측을 하면 '$31.4 + 0.6 \times (33 - 31.4) = 32.36$' 이다.

- **추세 조정 지수 평활법**
  - 추세란 자료의 관찰치가 시간에 따라 한 기간에서 다음 기간으로 변화하는 평균 비율을 말한다.
  - 수요가 단순히 오르락내리락하는 것이 아니라 시간의 흐름에 따라 일정한 방향성을 가지고 변할 때 활용할 수 있다.
  - 꾸준히 늘어나는 추세도 있지만 반대로 줄어드는 추세도 있기 때문에 이동 평균법 또는 지수 평활법을 사용하면 큰 예측 오류가 발생한다. 증가 추세가 있는 경우에는 과거 평균값에 추세의 차이만큼을 더해 주고 반대로 감소 추세가 있는 경우에는 빼야 한다. 이때의 평균값은 이동 평균이나 지수 평균을 통해 계산할 수 있다.
  - 추세 조정 지수 평활법은 지수 평활법으로 구한 평균값에 추세 조정 요인을 더하여 구할 수 있다.

$$\cdot FIT_t = F_t + T_t$$
$$\cdot F_t = FIT_{t-1} + \alpha(A_{t-1} - F_{t-1})$$
$$\cdot T_t = T_{t-1} + \alpha \times \delta \times (A_{t-1} - FIT_{t-1})$$

(FIT_t: 추세를 포함한 기간의 예측값, FIT_{t-1}: 직전 기간의 추세를 포함한 기간의 예측값, F_t: 기간의 지수평활 예측값, A_{t-1}: 직전 기간의 실제 수요)

예 수요 예측치 1,000, 실제 수요량 1,200, $\alpha = 0.3$, $\delta = 0.2$이고 매기 50씩 증가한다. 이 경우 차기의 예측치를 계산하면 다음과 같다.
- $FIT: F_t + T_t = 1,000 + 50 = 1,050$
- $F_t: FIT_{t-1} + \alpha(A_{t-1} - F_{t-1}) = 1,050 + 0.3 \times (1,200 - 1,050) = 1,095$
- $T_t: T_{t-1} + \alpha \times \delta \times (A_{t-1} - FIT_{t-1}) = 50 + 0.3 \times 0.2 \times (1,200 - 1,050) = 59$

- **계절 조정 지수 평활법**
  - 계절성은 몇 개의 기간으로 나누었을 때 기간 사이에 수요의 차이가 존재하는 일반적인 경우를 의미한다. 계절의 변동이 있는 경우 과거 평균값에 해당되는 계절 변동의 수준을 곱한다.
  - 계절성이 있는 경우에는 오르락내리락하는 것이 반복되기 때문에 더하거나 빼는 방식을 쓸 수 없다. 대신 평균값을 가운데 놓고 올라가는 계절은 높은 수준만큼의 비율을 곱하고, 내려가는 계절은 낮은 수준만큼의 비율을 곱하는 방식을 쓴다. 여기서 수준이란 일종의 지수(Index)를 말한다. 모든 계절의 평균 수요를 1로 하였을 때 큰 계절 지수는 1보다 큰 값으로 하고, 작은 계절 지수는 1보다 작은 값으로 한다.

  > - $F_{t+s} = EA_t \times SI_{t,s}$
  > - $SI_{t,s} = \gamma \left(\dfrac{A_t}{EA_t} \right) + (1-\gamma) OSI_{t,s}$
  >
  > $\left(EA_t = \alpha \left(\dfrac{A_t}{OSI_{t,s}} \right) + (1-\alpha) EA_{t-1}, OSI \text{; Old Seasonal Index, 오래된 계절 지수} \right)$

  예 연평균 200건의 서비스를 계절별로 나누면 봄 60건, 여름 40건, 가을 70건, 겨울 30건이다. '계절 지수(SI)=실제 계절별 매출÷연간 수요가 일정할 때 계절별 매출'로 정의하고 계절별 계절 지수를 구하면 다음과 같다.
  - 봄의 계절 지수: 60÷50=1.2
  - 여름의 계절 지수: 40÷50=0.8
  - 가을의 계절 지수: 70÷50=1.4
  - 겨울의 계절 지수: 30÷50=0.6

CHAPTER 02 서비스 공급 관리

| 빈출 키워드 |
자체 공급 모형   # EOQ 모형   # POQ 모형
일회 주문 모형

1 서비스 공급의 이해

1. 서비스 공급 관리의 의의
① **의미**: 공급 능력(Capacity)이란 일정 기간에 걸쳐 서비스를 제공하는 역량이고, 서비스 공급 능력 계획은 기업의 전략적인 사업 계획을 실현하는 데 필요한 자원의 종류와 양을 결정하는 프로세스이다.
② **목적**: 서비스 공급 관리의 목적은 예상 수요를 충족시키기 위하여 시설과 설비, 노동력의 적절한 믹스(Mix)를 구체적으로 설정함으로써 적정 수준의 서비스 공급 능력을 결정하는 데 있다.
③ **서비스 공급 능력에 관한 의사 결정**: 서비스 공급 능력에 관한 의사 결정은 서비스를 제공하는 데 소요되는 비용과 고객의 기다림으로 인한 비용의 상충 관계와 깊은 관련이 있다. 서비스 공급 능력을 향상시키면 대기 비용이 줄어들고 서비스 비용은 증가한다.
  • **비용**: 근무 중인 직원의 수에 의해 결정된다.
  • **고객의 불편함**: 대기 시간으로 측정된다.

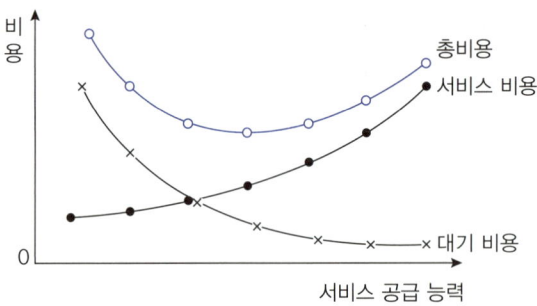

2. 공급과 수요가 불일치할 때 발생하는 현상
① 서비스를 제공하는 시간이 부족하면 직원의 입장에서는 최소한의 서비스를 제공할 수밖에 없고 불필요한 시간을 제거하여 서비스 공급 능력을 높일 수 있다.
② 고객의 대기가 길어지면 일부 고객은 거래를 그만두기 때문에 기회비용이 발생하고 수요는 감소한다.
③ 수요가 늘어날 경우 신속한 서비스 제공을 위한 직원의 노력은 서비스 공급 능력을 높이는 반면, 고객에 대한 불친절과 서비스 질의 하락이 발생할 수 있다.
④ 고객의 대기가 길어지면 고객은 구매 의사를 다시 고민하므로 이는 구매 취소 및 이탈로 이어지기도 한다.

2 자체 공급 모형 [빈출]

수요에 맞추어 자체적으로 서비스 공급 능력을 확보하는 방식은 다음 3가지 전략에 따라 달라질 수 있다.

1. 수요 추구형 전략

해당 시점에서 수요 예측치의 크기에 따라 공급의 크기를 조정하는 전략이다.

장점	그날 예측하여 그날 판매하기 때문에 재고가 남거나 부족해지는 문제가 없다.
단점	공급 능력인 서비스 직원을 채용하거나 해고하는 데 비용이 발생한다.

예 첫 번째 달에 100건의 서비스가 예상되면 즉시 100건의 서비스를 제공할 수 있는 공급 능력을 확보하고, 두 번째 달에 200건의 수요가 예상되면 다음 달은 200건의 서비스를 제공할 수 있는 공급 능력을 확보한다.

2. 공급 평준화 전략

일정 기간 동안 수요의 평균 크기에 대한 공급 능력을 확보하는 전략이다.

장점	수요량에 상관없이 매월 일정 수준의 고용과 공급량을 할당하기 때문에 인력이나 장비를 안정적으로 운영할 수 있다.
단점	수요가 평균보다 많거나 적을 수도 있기 때문에 재고 관리에 부담이 될 수 있다.

예 첫 번째 달에 수요가 70건, 두 번째 달에 수요가 150건으로 두 달의 총수요가 220건이라면, 한 달 평균 수요는 110건이므로 매달 평균적으로 110건의 공급 능력을 확보한다.

3. 혼합 전략

① 혼합 전략은 수요 추구형 전략과 공급 평준화 전략을 적절히 혼합하여 사용하는 전략이다.
② 각각의 전략은 장단점이 있으므로 기업의 입장에서는 총비용을 최소화할 수 있는 전략을 선택해야 한다.

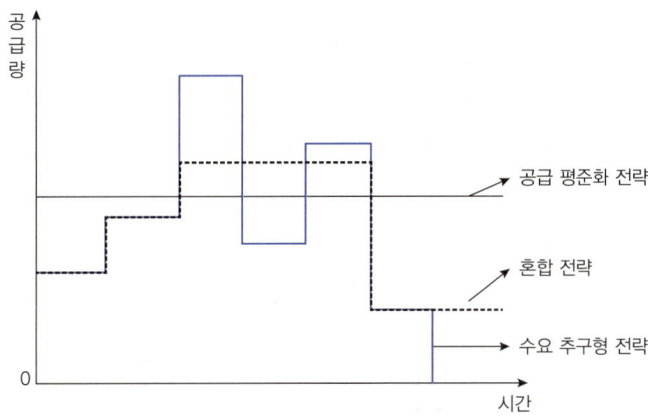

3 주문 공급 모형 (빈출)

자체적인 공급 능력을 보유하지 않은 기업들은 주문을 통해 공급량을 조달할 수밖에 없다. 필요한 서비스를 주문할 때에는 주문량을 얼마로 할 것인가와 언제 주문을 넣을 것인가에 대한 의사 결정을 해야 한다. 주문 공급 모형은 주문량을 결정할 것인지 아니면 주문 시기를 결정할 것인지, 반복 주문할 것인지 아니면 일회성으로 주문할 것인지에 따라 크게 고정 주문량 모형, 고정 주문 간격 모형, 일회 주문 모형으로 구분한다.

1. 고정 주문량 모형

고정 주문량 모형은 매번 주문량은 고정되어 있고, 주문 시점과 주문 간격을 신축적으로 바꾸는 방식이다. 고정 주문량 모형을 사용하기 위해서는 수요의 변화와 공급량의 재고를 항상 살펴보면서 적절하게 주문 시점을 결정하는 통제 시스템이 필요하다. 이 모형에서는 주문량(Q; Quantity)과 재주문 시점(R; Reorder Point)에 대한 결정을 해야 한다.

① **주문량의 결정 기준**: 가장 오래전부터 사용하는 기준으로 경제적 주문량(EOQ; Economic Order Quantity) 모형이 있다. EOQ 모형이란 구매 비용, 재고 유지 비용, 주문 비용 등을 합친 총비용을 최소화할 수 있는 주문량을 찾는 모형이다.

> 총비용=구매 비용(지불비)+재고 유지 비용(재고 관리비)+주문 비용(주문 작업 과정의 간접비)

② **EOQ 모형의 기본 가정**
- 수요가 일정하다.
- 주문에서 실제 조달까지 걸리는 리드 타임이 일정하다.
- 단위 가격이 일정하다.
- 재고 부족은 없다.

③ **시간에 따른 재고 수준**: 재고 수준은 일정한 수요(D)에 따라 일정한 비율로 줄어들다가 미리 정해 놓은 수준 이하로 재고가 줄어들면 재주문(R*)하는 식의 주기적인 형태를 띠고 있다. 한 번의 주문량이 도착하고 다음 주문량이 도착할 때까지의 시간을 사이클 타임(Cycle Time)이라고 하고 주문에서 도착까지 걸리는 시간을 리드 타임(Lead Time)이라고 한다.

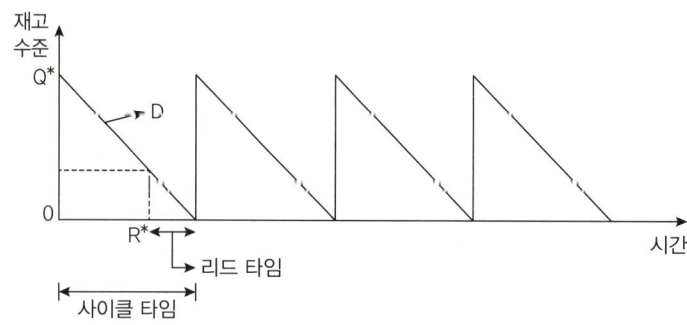

④ **EOQ의 계산**

$$EOQ = Q^* = \sqrt{\frac{2DS}{h}}$$

(Q: 최고 재고 수준, Q^*: 경제적 주문량, D: 연간 총수요량, S: 1회 주문 비용, h: 재고 유지비)

⑤ 주문량에 따른 비용 함수

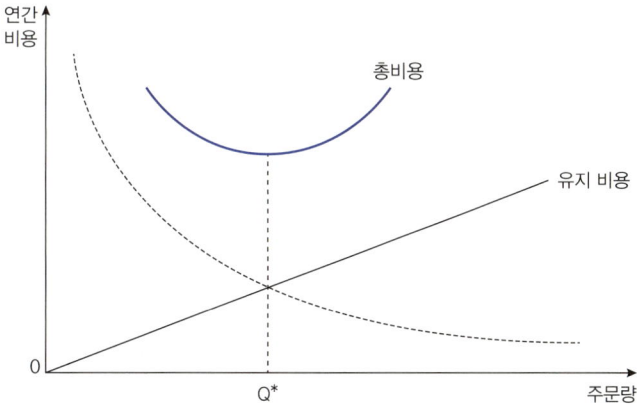

예 S 회사는 12개월 동안 15,000단위의 서비스를 단위 비용 8,000원에 다른 업체에서 공급받고 있다. 주문 비용은 30,000원이고, 단위당 월별 유지 비용은 500원일 때, 경제적 주문량은 다음과 같다.

$$EOQ = \sqrt{\frac{2 \times 15,000 \times 30,000}{500 \times 12}} = 387$$

2. 고정 주문 간격 모형

고정 주문 간격 모형은 매번 주문 간격은 고정되어 있고 주문량을 신축적으로 바꾸는 방식이다. 고정 주문 간격 모형을 사용하기 위해서는 주기적으로 재고량에 대한 검사를 통해 필요한 만큼 주문을 하는 통제 시스템을 갖추어야 한다. **주기적 주문량**(POQ; Periodic Order Quantity)은 매번 달라질 수 있으며, POQ를 정하기 위해서 수요는 변동적으로, 리드 타임은 상수로 가정해야 한다.

① POQ의 계산

$$POQ = Q^* = (OI + LT \text{ 동안의 평균 수요}) + Z(OI + LT \text{ 동안 수요의 표준 편차}) - \text{보유 재고량}$$
$$= \bar{d}(OI + LT) + Z\sqrt{OI + LT}\delta_{\bar{d}} - IOH$$

(OI: 주문 간격, LT: 리드 타임, IOH: 보유 재고량)

② 장단점

장점	• 주기적으로 재고 수준을 점검하기 때문에 통제 비용이 적게 소요된다. • 같은 공급자에게 반복 주문하므로 주문 비용이 절감된다.
단점	• 관리에 대한 기간이 '리드 타임'에서 '주문 간격 + 리드 타임'으로 늘어났기 때문에 안전 재고도 늘어나게 되어 안전 재고의 수준이 높다. • 주문 기간과 시점이 정해져 있기 때문에 관리의 유연성이 낮다.

3. 일회 주문 모형

일회 주문 모형이란 서비스 공급 계획 방법 중 '유통 기간이 있는' 서비스를 얼마나 주문할 것인가를 결정하는 모형이다. 명절이나 휴가 시즌, 크리스마스 등 일회성 수요가 몰리는 서비스의 경우 그 기간이 지나면 더 이상 수요가 발생하지 않는다. 따라서 주문량이 수요량보다 적은 경우 수요를 포기해야 하고, 반대로 주문량이 수요량보다 많은 경우 남는 공급량을 버릴 수밖에 없다. 이 모형에서는 일회성 수요이기 때문에 주문 시점을 고려할 필요는 없고 주문량만 정하면 된다.

$$\cdot C_e P(Q) = C_s(1-P(Q)) \qquad \cdot P^*(Q) = \frac{C_s}{C_s + C_e}$$

($P(Q)$: 수요≤Q일 확률, C_s: 한계 부족 비용, C_e: 한계 초과 비용)

> **PLUS⁺ 한계 부족 비용과 한계 초과 비용**
>
> - 한계 부족 비용(C_s): 한 단위만큼 공급 부족으로 인해 실현되지 못하는 이익
> - 한계 초과 비용(C_e): 한 단위만큼 공급 초과로 인해 실제로 발생한 손실로, 비용에서 잔존 가치(Salvage Value)를 제한 값

예 특정한 날에만 한정적 수요가 발생하는 서비스의 단위당 판매 가격은 10,000원, 단위당 구매 비용은 2,000원, 단위당 잔존 가치는 1,000원이라고 할 때, 일회 주문 모형으로 최적의 수요 처리 확률을 구하면

한계 부족 비용: 판매 가격 10,000원 − 구매 가격 2,000원 = 8,000원

한계 초과 비용: 구매 가격 2,000원 − 잔존 가치 1,000원 = 1,000원이며,

일회 주문 모형: 8,000원 ÷ (8,000원 + 1,000원) = 0.8888××××이 된다.

4 서비스 수요 - 공급 일치를 위한 방법

서비스 수요와 공급의 가장 바람직한 방법은 예측 수요와 실제 수요를 일치시키는 것이다. 그러나 수요를 100% 일치시키는 것은 거의 불가능하다. 수요와 공급의 불일치는 발생할 수밖에 없지만 고객이 체감하는 서비스 품질을 높이기 위해서라도 기업은 이에 빠르게 대응할 수 있어야 한다.

1. 수요 측 조정 기법

성수기 수요 감소 전략	비수기 수요 진작 전략
• 고객들과의 의사소통 • 영업 시간과 장소의 조정 • 고객 우선순위 관리 • 성수기 가격 전략 • 예약을 통한 수요 평활화	• 현재 시장의 수요 진작 • 비수기 가격 전략 • 비수기 인센티브 제공(할인 및 추가 제공) • 서비스 시설의 용도 변경으로 인한 수요 촉진 • 서비스 상품의 다변화

2. 공급 측 조정 기법

성수기 공급 증대 전략	비수기 공급 조정 전략
• 노동 시간의 증가(연장 근로) • 임시 시설의 보충 공급 • 파트타임 직원의 활용 • 아웃소싱 활용 • 직원 교차 훈련	• 서비스 시설 및 장비의 보수 • 서비스 시설 및 장비의 용도 변경 • 직원 교육 및 훈련 • 직원 휴가

CHAPTER 03 서비스 대기 관리

| 빈출 키워드 |
대기열의 심리   # 대기 행렬 시스템   # 대기 행렬 이론의 분포
Little의 법칙

1 기다림의 심리학

1. 데이비드 마이스터(David H. Maister)의 대기 심리학

① 서비스의 법칙(Laws of Service)
- **고객의 기대와 인지에 관한 법칙**: 고객이 기대한 것보다 더 나은 서비스를 받으면 고객은 만족하게 되며, 그 서비스는 트리클 다운(Trickle-down, 하향 침투) 효과로 만족한 고객이 친구에게 그 서비스에 대해 말해 주면서 기업은 또 다시 이득을 볼 수 있다. 하지만 트리클 다운 효과가 반대로 작용하면 같은 방식으로 악평을 받을 수도 있다.
- **고객 따라잡기(Catch-up Ball)의 어려움**: 첫인상이 나머지 서비스 경험 전체에 영향을 주므로 기다림을 견딜 만하고, 즐겁고, 생산적인 것으로 만들기 위해 끊임없이 창조적, 경쟁적으로 서비스를 관리해야 한다.

② 대기열의 심리 〔빈출〕
- 아무 일도 하지 않는 시간이 뭔가를 하고 있을 때보다 더 길게 느껴진다.
  - 예 병원·은행에서 읽을거리 제공, 영화관에서 예고편이나 다른 영화의 명장면 제공, 소아과에서 실내 놀이터 제공 등
- 프로세스 이전의 기다림이 프로세스 내의 기다림보다 더 길게 느껴진다. 기다리는 동안 받게 될 서비스와 관련된 서비스를 받는다면 고객은 곧 서비스가 시작될 것이라 믿는다.
- 근심과 불확실함은 대기 시간을 더 길게 느껴지게 한다. 기다림에 관한 정보를 제공함으로써 불안을 덜어 주어야 한다.
- 불공정한 대기 시간이 더 길게 느껴진다.
- 서비스가 가치 있을수록 사람들은 더 오랫동안 기다린다.
- 혼자 기다리는 대기 시간이 더 길게 느껴진다. 다른 구성원에 의한 주의 분산으로 혼자보다 집단으로 기다리는 것이 더 편안하게 느껴지기 때문이다.

2. 혼잡성 〔빈출〕

혼잡성이란 공간적 제한에 대한 사람들의 인식처럼 어떤 주어진 상황에 대한 사람들의 주관적, 심리적 요소와 관련된 개념이다.

① 혼잡성 인식에 영향을 주는 요소
- **주변 환경**: 점포 내 고객 수, 음악, 소음, 무질서한 시설 등의 환경적 단서가 혼잡성을 느끼게 한다.
- **구매 목적**: 구매 목적이 뚜렷한 고객일수록 혼잡성을 더 잘 느낀다.
- **이용 시간의 제약**: 고객의 서비스 이용 시간 및 조건에 제약이 있다면 고객은 혼잡성을 지각한다.
- **혼잡에 대한 예상**: 혼잡할 것이라고 예상한 고객은 상대적으로 혼잡성을 덜 느낀다.

② 혼잡성이 미치는 영향
- 정보의 양 제한: 서비스 관련 자료 및 정보에 대한 몰입과 집중이 어렵기 때문에 인식되고 처리되는 정보의 양을 제한한다.
- 커뮤니케이션 감소: 직원에게 질문하고 요구하는 행위를 꺼리는 등 대인 커뮤니케이션이 감소된다.
- 구매 가능성 감소: 혼잡한 장소의 회피로 구매 가능성이 감소된다.
- 만족도 감소: 혼잡한 장소에서의 상품 구매 만족도는 쾌적한 환경에서보다 더 낮다.
- 부정적 이미지 형성: 혼잡성을 경험한 고객은 점포 이미지에 부정적인 이미지를 갖는다.

③ 혼잡성 감소 전략
- 생산 관리(기업이 수행할 수 있는 시스템 혹은 제도의 변화)

예약제 도입	앞으로 수행할 서비스에 대해 미리 약속한다. 예 병원 예약
커뮤니케이션 활용	• 혼잡 시간 혹은 서비스 이용에 편리한 시간 등을 사전에 안내한다. • 고객이 업무 프로세스를 숙지할 수 있도록 메일이나 SMS 등으로 안내한다. • 게시판에 현재 예약 고객을 볼 수 있는 고객 현황판을 설치한다.
인센티브 제공	고객이 몰리는 시간을 피할 수 있도록 유인하는 인센티브제를 활용한다. 예 극장 조조할인
공정한 대기 시스템 구축	• 다양한 대기선을 활용한다. • 번호표 시스템을 도입하여 입장 순서대로 공정하게 처리한다.
대체 채널 개발 및 차선책 제시	기다리는 고객에게 다른 대안을 제시한다. 예 은행에서 대기 중인 고객에게 ATM(자동화 시스템) 및 인터넷 뱅킹 안내

- 고객 인식 관리(고객의 생각 및 감정의 변화)

서비스가 곧 시작될 것이라는 느낌	접수 및 사전 상담을 통해 서비스가 시작될 것임을 예고한다. 예 병원 대기 중 차트 작성
구체적인 예상 대기 시간 안내 및 고객 선택의 기회 제공	• "조금만 더 기다려주세요."와 같은 애매한 안내보다는 구체적인 시간을 안내한다. • "대기 시간 5분 남았습니다.", "현재 대기 고객이 2명입니다." 등의 정보를 제공함으로써 고객이 선택할 수 있는 기회를 제공한다.
고객을 유형별로 대응	고객의 업무 목적에 따라 다른 창구를 운영함으로써 체감 대기 시간을 낮춘다. 예 은행에서 예금 업무, 대출 업무 창구를 구분
이용되지 않는 자원은 없애기	• 고객과 상호 작용하지 않는 직원들의 활동은 고객의 눈에 보이지 않는 곳에서 수행한다. • 사용하지 않는 물리적 시설은 치운다.

2 기다림의 경제학

기다림은 여러 경제학적 해석이 있을 수 있는 반면, 실제 비용은 결정하기 어렵다. 대기 비용과 서비스 제공 비용 간의 상충 관계는 대부분 명확하지 않지만, 서비스 제공자는 의사 결정 시 고객 대기의 물리적, 행태적, 경제적 측면 등을 고려해야 한다. 기업은 고객들의 기다림에 대한 부정적인 측면을 감소시키기 위하여 혁신적인 방안을 제시할 수 있어야 한다.

1. 대기 행렬의 이해

① 대기 행렬(Queue)이란 하나 혹은 그 이상의 서비스 제공자에게 서비스를 요구하며 기다리는 고객의 줄을 뜻한다. 대기 이론은 고객과 서비스 시설 간의 관계에 확률 이론을 적용하여 모형을 작성하고 고객의 도착 상황에 대응할 수 있는 경제적 규모를 결정하고자 하는 의사 결정 기법이다.
② 대기 행렬은 눈에 보이는 줄부터 보이지 않는 줄까지 다양하다.
③ 현재 수요가 서비스 제공 능력을 넘어설 때 대기 행렬이 생긴다. 고객이 도착하는 시간이 일정하지 않고 서비스 시간은 변하기 때문에 이러한 상황은 어느 시스템에서나 일어난다.

2. 대기 행렬이 적용되는 분야와 예

구분	대기 시간	서비스 시간
대형 할인마트	계산대에서 지체 시간	계산 시간
공항	탑승 라인에서 지체 시간	수속 시간
병원	수속 시간, 대기 시간	진료 시간
은행	대기 시간	업무 처리 시간
지하철	지하철 기다리는 시간	탑승 시간
톨게이트	티켓 발급 대기 시간	티켓 발급 시간
교차로	신호등 대기 시간	교차로 통과 시간
조립 라인	조립 대기 시간	조립 시간
데이터 통신	저장 공간에서 지체 시간	전송 시간
공중 전화망	없음	통화 시간

3. 대기 행렬 분석의 목적 빈출

① 대기 행렬 분석은 서비스 용량을 늘리는 데 들어가는 비용과 고객 대기 시 발생하는 비용을 합친 총비용을 최소화시키는 데 목적이 있다.
② 서비스 제공 능력(직원의 수, 작업 기계의 수 등)을 증량하는 데 사용되는 직접 비용과 고객 대기로 발생(고객 이탈, 서비스 유휴화에 따른 비용, 대기 장소 관리 비용 등)되는 간접 비용이 포함된다.

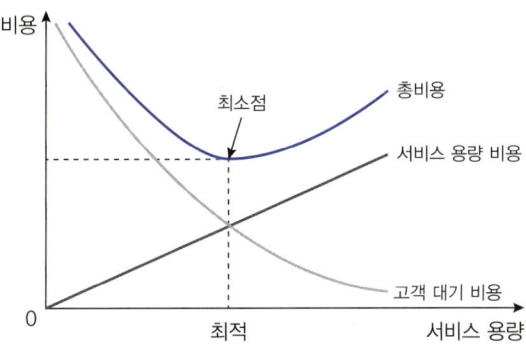

4. 대기 행렬 시스템의 구성 요소

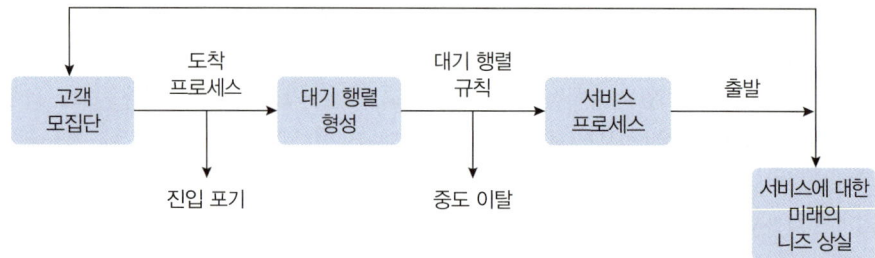

① **고객 모집단**: 서비스를 받기 원하는 집단을 의미하며, 서비스의 종류 및 특성에 따라 몇 개의 하위 집단으로 구분된다. 각 고객군은 각각 다른 서비스를 요구하기도 하며, 대기 시간에 대한 기대치 및 만족도에서 상이한 결과가 나올 수도 있다.

무한 집단	고객 모집단을 한정하지 않는 경우이다. 예 누구나 자유롭게 진입이 가능한 편의점, 대형 마트, 약국, 은행 등
유한 집단	고객 모집단을 한정한 경우이다. 예 500장 한정 수량 음반의 경우 고객 모집단도 500명으로 한정

② **서비스 채널**: 서비스 제공을 위한 시설이나 인력 구성을 의미한다. 채널의 수가 많을수록 고객의 요구를 처리하는 서비스 시스템의 처리 용량은 늘어난다.

단일 채널	선택권 없이 채널이 하나인 경우이다. 예 매표소에서 사람이 직접 티켓을 끊어 주는 경우
다중 채널	채널이 두 개 이상인 경우이다. 예 극장에서 직원이 있는 매표소와 무인 발권 시스템 중 선택해서 발권할 수 있는 경우

③ **서비스 단계**: 서비스를 처리하기 위하여 거쳐야 하는 작업 순서의 길이를 의미한다. 서비스 채널과 단계 수에 따라 여러 가지 모형이 나타날 수 있다.

단일 단계	하나의 단계만을 거치는 서비스이다. 예 부스 형태의 테이크아웃 커피 전문점
다중 단계	여러 단계를 거쳐 완성되는 서비스이다. 예 공항의 수속 절차(티켓팅 – 화물 검사 – 여권 검사)

5. 대기 행렬 관련 규칙

① **우선순위 규칙** 빈출: 대기하는 고객이 여러 명일 때 어떤 순서로 서비스해야 할 것인가에 대한 규칙이다.
  • **정적 규칙**: 이미 정해진 기준대로 처리하는 방법이다.

선착순 규칙 (FCFS; First Come, First Service)	• 먼저 도착한 고객이 먼저 서비스를 받는 규칙이다. • 모든 고객이 동등하게 취급되기 때문에 서비스를 기다리는 고객에 대한 평등주의적 접근 방식이다. • 단순하고 공정하다는 장점이 있다. • 다음 서비스를 받을 고객을 확인하는 데 대기줄에서의 위치 외의 정보는 사용되지 않으므로 정적인 방식으로 간주된다. • 서비스의 다양한 상황을 고려하지 않는다는 한계가 있다.

최단 작업 시간 규칙 (SPT; Shortage Processing Time)	• 고객이 시스템에서 보내는 평균 시간을 최소화하게 하는 규칙이다. • 서비스에 최우선 순위를 부여한 것으로 서비스 처리의 평균 시간을 최소화할 수 있다. • 처리 시간이 긴 작업들은 처리 시간이 짧은 작업에 의해 후순위로 밀려나기 때문에 고객의 입장에서는 공정성이 떨어진다.

• **동적 규칙**: 고객들의 마감 시간을 확인한 후 마감 시간이 임박한 서비스부터 먼저 처리한다.

긴급률 규칙 (CR; Critical Ratio)	• 긴급률이란 현재부터 납기일까지 남아 있는 시간을 잔여 처리 시간으로 나눈 비율을 의미한다. 긴급률=정적 유휴 시간÷잔여 처리 시간={만기 시간−(현재 시점÷잔여 처리 시간)} • 긴급률이 최소인 작업에 우선순위를 부여하는 규칙으로 여유 시간이 짧은 작업부터 먼저 수행한다.
우선권 부여 규칙 (Preemptive Priority)	어떤 고객이 서비스를 받고 있더라도 우선순위가 높은 고객이 오면 기존 고객의 서비스는 중단되고 우선순위가 높은 고객이 서비스를 받는 것이다. 예 응급환자 우선 진료, 테마파크에서 프리미엄 패스 이용

② 대기 행렬 이론의 분포 빈출

- 대기는 '고객이 도착하는 간격'과 '서비스에 걸리는 시간'이 불확실한 경우에도 발생될 수 있다. 이 경우 수요가 발생하는 시점과 그 수요를 만족시키는 데 걸리는 시간을 알면 대비할 수 있다.
- 대기 행렬 이론에서 도착률(고객이 서비스 시스템에 들어오는 빈도)은 푸아송 분포를 따르고, 서비스 시스템이 한 고객을 처리하는 데 걸리는 시간은 지수 분포를 따른다고 가정한다.

푸아송 분포 (Poisson Distribution)	단위 시간 동안 어떤 이벤트가 일어나는 수, 즉 서비스 제공 횟수, 고객 도착 수 등을 표현한다. 예 한 시간 동안 방문한 고객의 숫자는 20명이다. → 도착률
지수 분포 (Exponential Distribution)	특정한 이벤트가 일어나는 시간의 간격, 서비스 시스템이 한 고객을 처리하는 데 걸리는 시간, 고객이 도착하는 시간 간격 등을 표현한다. 예 새로운 고객이 방문하는 시간의 간격은 2분이다. → 도착 시간, 간격

6. 대기 행렬의 종류

① 단일 행렬+단일 직원+단일 단계: 차례대로 한 줄 서기를 하는 형태이다.

예 부스 형태의 테이크아웃 커피 전문점, 한 가지 메뉴만 판매하는 길거리 음식점 등

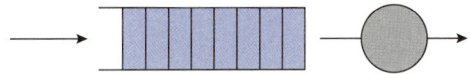

② 단일 행렬+단일 직원+연속 단계: 고객은 한 줄로 서서 차례대로 여러 가지 서비스 과정을 거친다.

예 카페테리아, 뷔페, 병원의 건강 검진 등

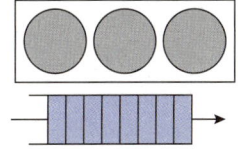

③ **다수 서비스 제공자에 대한 평행선 대기**: 고객에게 몇 개의 대기선 중 하나를 선택하도록 하는 것으로, 동일한 속도로 처리되지 않을 경우 다른 대기선에 비해 상대적으로 늦어지는 불리함이 있다.
   예 마트 계산대, 공항 보안 검색대, 놀이동산 입장 등

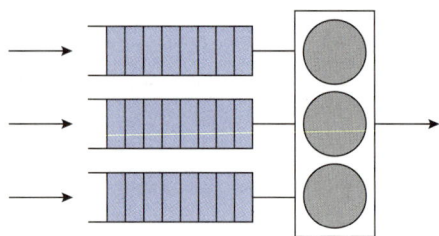

④ **지정 서비스 제공자에 대한 지정 대기선**: 특정 범주의 고객에게는 다른 대기선을 할당한다.
   예 마트의 소량 계산대, 비행기 일등석의 별도 라인, 은행 VIP 라운지 등

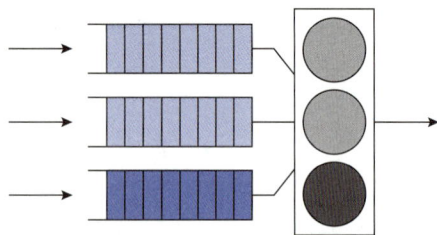

⑤ **다수 서비스 제공자에 대한 단일 대기선(뱀형)**: 하나의 대기선을 통해 선착순으로 먼저 온 고객에게 다수의 서비스 제공자 중 필요한 서비스 창구로 이동할 수 있도록 한다.
   예 공중화장실의 한 줄 서기, A/S 센터의 대기, 전시장 및 공연 입장 대기 등

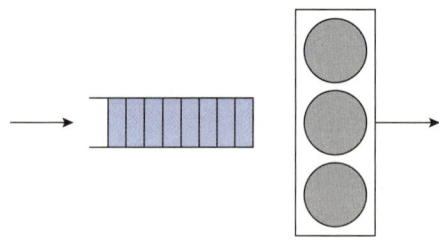

⑥ **번호표 순번 대기**: 고객이 번호표를 뽑고 편한 장소에서 대기하다가 본인 순서가 되면 서비스를 받는 것으로, 대기 상황을 눈으로 확인할 수 있기 때문에 시간을 추측할 수 있다.
   예 은행, 극장, 병원 등

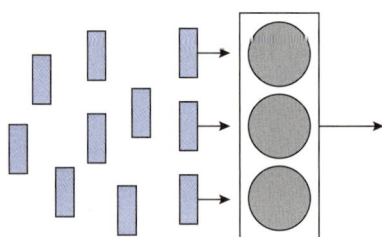

⑦ **대기 목록**: 대기 목록이나 표에 이름을 적고 기다리는 형태이다.
   예 패밀리 레스토랑 등

3 분석적 대기 행렬 모형

1. 대기 행렬 모형의 분석

분석적 대기 행렬 이론으로 서비스 관리자는 대기 시간을 예측하여 여러 가지 대안을 평가할 수 있다. 대기 행렬 모형의 분석을 통해 가장 경제적인 서비스 시스템을 설계할 수 있고 채널의 수를 늘려 고객의 대기 행렬을 줄임으로써 만족도를 높임과 동시에 더 많은 서비스를 공급할 수 있다. 그러나 투자 비용 및 추가적인 인건비를 고려해야 하기 때문에 행렬 모형의 분석을 통해 효과적인 방법을 찾아야 한다. 결국 서비스 시스템 내에서 필요한 최적의 서비스 용량, 즉 서비스 채널의 수를 찾아낼 수 있다.

① 종류

물리적 관찰을 통한 결과 분석법	비용이 많이 들지만 가장 보편적으로 이용하는 방법이다.
시뮬레이션을 이용한 분석법	• 현실적 모형을 만들어서 실험 및 결과 예측에 이용한다. • 복잡한 문제 분석에 자주 이용되는 방법이다.
대기 행렬의 수학적 분석법	• 대기 이론(Queuing Theory) • 확률 이론과 수리적 모델을 이용한 분석법이다.

② 기호
- n: 시스템 내 고객의 수
- λ(람다): 평균 도착률
- μ(뮤): 서버당 평균 서비스율
- ρ(루): 가동률(λ/μ)
- N: 시스템이 허용하는 최대 고객의 수
- c: 서버의 수
- P_n: 시스템에 n명의 고객이 있을 확률
- L_s: 시스템 내 평균 고객의 수
- L_q: 대기 행렬 내 평균 고객의 수
- L_b: 혼잡 시스템 상태의 대기 행렬 내 평균 고객의 수
- W_s: 시스템에서 고객이 보내는 평균 시간
- W_q: 대기 행렬에서 고객이 보내는 평균 시간
- W_b: 혼잡 시스템 상태의 대기 행렬에서 고객이 보내는 평균 시간

2. 안정 상태와 정상해

① 서비스가 시작되고 처음에는 불안정한 상태를 보이지만 오랜 시간이 흐르면 안정화된다. 이렇게 자리를 잡은 상태를 '안정 상태'라고 한다.

② 안정 상태에 접근하면서 서비스 시스템의 성능 특성들은 특정 값으로 수렴되는데 이러한 값을 '정상해(Steady Solution, 시간에 따라 변하지 않는 상태)'라고 한다.

③ 대기 이론에서는 서비스 시스템이 오랫동안 운영되어 안정적인 상태로 들어가면서 수렴되는 값인 정상해를 사용하게 되고, 이는 P_n으로 표기한다. 즉, 정상해 P_n은 $P_n(T)$의 극한값이다.

$$P_n = \lim_{T \to 0} P_n(T)$$

이처럼 정상해를 구하기 위해서는 값이 안정되어야 하고, 안정된 값이 되려면 변화율은 0이 되어야 한다. 시간이 변한다고 해서 확률값이 변하면 안 되기 때문이다. 따라서 시간 T에 대한 미분값은 0이 되어야 한다.

$$\frac{dP_n(T)}{dT} = 0$$

$P_0 = 1 - \rho$, $P_n = (1-\rho)\rho^n$이다. 따라서 앞에서 정의한 것처럼 $\rho = \lambda \div \mu$라고 하면, 다음과 같은 관계를 도출할 수 있다.

$$\text{시스템 가동률} = \frac{\text{평균 고객 도착률}}{\text{평균 서비스율}}$$

3. 시스템 내 고객의 수(L_s)

서비스 시스템이 안정된 상태에 도달할 때 시스템 내 존재하는 고객의 수를 L이라고 하고, 어느 시점에서 서비스 시스템 내에 있는 모든 고객의 수, 즉 서비스를 받고 있는 고객과 서비스를 받기 위해 대기하고 있는 고객을 합한 수를 L_s라고 한다. L_s는 하나의 기댓값으로, 고객의 수가 0에서 시작하여 1, 2, 3, 4…로 늘어날 때 각 경우가 일어날 확률에 고객의 수를 곱한 값을 더한 것을 의미한다.

$$L_s = \sum_{n=1}^{\infty} n \times P_n = \frac{\rho}{1-\rho} = \frac{\lambda}{\mu - \lambda}$$

($P_n = (1-\rho)\rho^n$, $P_0 = 1 - \rho$: 시스템 내 고객이 없을 확률)

4. 대기 중 고객의 수(L_q)

시스템 내 모든 고객의 수를 n이라고 하면, 대기하고 있는 고객의 수는 현재 서비스를 받고 있는 고객을 제외한 $(n-1)$이다. 따라서 대기하고 있는 고객의 수 L_q는 다음과 같이 구할 수 있다.

$$L_q = 0 \times P_0 + \sum_{n=1}^{\infty}(n-1)P_n = \sum_{n=1}^{\infty} n \times P_n - \sum_{n=1}^{\infty} P_n = \frac{\rho^2}{1-\rho} = \frac{\lambda^2}{\mu(\mu-\lambda)}$$

$$\therefore L_q = L_s - \rho$$

5. Little의 법칙

① Little의 법칙이란 서비스 시스템에 존재하는 고객의 수와 고객이 시스템 내에 머무르는 시간과의 관계를 나타내는 공식이다.
② 이 법칙에 따르면 서비스 시스템이 안정 상태일 경우, 서비스 시스템에 존재하는 고객의 평균값은 일정 시간 내 서비스 시스템에 도착하는 고객의 평균값에 고객이 서비스 시스템에 머무르는 평균 시간을 곱한 값이 된다.

$$L = \lambda \times W$$
(L: 서비스 시스템에 존재하는 고객의 평균값, λ: 일정 시간 내 서비스 시스템에 도착하는 고객의 평균값, W: 고객이 서비스 시스템에 머무르는 평균 시간)

③ 이 법칙을 활용하여 W_s와 W_q의 값도 구할 수 있다. 서비스 시스템에서 고객이 보내는 시간을 W_s라 하고, 대기 행렬에서 기다리는 시간을 W_q라고 할 때 다음 식으로 표현할 수 있다.

- $W_s = \dfrac{L_s}{\lambda} = \dfrac{1}{\mu - \lambda}$
- $W_q = \dfrac{L_q}{\lambda} = \dfrac{\mu}{\mu(\mu - \lambda)} = W_s - \dfrac{1}{\mu}$

6. 대기 모형

서비스 처리의 원칙이나 방식에 따라 대기 모형은 다양한 모습을 보인다.

① 무한 집단: 고객 모집단이 무한한 경우로 고객의 수가 한정되어 있지 않고 누구나 서비스의 잠재 고객이라고 가정한다. 이 경우 서비스 요소들이 어떻게 주어지고 서비스 원칙이 어떻게 적용되는가에 따라 다양한 대기 모형이 생긴다.

- 단일 채널(Single Channel) – 지수 분포를 따르는 서비스 시간(Exponential Service Time): 대기 모형 중 가장 일반적이고 간단한 모형으로, 하나의 채널을 가지며 서비스 시간은 지수 분포를 따르는 경우이다. 고객 도착률은 푸아송 분포를 따르고 대기 규칙은 선착순이다.

대기열의 고객 평균수	$L_q = \dfrac{\lambda^2}{\mu(\mu - \lambda)}$
시스템 내에 고객이 없을 확률	$P_0 = 1 - \left(\dfrac{\lambda}{\mu}\right)$
시스템 내에 n명의 고객이 있을 확률	$P_n = P_0 \left(\dfrac{\lambda}{\mu}\right)^n$

- 단일 채널(Single Channel) – 일정 서비스 시간(Constant Service Time): 모든 서비스에 대해 시간이 일정하다고 가정한 경우이다. 대기가 생기는 이유는 고객 도착률과 서비스 시간의 불확실성 때문인데 이 변동성을 줄이거나 제거할 수 있다면 대기 관리는 더 효율적일 것이다. 서비스 시간을 일정하게 만들기 위해서 지수 분포와 비교하여 대기 행렬에서 기다리는 평균수와 시간을 절반으로 줄이는 것이 일반적이다.

- 다중 채널(Multiple Channel): 둘 이상의 채널이 독립적으로 고객을 서비스하는 형태로, 많은 서비스 시스템에서 여러 개의 서비스 채널이나 서비스 인력을 제공하고 있는 경우이다.

대기열에서 기다리는 고객의 평균수	$L_q = \dfrac{\lambda\mu\left(\dfrac{\lambda}{\mu}\right)^M}{(M-1)!(M\mu-\lambda)^2} P_0$
시스템 내에 고객이 없을 확률	$P_0 = \left[\displaystyle\sum_{n=0}^{M-1}\dfrac{\left(\dfrac{\lambda}{\mu}\right)^n}{n!} + \dfrac{\left(\dfrac{\lambda}{\mu}\right)^M}{M!\left(1-\dfrac{\lambda}{M\mu}\right)}\right]^{-1}$
고객의 평균 대기 시간	$W_q = \dfrac{1}{M\mu-\lambda}$
서비스를 받기 위해 대기할 확률	$P_w = \left(\dfrac{\lambda}{\mu}\right)^M \times \dfrac{P_0}{M!\left(1-\dfrac{\lambda}{M\mu}\right)}$

② 유한 집단: 유한 집단은 서비스를 받을 대상이 한정되어 있는 경우이다. 유한 집단에서의 고객 도착률은 푸아송 분포가 아니라 대기열의 길이에 따라 변하는데, 유한 집단의 경우 대기열의 길이와 고객 도착률이 종속적인 관계에 있다. 이미 도착한 고객의 수가 많거나 대기열이 길다는 것은 앞으로 서비스를 받을 고객의 수가 줄어든다는 의미이다.

- 단일 채널(Single Channel) - 유한 집단의 성능 특성 및 공식

대기 행렬에 기다리는 고객의 평균수	$L_q = N - \left(\dfrac{\lambda+\mu}{\lambda}\right)(1-P_0)$ (단, N은 한정된 수)
대기 시스템에 있는 총 고객 평균수	$L_s = L_q + (1-P_0)$
시스템 내에 고객이 없을 확률	$P_0 = \left[\displaystyle\sum_{n=0}^{N}\dfrac{N!\left(\dfrac{\lambda}{\mu}\right)^n}{(N-n)!}\right]^{-1}$
고객의 평균 대기 시간	$W_q = \dfrac{L_q}{(N-L)\lambda}$
서비스에 걸리는 총 평균 시간	$W_s = W_q + \dfrac{1}{\mu}$

CHAPTER 04 서비스 가격 관리

| 빈출 키워드 |
서비스 가격의 특성   # 가격 결정 방법   # 가격 차별화

1 서비스 가격

1. 서비스 가격의 의의

① 의미
- 시장에서의 교환 가치, 즉 구매자들이 특정 서비스를 구매함으로써 얻게 되는 효용에 부여된 가치이다.
- 서비스가 무엇이냐에 따라 수업료, 수수료, 운임, 입장료 등 다양한 용어로 불린다.

② 중요성
- 서비스는 수요와 공급의 일치가 중요하고, 가격은 수요 관리 측면에서 매우 중요하다.
- 가격 상승 시 잠재 고객 상실 및 기존 고객 이탈 등이 발생하고, 가격 하락 시 적정 이윤의 상실을 수반하게 된다.

2. 서비스 가격의 특성 빈출

① **서비스 준거 가격에 대한 정보 차이**: 준거 가격이란 소비자가 실제 가격을 평가하기 위하여 그 기준으로 삼는 가격으로, 이 기준이 모호하여 동일한 가격에 대해서도 상이한 반응을 보인다.

> **PLUS+ 서비스 가격 결정이 복잡한 이유**
> - 서비스는 생산 능력의 활용 정도에 따라 가격의 변동 폭이 크다.
> - 서비스는 전달 과정의 시간 요소에 의해 변동성이 발생한다.
> - 서비스의 원가 기준을 고객이 이해할 수 있도록 정하기가 어렵다.
> - 서비스의 원가는 물적 환경에 의해 영향을 받는다.
> - 서비스 가격은 수요에 의해서 영향을 받는다.

② 서비스의 질을 표현하는 역할
- 고객들은 고가의 서비스가 높은 서비스 품질을 보장할 것이라는 선입견을 갖는다.
- 서비스 정보 공유가 활발하게 일어나 서비스의 질을 사전에 예측하거나 평가하는 기준으로 가격의 영향력은 과거에 비해 많이 줄어들고 있는 추세이다.

③ 비금전적 비용의 역할
- 고객이 서비스에 지불하는 대가에는 금전적 요소 이외에도 비금전적 요소가 포함된다.
- 비금전적 요소란 시간, 물리적 비용, 감각적 비용, 심리적 비용을 말하며, 비금전적 비용에는 대기 시간, 정보 탐색을 위한 노력 등이 있다.
- 기업은 비금전적 비용을 감소시키는 대가로 가격을 올릴 수 있고, 고객은 다른 비용을 피하는 대신 더 높은 가격을 지불할 용의가 있다.

2 서비스 가격의 결정 방법

1. 원가 중심의 가격 결정 방법

원가에 기초한 가격 결정은 가장 전통적인 방법으로, 원자재와 인건비로 직접비를 산정하고 여기에 간접비와 이익을 추가해서 산정한다. 이 방법은 공공 서비스, 하청, 도매, 광고업 등에 널리 사용된다.

① 기본 공식

> 가격 = 직접비 + 간접비 + 이익 마진

- **직접비**: 서비스 전달과 관련된 재료비와 인건비
- **간접비**: 고정비의 일부분으로 서비스를 제공하지 않더라도 일정하게 발생되는 건물 임대료, 감가상각, 설비, 세금, 보험료, 급여 등
- **이익 마진**: 총비용(직접비 + 간접비)의 일정 퍼센트

> **PLUS+ 원가 결정을 위한 손익 분기점**
>
> 원가를 결정하기 위해서는 손익 분기점을 계산해야 하는데, 손익 분기를 위한 판매량은 다음을 고려해야 한다.
> - **가격 민감성**: 소비자가 이 정도 가격을 지불할 의향이 있는가?
> - **시장 규모**: 시장이 고객을 수용할 만큼 충분히 큰가?
> - **경쟁 정도**: 경쟁자의 잠재 고객에 대한 호소력이 얼마나 강한가?

② **원가 중심의 가격 결정이 어려운 이유** [빈출]

- 서비스를 구매 단위로 규정하여 단위당 가격을 설정하기 어려운 컨설팅, 건축, 상담, 교육 등의 서비스는 산출 단위보다 투입 단위로 가격을 결정하므로 대부분의 전문 서비스는 시간당 가격으로 결정된다.
- 원가에 기초하여 서비스 가격을 설정한다 하더라도 서비스 원가를 산출하기가 어렵다. 특히 기업이 다양한 서비스를 제공할 때 계산이 더 복잡해진다.
- 원가의 구성 요소가 원자재가 아닌 직원의 시간이므로 계산은 더 복잡해진다.

2. 경쟁 중심의 가격 결정 방법

경쟁 중심의 가격 결정은 같은 업종 내의 경쟁 기업들에 의해 부과되는 가격과 상대적으로 비슷하거나 차이를 갖도록 결정하는 방법이다. 자율적인 가격 책정이 아닌 경쟁사의 가격 정책에 따라 움직이게 되므로 판매량도 경쟁사의 가격 정책에 의해 달라질 수 있다. 특히 소수의 서비스 제공자들이 서비스를 과점적으로 제공하고 있는 업종(항공사, 렌터카 등)의 경우는 서로의 가격 정책에 대해 민감하게 반응한다. 또한 서비스 표준화가 명확하고 가격이 유일한 비교 대상이 되는 업종에서도 경쟁 중심의 가격 결정법을 사용한다.

① **가격 경쟁이 심해지는 경우** [빈출]

- 경쟁자의 수가 증가할 때
- 대체재의 수가 증가할 때
- 경쟁자 혹은 대체재의 분포가 넓어질 때
- 산업 내의 생산 능력이 과도하게 증가할 때
- 서비스 표준화가 명확하고 가격이 유일한 비교 대상이 되는 업종일 때

② 가격 경쟁 감소 방법

비가격 비용 (편의성 강화)	가격보다 시간이나 노력의 절감을 중시하는 고객은 가격에 대한 예민도가 상대적으로 낮고 가격 경쟁의 강도는 감소한다.
고객 관계	개인화(고객화) 수준이 높은 고객 서비스의 경우 개별 서비스 공급자와의 관계가 매우 중요하다. 개인적 관계에서의 만족도 증가는 고객을 경쟁자로부터 막을 수 있는 좋은 방법이다.
전환 비용	전환 비용을 올릴 수 있는 방법을 강구한다. 공급자를 전환하는 데 상당한 시간, 노력, 비용이 소요된다면 고객은 경쟁 상품으로의 전환을 고려해 볼 것이다.
시간과 장소의 차별화	고객이 서비스를 차별화된 특정 장소나 특정 시간에 사용하기를 원한다면 고객이 선택할 수 있는 대안은 줄어든다.

3. 수요 중심의 가격 결정 방법

수요 중심의 가격 결정은 고객의 가치 인식에 부합하는 가격으로 책정하는 방법이다. 가치란 사람들이 제품이나 서비스를 통해 기대하는 이익이나 혜택으로, 가치를 바탕으로 서비스 가격을 책정할 때 비금전적 비용과 효익을 고려해야 한다. 서비스에 시간, 불편, 심리적 탐색 비용이 든다면 금전적 비용은 보상으로 조절해야 한다. 반면, 서비스 시간과 불편이 줄고 심리적 탐색 비용이 줄어들면 고객은 더 높은 가격을 지불하려고 할 것이다.

① 비금전적 비용
- 의미: 서비스의 정보 탐색, 구매 사용과 관련한 시간, 노력 그리고 불편함 등을 반영한 비용이다. 고객은 이 비용을 노력 혹은 부담으로 표현하기도 한다. 비금전적 비용은 고객이 생산 과정에 관여할 때 증가하는 경향이 있다.
- 유형

시간 비용 (Time Costs)	서비스 제공자와 접촉하는 시간, 구매 시간, 이동 시간 등
물리적 비용 (Physical Costs)	셀프 서비스로 인해 생산 활동에 소비자가 직접 참여, 정보 탐색에 대한 노력 등
심리적 비용 (Psychological Costs)	이해하지 못하는 데에서 오는 두려움, 거절에 대한 두려움과 공포, 가격으로 인한 불확실성 등 고객이 서비스를 구매하고 사용할 때 치르는 심리적 희생 등
감각 비용 (Sensory Costs)	소음, 불쾌한 냄새, 비좁은 좌석, 환경, 맛, 더위, 추위 등

- 비금전적 비용의 절감으로 경쟁 우위를 확보하는 방법
  - 고객의 서비스 구매, 전달, 소비에 필요한 시간을 절약해 준다.
  - 각 단계에서 불필요한 심리적 비용을 제거한다.
  - 원하지 않는 물리적 노력을 제거한다.
  - 매력적인 시각 환경을 조성하며 소음을 줄이고 쾌적한 물리적 환경을 조성한다.
  - 타 서비스 공급자와의 제휴를 통한 할인이나 온라인 전달 등을 이용해 고객의 금전적 비용을 줄일 수 있는 방안을 모색한다.

② 수요의 가격 탄력성

탄력적(Elastic)	서비스 가격 상승률에 비해 수요량 감소율이 더 큰 경우를 말하며, 가격 변동이 일어날 경우 구매자 반응이 더 민감해진다.
비탄력적(Inelastic)	서비스 가격 상승률에 비해 수요량 감소율이 더 작은 경우를 말한다.

- 가격 탄력성이란 가격 변화에 따라 수요량이 얼마나 민감하게 반응하는지를 나타낸 것이다. 즉, '가격을 1% 올릴 때 고객의 수가 몇 % 감소할 것인가?'에 대한 지표이다.
- 판매자 혹은 기업의 행동을 분석하는 데 있어 수요의 가격 탄력성은 중요하다.
- 판매자가 서비스의 가격을 올리려고 할 때, 가격이 상승함에 따라 서비스의 단위당 매출은 증가하지만 수요량은 감소할 것이다. 여기서 수요의 가격 탄력성은 얼마나 감소하는지에 대한 기준을 제시한다.
- 공식

$$수요의\ 가격\ 탄력성 = \frac{수요량\ 변동률}{가격\ 변동률}$$

- 결정 요소

사치품과 필수품	수요의 가격 탄력성은 필수품보다 사치품이 더 크다. 예 쌀, 전기 등 생활에 꼭 필요한 필수품은 가격이 인상되어도 수요량이 큰 폭으로 감소하지 않지만, 양주, 밍크코트 등 소비하지 않더라도 큰 불편함이 없는 상품은 수요량이 큰 폭으로 감소한다.
지출 금액의 소득 점유율	조건이 일정할 때 소득에서 차지하는 가격이나 지출 비용이 클수록 수요의 가격 탄력성은 커진다. 예 볼펜, 껌 등은 소득에서 차지하는 비중이 낮기 때문에 가격이 크게 인상되어도 수요량이 큰 폭으로 감소하지 않는다. 그러나 자동차, 주택 등은 소득에서 차지하는 비중이 높으므로 가격이 5%만 상승하더라도 그 금액이 크기 때문에 수요량이 큰 폭으로 감소한다.
대체재의 유무	대체재가 많을수록 수요의 가격 탄력성은 크다. 예 설탕은 꿀, 사카린, 올리고당 등 대체재가 많아 대체재가 없는 소금보다 수요의 가격 탄력성이 크다.
용도의 다양성	다양한 용도를 가진 상품일수록 수요의 가격 탄력성이 크고, 용도가 극히 제한된 상품일수록 수요의 가격 탄력성이 낮다. 예 플라스틱은 다양한 용도로 사용되므로 가격이 하락하면 수요량이 큰 폭으로 증가할 수 있다. 반면 조화(弔花)는 장례식이라는 한정된 용도로만 쓰이기 때문에 가격이 하락해도 수요량이 크게 증가하지 않는다.
기간의 길고 짧음	기간이 길어질수록 대부분의 상품 및 서비스의 가격은 수요에 대해 탄력적인 형태를 띠게 된다.

> **PLUS⁺** 기간이 길어짐에 따라 수요가 탄력적인 이유
>
> - 소비자는 가격 변동에 대한 정보를 획득하고 이에 대응하는 데 상당한 시간을 필요로 한다. 예를 들어 방한복의 가격이 30% 인하되었다고 가정하자. 잠재적인 구매자 중 상당수가 단기간에는 이러한 정보를 획득하지 못할 뿐만 아니라 정보를 얻은 사람들 중 일부는 이미 방한복을 구매했기 때문에 즉각적인 반응을 보이지 못할 수도 있다. 따라서 가격 하락과 이로 인한 구매량의 증가 사이에 시차가 발생하므로 어느 정도 시간이 흘러야 수요가 가격에 대해 탄력적인 형태를 보일 것이다.
> - 구매자가 직면하는 기술적인 제약으로 인해 단기보다는 장기적으로 수요가 가격에 대해 탄력적일 수 있다. 예를 들어 컴퓨터나 복사기처럼 부품들이 다른 회사 부품으로 쉽게 교체될 수 없는 상품들은 다른 회사 부품 가격이 상승하더라도 단기적으로는 소비자가 가격 변화에 대응할 여지가 별로 없다. 그렇지만 장기적으로 컴퓨터나 복사기 전체를 교체하게 될 때에는 반응을 보일 것이다. 이를 통해 단기 수요 곡선이 장기 수요 곡선에 비해 기울기가 크고 보다 수직선 형태임을 알 수 있다.

3 서비스 가격 전략

1. 가격 차별화

가격 차별화는 생산비가 동일함에도 불구하고 소비자의 집단에 따라 다른 가격을 책정하는 전략이다. 수요가 많을 경우 수요 분할을 추구하고 수요가 적을 경우 낮은 가격을 통하여 수요를 자극하기 위한 방법이다.

① 성공 조건
- 각 세분 시장의 수요 수준이 서로 달라야 한다.
- 세분화된 시장별 합법적인 가격으로 결정해야 한다.
- 고객의 지각된 가치 속에서 이미 세분 시장별로 그 차이를 느낄 수 있어야 한다.
- 가격 차별화를 통한 추가 수익이 소비 시장을 둘 이상으로 분리시켜 운영하는 비용을 초과해야 한다.

② 방법

고객 집단에 따른 차별	소인, 학생, 성인, 군인, 일반인, 경로 우대 등
제품 형태에 따른 차별	자동차 구매 시 모델의 차이, 항공기 기종에 따른 가격 차이, 호텔 룸 형태에 따른 가격 차이 등
장소, 지리에 따른 차별	공연장 내 좌석 등급, 호텔 조망에 따른 가격 차이 등
시간, 요일에 따른 차별	영화 조조할인, 휴대 전화 심야 할인, 스키장 시즌권, 당일권 등
구매 시점에 따른 차별	탑승일 2주 전 가격과 당일 탑승 가격 차이 등
계절에 따른 차별	항공료, 패키지 여행의 성수기와 비수기 가격 차이 등
소비자의 능력이나 협상력에 따른 차별	산업재의 경우 적용 가능

③ 고객 가치 차원에 따른 가격 차별화 빈출

가치란 가격적으로 쉽게 접근할 수 있어야 한다.	• 할인: 구매 촉진을 위하여 사전에 정한 기본 가격을 조정하는 것 • 단수 가격: 심리적으로 낮은 가격을 설정하고 경제적 이미지를 제공하여 구매를 자극하는 것 예 9,900원 • 일치 가격: 소비자가 비싼지, 저렴한지를 판단하는 기준으로 삼는 가격과의 일치 여부 • 침투 가격: 초기에 저가로 시장에 출시하여 인지도가 생기면 가격을 올리는 전략
가치란 특별한 사람들을 위한 고가 상품에 있다.	• 품위 가격: 프리미엄의 개념으로 '비싼 만큼 더 좋은 상품일 것이다.'라는 의미의 고가격 전략 • 초기 고가격: 신제품을 시장에 출시하는 데 있어서 초기에 고품질의 상품에 고가격을 설정하여 시장의 상위 계층을 목표로 하는 가격 정책
가치란 고객 요구별 차별화된 상품 가격이다.	• 가치 가격: 고객의 가치 기준에 따라 책정된 가격 • 세분 시장 가격: 주어진 마케팅 자극에 유사한 반응을 보이는 소비자를 대상으로 계산한 시장 가격
가치란 보편성에 기반하여 주고받는 대가적 가격이다.	• 기준 가격: 물가, 부동산 임대료 등 법률에 의하여 정부 기관에서 정하는 가액 • 묶음 가격: 단품보다 묶었을 때 더 저렴하게 해 주는 것 • 보완 가격: 고객이 얻는 보편성, 가치 외에 발생하는 제반 사항을 반영한 가격 예 폴라로이드 카메라 필름 • 결과 중심 가격: 서비스를 먼저 시행하고 그 결과에 따라 달리 받는 가격 예 맛 없으면 공짜

서비스 수율 관리

| 빈출 키워드 |
수율의 공식   # 수율 관리의 적용 요건   # 수율 관리 시스템
전자 계산지법

1 수율 관리

1. 수율 관리의 개념
① 수율 관리(Yield Management)란 가용 능력이 제한된 서비스에서 수요 공급 관리를 통해 수익을 극대화하는 것을 말한다.
② 예약 시스템, 초과 예약, 수요 분할 등을 활용하여 공급 능력이 제한되어 있는 서비스의 수익을 최대화하기 위한 종합적인 시스템이다.
③ 상품 판매와 고객의 구매 행동에 관한 정보를 활용하고 가격 조정과 재고율 관리 등을 통하여 보다 많은 수익을 증대시키는 데 기여할 뿐만 아니라 고객의 필요나 욕구에 부합되는 상품을 개발하여 유통해 주는 데 그 목적이 있다.

2. 수율 관리의 필요성
서비스업은 상대적으로 고정된 서비스 능력, 생산과 소비의 동시성, 심한 수요 변동과 같은 특징 때문에 수율 관리가 필요하다.

> 예 항공사의 빈 좌석은 비행기 출발과 함께 소멸되는 속성이 있기 때문에 좌석이 채워지지 않고 비행기가 출발한다면 남는 좌석만큼 손실이 발생하고, 비행기의 좌석이 모두 매진된 이후 고객은 다른 비행기를 예약할 수밖에 없다.

3. 수율 관리의 활용
수율 관리를 효과적으로 활용하고 있는 업종은 주로 항공사, 호텔, 렌터카, 특송 서비스 등 서비스 시스템이 표준화되어 있는 곳이다.

운송 관련 산업	항공사, 철도, 자동차 렌트, 화물, 해운 등
휴가 관련 산업	관광, 여행, 유람선, 휴양지, 레스토랑, 호텔 등
서비스 능력 제약 산업	약국, 창고, 방송 등

4. 수율의 공식 `빈출`
① 서비스는 수요의 변동에 따라 다른 가격을 적용할 수 있다.
② 서비스 공급 능력에서도 최저 가용 능력에서 최고 가용 능력까지의 범위가 존재하고, 가격 측면에서도 최저 가격에서 최대 가격까지의 범위가 존재할 수 있다.
③ 수율을 구하는 공식

> - 수율(Yield) = 실제 수익 ÷ 잠재 수익
> - 실제 수익 = 실제 사용량 × 실제 가격
> - 잠재 수익 = 전체 가능 용량 × 최대 가격

5. 수율 관리의 적용 요건 `빈출`
① **세분화가 가능한 시장일 때**: 고객의 욕구, 가격 지불 의도 등 몇 개의 세분 시장으로 구분할 수 있는 가능성이 있어야 차별적인 가격과 제공을 통해 수율 관리가 더 효과적으로 사용될 수 있다.
② **수요의 변동성이 높을 때**: 성수기와 비수기의 구분이 명확하고 계절적인 수요가 발생할 때 수율 관리의 적합성이 상승한다.
③ **사전 판매가 가능할 때**: 여유 있는 예약에서 임박한 판매까지 시간이 경과함에 따라 서비스 가격은 변동하게 되는데, 사전 판매 및 선불 판매를 할 수 있다면 수율 관리의 적합성이 상승한다.
④ **소멸되는 재고일 때**: 서비스 판매가 되지 못하면 서비스 가용 능력이 소멸되는 경우 수율 관리의 적합성이 상승한다.
⑤ **가용 능력 변경 비용이 높고, 한계 판매 비용은 낮을 때**: 서비스 가용 능력을 변경하는 비용이 높아 수요의 변동에 맞추어 서비스 공급 능력을 쉽게 조절할 수 없는 경우, 즉 서비스 공급이 제한되어 일정 수준 이상의 서비스 수요가 발생하면 공급량 이상의 수요에 대해서는 포기해야 하는 상황에서 수율 관리의 적합성이 상승한다.

6. 수율 관리 시 주의 사항
① 기업의 이익 극대화에만 과도하게 집중하지 않도록 한다.
② 고객이 서로 다른 가격에 대해 불쾌한 감정이 들지 않도록 학습시켜야 한다.
③ 수율 관리 시스템이 성과급 구조와 조화를 이루어야 한다.
④ 직원들의 수율 관리 프로그램에 대한 이해도가 높아야 한다.

7. 수율 관리 시스템의 종류
① 초과 예약(Over Booking)
  - 의의: 수익 손실을 최소화하기 위한 방법으로, 예약을 하고 나타나지 않는 고객(노쇼, No Show)을 고려하여 수용 능력보다 더 많은 예약을 받는 것이다. 초과 예약을 하는 기업은 하지 않는 기업보다 더 많은 수익을 창출할 수 있다.

- 초과 예약 수준의 결정 방법

평균법	• 노쇼에 관한 과거 데이터를 근거로 구한 평균값만큼 예약을 받는다. • 직관적이고 편리하다는 장점이 있지만, 평균을 사용하게 되면 관련 비용을 가늠하지 못한다는 단점이 있다.
전자 계산지법	• 전자 계산지법은 발생 가능한 모든 시나리오에 대한 기대 비용을 계산한 것으로 초과 예약을 하지 않은 상태에서 노쇼가 발생했을 때 기대되는 비용을 사전에 계산하여 사용하는 방법이다. • 관련 비용이 구체화되고 계산이 쉽다는 장점이 있지만, 정확한 데이터가 필요하고 문제에 대한 경영자의 직관을 증가시키지 못한다는 단점이 있다. • 고려되는 비용 {재고 과잉 비용: 노쇼의 발생으로 판매되지 못하고 남은 서비스의 가용 능력 비용} {재고 부족 비용: 예약 고객이 모두 나타나 서비스를 받지 못한 고객으로 인해 발생되는 비용}
한계 비용 접근법	• 초과 예약자 수가 노쇼의 수보다 같거나 클 때까지 초과 예약을 받는다. 기업은 수익 극대화를 위해 기대 수입이 마지막 초과 예약으로 발생하는 기대 손실보다 적거나 같게 될 때까지 초과 예약을 받으려 노력할 것이다. $$E(\text{다음 예약의 수입}) \leq E(\text{다음 예약의 비용})$$ • 노쇼 발생 확률과 초과 예약의 수 및 비용의 관계 $$\frac{\text{재고 과잉 비용}}{\text{재고 부족 비용} + \text{재고 과잉 비용}} \leq P(\text{초과 예약 수} \geq \text{노쇼 수})$$

> **PLUS⁺ 초과 예약의 성공 사례**
>
> YM 호텔은 동계 스키 시즌 기간 동안 100%의 객실 판매를 위하여 불가피하게 초과 예약을 접수할 필요가 있다고 생각하여 초과 예약된 고객들을 수용하기 위하여 근처에 있는 다른 호텔에 객실을 확보해 놓았다. 그러나 다른 호텔로 배정받은 고객들은 여러 가지 형태로 고객의 요구에 맞는 손해 배상을 해 주었음에도 불평이 많았다. 왜냐하면 YM 호텔이 스키장으로부터 가장 이상적인 곳에 위치에 있었기에 다른 어떤 호텔도 YM 호텔보다 위치 면에서 더 좋을 수 없었기 때문이다. 따라서 YM 호텔은 고객들의 불만을 해소할 수 있는 새로운 방침을 채택하기로 결정하고, 성수기 동안에 예약을 신청해 온 고객들에게 마지막 체재일 밤 하루는 공항 부근의 호텔에 추가 요금 지불 없이 체재할 수 있는지 물어 확인해 두었다. 이러한 선택 제의는 고객들로부터 좋은 호응을 받아 결과적으로 매우 높은 정도의 고객 만족을 받아 장기적 측면에서 기대 이상의 수익을 가져왔다.

② 서비스 능력 배분
- 의의: 고객 그룹들 간에 서비스 능력을 배분하는 것이다. 높은 수익을 주는 고객은 이벤트 날에 상당히 임박해서 예약을 하는 경향이 있고, 낮은 수익을 주는 고객은 몇 달을 앞서서 예약하는 경향이 있다. 고객군별로 얼마나 능력을 배분할 것인지, 후일의 고수입 비즈니스 예약을 기대하여 어느 시점에 낮은 수입 비즈니스를 차단할 것인지에 대한 의사 결정 방법이다.
- 서비스 능력 배분 결정 방법

정적 방법	• 고정 시간 규칙: 특정일까지 할인 예약은 받지만 할인 숫자는 정하지 않는다. 고정 시간 규칙은 고객에게 투명하고 실행이 편리하지만 할인 숫자를 정해 놓지 않았기 때문에 수익성이 낮은 고객의 비중이 높아질 가능성이 있다. • 고정 숫자 규칙: 특정 숫자까지는 할인 예약을 받고 그 숫자가 넘어서면 더 이상 할인 예약을 받지 않는 규칙이다. 할인 고객을 할당된 양으로 한정하기 때문에 수익 관리에 유리하다. 그러나 할당한 숫자가 적합하지 못할 경우 수익 면에서 문제가 발생할 수 있기 때문에 고정 숫자의 예측을 정확히 하는 것이 무엇보다 중요하다. • 보호 수준: 일부 좌석은 프리미엄으로 판매하고 일부 좌석은 할인가에 판매하는 전략이다. 프리미엄으로 판매된 좌석은 보호 수준으로 설정하여, 할인가에 구매한 고객이 보호 수준으로 들어오는 것이 허락되지 않는다. 그러나 프리미엄 좌석을 구매한 고객은 할인된 좌석으로 갈 수 있다.
동적 방법	• 수율 관리는 과거의 데이터를 활용하여 최고의 수익을 발생시키려는 기업의 노력으로 이는 단 한 번의 결정으로 이루어질 수 없다. 즉, 고객의 예약 상황을 면밀히 분석해 가면서 가격 및 할인 정책을 동적으로 움직일 수 있어야 한다. • 동적 서비스 능력 배정을 활용하기 위해서는 고객 행태에 대한 많은 양의 데이터를 보유하고 있어야 한다.

③ 차별적 가격 설정
- 수율 관리는 서로 다른 세분 시장에 각각 다른 가격을 부과하는 것이다.
- 가격에 덜 민감한 고객에게는 보다 높은 가격을, 가격에 민감한 고객에게는 보다 낮은 가격을 부과할 수 있다.
- 가격에 민감한 고객들은 예약을 하는 등의 부지런함을 보여야 하며, 서비스 이용 고객이 기업의 차별화된 가격 정책에 대하여 혼란을 느끼거나 불만을 가지지 않도록 법률적 위반 사항이 없어야 한다.

CHAPTER 06 서비스 기대 관리

| 빈출 키워드 |
고객이 기대하는 서비스 유형   # 허용 영역   # 구매 단계별 관리

1 고객 기대

1. 고객 기대의 의미
고객 기대(Customer Expectation)는 서비스 성과에 대한 고객의 신념으로, 서비스 성과를 측정하는 표준 또는 준거점의 역할을 하는 중요한 요소이다.

2. 고객이 기대하는 서비스 유형 [빈출]

① 이상적 서비스(Ideal Service)
- 어떤 서비스에 대하여 고객이 원하는 가장 바람직한 서비스(최고 서비스)의 수준으로 고객이 기원하는 서비스이다.
- 이상적인 기대 수준은 현실적으로 이루어지기 어려운 경우가 많으며, 고객도 이러한 서비스에는 더 높은 가격이 요구될 것임을 인지하고 있다.

② 희망 서비스(Desired Service): 고객이 받기를 희망하는 서비스로 고객 스스로가 받을 수 있고, 받아야만 한다고 믿는 수준의 서비스이다. 서비스에 대한 희망 수준, 즉 바람, 소망을 뜻한다.

③ 예측된 서비스(Predicted Service): 고객이 서비스 기업으로부터 실제로 받을 것이라고 생각하는 서비스이다. 이상적 서비스와 적정 서비스 사이의 영역이다.

④ 허용 영역(Zone of Tolerance)
- 희망 서비스와 적정 서비스 수준 사이의 영역으로 서비스 실패가 잘 드러나지 않는 미발각 지대이다.
- 고객이 서비스의 이질성을 어느 정도 인지하고 기꺼이 받아들일 수 있는 범위이다.
- 시간에 따라 달라지기도 하며, 개인에 따라 넓어질 수도 좁아질 수도 있다. 즉, 동일한 상황이라도 고객에 따라 허용 구간이 달라지며, 동일한 고객이라도 상황에 따라 허용 구간이 달라진다.
- 서비스가 허용 구간 위쪽에 위치하여 희망 서비스를 능가하면 고객에게 감동을 줄 수 있지만, 최저 서비스 수준에 미치지 못하면 고객에게 실망감을 줄 것이다.

⑤ 적정 서비스(Adequate Service): 여러 가지를 고려했을 때 서비스를 받았다고 생각할 정도의 최저 수준의 기대이다. 즉, 허용 가능한 최소한의 기대 수준 또는 수용할 수 있는 성과의 최하 수준이다.

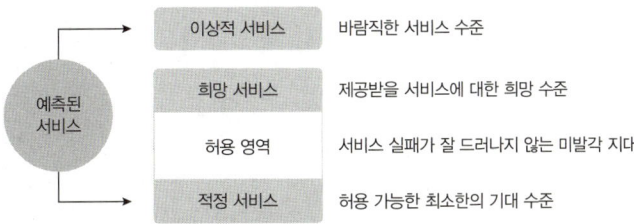

▲ 서비스 기대 모델

3. 고객 기대의 조사 방법

외부 마케팅 조사	내부 마케팅 조사
• 1단계: 문제와 조사 목적의 정의 • 2단계: 서비스 측정 방법 개발 • 3단계: 조사 프로그램 실행 • 4단계: 데이터의 수집과 정리 • 5단계: 분석과 발견점 해석 • 6단계: 발견 사항 보고	• 경영진의 고객 방문 • 고객의 소리 • 중간 고객에 대한 조사 • 직원에 대한 조사 • 직원의 소리 • 직원 제안 제도

2 서비스 기대 요인

1. 희망 서비스의 기대 요인
① 개인적 욕구: 고객의 삶이 잘 유지되는 데 필요한 신체적, 정신적 상태나 조건을 의미한다.
② 개인적 서비스 철학: 서비스 의미와 서비스 제공자의 수행에 대한 고객의 기본적이고 특유한 태도이다.
③ 파생된 서비스 기대: 어떤 고객의 기대가 다른 고객 또는 집단으로부터 파생되어 형성되는 것이다.

2. 적정 서비스의 기대 요인
① 지각된 서비스 대안: 고객이 서비스를 받을 수 있는 다른 제공자, 경쟁적 대안 등을 의미한다.
② 상황 요인: 서비스 제공자의 통제 불가능한 요인과 개인적인 상황 요인이다.
③ 예상 서비스: 고객이 개별적인 거래에서 예상하는 서비스 수준이다.

3 서비스 기대 관리 방법

1. 구매 단계별 관리 방법

구매 전 단계	• 서비스 제공 전 고객이 어떤 기대를 가지고 있는지 조사한다. • 고객이 기대할 수 있는 서비스를 홍보를 통해 알린다. • 고객이 기대하는 서비스를 일관성 있게 제공한다.
구매 단계	• 서비스 제공 과정에서 직원은 고객과 지속적으로 소통한다. • 고객의 기대에 맞추어 서비스를 변경한다. • 서비스 수성 시 불가피한 이유에 대해 설명한다.
구매 후 단계	• 기대가 충족되었는지에 대해 고객과 대화한다. • 사후 관리 프로그램을 개발한다. • 불만 고객을 처리하기 위한 프로그램을 개발한다.

2. 통제 유무에 따른 관리 방법

① 통제 가능 요인

명시적 서비스 약속	• 현실적이고 정확한 약속을 한다. • 약속의 정확성 여부를 서비스 직원에게 피드백한다. • 경쟁에 몰입되어 고객에 대한 초점을 잃거나 과잉 약속을 하지 않도록 주의한다. • 서비스 보증 제도를 통해 서비스 약속을 공식화한다.
묵시적 서비스 약속	• 서비스의 유형적 단서가 서비스 수준을 정확히 반영함을 확신시킨다. • 프리미엄 가격만큼 서비스 수준이 높음을 확신시킨다.

② 통제 불가능 요인

지속적 서비스 증강 인자	• 고객의 요구 조건과 서비스 기대 형성의 원천을 파악하기 위한 마케팅 조사를 활용한다. • 핵심 고객의 요구 조건이 서비스를 통해 만족되었음을 광고 및 마케팅 전략을 통해 강조한다. • 고객의 개인적 서비스 철학을 이해하기 위한 조사 후 서비스 설계 및 제공에 활용한다.
개인적 욕구	서비스로 욕구를 충족시키는 방식에 대한 고객 교육을 실시한다.
지각된 서비스 대안	경쟁자의 제공 수준을 완전히 이해하고 대응 방안을 마련한다.
지각된 고객의 서비스 역할	고객이 자신의 역할을 잘 이해하고 수행할 수 있도록 지원한다.
구전 커뮤니케이션	• 의견 선도자나 감사장을 활용하여 구전을 자극한다. • 기존 고객이 서비스를 구전할 수 있도록 촉진한다.
과거 사용 경험	마케팅 조사를 통해 유사 서비스에 대한 과거 경험 정보를 수집한다.
상황 요인	발생한 상황 요인에 상관없이 서비스 회복을 위한 노력이 수행될 것임을 서비스 증강 인자를 통해 확신시킨다.
예상 서비스	제공된 서비스가 정상적인 기대보다 높을 경우 미래 서비스에 대한 예상이 올라가지 않도록 증강 인자를 통해 확신시킨다.
일시적 서비스 증강 인자	피크 타임이나 긴급 상황 시의 서비스 제공 능력을 향상시킨다.

3. 주요 이슈별 관리 방법

고객의 기대가 비현실적인 경우	실상 파악을 돕는 간단한 정보를 제공한다.
고객의 기대 수준을 능가하려는 경우	관계를 관리하고 첨단 정보 시스템을 활용한다.
고객의 기대가 계속 상승하는 경우	소비자 조사 및 VOC 모니터링을 실시한다.
경쟁사에 앞서 기대를 충족시키려는 경우	적정 서비스 또는 희망 서비스 수준을 충족시킨다.
고객의 기대를 재설정하려는 경우	선택권, 가치 단계별 서비스 수준, 서비스 기준, 업계의 현실을 전달한다.

적중 예상문제

PART 1 일반형

01 다음 중 서비스의 가격 결정이 제조업보다 복잡한 이유로 적절한 것은?

① 서비스 가격은 공급에 영향을 받는다.
② 서비스의 원가는 물적 환경에 의해 영향을 받는다.
③ 서비스 생산 능력의 활용 정도에 따라 가격의 변동 폭이 작다.
④ 서비스 전달 과정마다 고객이 받는 개별 서비스를 구체화하기 용이하다.
⑤ 서비스 원자재의 구성 요소가 원자재가 아닌 직원의 시간이므로 산정하기 용이하다.

02 다음의 수요를 예측하는 기법 중 성격이 다른 하나는?

① 델파이 기법
② 시장 조사법
③ 시계열 분석법
④ 지명 집단 기법
⑤ 판매원 의견 예측법

03 다음 중 데이비드 마이스터가 제시한 대기열의 심리에 대한 설명으로 옳지 않은 것은?

① 원인이 설명되지 않은 대기 시간이 더 짧게 느껴진다.
② 근심과 불확실함은 대기 시간을 더 길게 느끼게 한다.
③ 구매 전 대기 시간이 구매 중 대기 시간보다 더 길게 느껴진다.
④ 일행과 함께 기다리는 대기 시간이 혼자 기다리는 것보다 짧게 느껴진다.
⑤ 무엇인가 하고 있을 때보다 아무 일도 하지 않을 때 대기 시간이 길게 느껴진다.

04 다음 중 수요에 맞추어 자체적으로 서비스 공급 능력을 확보하는 방식에 대한 설명으로 옳지 <u>않은</u> 것은?

① 수요 추구형 전략의 장점은 재고가 남거나 부족해질 문제가 없다는 것이다.
② 수요 추구형 전략은 그때그때 수요 예측치의 크기에 따라 공급의 크기를 조절하는 방식이다.
③ 공급 평준화 전략은 서비스 직원을 채용하거나 해고하는 비용이 발생한다.
④ 공급 평준화 전략은 수요량에 상관없이 매월 일정 수준의 고용과 공급량을 할당하기 때문에 인력이나 장비를 안정적으로 운영할 수 있다.
⑤ 혼합 전략은 수요 추구형 전략과 공급 평준화 전략을 적절히 섞어 사용하는 전략으로 총비용이 최소가 되는 지점을 선택하는 것이다.

05 서비스 수요 예측 방법 중 정성적 예측 방법에 대한 설명으로 옳지 <u>않은</u> 것은?

① 정성적 예측 방법의 장점은 단순성과 명확성이다.
② 고객 이외의 환경적 요인의 변화를 파악하기 쉽다.
③ 대표적으로 지명 집단 기법, 델파이 기법, 시장 조사법 등이 있다.
④ 근시안적 정보만 가지고 접근하는 경우가 있어 결과가 전체 시장을 대표하지 못한다.
⑤ 경영자의 판단, 전문가의 의견, 마케팅 부문의 정보와 경험, 시장 조사 결과 등을 참고하여 주관적으로 미래의 수요를 예측하는 방법을 통칭하는 개념이다.

해설

01 ① 서비스 가격은 수요에 영향을 받는다.
③ 서비스 생산 능력의 활용 정도에 따라 가격의 변동 폭이 크다.
④ 서비스 전달 과정의 시간 요소에 의해 변동성이 발생한다.
⑤ 서비스 원자재의 구성 요소가 원자재가 아닌 직원의 시간이므로 산정하기가 복잡하다.
02 델파이 기법, 시장 조사법, 지명 집단 기법, 판매원 의견 예측법은 정성적 예측 방법이고, 시계열 분석법은 정량적 예측 방법이다.
03 원인이 설명되지 않은 대기 시간이 더 길게 느껴진다.
04 서비스 직원을 채용하거나 해고하는 비용이 발생하는 것은 수요 추구형 전략이다.
05 정성적 예측 방법은 고객 이외의 환경적 요인의 변화를 파악하기 어렵다.

정답

01 ②　　02 ③　　03 ①　　04 ③　　05 ②

06 다음 중 서비스를 처리하는 순서의 배정 규칙에 대한 설명으로 옳지 않은 것은?

① 선착순 기준(FCFS)의 장점은 단순성과 공정성이다.
② 선착순 기준(FCFS)은 먼저 온 순서대로 서비스를 제공하는 것이다.
③ 최단 작업 시간(SPT) 규칙은 서비스 처리의 평균 시간을 최소화한다는 장점이 있다.
④ 선점 규칙은 높은 우선순위를 가진 고객이 나타나면 다른 모든 서비스를 중단하고 그 서비스부터 처리하는 것이다.
⑤ 긴급률이란 현재부터 납기일까지 남아 있는 시간을 잔여 처리 시간으로 나눈 비율을 의미하며, 이 값이 최대인 작업에 우선순위를 부여하는 기준이다.

07 다음 중 대기 행렬 이론의 분포에 대한 설명으로 옳은 것은?

① 고객이 서비스 시스템에 들어오는 빈도를 가동률이라고 한다.
② 대기는 고객이 도착하는 간격과 서비스에 걸리는 시간이 불확실한 것에서도 발생될 수 있다.
③ 새로운 고객이 방문하는 시간의 간격이 2분이 걸린다고 할 때, 이는 푸아송 분포를 따르는 것이다.
④ 지수 분포는 단위 시간 동안 어떤 이벤트가 일어나는 수, 즉 서비스 제공 횟수, 고객 도착 수 등을 표현하는 것이다.
⑤ 푸아송 분포는 특정한 이벤트가 일어나는 시간의 간격, 서비스 시스템이 한 고객을 처리하는 데 걸리는 시간, 고객이 도착하는 시간 간격 등을 표현하는 것이다.

08 다음 중 원가 중심의 가격 결정 방법에 대한 설명으로 옳지 않은 것은?

① 공공 서비스, 하청, 도매, 광고업에서 널리 사용되고 있다.
② 원가에 기초하여 서비스 가격을 설정한다 하더라도 서비스 원가를 산출하기가 어렵다.
③ 컨설팅, 건축, 상담, 교육 등의 서비스는 투입 단위보다 산출 단위로 가격을 결정한다.
④ 가장 전통적인 방법으로 원가에 기초한 가격 결정은 원자재와 인건비로 직접비를 산정하고 여기에 간접비와 이익을 추가해서 산정한다.
⑤ 간접비란 고정비의 일부분으로 서비스를 제공하지 않더라도 일정하게 발생되는 건물 임대료, 감가상각, 설비, 세금, 보험료, 급여 등을 말한다.

09 다음 중 가격 경쟁이 심해지는 경우로 적절하지 <u>않은</u> 것은?

① 경쟁자의 수가 증가할 때
② 대체재의 수가 증가할 때
③ 경쟁자 혹은 대체재의 분포가 좁아질 때
④ 산업 내의 생산 능력이 과도하게 증가할 때
⑤ 서비스 표준화가 명확하고 가격이 유일한 비교 대상이 되는 업종일 때

10 다음 중 정성적 예측 기법에 대한 설명으로 옳지 <u>않은</u> 것은?

① 신규 서비스에 대한 수요 예측에 많이 사용한다.
② 근시안적인 정보만으로 접근하게 되는 경우가 있다.
③ 과거 데이터 수집에 지나치게 많은 비용과 시간이 드는 경우 사용한다.
④ 시장의 수요가 한 가지 요인의 특성으로 결정되는 경우에 더욱 적합하다.
⑤ 외부 환경 요인이 크게 변화하여 과거 데이터가 의미가 없어진 경우 사용한다.

해설

06 긴급률이란 현재부터 납기일까지 남아 있는 시간을 잔여 처리 시간으로 나눈 비율을 의미하며, 이 값이 최소인 작업에 우선순위를 부여하는 기준이다.
07 ① 고객이 서비스 시스템에 들어오는 빈도를 도착률이라고 한다.
　③ 새로운 고객이 방문하는 시간의 간격이 2분이 걸린다고 할 때, 이는 지수 분포를 따르는 것이다.
　④ 푸아송 분포는 단위 시간 동안 어떤 이벤트가 일어나는 수, 즉 서비스 제공 횟수, 고객 도착 수 등을 표현하는 것이다.
　⑤ 지수 분포는 특정한 이벤트가 일어나는 시간의 간격, 서비스 시스템이 한 고객을 처리하는 데 걸리는 시간, 고객이 도착하는 시간 간격 등을 표현하는 것이다.
08 컨설팅, 건축, 상담, 교육 등의 서비스는 산출 단위보다 투입 단위로 가격을 결정한다.
09 경쟁자 혹은 대체재의 분포가 넓어질 때 가격 경쟁이 심해진다.
10 정성적 예측 방법은 시장의 수요가 한 가지 요인의 특성보다 여러 요인의 복합적인 상호 관계에 의해 결정되는 경우에 사용한다.

정답

06 ⑤　07 ②　08 ③　09 ③　10 ④

11 다음 중 서비스 제공을 위한 대기 행렬 방식에 대한 설명으로 옳은 것은?
① 번호표 순번 대기 방식은 고객에게 줄서기를 유도하며 대기 시간에 대한 예측은 어렵다.
② 지정 서비스 제공자에 대한 지정 대기선 방식은 특정 범주의 고객에게는 다른 대기선을 할당하는 것이다.
③ 다수 서비스 제공자에 대한 단일 대기선(뱀형) 방식은 고객에게 몇 개의 대기선 중 하나를 선택하도록 한다.
④ 다수 서비스 제공자에 대한 평행선 대기 방식은 각각의 대기선의 처리 속도가 달라 발생하는 불리함이 없다.
⑤ 다수 서비스 제공자에 대한 평행선 대기 방식의 예로 은행의 VIP 라운지, 비행기 일등석의 별도 라인 등이 있다.

12 다음 중 서비스 고객 기대 관리에 대한 설명으로 옳지 않은 것은?
① 고객의 서비스에 대한 기대는 서비스 성과에 대한 평가의 준거점으로 활용할 수 있다.
② 서비스가 고객의 허용 구간 하한선 수준보다 떨어지면 고객은 실망하거나 불만을 가질 수 있다.
③ 고객은 현실적으로 희망하는 서비스의 최고점보다 낮은 '수용할만한 서비스' 수준의 기대를 가진다.
④ 고객이 상황 등에 따라 달라질 수 있는 서비스의 이질성을 지각하고 수용할 수 있는 한계를 허용 구간이라 한다.
⑤ 같은 기업으로부터 같은 서비스를 받은 각각의 고객은 향후 해당 기업에 대하여 동일한 수준의 기대를 가질 것이다.

13 다음 중 대기 행렬 관련 중 선착순 규칙(FCFS; First Come, First Service)의 장점은 무엇인가?
① 공정성 ② 효과성
③ 효율성 ④ 납기 준수
⑤ 평균 처리 시간 최소화

PART 2 O/X형

[14~16] 다음 문항을 읽고 옳고(O), 그름(X)을 선택하시오.

14 원가 중심의 가격 결정 방식은 주로 공공 서비스, 하청 등에서 사용하며 가격 산정 시 고정비는 고려하지 않는다. (① O ② X)

15 수율(Yield)을 구하는 공식은 '실제 수익÷잠재 수익'이며, 실제 수익을 구하는 공식은 '실제 사용량×최대 가격'이다. (① O ② X)

16 희망 서비스와 적정 서비스 수준 사이의 영역으로 서비스 실패가 잘 드러나지 않는 미발각 지대를 허용 영역이라고 한다. (① O ② X)

해설

11 ① 대기 상황을 직접 눈으로 확인할 수 있어 시간을 예측할 수 있는 방식이다.
③ 단일 대기선을 통해 선착순으로 다수의 서비스 제공자 중 하나의 창구를 선택한다.
④ 동일한 속도로 처리되지 않는 경우 다른 대기선에 비해 상대적으로 늦어진다는 불리함이 있다.
⑤ 은행의 VIP 라운지, 비행기 일등석의 별도 라인은 지정 서비스 제공자에 대한 지정 대기선 방식의 예이다.

12 같은 기업으로부터 같은 서비스를 받은 고객이라도 서비스의 이질성으로 인해 향후 해당 기업에 대하여 서로 다른 수준의 기대를 가지기도 한다.

13 선착순 규칙의 장점은 이미 정해진 방식대로 처리하는 단순성, 공정성이다.

14 X 원가 중심의 가격 결정 방식은 주로 공공 서비스, 하청 등에서 사용하며 가격 산정 시 직접비(서비스 전달과 관련된 재료비와 인건비)와 간접비(고정비의 일부분으로 서비스를 제공하지 않더라도 일정하게 발생되는 건물 임대료, 감가상각, 설비, 세금, 보험료, 급여 등), 이익 마진(총비용의 일정 퍼센트)을 모두 고려한다.

15 X '실제 수익=실제 사용량×실제 가격'이다.

16 O

정답

11 ② 12 ⑤ 13 ① 14 ② 15 ② 16 ①

PART 3 연결형

[17~20] 다음 설명이 의미하는 적합한 개념을 각각 선택하시오.

―― 보기 ――
① 델파이 기법　　　　② 지수 평활법
③ EOQ 모형　　　　　④ 일회 주문 모형

17 가장 최근 데이터에 가장 큰 가중치가 부여되고 시간이 지남에 따라 가중치가 기하학적으로 감소되는 가중치 이동 평균 예측 기법이다. (　　　)

18 구매 비용, 주문 비용, 재고 유지 비용 등을 합친 총비용을 최소화할 수 있는 주문량을 찾는 모형이다. (　　　)

19 정성적 예측 방법의 하나로 전문가들을 대상으로 하여 우편을 통해 질문과 응답에 대한 통계 및 피드백이 과정을 의견이 일치할 때까지 반복적으로 사용하는 방법이다. (　　　)

20 서비스 공급 계획 방법 중 유통 기간이 있는 서비스를 얼마나 주문할 것인가를 결정하는 모형이다. (　　　)

PART 4 사례형

21 다음은 M 호텔에서 호텔의 스파, 마사지 서비스의 이용 가격 결정과 관련된 직원들 간의 대화이다. M 호텔의 가격 결정 방법에 대한 설명으로 옳지 <u>않은</u> 것은?

> 직원 1: 최근 뉴스에서 소비자들은 가격이 비쌀수록 자기만족에 의해 음식을 더 맛있게 느낀다는 조사 결과를 본 적이 있어요. 고급 이미지를 추구하는 저희 M 호텔 스파, 마사지 가격 결정 시 고려해야 할 사항이라고 생각합니다.
> 직원 2: 저도 그 뉴스 봤어요. 저희 호텔을 이용할 정도의 고객이라면 가격이 비싸더라도 만족스러운 서비스라면 기꺼이 돈을 지불할 용의가 있는 분들일 것입니다.
> 직원 3: 고객을 만족시키는 점을 가장 우선으로 추구하여 스파, 마사지를 프리미엄 서비스로 제공하는 것이 좋겠습니다.
> 직원 4: 여러분의 의견을 고려할 때, 저희는 VIP 고객을 대상으로 한 고가 정책으로 가격을 결정해야 할 것 같습니다.

① 수요 중심의 가격 결정 방법은 비금전적 비용과 효익도 고려되어야 한다.
② M 호텔의 스파, 마사지 가격 결정 방법은 경쟁 중심의 가격 결정에 가깝다.
③ 소비자가 가격보다 상위 개념의 가치에 근거하여 구매 결정을 할 때 적합하다.
④ 수요의 가격 탄력성이 크다면 가격 인상보다는 가격 인하 정책을 고려할 필요가 있다.
⑤ 원가에 대한 정보를 알기 어려우므로 금전 가격이 뚜렷하지 않고 덜 중요한 요인이 될 수 있을 때 적합하다.

해설
17 지수 평활법
18 EOQ 모형
19 델파이 기법
20 일회 주문 모형
21 M 호텔의 스파, 마사지 가격 결정 방법은 수요 중심의 가격 결정 방법에 가깝다.

정답
17 ②   18 ③   19 ①   20 ④   21 ②

22 마트의 무인 계산대는 보통 도착한 순서대로 계산을 하지만 아래의 경우에는 상황이 다르다. 다음은 어떤 대기 규칙을 따른 것인가?

> A: 계산할 양이 많으십니까?
> B: 네. 카트 안을 보시면 계산할 것들이 조금 많아서 시간이 걸릴 것 같습니다.
> A: 저는 이 콜라 하나만 계산하면 될 것 같은데요. 죄송합니다만, 제가 먼저 계산해도 될까요?
> B: 아, 그러시죠. 먼저 하십시오.
> A: 양보해 주셔서 감사합니다. 그럼 제가 먼저 계산하겠습니다.
> B: 천만에요.

① 무작위 규칙
② 긴급률(CR) 규칙
③ 선착순(FCFS) 규칙
④ 후입 선출(LCFS) 규칙
⑤ 최단 작업 시간(SPT) 규칙

PART 5 통합형

[23~24] 다음은 분위기 좋은 유명 레스토랑을 운영하는 사장과 기자의 인터뷰 내용이다. 물음에 답하시오.

> 기자: 사장님, 곧 있으면 연인들이 기다리는 밸런타인데이인데요. 밸런타인데이야말로 네이트 냉소로 알려진 이 레스토랑의 대목이라 할 수 있는데, 수요에 대응하기 위해서 어떻게 준비하고 계세요?
> 사장: 밸런타인데이가 대목이긴 하죠. 그런데 그동안 기념일 때나 예약해 놓고 오지 않는 손님들 때문에 손해본 일이 한두 번이 아니에요. 작년 밸런타인데이에는 예약석 중 30%의 손님이 오지 않아 다른 손님도 못 받고 손해가 컸어요. 미리 준비해 둔 재료들이 있는데 예약 손님이 갑자기 안 오시면 저희도 무척 난감합니다.
> 기자: 기념일을 앞두고 예약 후 통보 없이 당일에 나타나지 않는 '노쇼(No Show)' 고객에 대한 우려로 외식업계가 촉각을 곤두세우고 있다고 하긴 하더라고요. 그래도 밸런타인데이에는 평소와는 다르게 비싼 세트 메뉴만 판다거나 하는 경우도 많던데요?
> 사장: 아무래도 밸런타인데이에는 손님들이 많이 몰려 메뉴 중에서 가격대가 있는 세트 메뉴 1~2가지만을 선택하는 방식을 선호하긴 합니다. 저희 레스토랑은 그러지 않지만, 타 레스토랑의 경우에는 기념일에 사전 예약 시 예약금을 10만 원씩 받기도 하더라고요.

23 기자가 언급한 '밸런타인데이'와 관련하여 서비스 공급 능력 계획에 대한 설명으로 옳지 <u>않은</u> 것은?

① '밸런타인데이'에 일회성 수요가 몰리는 경우 일회 주문 모형을 적용할 수 있다.
② 일회성 수요가 몰리는 서비스의 경우 주문량보다 주문 시점을 정하는 것이 중요하다.
③ 일회성 수요가 몰리는 서비스의 경우 그 기간이 지나면 더 이상 수요가 발생하지 않는다.
④ '밸런타인데이'의 수요에 대응하기 위한 최적의 재료량 등 주문 수준을 결정할 필요가 있다.
⑤ '유통 기간이 있는' 서비스는 주문량이 수요량보다 적을 경우 수요를 포기해야 하고, 많을 경우 남는 공급량을 버릴 수밖에 없다.

24 위의 레스토랑에 대한 내용으로 옳지 <u>않은</u> 것은?

① 가용 능력 변경 비용이 낮을수록 수요가 몰리는 시점에 높은 가격을 적용하는 방안의 적합성이 상승한다.
② 대목에 예약 시 예약금을 받는 행위는 예약한 고객의 노쇼(No Show)로 인한 손실을 막기 위한 방안이라고 할 수 있다.
③ 상기 레스토랑은 대목에 수익을 극대화하기 위하여 수용 가능한 최대 인원의 손님을 받아 높은 가격으로 판매하고자 할 것이다.
④ 기념일에 예약한 고객이 나타나지 않아 해당 테이블을 비우게 되면 레스토랑의 테이블은 재고화가 힘들고 소멸하는 성격을 가진다.
⑤ 평소와는 달리 밸런타인데이에 특정 메뉴 1~2가지만 선택 가능하도록 한 것은 일정 기간에 수요가 몰리는 성수기의 성격이 있기 때문이다.

해설

22 최단 작업 시간(SPT ; Shortage Processing Time) 규칙은 고객이 시스템에서 보내는 평균 시간을 최소화하게 하는 규칙이다. 제시된 사례는 먼저 온 순서대로 처리되는 것이 아니라 처리 시간이 긴 작업이 뒤로 밀리면서 고객이 양보하고 있는 상황으로, 전체 대기 시간의 효율성은 올라갈 수 있으나, 고객의 입장에서는 공정성이 떨어진다.
23 일회 주문 모형이란 서비스 공급 계획 방법 중 '유통 기간이 있는' 서비스를 얼마나 주문할 것인가를 결정하는 모형이다. 명절이나 휴가 시즌, 크리스마스 등 일회성 수요가 몰리는 서비스의 경우 그 기간이 지나면 더 이상 수요가 발생하지 않는다. 따라서 주문량이 수요량보다 적은 경우 수요를 포기해야 하고, 많은 경우 남는 공급량을 버릴 수밖에 없다. 이 모형에서는 일회성 수요이기 때문에 주문 시점을 고려할 필요는 없고, 주문량만 정하면 된다.
24 해당 레스토랑은 수율 관리의 적합성이 상승할 수 있는 좋은 조건을 갖춘 곳이다. 가용 능력 변경 비용이 높을수록 수요가 몰리는 시점에 높은 가격을 적용하는 방안의 적합성이 상승한다.

정답

22 ⑤ 23 ② 24 ①

[25~26] 다음은 최근 건강 음료를 출시한 식품회사의 전략이다. 다음 물음에 답하시오.

> A 식품회사는 최근 신제품 건강 음료를 출시했다. 회사는 초기 인지도를 확보하기 위해 낮은 가격으로 시장에 진입했으며, 소비자들이 제품을 경험한 뒤 긍정적인 반응을 보이자 점차 가격을 인상했다. 또한 회사는 특정 고객 세그먼트의 요구에 맞춰 소용량 패키지와 대용량 패키지를 각각 다른 가격으로 판매하였다. 더불어 장기적으로는 프리미엄 라인업을 출시하여 "비싼 만큼 더 품질이 좋은 제품"이라는 이미지를 강조하고자 한다.

25 위 사례에서 식품회사가 처음 사용한 가격 전략으로 가장 적절한 것은 무엇인가?

① 단수 가격
② 침투 가격
③ 품위 가격
④ 기준 가격
⑤ 결과 중심 가격

26 위 사례에서 회사가 초기 인지도를 확보하기 위해 선택한 가격 전략의 장점으로 가장 적절한 것은 무엇인가?

① 시장 진입 초기에 고급 이미지를 형성할 수 있다.
② 단기간에 높은 이윤을 보장한다.
③ 경쟁자가 쉽게 모방하지 못한다.
④ 빠르게 시장 점유율을 확대할 수 있다.
⑤ 특정 고객 세그먼트의 요구를 반영할 수 있다.

해설

 25 회사는 신제품을 시장에 저가로 출시해 인지도를 확보한 후 점차 가격을 인상했으므로 이는 침투 가격 전략에 해당한다. 단수 가격은 9,900원처럼 심리적 요인에 기반한 전략이고, 품위 가격은 고가 프리미엄 전략이다.

26 침투 가격 전략의 핵심은 낮은 가격으로 소비자의 구매 장벽을 낮추어 시장 점유율을 빠르게 확보하는 것이다. 반대로 고급 이미지를 형성하거나 높은 이윤을 보장하는 것은 초기 고가격 전략의 장점에 가깝다.

정답

 25 ②   26 ④

에듀윌이
너를
지지할게
ENERGY

인생에 새로운 시도가 없다면 결코 실패하지 않습니다.
단 한 번도 실패하지 않은 인생은
결코 새롭게 시도해 보지 않았기 때문입니다.

– 조정민, 『인생은 선물이다』, 두란노

SUBJECT 04

서비스 인적 자원 관리

CHAPTER 01 인적 자원 관리의 이해
CHAPTER 02 서비스 인력 선발
CHAPTER 03 직무 분석·평가 및 보상
CHAPTER 04 노사 관계 관리
CHAPTER 05 서비스 인력의 노동 생산성 관리

학습방법

- ☑ 인적 자원 관리의 중요성과 목표를 이해하고 관련된 원칙에 대하여 학습한다.
- ☑ 서비스 인력의 모집 방법부터 관리 및 선발에 필요한 면접의 종류에 대하여 학습한다.
- ☑ 서비스 직무 평가의 요소와 목표에 대하여 이해하고 다양한 직무 평가 방법의 특징을 구분하여 숙지한다.
- ☑ 노사 관계의 개념과 상생을 위한 방법을 전반적으로 이해하고 단체 교섭과 노사 협의 제도의 개념을 정확히 숙지한다.
- ☑ 직무 재설계의 개념과 프로그램에 대하여 이해하며, 조직 내 갈등의 순기능과 역기능을 구분하고 관리 기법에 대해 학습한다.

무료강의
바로보기

인적 자원 관리의 이해

| 빈출 키워드 |
인적 자원 관리의 6원칙   # 인적 자원 관리의 성격

1 인적 자원 관리의 의의

1. 인적 자원 관리의 의미
① 인적 자원 관리(HRM; Human Resource Management)란 전략적인 가치를 지닌 인적 자원을 기업과 근로자의 욕구를 함께 충족시키는 방향으로 확보, 유지, 개발, 보상하는 일련의 관리 전략이다.
  - **기업의 욕구**: 기업이 필요로 하는 우수한 인재를 확보, 유지하려는 욕구
  - **근로자의 욕구**: 기업으로부터 충분한 수준의 보살핌과 처우, 개발, 교육, 보상을 받고자 하는 욕구
② 선발, 평가, 보상 등 전 과정을 통합적으로 계획하고 관리해야 성공적인 인적 자원 관리를 할 수 있다.

2. 인적 자원 관리의 중요성 〔빈출〕
① 기업에서 경영의 주체는 사람이며, 인적 자원은 기업의 가장 소중한 전략적 자산이다.
② 인재를 어떻게 확보하고 개발하느냐에 따라 조직 경영의 성패가 결정된다고 볼 수 있다. 즉, 인적 자원을 관리하고 개발하는 기업은 계속 성장하지만 그렇지 못한 기업은 개선이나 발전을 기대할 수 없다.
③ 인적 자원을 통해 창출되는 조직 역량은 비교적 장기간에 걸쳐 형성되며 경쟁 기업과도 차별화된다. 이러한 조직 역량이 조직 문화가 될 때 지속적인 경쟁력의 원천이 될 수 있다.
④ 조직 역량은 인적 자원 관리를 통해 확보 및 발현될 수 있다.
⑤ 고객 접점에서 서비스를 전달하는 직원의 태도는 고객 만족과 조직의 성과로 이루어질 수 있기 때문에 서비스 직원의 효과적인 인적 자원 관리는 매우 중요하다.

3. 인적 자원 관리의 목표
① 유능한 인재의 확보, 핵심 인력의 육성 및 개발
② 핵심 역량 강화 및 기업의 경쟁력 향상
③ 근로 의욕 고취(동기 부여)
④ 고용 관리의 유연성
⑤ 생산성 및 품질 향상
⑥ 고객 만족
⑦ 기업의 목표와 사업 전략의 연계
⑧ 조직 내 커뮤니케이션 활성화
⑨ 공정한 보상

4. 인적 자원 관리의 6원칙

전인주의의 원칙	• 직원의 인간적 측면, 인간성 실현에 중점을 두고 있는 원칙이다. • 기존의 권위주의적인 인적 자원 관리에 대응하여 인간성을 존중하는 민주적인 인적 자원 관리의 도입을 위한 기본 원칙이다.
능력주의의 원칙	직원의 학력, 연령, 근속 연수, 성별 등의 연공 요소가 아닌, 직원의 실력과 업적에 근거하여 공정한 인사 처우를 실현해야 한다.
공정성의 원칙	인적 자원 관리의 실시 과정 및 결과에 대한 공정한 평가와 함께 공정한 근로 조건의 개선을 위해 요구되는 공정성 유지의 원칙이다.
직무 중심의 원칙	직무 기술서, 직무 명세서 등의 직무 정보 자료에 적합한 유능한 인재를 확보하고 교육 훈련, 배치, 이동, 승진 등의 활동을 해야 한다.
정보 공개의 원칙	• 기업의 경영 문제에 대해 직원의 참여 의욕을 고취시키기 위해 기업은 기업 경영에 관한 정보를 직원들에게 최대한 공개해야 한다. • 직무 분석 및 평가 결과, 인사 고과 등 인사 정보 자료를 공개하여 직원의 배치 및 이동·승진·승격 등의 인사 처우를 공정하게 실현해야 한다.
참여의 원칙	• 인적 자원 관리의 기본 방침 결정 및 인사 계획의 수립·실시 과정에 직원들의 적극적인 참여와 의견을 수렴하는 원칙이다. • 참여의 원칙을 통해 직원의 동기 부여 및 기업 내의 민주적 노사 관계 정립에 기여할 수 있다.

2 인적 자원 관리의 성격 빈출

1. 경제적 합리성과 인간성을 동시에 추구
① 인적 자원 관리는 직원이 창출하는 노동 상품이 하나의 인격체라는 인식에서 출발한다.
② 인적 자원 활동에 따라 경제적 합리성이 변화하기 때문에 조직 구성원의 존엄성을 무시할 수 없다.
③ 경제적 합리성의 기반이 없다면 기업 조직의 존재나 인적 자원의 개발은 불가능하다.

2. 인적 자원의 개발과 자율성
① 인적 자원은 능동적·자율적인 성격을 띠고 있다.
② 인적 자원의 성과는 구성원의 욕구, 동기, 태도, 행동, 만족감 등에 따라 달라진다.
③ 조직의 경영자가 인적 자원을 얼마나 효율적으로 관리하느냐에 따라 경영 성과의 차이가 크게 발생한다.

3. 인적 자원의 형성과 책임성
① 개인의 노동력은 동질적인 것이 아니라 각 개인에게 체화된 인적 자원에 따라 다른 특성을 가지는 이질성을 지닌다.
② 인적 자원은 각자가 담당할 수 있는 직무가 다르고, 직무 수행 능력이 각기 다르다.
③ 기업 내 각 개인의 생산성 및 기업 전체의 지속적인 성장은 각 개인의 능력 및 인적 자원 활용에 의해 크게 좌우된다.

3 인적 자원 관리의 내용

선발	조직의 직무를 수행할 수 있는 최적의 요건을 지닌 지원자를 채용하고 선택하는 과정이다.
교육 훈련	직원의 능력 개발을 목표로 지식, 기술, 태도를 향상시키고, 직원이 직무에 만족을 느끼고 직무 수행 능력을 발전시켜 기업의 생산성 제고에 기여하도록 한다.
승진 관리	권한과 책임 그리고 보수 등 신분상의 승진을 의미하며, 만족감과 근로 의욕을 고취시키고 동기를 유발시켜 조직에서 개인의 목표와 조직의 목표를 일치시키는 활동이다.
보상	금전적 보상(임금 등)과 비금전적 보상(승진, 인정, 복지 등)을 통해 우수한 인적 자원을 확보하고 유지하는 활동이다.
복리 후생	직원에게 부가적으로 제공하는 것으로 직원들의 경제적 안정과 생활의 질을 개선시켜 성과 향상과 동기 부여를 한다.
경력 개발 관리	개인적인 경력 목표를 장기적으로 설정하고 이를 달성하기 위한 경력 계획을 수립하여 조직의 욕구와 개인의 욕구가 일치될 수 있도록 경력을 개발하는 활동이다.
이직 관리	기업과 직원 간의 고용 관계 종료를 의미하는 이직은 기업의 경쟁력이나 프로젝트의 결과 및 성공 여부와 깊은 관계가 있으므로 이직의 원인을 파악하고 관리할 필요가 있다.

CHAPTER 02 서비스 인력 선발

| 빈출 키워드 |
모집 방법　　　　# 내부 모집　　　　# 외부 모집
면접의 유형

1 모집 관리

1. 모집 관리의 의의
① 모집은 인적 자원 관리 과정의 출발점이자 가장 먼저 선행되는 단계이다.
② 기업이나 조직이 인력을 충원, 증원하기 위하여 공고를 내고 자격을 갖춘 인재를 찾는 과정이다.
③ 모집 활동은 조직의 인력 수요 예측과 노동 시장 상황을 고려하여 충분한 시간적 여유를 가지고 전개되어야 한다.
④ 기업이 필요로 하는 인재를 채용하기 위하여 입사 지원자들이 적극적으로 지원할 수 있도록 정보를 제공하고 유인하는 과정이며, 선발 비율을 높일 목적으로 수행된다는 의미에서 적극적 고용 활동으로 불린다.

2. 모집 방법
① 인력 수급 방법에 따른 분류 〔빈출〕
- **내부 모집**: 조직 내부에서 인사 고과 기록 등을 활용하여 적격자를 찾는 방법이다. 전직이나 직무 순환, 추천, 사내 공개 모집 제도, 관리자 목록 등을 참고한다.

장점	단점
• 추가적인 홍보 활동 없이 직원의 동기 부여에 좋은 영향을 미칠 수 있다. • 이미 능력이 검증된 사람을 채용할 수 있다. • 재직자의 개발 동기 부여와 장기 근속 유인을 제공한다. • 충원과 훈련, 조직에 적응하는 데 소비되는 시간과 비용을 단축할 수 있다. • 성장기·정체기에 내부 충원은 재직자의 직장 안전을 제공한다.	• 성장기 기업은 유자격자를 충분히 공급하지 못한다. • 조직 내부 이동의 연쇄 효과로 인해 혼란이 야기될 수 있다. • 조직 내부 정치와 관료제로 인해 비효율적일 수 있다. • 고용 평등법을 충족시키지 못할 위험이 있다.

- **외부 모집**: 외부 인력 시장(광고, 인턴사원제, 실습 제도, 채용 박람회 및 취업 설명회 등)을 통해 선발 대상자를 모집한다.

장점	단점
• 새로운 아이디어와 견해가 유입된다. • 연쇄 효과로 인한 혼란이 없다. • 급성장기의 수요를 충족시킨다. • 경력자 채용 시 직무 훈련 비용이 절감된다. • 기업의 급격한 전환기에는 외부 충원이 효과적일 수 있다.	• 충원 시 시간과 비용이 소요된다. • 선발 점수와 입사 후 성과가 일치하지 않을 수 있다. • 재직자의 사기가 저하될 위험이 있다.

② 고용 형태에 따른 분류
- **정규 직원**: 기간을 정하지 않은 고용 계약을 하고 전일제(Full Time) 근무를 하는 직원으로서 기업 내 인사 고과, 승진, 교육 훈련, 복리 후생 제도 등을 모두 적용받는 근로자이다.
- **계약 직원**: 단기간의 근로 계약(기간제 근로 계약)을 체결한 근로자로서 계약의 종료에 따라 다수의 사용자와 고용 계약을 하고 승진, 교육 훈련, 복리 후생의 혜택에서 제외된 근로자이다.
- **용역 직원**: 특정 업무에 대해 용역 계약을 하고 전문적으로 그 업무를 위해 근무하는 근로자이다.
- **파견 직원**: 파견 사업주가 고용하여 특정 업무를 위해 다른 사용자와 업무에 파견되어 다른 사용자의 지시 및 명령을 받아 근무하는 근로자이다.

2 선발 관리

1. 선발 관리의 의의
① 선발 관리는 인적 자원이 조직으로 유입되는 과정을 관리·통제하는 기능이다.
② 조직이 필요로 하는 가장 적합한 자질을 지닌 사람에게 조직 구성원의 자격을 부여하는 과정이다.

2. 선발 절차

지원	지원자 모집
지원서 검토	초기에 부적절한 지원자 선별 및 서류 심사
선발 시험	필기 시험, 적성 검사, 직무 테스트 등을 통한 고용 테스트
채용 후보자	서류 통과 여부, 면접 심사자 선별
고용 부서 면접	직무 관련 책임자 등의 1차 면접 진행
배경 조사	신원 조회 및 서류상 내용의 사실 여부 등 확인
최종 면접	채용 가능한 면접 통과자에 한해 임원, CEO의 최종 면접
합격 발표	최종 선발된 합격자 공고
교육	직무 연수 및 조직의 이해 관련 교육
배치	직무 부서에 배치 및 근무

> **PLUS+ 선발 시험**
>
> 기업에서는 선발 과정 중 지원자의 전문 능력이나 성격, 심리 특성 등을 측정하기 위하여 다양한 시험 및 검사를 실시하고 있다.
> - **필기 시험**: 외국어 시험, 전공 시험, 상식 시험, 한자 시험, 논술 시험 등
> - **적성 검사**: 특정 분야의 직무를 수행할 수 있는 잠재적 능력 평가
> - **인성 검사**: 성격, 기질 등 측정
> - **지능 검사**: 지적 능력(IQ), 감성 능력(EQ) 등으로 문제 해결 능력 테스트
> - **흥미 검사**: 지원자의 관심, 기호, 취미를 측정하여 적합한 직무 유형 판단

3. 선발 기준

지원자들에 대한 선발 여부를 판단하기 위해서는 이들을 서로 비교해 볼 수 있는 척도가 존재해야 한다.
① **교육 수준**: 직무 관련 지식 보유 여부, 직무에 필요한 교육 이수 사항 및 기간 등으로 선발 여부를 판단한다.
② **경험 및 경력**: 지원자가 보유하고 있는 직무 경험이 지원자의 직무 능력을 판단하는 기준이 되며, 직무에 임하는 태도를 나타낸다.
③ **신체적 특성**: 지원자들의 신장, 체중, 시력, 건강 상태, 용모 등을 확인한다.
④ **기타 개인적 특성**: 연령, 성별, 취미, 적성, 결혼 여부 등을 확인한다.

> **PLUS+ 예측 타당성**
>
> 타당성은 시험이 측정하고자 하는 내용 또는 대상을 정확히 검증하는 정도를 말하며 예측 타당성이란 선발 시험에 합격한 지원자들의 시험 성적과 입사 후의 직무 성과를 비교하여 타당성을 검사하는 방법이다.

3 면접

1. 면접의 목적

① 면접은 서류 및 평가 시험과 각종 검사에서 측정하기 어려운 지원자의 보다 입체적이고 종합적인 역량과 적합성 등을 평가한다.
② 지원자가 조직 및 지원 업무에 대해 어떻게 생각하고 이해하고 있는지를 평가하여 실질적으로 조직에 투입되었을 때의 행동과 업무 성과를 체계적으로 예측하기 위하여 실시한다.

2. 면접의 유형 빈출

계획적 면접	• 성공이나 실패의 잠재 가능성을 찾기 위하여 실시한다. • 행동 면접과 심층 면접이 있다.
정형적 면접	• 질문 내용을 사전 목록으로 준비한다. • 구조적 면접과 지시적 면접이 있다.
비지시적 면접	• 지원자에게 의사 표현의 자유를 부여한다. • 질문 기법과 훈련이 필요하다.
스트레스 면접	• 공격적인 질문으로 피면접자의 전문 지식과 식견, 감정의 안정성과 인내성, 인성 등을 확인한다. • 압박감이 많은 직무 적성 평가이다.
패널 면접	• 다수가 피면접자 1명을 면접한다. • 광범위한 평가가 가능하다.
블라인드 면접	면접 전에 기본적인 서류 심사는 하지만 면접에서는 이력서의 내용을 전혀 반영하지 않는 방식이다.

직무 분석·평가 및 보상

| 빈출 키워드 |
직무 평가의 의미   # 직무 평가의 요소   # 직무 평가의 방법
인사 고과

1 직무 평가

1. 직무 평가의 의미 빈출
① 조직(기업이나 기타 조직) 내에서 각 직무가 지니는 상대적인 가치를 결정하는 과정을 말한다.
② 직무 분석에 의하여 작성된 직무 기술서 또는 직무 명세서를 기초로 이루어진다.
③ 기업 내 각종 직무의 중요성, 직무 수행상의 복잡성, 위험도, 난이도, 책임성 등을 비교·평가하여 직무 간의 상대적 가치를 체계적으로 결정하는 과정이다.
④ 직무 평가는 조직 내에서의 상대적인 중요도를 평가하므로 동종의 직무라 하더라도 조직에 따라 직무 평가의 결과가 다를 수 있다.

2. 직무 평가의 목적
① **공정한 임금 체계의 확립**: 직무 평가는 직무의 상대적 가치에 따라 조직 내부의 임금 격차에 합리적인 기반을 마련하는 데 그 목적이 있다. 즉, 직무 평가는 직무급을 실시하는 데 기초가 된다.
② **인적 자원 관리의 합리화**: 직무 평가는 직무의 상대적 가치 평가를 통해 인력 확보, 배치, 개발의 합리성 제고 등 인적 자원 관리를 합리화하는 데 도움을 주며, 조직 내 인사 이동과 승진 등의 결정에 중요한 기준이 된다.
③ **노사 간 임금 협상의 기초**: 합리적인 직무 평가의 결과는 노사 간 단체 교섭 시 협상의 기초가 된다.

3. 직무 평가의 요소 빈출

숙련	• 지능적 숙련(Intellectual Skill): 교육, 지식, 경험, 판단력, 위기 대처 능력 등 • 육체적 숙련(Physical Skill): 경력, 경험 등
노력	• 정신적 노력(Mental Effort): 인내력, 창의성 등 • 육체적 노력(Physical Effort)
책임	• 대인적 책임(Responsibility for Others): 감독 책임 • 대물적 책임(Responsibility for Equipment and Material): 설비, 원자재 관리 등
작업 조건	• 위험도(Hazard) • 작업 환경

4. 직무 평가의 방법 [빈출]

① **서열법**: 평가자가 포괄적인 관점에서 직무의 난이도를 상호 비교하여 그 순위를 결정하는 방법이다.

장점	비교적 간단하며, 등급을 신속히 확정 지을 수 있다.
단점	서열을 매기는 데 특정한 기준이 없으므로 평가자의 주관이 개입될 가능성이 많다.

② **분류법**: 서열법보다 발전한 방법으로, 사전에 직무 등급표를 만들고 각 직무를 직무 등급표의 분류 기준과 비교·검토하여 해당 등급에 편입시키는 방법이다.

장점	비용이 적게 들며 간단하고 이해하기 쉽다.
단점	• 상세한 분석을 하지 못하므로 분류 자체의 정확성을 기하기 어렵다. • 직무의 수가 증가하고 그 내용이 복잡해지면 정확한 분류를 할 수 없다. • 고정적인 등급의 설정으로 인해 급격한 변화에 대한 탄력성이 부족하여 기업체보다는 공공 기관에서 주로 사용한다.

③ **점수법**: 기업에서 가장 많이 사용하는 방법으로, 직무를 구성 요소로 분해하고 각 요소별 중요도에 따라 점수를 부여한 후, 각 점수를 계산하여 직무별 가치를 평가하는 방법이다.

장점	• 분석적으로 설정된 측정 척도는 신뢰받을 수 있다. • 직무의 상대적 차이를 쉽게 구분할 수 있다. • 직원뿐만 아니라 감독자도 이해하기 쉽다.
단점	• 고도의 전문성이 요구된다. • 많은 시간과 비용이 소모된다.

④ **요소 비교법**: 점수법과 함께 많이 사용되는 방법으로, 가장 핵심이 되는 몇 개의 기준 직무를 선정하여 각 직무의 평가 요소를 기준 직무의 평가 요소와 연결시켜 비교함으로써 모든 직무의 상대적 가치를 결정하는 방법이다.

장점	한 번 측정 척도를 설정하면 타 직무를 평가할 때 융통성을 가진다.
단점	• 측정 척도의 구성이 복잡하기 때문에 직원에게 충분히 이해시키는 일이 쉽지 않다. • 기준 직무가 잘못 측정되면 전반적으로 평가가 잘못될 수 있고, 기존 직무의 내용이 변한 경우 전체 직무를 다시 평가해야 하는 어려움이 있다.

PLUS+ 임금 체계의 유형

• **연공 중심(Seniority Based)**: 사람 중심, 직무 수행자의 근무 경험에 초점을 두어 호봉과 직무 경험 연수를 기준으로 가치를 결정한다. 예 호봉제

장점	• 안정적 인력 운용이 용이하다. • 내부 공정성 기준이 명확하다.
단점	• 역량 또는 성과 우수자에 대한 동기 부여가 미흡하다. • 성과와 무관하게 운영될 가능성이 있다.

- **능력 중심(Skill Based)**: 사람 + 일 중심. 직무 수행자의 직무 수행 능력에 초점을 두어 직능 자격 제도와 직능 자격 등급 및 평가를 기준으로 가치를 결정한다. 예 직능급

장점	• 능력 개발이 임금과 연동되어 직원의 동기 부여 효과가 크다. • 우수 인재 확보에 유리하다. • 직위 보상과 급여 보상으로 구분되어 보상 기회 확대 및 능력에 맞는 처우가 가능하다. • 지속적인 자기 계발 유도로 경영 성과와 연결된다.
단점	• 명확한 능력 단계 기준 설명 및 평가의 어려움으로 인해 사실상 연공 중심으로 회귀될 수 있다. • 일의 가치와 무관한 진급이 이루어져 고직급 인력이 많아질 수 있다. • 사람의 능력 개발이 무한한 것은 아니다.

- **역할 중심(Role Based)**: 일 + 사람 중심. 직무 수행자의 역할에 초점을 두어 역할 분석 및 평가와 역할 단계를 기준으로 가치를 결정한다. 예 역할급

장점	• 역할의 가치와 보상이 연결된다. • 복합적 요소를 반영하기 때문에 다른 가치의 장점을 취할 수 있다. • 근로자의 임금 총액이 완만하게 증가하여 경영상 부담이 완화되고, 수평적 이동 관리가 용이하다. • 고령화 사회에 적합하다.
단점	• 역할 기준을 엄격하게 설정하는 경우 인력 운영의 탄력성이 줄어들고, 넓게 설정하는 경우 운영상 혼란이 발생할 수 있다. • 기존 자격 제도를 도입한 조직의 경우, 기존 자격과 역할 등급 제도와의 차이에 대한 이해 및 직원 동의까지 많은 시간이 소요된다.

- **직무 중심(Job Based)**: 일 중심. 직무의 크기(가치)에 초점을 두어 직무 분석 및 직무 평가, 개별 직무를 기준으로 가치를 결정한다. 예 직무급

장점	• 일의 가치와 보상이 일치하고, 직무의 구분이 명확하다. • 인종, 성별과 무관하게 직무 가치로 보상하므로 합리적이고 고용 차별을 최소화한다. • 장기 근속에 따른 고임금을 억제할 수 있다.
단점	• 개별 직무 가치에 대한 사회적 합의 없이 실행하는 경우 혼선이 발생할 수 있다. • 직무 관리의 부담이 크다. • 직무 가치별 승진 단계에 한계가 있다. • 직무 순환이 어려워 탄력적인 인력 운용이 어려우며, 인력난 발생 시 인재 확보가 어렵다.

2 인사 고과

1. 인사 고과의 의의

① 인사 고과는 조직 내 개인의 수행 능력과 업적, 근무 태도를 객관적으로 평가함으로써 현재와 잠재 능력, 유용성을 체계적으로 평가하는 관리 기법이다.
② 인사 고과는 기업 내 직원의 상대적 가치를 평가하여 직원에 대한 공정한 평가와 보상, 체계적인 직원으로의 개발을 위한 절차이다.
③ 직원의 능력과 업적을 평가함으로써 각종 인적 자원 관리 정책에 필요한 정보를 획득하고 활용한다.

2. 인사 고과의 성격

① 인사 고과는 조직 구성원을 대상으로 상대적·부분적으로 비교 평가한다.
② 직무 평가는 직무 자체의 가치를 결정하는 데 비해 인사 고과는 사람을 대상으로 그 가치를 평가한다.
③ 직원과 직무를 비교하는 것을 원칙으로 한다. 즉 직원이 직무를 수행함에 따라 나타나는 업적을 중점적으로 파악한다.
④ 임금 문제는 실적 중심으로, 승진 및 교육 훈련은 능력 중심으로 평가한다.

3. 인사 고과의 목적 및 활용

구분	목적	활용
인사 배치 및 이동	• 각자의 능력에 적합하게 적재적소에 배치하는 데 활용한다. • 인사 고과는 인력 배치 및 이동에 중요한 정보를 제공한다.	배치, 전환, 승진, 복직, 채용, 해고 등
인력 개발	• 구성원의 능력을 정확하게 파악하여 인재 개발에 활용한다. • 인사 고과를 통해 구성원의 현재 및 잠재적 유용성을 평가하고 기업의 요구와 구성원 각자의 성장 기회를 충족시킨다.	교육, 훈련, 개발 등
인력 계획 및 인사 기능의 타당성 측정	구성원의 연령, 성별, 직종, 지능도, 근무 연수 등에 따라 장·단기 인력 개발 수립에 요청되는 양적·질적 자료를 제공한다.	인력 계획의 인적 데이터 확보, 채용, 배치, 전환, 승진 등의 인사 기능의 타당성 측정 도구 등
성과 측정 및 보상	• 구성원의 성과를 측정하여 승급, 상여금, 임금률을 결정하고 승진에 활용한다. • 능률급과 직무급은 공정한 인사 고과가 이루어지지 않으면 성공하기 어렵다.	승급, 상여금, 임금률 결정, 승진 등
조직 개발 및 근로 의욕 증진	인사 고과를 통해 직무 담당자의 조직 관계나 직무 조건의 결함을 발견하고 개선의 계기를 모색한다.	직무 개선, 성취 의욕 증진 등

4. 인사 고과의 요소 빈출

구분	평가 요소	평가 항목
업무 성과	성과 평가 요소	• 업적 달성도: 양적 성과, 질적 성과 • 업무 처리 내용: 정확성, 신속성 • 섭외 활동 실적: 유대 관계 유지 및 목적 달성 정도 • 부하 육성: 계획적 업무 부여, 개발 의욕 고취
업무 수행 태도 (역량)	태도 평가 요소	• 업무 수행 태도: 책임감, 자부심, 헌신감, 노력 정도 • 품성: 모범성, 공정성
업무 수행 능력 (잠재 능력 포함)	능력 평가 요소	• 업무 추진력: 의욕, 적극성 • 지도 통솔력: 통솔 능력 개발 및 업무 능률 향상 • 판단 처리력: 판단 및 처리 능력 • 기획 및 창의력: 기획 능력, 아이디어 창출 능력

5. 인사 고과의 유형 [빈출]

① 자기 고과
- 개념
  - 직원의 자기 통제 의식을 높여 주며, 자신의 직무 수행 상태를 어느 정도 파악하고 있는지 생각할 기회를 부여한다.
  - 개인이 가진 결함을 파악하고 개선하는 데 효과가 있으므로 많은 조직에서 상사 평가와 혼용하는 방식으로 운용되고 있다.
- 장단점

장점	• 직무 수행 및 직무 성과와 관련된 정보의 양이 풍부하다. • 관찰 빈도가 높다.
단점	• 자신의 성과를 과대 포장할 수 있다. • 문제의 원인을 환경이나 타인에게 전가할 가능성이 있다.

② 상사에 의한 고과(하향식 평가)
- 개념: 상사가 부하를 고과하는 방법으로 가장 많이 활용되고 있다.
- 장단점

장점	• 평가의 실시가 용이하다. • 비교적 직계 상사가 부하를 잘 알게 된다. • 보상의 통제가 가능하다.
단점	수직적인 상하 관계에서 상사 주관에 의해 객관성이 결여될 소지가 있다.

③ 동료에 의한 고과
- 개념: 동료가 서로 평가하는 방법이다.
- 장단점

장점	• 피고과자의 직무 성과를 알 수 있고 예측 타당성이 높다. • 부서 간 의사소통을 촉진시킬 수 있다.
단점	• 동료 간 경쟁이 유발되어 정확한 평가가 어려울 수 있다. • 편파적인 평가가 될 수 있다.

④ 부하에 의한 고과(상향식 평가)
- 개념: 부하가 상사를 고과하는 것으로 상사의 업무 수행 능력, 부하와의 관계 등을 평가하는 방법이다.
- 장단점

장점	조직 내 상하 간의 의사소통을 원활하게 하는 기회를 제공한다.
단점	• 고과자(부하)의 평가 능력 부족으로 잘못된 평가가 이루어질 수 있다. • 상사의 보복에 대한 두려움 때문에 평가가 극대화되기 쉽다.

⑤ 인적 자원 관리자나 전문가에 의한 고과: 객관성을 유지하기 위하여 외부 전문가에게 맡기는 방법으로 현장토의법이나 평가 센터 등을 활용한다.

⑥ 다면적 고과: 여러 가지 방법 중 두 개 이상을 종합하여 사용하는 방법으로 고과자의 주관과 편견을 감소시키는 효과를 얻을 수 있다.

6. 인사 고과의 방법

① 전통적 기법

서열법	• 능력, 업적 등을 종합하여 직원들 간의 서열을 매기는 방법이다. • 평가 방법은 편리하지만, 평가자의 주관적 기준이 반영될 수 있다.
강제 할당법	• 피평가자를 미리 정해 놓은 비율에 강제로 할당하는 방법이다. • 피평가자를 너무 관대하게 평가하는 등 규칙적 오류를 방지할 수 있다. 예 A(10%), B(20%), C(40%), D(20%), E(10%)
평정 척도법	• 피평가자의 자질을 직무 수행상 달성한 정도에 따라 사전에 마련된 척도를 근거로 평가하는 방법이다. • 가장 오래되고 널리 사용하는 방법이다.
대조표법	• 평가 항목별로 미리 정해져 있는 체크 리스트를 중심으로 평가하는 방법이다. • 평가자는 평가에 대한 부담을 덜 수 있다. • 결과의 신뢰성과 타당성이 증가한다.

② 근대적 기법

목표 관리법	• 상급자와 상의하여 달성할 목표를 정한 후 일정 기간 이후의 성과와 계획했던 목표를 비교하면서 달성 여부를 평가하는 방법이다. • 상사는 지원의 기회를, 부하는 참여의 기회를 가진다.
행동 기준 척도법	업무 수행 과정상 중요한 사실들을 다량 추출하여 몇 개의 범주 또는 차원으로 나눈 다음, 각 범주의 중요한 사실을 척도를 기준으로 평가하는 방법이다.
인적 평가 센터법	평가 센터에서 특별히 평가를 위하여 훈련된 관리자가 평가하는 방법으로 주로 관리의 잠재능력을 확인에 이용된다.
자유 서술법	• 평가받는 사람이 스스로 자신을 평가하는 방법이다. • 동기 부여 및 자기 개발의 효과가 있다.

> **PLUS+** 평가자에 의한 인사평가의 오류: 통계분포의 원인
>
> • **관대화 경향**: 피고과자의 능력이나 성과를 실제보다 더 높게 평가하는 것(대립하고 싶지 않거나 자기 부하를 승진에 유리하게 하기 위해서 또는 나쁜 평가가 자신의 책임이 될까하는 우려에서 기인)
> • **가혹화 경향**: 고과자가 피고과자의 능력 및 성과를 의도적으로 실제보다 낮게 평가하는 것(고과자의 가치관에 의해 성과에 대한 기대 수준을 매우 높게 설정하였거나 부하들의 갈등 관계에서 일종의 처벌적 성격을 띠었을 때 기인)
> • **중심화 경향(집단화 경향)**: 피고과자에 대한 평가 점수가 보통 또는 척도상의 중심점에 집중하는 경향(고과자가 평가 방법을 이해하지 못하거나 평가 능력이 부족할 때, 평가 방법에 회의적일 때, 피고과자를 잘 모를 때, 점수를 낮게 평가할 때, 피고과자의 감정적 대립이 우려될 때 기인)

3 보상 관리

1. 보상의 의의
① 의미: 인적 자원의 조직에 공헌한 정도에 따라 금전적·비금전적 대가를 적정성, 공정성, 합리성의 근거 하에 관리하는 활동이다.
② 중요성
- 보상은 개인의 노력에 대한 대가일 뿐만 아니라 장기적으로 볼 때 개인 능력의 확대 및 재생산비로 인적 자원의 개발에 대한 투자이다.
- 보상은 구성원의 만족감과 성과에 큰 영향을 미친다.

③ 종류
- **경제적 보상**: 직접 보수(급여, 봉급)와 간접 보수(복리 후생)가 있다.
- **사회적 보상**: 신분과 직위(권한과 책임)를 의미한다.
- **심리적 보상**: 직무 만족과 동기 부여(외부적 보상과 직무의 내재적 보상)를 의미한다.

> **PLUS+ 연봉제와 호봉제**
>
> 학력별·성별에 따라 정해진 초임금을 출발점으로 하여 근속 연수나 연령에 따라 지급되는 호봉제에 비해 연봉제는 급여 관리가 용이하며, 고성과자는 승급을 하지 않더라도 상위 직급자보다 더 많은 연봉을 받을 수 있으므로 승진 정체로 인한 문제를 해소하고 우수한 인재를 유지할 수 있다.

2. 보상 관리의 원칙

적절성	보상 체계는 사회, 경제, 노사 관계, 인적 자원 관계 법규의 관점에서 볼 때 적절해야 한다.
타당성	조직은 전반적으로 납득할 수 있는 적절한 임금 수준을 유지해야 한다.
공정성	보상 체계는 조직 전체의 전반적인 수준뿐만 아니라 조직 구성원 각자의 노력, 능력, 기술 등 여러 기준에 대해 공정해야 한다.
안정성	보상 체계는 구성원의 경제적 안정과 그들의 안정 욕구 충족에 기여해야 한다.

> **PLUS+ 평균 임금(「근로기준법」 제2조)**
>
> 평균 임금이란 이를 산정하여야 할 사유가 발생한 날 이전 3개월 동안에 그 근로자에게 지급된 임금의 총액을 그 기간의 총 일수로 나눈 금액을 말한다.

3. 보상 관리의 체계

금전적 보상	직접 보상	임금(월급, 주급, 일급, 상여금)
	간접 보상	보험(의료, 고용, 재해, 연금 등), 주택 지원, 교육비 지원, 금융 지원, 복리 후생 시설(건강 및 문화 시설 등) 제공 등
비금전적 보상	직무 자체	도전감, 책임감, 안정감, 성취감, 승진 기회 등
	직무 환경	경영 정책, 유능한 감독, 동료, 작업 환경, 근무 시간 등

CHAPTER 04 노사 관계 관리

| 빈출 키워드 |

\# 노사 관계의 의미   \# 노동조합   \# 단체 교섭
\# 노사 협의 제도

1 노사 관계의 이해

1. 노사 관계의 의미
① 노사 관계란 산업 사회에서 임금을 목적으로 하는 근로자와 노동력을 구매하고 임금을 지급하는 사용자와의 관계를 의미한다.
② 고용주와 피고용자, 경영자와 노동조합의 관계, 경영자, 근로자, 정부 간의 상호 관계를 모두 포함한다.
③ 임금과 같은 노사 간의 문제뿐만 아니라 정부의 노동 정책까지 포함한 노동의 모든 영역을 의미한다.

2. 노사 관계의 이중성
일반적으로 노사 관계는 경영자와 근로자 및 노동조합과의 관계에서 상충되는 이해관계로 인해 이율배반적인 성격을 띠며, 이를 노사 관계의 이중성(양면성)이라고 한다.
① 협동적 관계와 대립적 관계: 생산 증대를 위한 협동 및 성과 분배를 위해 대립한다.
② 경제적 관계와 사회적 관계: 노동력 제공 및 임금 보상 측면에서의 경제적 관계와 집단생활에 따른 사회적 관계이다.
③ 종속 관계와 대등 관계: 노동의 공급자로서 근로 조건의 설정과 그 운영에 관해 경영자 측과 대등한 입장에서 교섭하고 고용 계약을 체결할 권리가 있다. 반면, 고용 계약을 체결한 근로자는 사용자의 명령이나 지시를 따라야 한다.
④ 공식적 관계와 비공식적 관계: 교섭이나 협상에서의 공식적 측면과 노사 간 교제, 문화적 활동 등의 비공식적 측면이 존재한다.

3. 노사 관계의 유형 및 발전 단계

구분	개별 노사 관계	대립적 노사 관계	협력적 노사 관계	신협력적 노사 관계
내용	사용자가 제시하는 조건에 응하는 경우 직원을 고용하며, 기업과 근로자가 일대일로 계약 관계를 맺는다.	근로자들의 단결로 사용자와 근로 조건 교섭을 시도하며, 분배 문제를 핵심으로 다룬다.	경쟁 체제에서 노사 공동의 생존을 위한 협력과 화합을 강조하는 노사 협의 제도이다.	국가적 차원에서 노사 문제를 해결하며, 국민 경제적 관점에서 노사 문제를 인식한다.
주체	사용자	사용자, 노조	사용자, 노조	사용자, 노조, 정부
노조 상태	노조가 없는 상태	적대적, 경쟁적 관계	협력적 관계	협력적, 거시적 관계
산업 형태	가내 수공업	대량 생산 체제	일본식 생산 체제로의 변화	사회적 합의 관점

4. 노사 상생을 위한 과제
① 노사 안정을 최우선적으로 실현한다.
② 실용적 관점에서 양보하고 타협한다.
③ 국가 차원에서 타협한다.
④ 고용 가능성을 제고한다.
⑤ 사회적 대화를 실행한다.
⑥ 선진형 노사 관계로 전환한다.

2 노동조합

1. 노동조합의 의미
① 노동조합은 노동자가 주체가 되어 보다 나은 근로 조건을 위해 근로자가 자주적으로 단결하여 도모하는 연합 단체를 의미한다.
② 오늘날 노동조합은 자본주의 경제의 내재적 구성 요소인 동시에 정치, 경제, 사회, 문화적으로 큰 영향력을 보유하고 있다.

2. 노동조합의 기능
① **경제적 기능**: 가장 기본적이고 중심적인 기능으로 조합원의 경제적 이익과 권리를 유지·개선한다.
   예 근로 시간 단축, 임금 인상, 작업 환경의 개선, 복리 후생 등
② **공제적 기능**: 조합이 기금을 설치하여 질병, 재해, 고령, 사망, 실업 등으로 인해 조합원의 노동 능력이 일시적 또는 영구적으로 상실되는 경우를 대비하는 상호 공제 활동이다.
③ **정치·사회적 기능**: 근로자의 생활 향상을 위한 활동 분야로, 노동 관계법을 비롯한 모든 법령의 제정 및 개정, 물가 정책, 사회 보장 제도, 기타 사회 복지 정책 등 정부의 정책에 대한 정치적 발언과 주장을 한다.

3 단체 교섭

1. 단체 교섭의 의의
① 노동조합의 대표자와 경영자가 노동 조건의 유지 및 개선에 관하여 교섭하는 과정이다.
② 근로자가 조직력을 배경으로 경영자와 대등한 지위에서 교섭을 하고 그 향상을 결정함으로써 근로자의 생존권을 보장하고 노사 간 대화를 통한 노사 협조로 산업 평화를 목적으로 한다.

2. 단체 교섭의 기능
① 작업 현장의 규율을 개정 및 운용한다.
② 근로자들의 금전적 보상(보수, 수당 등)을 결정한다.
③ 협약 유효 기간 중 발생하는 노사 분쟁을 해결한다.
④ 노사의 일체감(공동체 의식)을 조성하고, 근로자의 욕구에 대한 표출 수단이 된다.

4 노사 협의 제도

1. 노사 협의 제도의 의미
① 노사 협의 제도란 경영자와 근로자가 대등한 입장에서 단체 교섭에서 취급되지 않은 사항으로 노사 쌍방의 이해관계를 같이하는 사항에 대해 협의함으로써 서로를 이해하고 상호 협력하는 기능을 갖는다.
② 우리나라에서는 근로자와 경영자가 참여와 협력을 통해 근로자의 복지 증진과 기업의 건전한 발전을 도모하는 것을 목적으로 구성하는 협의 기구라고 정의한다.

2. 노사 협의 제도의 목적
근로자와 경영자의 참여와 협력을 통하여 노사 공동의 이익을 증진함으로써 산업 평화를 도모하고, 국민 경제 발전에 기여하는 것을 목적으로 한다.

3. 노사 협의 제도의 성격
① 「근로자 참여 및 협력 증진에 관한 법률」에 의하여 30인 이상 사업 또는 사업장 단위로 노사 협의회의 설치·운영이 의무화되어 있다.
② 노사 협의회의 기능은 경영 관리적 또는 참가적 성격을 띤다.
③ 근로자 과반수로 조직된 노동조합이 있는 사업 또는 사업장의 경우 노조가 위촉하는 근로자를 대표 위원으로 한다.
④ 우리나라 노사 협의 제도는 노사 협의회 조직과 운영이 행정 지도 및 감독을 가능하게 하는 등 경영 관리 및 참가적 성격을 가지고 있다.

PLUS+ 단체 교섭과 노사 협의회의 비교

구분	단체 교섭	노사 협의회
목적	근로 조건의 개선	노사 공동의 이익 증진과 산업 평화의 도모
배경	노동조합 및 기타 노동 단체의 조립을 전제로 하고 자력 구제로서의 쟁의를 배경으로 함	노동조합의 성립 여부와 관계없이 쟁의 행위라는 위협의 배경 없이 진행
당사자	노동조합의 대표자 및 사용자	근로자의 대표자 및 사용자
대상 사항	임금, 근로 시간, 기타 근로 조건에 관한 사항처럼 대립되는 이해 사항	기업의 경영이나 생산성 향상 등과 같이 노사 간 공통되는 이해 사항
결과	단체 교섭이 원만히 이루어진 경우 단체 협약 체결	법적 구속력이 있는 계약 체결이 이루어지지 않음

CHAPTER 05 서비스 인력의 노동 생산성 관리

| 빈출 키워드 |

\# 직무 재설계 \# 직무 충실화 \# 갈등 관리 기법
\# 복리 후생

1 직원 만족도

1. 직원 만족도의 의의

① 직원 만족도 지수(ESI; Employee Satisfaction Index)는 기업 내부 직원의 만족도 지수를 말한다. 이는 기업 구성원이 여러 가지 측면에서 느끼고 생각하는 바를 파악하게 해 주고, 기업이 합리적인 인적 자원 관리와 경영의 방향을 정하는 데 좋은 자료가 된다.

② 기업 성과와 조직 활성화에 지대한 영향을 미치는 사내 고객인 직원들의 만족도 진단을 통하여 직원들의 만족 및 불만 요인을 추출함으로써, 조직 활성화 저해 요인에 대한 정확한 처방과 효과적인 치유에 도움을 주는 핵심적인 수단이다.

2. 직원 만족도 조사의 효과

① 조사 결과에 대한 적극적인 조치가 이루어질 경우 직원의 만족도가 높아져서 회사의 발전에 도움이 될 수 있다.
② 이직률이 저하되어 우수 인력이 유지된다.
③ 좋은 회사라는 구전 효과를 가져올 수 있다.
④ 고객 지향적인 기업이 되어 기업의 이익 증대, 직원의 복지 증진으로 선순환의 효과가 나타날 수 있다.

3. 직원 만족도 관련 요인

① **직접적 요인**: 전략, 교육 및 역량 개발, 직무 특성, 직무 범위, 성과 평가 관리, 보상 및 보수 체계, 인사 체계, 복리 후생 등
② **환경적 요인**
  - **기업의 비전 및 미션**: 직원에게 얼마나 공유되고 인정받을 만한 것인가에 따라 직원 만족도에 중요한 영향을 미친다.
  - **기업 문화 및 커뮤니케이션 전략**: 직원들로 하여금 회사의 일원으로서 참여 의식을 느끼고 동기를 부여받을 수 있는 중요한 요인으로 작용할 수 있다.
  - **상사 리더십**: 상사가 발휘하는 리더십이 과업 중심과 인간 중심으로 적절하게 조화될 때 직원 만족도에 긍정적으로 작용할 수 있다.

> **PLUS⁺ 직원 만족도 지수의 조사 항목**
>
> - 인식 공유 정도
> - 직무 만족도
> - 조직 문화 만족도
> - 참여 정신
> - 제도 만족도
> - 종합 만족도

2 직무 재설계 및 일정 조정 프로그램

1. 직무 재설계의 의미 [빈출]

① 직무 설계란 직무를 수행하는 사람에게 의미와 만족을 부여하기 위하여 필요한 직무 내용, 방법, 관계를 구체적으로 설계하는 활동을 말한다.
② 직무 재설계는 직무 설계와 같은 내용이지만 기존 직무에 의미 있는 과업이 추가되고 더 큰 책임과 복잡성이 포함되면서 필요성이 커지게 되었다.
③ 직무 설계와 직무 재설계의 목적은 직무를 분석한 후 직무에 영향을 미치는 조직적, 기술적, 인간적 요소를 규명하여 직원에게 직무 만족감을 부여하고 생산성을 향상시키는 것이다.

2. 직무 순환

① 업무 내용을 변화시키는 것보다 현재 속한 직군에서 다른 직군으로, 동종 직군 내의 현재 직무에서 다른 직무로, 혹은 같은 직무에서도 다른 부서나 장소로 이동하여 근무하도록 순환하는 활동을 말한다.
② 직원의 장래를 전망한 육성 계획과 조직의 필요, 직원 개인의 희망 등의 제반 사항을 조율하여 필요한 시기에 필요한 여러 가지 직무를 계획적, 순차적으로 경험시킴으로써 폭넓은 지식과 모든 직무 관련 전문성을 익힐 수 있게 하는 인사 관리의 한 방식을 의미한다.

3. 직무 확대

① 의미
  - 직무를 보다 다양하게 하여 반복적인 직무 수행과 관련된 지루함 혹은 단조로움을 제거하는 방법이다.
  - 직무를 수평적으로 확대한다는 점에서 '수평적 직무 확대'라고도 한다.
② 방법
  - 기본 작업의 수를 증가하고 관련 직무를 추가하여 수행한다.
  - 세분화된 몇 개의 작업을 하나의 작업으로 통합한다.
③ 장점: 단조로움을 해소하고, 결근율을 감소시킨다.
④ 단점: 적극적인 동기 부여가 부족하다.

4. 직무 충실화 [빈출]

① 의미
- 보다 높은 자주성과 책임감을 부여하기 위해 직무를 재정의하거나 재구성하는 방법이다.
- '수직적 직무 확대'라고도 한다.

② 방법
- 직무 수행에 보다 많은 자유를 주고, 허용된 확대 범위 안에서 의사 결정을 가능하게 한다.
- 참여와 상호 작용을 장려하고, 직무에 대한 책임감을 부여한다.
- 직무의 사회 기여와 제품에 대한 기여의 기회를 준다.
- 직무 성과를 환류시켜 주고, 작업 조건 개선에 참여하게 한다.

③ 장점: 개인적 성장과 작업 경험에 대한 기회를 제공한다.

④ 단점: 기술 및 비용상의 문제로 낮은 숙련도를 필요로 하는 작업에는 적용하기 어렵다.

> **PLUS+ 직무 특성화 모델**
>
> - 해크만(R. Hackman)과 올드햄(G. Oldham)은 직무 내 요소들이 어떻게 조직되느냐에 따라 노력을 증가시키거나 감소시킬 수 있다는 직무 특성화 모델(Job Characterization Model)을 제시했다.
> - 직무 특성이 종업원의 심리 상태에 영향을 주어 동기 부여, 직무 만족, 작업 성과, 이직률, 결근률에 영향을 미친다고 본 것이다.
>
>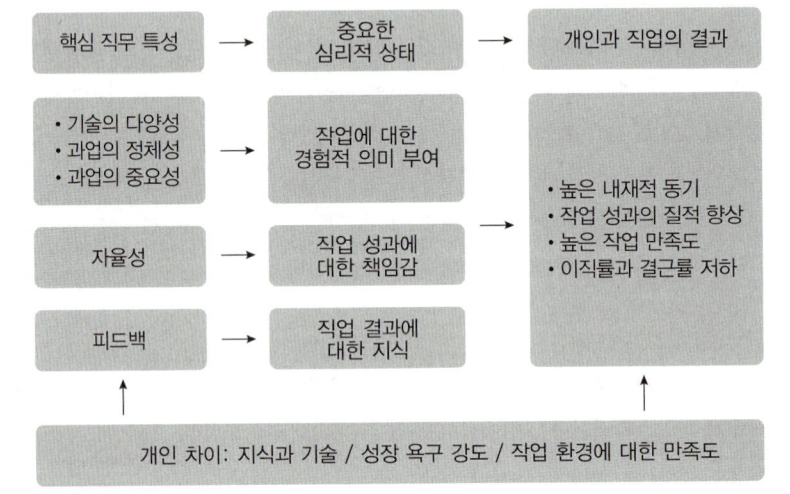

> **PLUS+ 조직 몰입의 유형**
>
> - **정서적 몰입**: 조직에 대한 개인의 참여 열망, 애착과 일체감을 가지고 몰입하는 정도를 말한다.
> - **지속적 몰입**: 조직을 삶의 중심 요소로 두고, 조직을 옮길 때 발생하는 비용에 기초한 몰입을 말한다.
> - **규범적 몰입**: 조직을 자아의 핵심으로 여기는 의무감에 기초한 몰입으로 조직에 강한 자부심을 가진다.

> **PLUS⁺ 근무의 유형**
>
> - 자유 시간 근무제
>   - 근로 시간을 자율적으로 정할 수 있는 근무 제도로, 선택적 근로직 시간제, 자유 출퇴근제, 신축적 근무제라고도 한다.
>   - 탄력적 근무 시간제는 환경의 변화로 인한 미래 지향적인 관리 사고방식으로, 직원의 직장 생활의 질과 생활의 질을 향상시키는 데 중점을 두고 있다.
>   - 장점: 대도시권의 교통 혼잡 감소, 지각 및 결근자 감소, 잔업 시간의 소멸 등으로 업무 효율을 향상시킨다.
>   - 단점: 직원에 대한 감독이 힘들고, 상이한 근무 시간으로 인한 업무 조정, 고객 대응 등에 문제가 있을 수 있다.
> - 집중 근무 시간제
>   - 하루의 소정 근로 시간 내에 일정 시간 동안 고유 업무에만 전념하도록 하는 제도이다.
>   - 이 시간에는 고유 업무에만 전념하여 회의도 없으며 사무실 내에서 이동하는 것도 금지되어 있다.
> - 원격 근무
>   - 정보 기술(IT)을 활용하여 장소에 구애받지 않고 언제 어디서나 업무를 수행하는 새로운 근무 방식이다.
>   - 장점: 근무 장소 제공 등을 통해 회사 경비를 감소시킬 수 있으며, 생산성을 높이고 이직률을 줄이는 효과를 가져올 수 있다. 육아 때문에 직장을 다닐 수 없는 주부, 이동에 불편함을 겪는 장애인 등에게 일할 기회를 제공한다.
>   - 단점: 직원의 효율적인 관리 체계 구축과 기업의 보안 시스템, 네트워크 장비 등을 미리 준비해야만 긍정적인 결과를 낼 수 있다.

3 갈등 관리

1. 갈등의 의미

① 칡을 뜻하는 '갈(葛)'과 등나무의 '등(藤)'의 합성어로, 칡덩굴과 등덩굴이 얽힌 것처럼 뒤얽혀 풀기 어렵게 된 상태를 가리킨다.
② 개인, 집단, 조직 등이 서로 다른 입장, 견해, 이해관계 등을 가지며 발생하는 불화나 충돌을 뜻한다.

2. 갈등의 주체에 따른 유형

① 개인적 갈등

욕구 좌절의 갈등	• 개인의 목표를 달성할 수 없게 될 때 발생한다. • 개인은 철회, 공격, 고정화 및 타협 등의 반응을 통하여 좌절된 욕구를 해소한다.
목표 갈등	• 긍정적·부정적인 양면성을 가지고 있으나 서로 상충되는 복수 목표로 인한 갈등이다. • 상호의 목표가 공유되지 않아 불일치가 생긴다.
역할 갈등	한 사람이 동시에 여러 지위를 가지거나, 한 가지 지위에 대하여 동시에 여러 역할이 기대될 때 나타나는 역할 모순이나 긴장 상태를 의미한다.

② 조직적 갈등

대인적 갈등	구성원들의 목표와 가치관의 차이로 인해 발생하는 조직 구성원 간의 갈등이다.
그룹 내 갈등	그룹, 팀 또는 부서 안에서 일어나는 갈등이다.
그룹 간 갈등	그룹 간, 팀 간 또는 부서 간에 발생하는 갈등이다.
조직 간 갈등	• 기업과 경쟁 기업 간, 정부 관련 부처와 기업 간, 노동조합과 그 기업 간의 갈등이다. • 오늘날에는 조직체의 규모가 커지고 조직 내의 기능이 다양해지면서 조직 간의 관계가 더욱 복잡해지고 갈등 역시 커지고 있다.

3. 갈등 프로세스 5단계 빈출

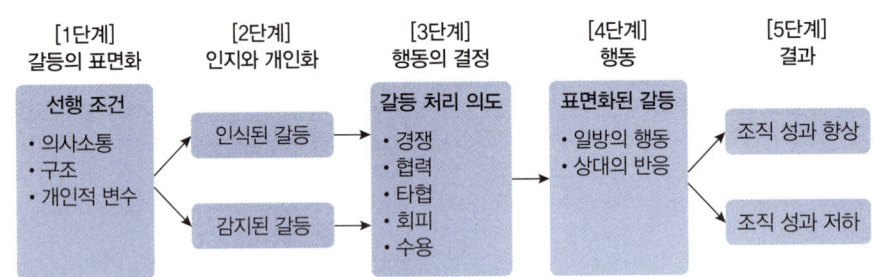

① **[1단계] 갈등의 표면화(선행 조건)**
- **의사소통**: 의사소통이 원만히 이루어지지 않으면 갈등이 발생할 잠재적 선행 조건이 만들어진다.
- **구조**: 기업의 규모, 전문화 정도, 권한의 명확성, 리더십 스타일, 보상 제도, 그룹 간의 의존도 등에 따라 갈등이 발생할 수 있다.
- **개인적 변수**: 개개인의 가치 체계와 성격 등의 차이로 인해 갈등이 발생할 수 있다.

② **[2단계] 인지와 개인화**: 인지와 갈등의 선행 조건은 누군가가 갈등에 의해 영향을 받거나 의식하게 되면서 갈등으로 발전하게 된다.
- **갈등의 인식**: 갈등이 일어날 조건이 존재함을 의식한 것이다.
- **갈등의 감지**: 불안, 긴장, 좌절 또는 적대감을 갖게 하는 갈등에 감정적으로 개입함을 의미한다.

③ **[3단계] 행동의 결정(갈등 처리 의도)**: 갈등 해결을 위하여 어떻게 행동할 것인가를 결정하는 단계로, 자신의 이익을 충족시키려는 방법(주장)과 상대방의 이익을 충족시켜 주는 방법(양보)이 있다.

경쟁	• 상대방의 입장은 고려하지 않고 자신의 이익을 위해 공식적인 권위를 사용하여 상대방을 지배하고 자신의 이익을 만족시키는 경우이다. • 일방 승리(win-lose)를 가져오게 된다.
협력	• 서로의 이익을 모두 만족시키기 위해서 문제의 본질을 집중적으로 정확하게 파악하여 문제 해결의 통합적 대안을 도출해 내는 것이다. • 갈등을 겪는 당사자 모두가 이득을 보게 되는 양방 승리(win-win)를 추구한다.
타협	• 자신과 상대방이 서로의 이익을 양보하는 것이다. • 당사자들이 다른 목표를 갖고 있거나 비슷한 힘을 갖고 있을 때 가능하다.
회피	당면한 갈등을 무시하거나 도외시하는 것으로, 문제를 회피하는 것이 유리할 경우에 선택한다.
수용	상대방의 관심 부분(이익, 욕구)을 충족시켜 주기 위해 자신의 관심 부분을 양보 또는 포기하는 상황이다.

④ [4단계] 행동(표면화된 갈등)
- 갈등이 구체적으로 가시화된다.
- 행동 단계에서는 갈등을 느낀 사람들의 반응이 문서상, 행동상으로 구체적으로 나타난다.

⑤ [5단계] 결과: 모든 갈등이 반드시 나쁜 것은 아니며, 순기능과 역기능이 있다.
- 갈등의 순기능(조직 성과 향상)

창의력 고취	갈등 해결 과정에서 비판과 토론을 통하여 혁신과 변화를 위한 창의력을 고취한다.
의사 결정의 질적 개선	집단 의사 결정 참여자에게 개방적인 회의 분위기를 조성하여 보다 효율적인 해결 방안을 유도함으로써, 문제에 대한 비판이나 논쟁으로 의사 결정의 질을 개선한다.
응집력의 증가	외부 집단과의 갈등으로 도전이나 위협을 받게 되면 집단의 지위와 구성원의 긍지를 보호하기 위해 협력 의식과 공감대가 형성되어 집단 구성원 간의 응집력이 강화된다.
능력의 새로운 평가	개인이나 집단들은 갈등을 겪으면서 자신의 능력에 관해 비교적 객관적인 평가를 할 수 있게 되므로, 이는 조직의 목표 달성과 성과 개선에 도움이 된다.

- 갈등의 역기능(조직 성과 저하)

목표 달성 노력의 약화	갈등 당사자들은 흔히 각기 다른 목표를 갖는 것이 보통이며, 자신의 목표만을 너무 고집하게 되면 당사자들은 서로 협력하여 달성해야 할 공동의 목표에 소홀하게 된다.
심리 상태의 변화	갈등은 사람의 심리 상태에 부정적인 영향을 미친다. 예 의욕 상실
제품의 품질 저하	갈등은 제품의 품질을 떨어뜨리는 중요한 원인이 되기도 한다. 예 업무 집중도 하락

4. 갈등 관리 기법

① 상위 목표의 설정: 갈등 당사자 간에 양립할 수 없는 목표의 차이로 인하여 갈등이 예상될 경우 상위 목표를 설정하여 집단 간의 상호 의존 및 상호 협력 관계를 형성한다.

② 자원의 확충
- 제한된 자원에서 집단 갈등이 기인하는 경우 활용할 수 있는 방법이다.
- 노사 간의 임금 갈등, 간부 직원들의 승진 갈등, 부서 간의 예산 확보 갈등의 경우 조직 개편이나 계열사 확대와 같은 방법으로 해결이 가능하다.
- 갈등 당사자 모두를 만족시킬 수 있는 효과적인 해결 방법이 될 수 있다.

③ 규정과 절차에 의한 제도화
- 갈등을 사전에 예측하고 이를 해결하기 위한 규정이나 절차를 만들어 분쟁이나 갈등이 일어나지 않도록 제도화하는 방법이다.
- 업무 한계, 보상, 상벌, 승진 등 갈등의 소지가 있는 모든 문제에 대하여 규정과 절차를 구체화함으로써 갈등을 예방하거나 최소화할 수 있다.

④ 조직 구조의 개선
- 조직 구성원의 상호 교류를 통하여 긴밀한 인간관계를 유지하도록 한다.
- 상호 의존성이 높은 집단 간에 갈등이 악화될 경우 집단들을 통합하여 갈등의 소지를 없앨 수 있다.
- 갈등 관리에 매우 효과적이지만 조직을 재설계하는 데 많은 시간과 비용이 소요되며 조직의 특성에 따라 적용이 어려울 수 있다.

⑤ 의사소통의 활성화
- 의사소통이 원활하면 오해의 소지가 없어지고 갈등이 발생하더라도 초기에 해결할 수 있다.
- 합동으로 구성원들의 교육 훈련을 실시하고 업무 활동에 대해 충분히 이해시킴으로써 집단 간의 우호적인 태도와 협력적인 행동에 도움을 줄 수 있다.

4 복리 후생

1. 복리 후생의 의미
① 근로자와 그 가족의 생활 안정과 생활 수준의 향상, 건강 유지 등을 위하여 제공되는 임금 외의 간접적인 보상을 말한다.
② 기업이 주체가 되어 제공하며, 각종 복지 시설이나 제도를 포함하는 물질적·정신적 서비스를 말한다.

2. 복리 후생의 특징
① **제도적 의무화**: 사회 보장 차원에서 조직이 반드시 제공해야 할 의료 보험, 산업 재해 보험, 고용 보험, 연금 보험과 퇴직금, 유급 휴식 제도 등은 제도적으로 의무화되어 있다.
② **보상의 복잡성**: 임금은 현금으로 지급되기 때문에 그 가치를 쉽게 알 수 있지만, 복리 후생은 수혜자의 주체, 종류의 다양성, 복리 후생의 성격에 따라 복잡한 지급 과정을 거치는 간접 보상이므로 사람마다 다르게 인식한다.
③ **합법성의 딜레마**: 직접 보상인 임금과 더불어 복리 후생 역시 법적인 규제를 받지만, 복리 후생을 통한 간접 보상의 범위와 영향은 임금과 같은 직접 보상과는 다르다.

3. 복리 후생의 효과

근로자	경영자
• 고용 안정화, 생활 수준의 향상 • 경영자와의 관계(노사 관계) 개선 • 기업의 경영 방침 및 목적에 대한 이해도 향상 • 경력 개발을 통한 자아실현 • 신체적·정신적 성과 창출 능력 유지 • 동기 부여 향상 • 고충 및 불만 감소	• 성과 향상 • 조직 헌신(Commitment) 증가(결근율, 이직률 감소) • 노동 시장에서의 경쟁력 제고 • 기업 내 주변 인력(청소년, 노령자 등) 보호 • 인간관계 형성 지원 • 국가 사회 복지 보완 • 기업에 대한 정부의 영향력 감소 • 노조의 영향력 감소

4. 복리 후생의 기능

① 사회적 책임
② 생산성과 능률의 향상
③ 사회적 통계
④ 근로자 소득의 안정화
⑤ 노동력의 확보 및 유지

> **PLUS⁺ 카페테리아식 복리 후생 제도**
>
> 카페테리아식 복리 후생 제도(Cafeteria Benefits Plan)는 선택적 복리 후생 제도라고도 하며, 여러 가지 복리 후생 제도를 각자의 필요에 따라 자유롭게 선택할 수 있도록 한 제도이다. 전통적인 복리 후생 제도가 이용 여부와 관계없이 모든 직원에게 일률적으로 똑같은 복리 후생 제도를 적용하는 것이라면, 선택적 복리 후생 제도의 기본적인 골격은 다양한 복리 후생 제도 중 직원이 원하는 것을 선택할 수 있도록 하는 제도이다.

적중 예상문제

SUBJECT 04 | 서비스 인적 자원 관리

PART 1 일반형

01 인적 자원 관리의 원칙 중 직원의 실력과 업적에 근거를 두는 원칙은?
① 참여의 원칙
② 정보 공개의 원칙
③ 공정성의 원칙
④ 능력주의의 원칙
⑤ 전인주의의 원칙

02 다음 중 내부 모집에 대한 설명으로 옳은 것은?
① 연쇄 효과로 인한 혼란이 없다.
② 새로운 아이디어와 견해가 유입된다.
③ 선발 점수와 입사 후 성과가 불일치할 가능성이 있다.
④ 기업의 급격한 전환기에는 외부 충원이 효과적일 수 있다.
⑤ 훈련과 조직화 시간의 단축, 신속한 충원이 가능하고 충원 비용을 절감할 수 있다.

03 다음 중 인적 자원 관리에 대한 설명으로 옳은 것은?
① 복리 후생은 비금전적인 보상 프로그램으로 동기 부여와 만족을 가져온다.
② 인적 자원 관리는 조직 구성원을 대상으로 하므로 이직 관리는 중요하지 않다.
③ 개인은 조직의 일원이기 때문에 경력 개발 관리는 조직적인 경력 목표를 우선한다.
④ 교육 및 개발 프로그램은 직원의 만족도를 높여 주지만 사회적 효율성을 감소시킨다.
⑤ 직원들의 업무 수행 능력과 태도 등은 주관적이면서 동시에 객관적으로 평가해야 한다.

04 다음 중 직무 평가의 방법에 해당하지 않는 것은?

① 서열법
② 분류법
③ 점수법
④ 요소 비교법
⑤ 목표에 의한 관리법(MBO)

05 다음 중 인사 고과에 대한 설명으로 옳은 것은?

① 인사 고과의 유형 중 상향식 평가는 상사가 부하를 평가하는 방법으로 평가 실시가 용이하다.
② 인사 고과는 기업 내 직원의 절대적인 가치를 평가하여 공정한 보상을 하려는 인적 자원 관리의 부문이다.
③ 인사 고과의 방법 중 다면 평가법은 사전에 정해 놓은 평가 등급 비율에 따라 피평가자를 할당하는 방법이다.
④ 인사 고과가 직무와 조직 전체의 관점에서 보는 것이라면, 직무 평가는 직무와 사람의 관계에서 관찰하는 것이다.
⑤ 인사 고과의 요소에는 사전에 설정된 목표를 얼마나 잘 달성하였는가를 측정해 성과를 판정하는 업적 평가 요소가 있다.

해설

01 능력주의의 원칙은 직원의 학력, 연령, 근속 연수, 성별 등의 연공 요소가 아닌, 직원의 실력과 업적에 근거하여 공정한 인사 처우를 실현하는 원칙이다.
02 ①, ②, ④는 외부 모집의 장점, ③은 외부 모집의 단점에 대한 설명이다.
03 ② 이직률의 증가는 기업 성과에 부정적인 영향을 미치므로 이직 관리가 필요하다.
③ 경력 개발 관리는 개인적인 경력 목표를 설정하고 조직의 욕구와 일치될 수 있도록 개발하는 활동이다.
④ 교육 및 개발 프로그램은 직원의 가치 향상, 직무 만족도 증가, 성장 욕구 충족으로 사회적 효율성을 증가시킨다.
⑤ 직원들의 업무 수행 능력과 태도 등은 자료를 근거로 하여 객관적으로 평가해야 한다.
04 직무 평가의 방법으로는 서열법, 분류법, 점수법, 요소 비교법이 있다.
05 ① 상향식 평가는 부하가 상사를 평가하는 방법이다.
② 인사 고과는 기업 내 직원의 상대적 가치를 평가한다.
③ 강제 할당법에 대한 설명이다.
④ 인사 고과는 직무와 사람의 관계에서, 직무 평가는 직무와 조직 전체의 관점에서 관찰하는 것이다.

정답
01 ④　02 ⑤　03 ①　04 ⑤　05 ⑤

06 다음 중 인사 고과의 목적과 설명으로 적절하지 않은 것은?
① 인력 계획: 조직 구성원을 대상으로 비교 평가한다.
② 인사 배치 및 이동: 인사 고과로 각자의 능력에 적합하게 적재적소에 배치를 가능하게 한다.
③ 성과 측정 및 보상: 구성원의 성과를 측정하여 승급, 상여금, 임금률 결정 및 승진에 활용한다.
④ 조직 개발 및 근로 의욕 증진: 인사 고과를 통해 직무 담당자의 조직 관계나 직무 조건의 결함을 발견하여 개선의 계기를 모색한다.
⑤ 인력 개발: 인사 고과를 통해 구성원의 현재 및 잠재적 유용성을 평가하여 기업의 요구 및 구성원 각자에게 성장의 기회를 준다.

07 퇴직금 산정의 기준이 되며, 최근 3개월간 받은 임금 총액을 그 기간의 일수로 나눈 금액을 무엇이라고 하는가?
① 평균 임금
② 통상 임금
③ 준거 임금
④ 소정 임금
⑤ 비교 임금

08 서비스 인력에 대한 성과를 측정하는 방법 중 하나는 조직 몰입을 측정하는 것이다. 조직 몰입의 유형 중 지속적 몰입이 높은 직원이 보여 주는 행동에 가장 가까운 것은?
① 고객에 대한 애착이 지속적이다.
② 회사에 대한 애착이 지속적이다.
③ 회사의 규범을 지속적으로 잘 지킨다.
④ 자신의 일을 지속적으로 열심히 한다.
⑤ 이직하지 않고 회사에 지속적으로 근무하고자 한다.

09 H 기업은 종업원들에게 복리 후생 프로그램을 일방적으로 제공하던 방식에서 직원들이 복리 후생 프로그램을 선택하는 방식으로 제도를 바꾸었다. 즉, 문화생활을 원하는 직원은 문화생활 관련 복리 후생 프로그램을 선택하고, 자기 계발을 원하는 직원은 관련 복리 후생 프로그램을 선택할 수 있게 되었다. 이러한 복리 후생 프로그램을 무엇이라고 하는가?

① GWP 복리 후생 프로그램
② 준자율적 복리 후생 프로그램
③ 변화 관리 복리 후생 프로그램
④ 카페테리아식 복리 후생 프로그램
⑤ 이요인(Two-Factor) 복리 후생 프로그램

해설

06 인력 계획은 구성원의 연령, 성별, 직종, 지능도, 근무 연수 등에 따라 장·단기 인력 개발 수립에 요청되는 양적·질적 자료를 제공한다.
07 평균 임금이란 이를 산정하여야 할 사유가 발생한 날 이전 3개월 동안에 그 근로자에게 지급된 임금의 총액을 그 기간의 총일수로 나눈 금액을 말한다.
08 ①, ④ 조직 몰입 유형에 해당하지 않는다.
② 조직 몰입 유형 중 정서적 몰입에 해당한다.
③ 조직 몰입 유형 중 규범적 몰입에 해당한다.
09 카페테리아식 복리 후생 제도(Cafeteria Benefits Plan)는 선택적 복리 후생 제도라고도 하며, 여러 가지 복리 후생 제도를 각자의 필요에 따라 자유롭게 선택할 수 있도록 한 제도이다.

정답

06 ①　　07 ①　　08 ⑤　　09 ④

10 면접 유형과 특징의 연결로 옳지 <u>않은</u> 것은?

① 계획적 면접 – 성공/실패의 잠재 가능성 탐색을 위해 행동·심층 중심으로 진행
② 정형적 면접 – 사전 질문 목록에 따라 구조적으로 진행
③ 비지시적 면접 – 면접관 주도로 압박 질문을 통해 감정 안정성 평가
④ 스트레스 면접 – 공격적 질문으로 인내·전문성·정서 안정성 평가
⑤ 패널 면접 – 다수가 한 명의 지원자를 평가하여 광범위한 관찰 가능

11 다음은 갈등에 대한 A, B, C, D의 주장이다. 갈등 처리 의도에 대한 설명으로 옳은 것은?

> A: 상대방으로부터 반드시 양보를 얻어내야 하며 내가 손해를 봐서는 안 됩니다.
> B: 상대방의 의견을 따르고 내 의견을 주장하지 않는 것이 바람직합니다.
> C: 내 주장도 적당히 하고, 다른 사람의 주장도 적당히 들어주어야 합니다.
> D: 갈등은 어차피 해결이 안 될 것이기 때문에 내 주장도 하지 않고, 다른 사람의 주장도 무시하는 편이 낫습니다.

① A는 갈등에 대해 경쟁의 관점을 가지고 있다.
② B는 갈등에 대해 인간관계적 관점을 가지고 있다.
③ B, C는 갈등에 대해 협조의 관점을 가지고 있다.
④ C는 갈등에 대해 수용의 관점을 가지고 있다.
⑤ D는 갈등에 대해 절충의 관점을 가지고 있다.

PART 2 O/X형

[12~14] 다음 문항을 읽고 옳고(O), 그름(X)을 선택하시오.

12 직무 평가는 조직 내에서의 상대적인 중요도를 평가하므로 동종의 직무라 하더라도 어느 조직에 속하였는가에 따라 직무 평가의 결과가 다를 수 있다. (① O ② X)

13 직무 확대는 직무를 보다 다양하게 하여 반복적인 직무 수행과 관련된 지루함 혹은 단조로움을 제거하고자 한 것이다. 직무를 수평적으로 확대한다는 점에서 '수평적 직무 확대'라고도 한다. (① O ② X)

14 서로의 이익을 모두 만족시키기 위해서 문제의 본질을 집중적으로 정확하게 파악하여 문제 해결의 통합적 대안을 도출해 내는 갈등 해결 방식은 수용이다. (① O ② X)

해설

10 비지시적 면접은 지원자의 자유로운 의사표현을 유도하는 기법이며, 압박·공격 질문으로 감정 안정성을 평가하는 것은 스트레스 면접의 특징이다.
11 갈등에 대해 A는 경쟁의 관점, B는 수용의 관점, C는 협력의 관점, D는 회피의 관점을 가지고 있다.
12 O
13 O
14 X 갈등 해결을 위한 행동의 결정 중 '협력'에 관한 내용이다.

정답

10 ③   11 ①   12 ①   13 ①   14 ②

PART 3 연결형

[15~17] 다음 설명이 의미하는 적합한 개념을 각각 선택하시오.

| 보기 |
① 요소 비교법   ② 서열법   ③ 강제 할당법

15 직무 평가 방법 중 평가자가 포괄적인 관점에서 직무의 난이도를 상호 비교하여 그 순위를 결정하는 방법이다. (   )

16 가장 핵심이 되는 몇 개의 기준 직무를 선정하고 각 직무의 평가 요소를 기준 직무의 평가 요소와 결부시켜 비교함으로써 모든 직무의 상대적 가치를 결정하는 방법이다. (   )

17 피평가자를 관대하게 평가하는 등 규칙적 오류를 방지할 수 있는 인사 고과 방법이다.
(   )

PART 4 사례형

18 A 기업은 직원들의 생산성을 조사한 결과 특정 분야 직원의 생산성이 매우 낮을 뿐만 아니라 직무에 불만이 많은 것으로 나타나 다음 사례와 같이 직무를 재설계하였다. A 기업이 선택한 직무 재설계 방식으로 가장 적합한 것은?

> - 고객 접점의 직원들이 현재는 가격 할인 권한이 없지만, 일정 가격을 할인할 수 있도록 권한을 부여하였다.
> - 구매 담당 신입 사원이 과거에는 구매 관련 데이터 입력만 하였는데, 구매 데이터 입력과 함께 구매 업체 리스트 작성 업무를 부여하였다.
> - 인사팀 하위직 사원들이 과거에는 모집 공고 및 입사 지원서 배포와 같은 단순 업무를 하였는데, 이제는 자신이 졸업한 학교에서 일차적인 면접 인터뷰를 할 수 있도록 업무를 조정하였다.

① 직무 확대 ② 직무 공유
③ 직무 전문화 ④ 직무 충실화
⑤ 직무 피드백

19 다음은 A사에서 직원 채용을 위해 실시한 면접 방식이다. 이 면접의 유형은?

> 압박감이 많은 특수한 직장 상황에서 직무 수행 능력을 평가하기 위한 면접 방식이다. 피면접자의 약점을 비난하거나 무시하는 질문을 통해 지원자를 압박하고 공격적인 질문으로 피면접자의 전문 지식과 식견, 감정의 안정성과 인내성, 인성을 관찰 및 평가하는 방법이다.

① 계획적 면접 ② 정형적 면접
③ 비지시적 면접 ④ 스트레스 면접
⑤ 패널 면접

해설

15 서열법
16 요소 비교법
17 강제 할당법
18 직무 충실화는 보다 높은 자주성과 책임감을 부여하기 위해 직무를 재정의하거나 재구성하는 것을 말한다.
19 스트레스 면접은 공격적인 질문으로 피면접자의 전문 지식과 식견, 감정의 안정성과 인내성, 인성 등을 평가하는 면접으로 압박감이 심한 직무의 적성을 평가하기에 적합하다.

정답

15 ② 16 ① 17 ③ 18 ④ 19 ④

20 다음 기사에 나온 단체 교섭에 대한 설명으로 옳지 않은 것은?

> 서울 지하철 노동조합은 서울 시청 광장에서 조합원 600여 명이 참가한 가운데 단체 교섭 출정식을 가졌다. 노조는 7월부터 진행되는 단체 교섭에서 안전한 지하철 만들기를 위한 노후 전동차·시설물 교체, 안전 인력 확보, 기관사 2인 승무 시행, 외주 용역 및 비정규직 차별 철폐 등의 핵심 요구안을 제시할 예정이다.

① 단체 교섭이 원만히 이루어진 경우 단체 협약을 체결한다.
② 생산성 향상과 같이 노사 간의 공통되는 이해 사항을 주된 주제로 한다.
③ 단체 교섭은 노동조합 및 기타 노동 단체의 존립을 전제로 하고 자력 구제로서의 쟁의를 배경으로 한다.
④ 단체 교섭의 대상이 되는 사항은 근로 조건의 유지 개선에 관한 사항으로 임금, 근로 시간 등이 해당된다.
⑤ 단체 교섭이란 노동조합 대표자가 그 노동조합 또는 조합원을 위하여 사용자나 사용자 단체와 교섭하는 과정을 말한다.

PART 5 통합형

[21~22] 다음은 팀장 회의 내용이다. 물음에 답하시오.

> 팀장 1: 최근 직원들의 퇴사율이 높아지고 있어 직원 만족도를 조사한 결과, 전년 대비 만족도가 5% 떨어졌습니다. 원인이 무엇일까요?
> 팀장 2: 올해 성과 보상금을 감축해서 그런 것 같습니다.
> 팀장 3: 무엇보다도 직원들에게 회사의 비전을 공유하지 않아서 그런 것 같습니다.
> 팀장 1: 저도 같은 생각입니다. 직원들에게 회사의 비전과 미션을 공유하면 조직이 활성화될 것입니다.
> 팀장 4: 네. 거기에 더불어 우리 부서장들이 적절한 리더십을 발휘해야 할 때라고 생각합니다.
> 팀장 5: 제 생각에는 직원들이 회사의 일원으로 참여 의식을 느끼고 동기를 부여받는 것도 중요한 요인이라고 생각합니다.

21 팀장 5가 설명한 직원 만족의 환경적 요인은?

① 인사 체계
② 성과 평가 관리
③ 교육 및 역량 개발
④ 보상 및 보수 체계
⑤ 기업 문화 및 커뮤니케이션 전략

22 직원 만족 관련 요인 중 직접적 요인에 대하여 주장한 팀장은?

① 팀장 1　　② 팀장 2
③ 팀장 3　　④ 팀장 4
⑤ 팀장 5

해설

20　생산성 향상과 같이 노사 간의 공통되는 이해 사항을 주제로 하는 것은 노사 협의회이다.
21　기업 문화 및 커뮤니케이션 전략은 직원들로 하여금 회사의 일원으로서 참여 의식을 느끼고 동기를 부여받을 수 있는 중요한 요인으로 작용할 수 있다.
22　직접적 요인에는 전략, 교육 및 역량 개발, 직무 특성, 직무 범위, 성과 평가 관리, 보상 및 보수 체계, 인사 체계, 복리 후생 등이 있으며, 환경적 요인에는 기업의 비전 및 미션, 기업 문화 및 커뮤니케이션 전략, 상사 리더십이 있다.

정답

20 ②　　21 ⑤　　22 ②

SUBJECT 05

고객 만족 경영 (CSM) 전략

CHAPTER 01 고객 만족 경영 개론

CHAPTER 02 고객 만족(CS)의 평가

CHAPTER 03 경영 전략 분석

CHAPTER 04 경쟁 우위 전략 및 서비스 마케팅

학습방법

- ☑ 고객 만족 경영의 정의와 효과를 이해하고 충성 고객을 확보하기 위한 전략 및 고객 가치를 높이는 방법에 대하여 학습한다.
- ☑ 고객 만족 지수(CSI)의 필요성과 국가 고객 만족 지수(NCSI)에 대하여 학습한다.
- ☑ 전략적 경영 활동의 기본인 거시적 산업 환경 분석과 미시적 기업 분석 기법에 대하여 학습한다.
- ☑ 경쟁 우위를 위한 다양한 기업 전략들을 살펴보고, 서비스 마케팅을 위한 마케팅 기법들을 학습한다.

무료강의
바로보기

CHAPTER 01 고객 만족 경영 개론

| 빈출 키워드 |
고객 만족 경영의 전략   # 서비스 마케팅 삼각형   # 충성 고객
서비스 지향성

1 고객 만족의 이해

1. 고객 만족의 의미

① 의미 [빈출]
- 고객 만족(CS; Customer Satisfaction)은 비즈니스와 기대에 부응된 결과로 제품 및 서비스의 재구입이 이루어지고 고객의 신뢰감이 연속되는 상태이다.
- 기업이 생산한 제품 및 서비스의 구매 전부터 구매 후까지 모든 과정에서 고객이 결과로 느끼는 심리적 만족 수준이다.

② 배경: 1972년 미국 농산부에서 굿맨 이론을 바탕으로 고객들의 감정적 불만 항목을 정량 지수화하여 발표한 이후 고객 만족의 개념이 시작되었다.

2. 고객 만족의 중요성 [빈출]

① 고객 만족과 기업에 대한 고객의 충성도는 비례 관계에 있다.
② 고객 만족은 고객의 이탈 및 경쟁 기업으로의 전환을 방지해 준다.
③ 고객 만족은 고객의 재거래 및 타인 추천 활동을 유발해 기업의 장기적이고 안정적인 수익의 원천이 된다.
④ 고객 만족은 고객이 브랜드 가격에 둔감하게 만든다.
⑤ 고객 만족을 통해 기존 고객의 수익 창출에 사용된 고객 관리 비용은 동일 수익 대비 신규 고객 획득에 사용된 영업·마케팅 비용보다 약 4~11배 적다.
⑥ 만족한 고객의 브랜드 충성도는 기업 이미지를 강화시킨다.

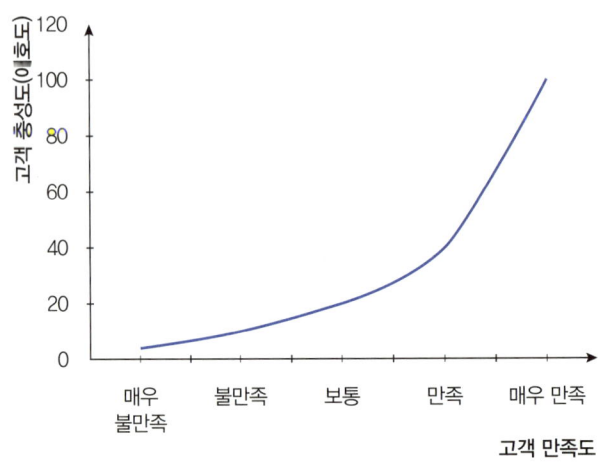

▲ 고객 만족도와 애호도의 관계

3. 고객 만족 모델 빈출

올리버(Oliver)의 기대 불일치 이론에 근간하며, 고객은 거래 및 사용 전의 기대와 이후 지각된 성과를 비교 평가하여 만족과 불만족을 판단한다. 고객 만족은 성과뿐 아니라 기대 심리의 관리를 통해서도 영향을 받는다.

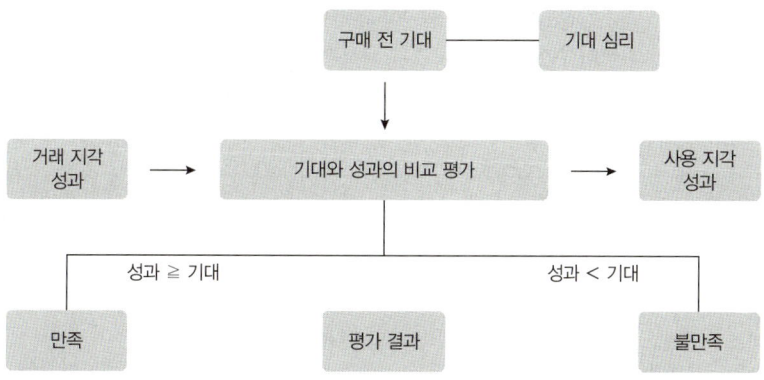

▲ 기대 불일치 이론(Expectation Disconfirmation Theory)

4. 고객 만족의 결정 요소

① **제품 또는 서비스 특징**: 제품이나 서비스의 특징은 고객의 평가에 영향을 미친다.
② **고객 감정**: 고객의 서비스 전 감정, 소비 체험으로부터 얻은 부정적 감정과 긍정적 감정은 서비스 지각에 영향을 미친다.
③ **서비스의 결과에 기인**: 기대 대비 성과의 만족 수준 정도에 따라 달라진다.
④ **공정성의 지각**: 다른 고객과 비교하여 공정한 서비스를 받았는지의 여부에 따라 달라진다.
⑤ **기업 이미지**: 기업의 사회적 역할, 내부(고객) 마케팅에 영향을 받는다.

5. 고객 만족 가치

핵심 가치	고객이 기대하는 제품 및 서비스의 본원적 기능의 역할
공유 가치	같은 제품이나 브랜드를 이용하는 개인 또는 집단이 가지는 동질성 또는 소속감에서 비롯되는 우월적 공감
비용 가치	제품 또는 서비스의 사용을 위해 감내해야 하는 경제적 지출 비용의 적정성
서비스 가치	제품의 가치 획득 과정상 사용된 적정한 비용 수준
확장 가치	제품 구입 또는 서비스를 제공받은 이후에도 계속 관리받고 있다고 느끼는 이용의 계속성 가치

6. 기대 수준 형성 요인

고객의 기대 수준은 고객 만족 평가에 영향을 미치는 중요한 심리적 요인이다. 고객 만족은 거래 및 사용 전 기대와 이후 지각된 성과의 비교를 통해 평가가 이루어지기 때문에 고객에게 프로세스상의 만족감을 주는 것만큼이나 고객의 사전 기대 심리를 적절히 관리(통제)하는 것 또한 매우 중요하다. 고객의 기대를 관리(통제)한다는 것은 기대를 만드는 요인들을 찾아 분석하고 기대를 더욱 크게 하거나 적정 수준으로 유지하게 만드는 기법을 말하며, 기대 형성 요인은 기업이 통제 가능한 기대 형성 요인과 기업이 통제 불가능한 기대 형성 요인 두 가지로 나눌 수 있다.

① 통제 가능한 기대 형성 요인

단기 요인	장기 요인
• 제품 및 서비스의 특성 • 광고와 판촉 활동 • 매장의 시각적 제품 구성 • 서비스 스케이프 • 직원들의 행동과 태도 • 서비스 마인드 • 첫인상(이미지)	• 제품 및 서비스의 품질 지속성 • 제품 및 서비스의 혁신 • 전략적 마케팅 활동 • 가격 정책의 다양화 • 고객 개별화에 따른 차별화 전략

② 통제 불가능한 기대 형성 요인
- 고객의 개인 취향
- 구전에 의한 제품 및 서비스 정보
- 경쟁사의 활동에 따른 외부 요인
- 거시적인 인구 통계학적 구조의 변화
- 사회, 환경 및 문화적 트렌드 영향

2 고객 만족 경영(CSM)

1. 고객 만족 경영의 개요 빈출

① 정의
- 고객 만족 경영(CSM; Customer Satisfaction Management)은 고객의 기대 이상의 만족을 실현하기 위해 '고객 만족(CS)'이라는 전시적 목표를 바탕으로 고객의 욕구와 니즈를 파악하고, 상품의 기획부터 생산, 유통, 판매, 판매 후 시점까지의 기업 활동 전 영역에 고객 우선주의를 적용한 경영 활동을 말한다.
- 기업이 제공하는 상품이나 서비스에 대한 고객의 만족도를 높이기 위하여 계속적으로 고객들의 기대와 욕구, 만족 수준을 조사하고, 이를 통해 불만족 요인을 개선함으로써 고객 만족도를 높인다.

② 의의
- 경영상의 모든 영역에서 고객의 입장을 고려하고, 고객 만족을 최우선으로 하는 고객 중심의 경영을 의미한다.
- 상품이 지닌 최고의 품질뿐 아니라 기획부터 유통, 사후 관리까지의 과정에 내재된 기업 문화, 상품 이미지, 기업 철학 등을 고객에게 제공하여 기대치 이상의 만족감을 충족시킴으로써 고객의 재구매율을 높이고 선호를 지속시킨다.

- 현대 사회에서 고객 만족이 기업의 이익을 창출하는 가장 중요한 수단임을 인식하여 경영 활동의 초점을 고객 만족에 맞춘다.
- 시장 점유율, 원가 절감 등 단기적인 관점이 아닌 장기적으로 고객을 만족시킴으로써 수익을 지속적으로 확대해 가는 구조를 구축하는 데 목적을 둔다.
- 고객 만족을 실천하면 고정 고객층이 확보되고, 호의적 구전 광고 효과를 통해 신규 고객 개발도 가능해지기 때문에 기업의 이익이 향상되고 시장 점유율도 따라서 높아진다는 원리를 지향한다.

③ 역사

1980년대 - 기업 중심 경영	• 굿맨(Goodman) 이론이 발표되었다. • 1981년 스칸디나비아 항공사가 MOT 개념을 적용했다. • 1980년대 후반, 일본 기업을 중심으로 고객 만족 경영(CSM)이 도입되었다.
1990년대 - 고객 중심 경영	• 1992년 LG에서 처음 도입(고객 가치 창조)한 개념이다. • 1993년 삼성에서 신경영을 발표했다. • 1990년대 후반 공기업(KT, 철도청)과 민간 기업의 고객 만족 경영(CSM)을 본격화하였다. • 1997년 IMF로 인해 침체되었다.
2000년대 - 고객 감동 경영	• 2000년대 이후 모든 업종에 고객 만족 경영을 도입하였다. • 내부 고객 만족도에 대한 관심이 높아졌다.
2010년대 - 고객 가치 경영	• 고객 만족 경영의 평준화로 고객 개별 가치에 주목하게 되었다. • 고객 맞춤형 서비스 전략으로 고객 생애 가치(CLV)에 대한 관심이 높아졌다.

2. 고객 만족 경영의 효과 빈출

① 고객 충성도(Customer Loyalty, 고객 로열티)를 향상시킬 수 있다.
② 기업의 경영 활동에 만족한 고객이 스스로 마케터로 활동함으로써 기업의 마케팅 비용을 절감할 수 있다.
③ 불만 고객과 적극적으로 소통하여 제품 및 서비스의 약점을 보완할 수 있다.
④ 내부 직원들의 만족도 제고로 업무 생산성을 높일 수 있다.
⑤ 잠재 고객들에게 기업의 이미지를 긍정적으로 인식시킬 수 있다.
⑥ 지속적 경쟁 우위(Sustainable Competitive Advantage)를 강화할 수 있다.

3. 고객 만족 경영의 전략

① 성공 요건 빈출
- 고객 만족 경영에 대한 최고 경영자의 의지와 목표를 전사적으로 공유한다.
- 고객 만족 경영에 대한 전사적인 조직 문화를 구축한다.
- 주기적이고 지속적인 고객 만족 조사를 통해 변화하는 고객의 니즈에 대응한다.
- 공정한 평가 시스템을 구축하여 직원들의 성과에 따른 충분한 보상과 지원을 한다.
- 고객 접점 중심의 MOT를 설계한다.
- 혁신적인 프로세스 기법을 활용한다.

② 고객 만족 경영의 3원칙
- MOT 최우선
- 경영자 주도
- 정기적·정량적 고객 만족도 조사

③ **서비스 마케팅 삼각형(Service Marketing Triangle)**: 기업은 내부 고객인 직원과 상품을 구매 및 사용하는 외부 고객에 대한 마케팅 활동을 통해 각각의 서비스를 약속하고, 직원과 고객은 상호 간의 약속을 이행하여 신뢰를 형성한다.

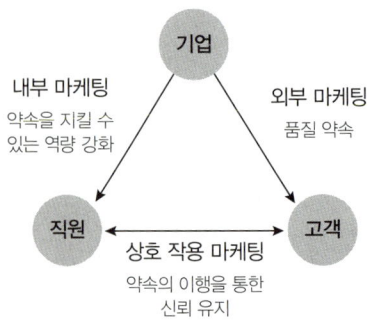

내부 마케팅	교육, 훈련, 성장, 성과, 보수, 승진, 복지 등
외부 마케팅	정보 제공, 차별화, 고객화, 고객 가치 증진 등
상호 작용 마케팅	신뢰, 존중, 예의, A/S 등

④ 고객 만족 체계

비전 & 미션 (Vision & Mission)	• 비전: 조직이 지향하는 바람직한 고객 만족 경영의 가치 • 미션: 고객 만족 경영의 존재 이유(목적)
서비스 콘셉트 (Service Concept)	비전 달성을 위한 구체적인 서비스 콘셉트
서비스 표준 (Service Standard)	바람직한 서비스 수행 표준과 서비스 콘셉트를 계량화한 목표와 표준
전달 전략 (Delivery Strategy)	서비스 표준을 위한 자원의 집중을 포함한 일련의 서비스 전달 활동의 집합
상황 전술 (Contingency Tactics)	서비스 접점별 상황에 맞는 전술(행동) 선택

4. 고객 만족 경영의 실행

① 고객 만족 경영 매트릭스

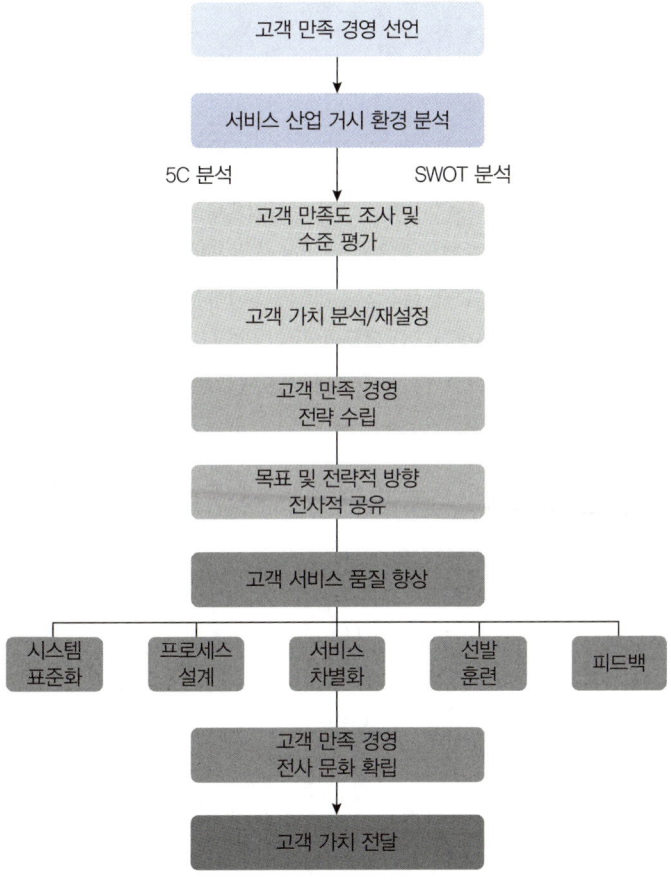

② 핵심 지표

경영자 역량	• 리더십(통솔력) • 기업 철학 – 비전(Vision)과 미션(Mission)의 확립 • 사업에 대한 지식 및 경험 수준 • 혁신적 문화 조성
직원 역량	• 직원의 고객 만족 경영에 대한 이해 정도 • 직원의 직무 만족도 수준 • 직원의 서비스 전달 수준 역량
관리 시스템	• 직원 선발·교육·훈련의 관리 역량 • 객관적인 성과 지표 개발 및 분석 역량 • 혁신적인 성과 평가 시스템 • 공정하고 차등적인 성과 보상 프로그램 구축
서비스 디자인	• 콘셉트 선정의 당위성 • 생산성과 고객 가치 기반의 프로세스 품질 • 혁신적 프로세스 개발 및 실행 • 고객 중심의 MOT 설계 • 차별화된 서비스 개발

고객 채널	• 다양한 고객 접점 관리 • 고객 정보 수집·분석·활용 역량(CRM/CEM/VOC 시스템 구축 및 활용)
성과 관리	• 프로세스 평가 및 성과 관리 • 고객 만족 달성 정도 • 고객 만족 경영 개선 활동

③ 문제점
- 세분화되고 다양해지는 고객의 요구에 따라 기업의 부담이 증가한다.
- 기업 간의 경쟁 심화로 매출 대비 수익 구조가 악화되기도 한다.
- 접점 업무의 부담과 피로도 증가로 직원들의 감정 노동 피해가 심화된다.
- 주관적·비합리적인 고객 만족 평가 요소는 결과의 신뢰성을 떨어뜨린다.
- 기업의 고객 만족 경영 활동이 반드시 객관적이고 산술적인 수익성으로 환원되지는 않는다.
- 새로운 경험에 대한 고객들의 요구는 창의성과 지속적인 혁신을 필요로 한다.

④ 실패 요인 빈출
- 최고 경영자의 고객 만족 경영 의지가 상실되었다.
- 경영진의 '고객'과 '고객 만족'에 대한 인식 오류가 있다.
- 부서 간, 개인 간의 협업 정신이 결여되어 있다.
- 고객 만족 경영을 단기적 성과로 인식하는 분위기가 만연해 있다.
- 기업의 재정에 무리가 되는 비용 중심적 투자는 지속적인 고객 만족 경영에 부담이 될 수 있다.

⑤ 지속적인 고객 유지를 위한 고객 만족 경영 기법
- 고객 서비스에 대한 원활한 정보를 제공한다.
- 내부 고객에게 제공하는 서비스 수준을 향상시킨다.
- 직원이 자발적인 고객화 서비스를 할 수 있도록 권한을 부여한다.
- 위험을 감수하고 새로운 아이디어 창출을 위한 기업 문화를 조성하며, 모든 의사 결정과 시스템 및 공정을 고객의 욕구와 기대에 초점을 맞춘다.
- 고객이 경영의 참여자로서 활동할 기회를 제공한다.

> **PLUS⁺ FedEx의 P-S-P(직원-서비스-수익) 경영 철학**
>
> 직원이 자긍심과 만족감을 느낄 때 고객에 대한 서비스가 향상되고 회사의 이익이 창출된다는 FedEx의 경영 철학이다.
> - **People(직원)**: 서비스 생산자이자 전달자인 직원에게 징성을 다한다.
> - **Service(서비스)**: 기업의 정성에 만족한 직원은 최고의 서비스를 생산한다.
> - **Profit(수익)**: 우수한 품질의 서비스는 외부 고객의 고객 생애 가치를 높인다.

3 충성 고객

1. 충성 고객의 의미 빈출
① 기업의 고객 만족 경영의 결과에 만족한 고객으로 제품 또는 서비스를 반복적으로 재구매하거나 사용하는 고객이다.
② 기업을 대신해 다른 사람에게 기업 또는 브랜드를 추천하는 고객이다.
③ 경쟁 업체의 경영 활동에 동요하지 않으며 전환 또는 이탈하지 않는 고객이다.
④ 기업이 생산한 새로운 상품의 가격에 민감하지 않은 고객이다.
⑤ 한 기업의 다양한 제품과 서비스를 포괄적으로 구매하는 고객이다.

2. 고객 만족과 충성 고객 빈출
① 고객 유지 효과는 양적·질적 측면에서 모두 중요하다.
② 고객의 이탈 및 경쟁사로의 전환은 기업의 장기적인 수익에 매우 큰 영향을 미친다.
③ 고객 이탈 관리를 통해 신규 고객으로부터의 손실을 기존 고객으로 보충할 수 있다.
④ 충성 고객의 개발을 위해서는 고객 만족에 대한 피드백이 지속적으로 이루어져야 한다.
⑤ 고객과의 지속적인 관계 유지를 통해 고객 정보가 축적되고, 이 정보를 활용하여 보다 차별화된 서비스로 충성 고객을 만들 수 있다.

3. 고객 충성도에 따른 단계별 고객 행동

단계	고객 유형	내용
무관심 단계	잠재 고객	아직 기업에 대한 관심은 없지만 향후 고객이 될 잠재력이 있다.
인지 및 탐색 단계	가망 고객	상품의 필요성을 느끼고 기업 광고나 개인적 정보의 원천을 통해 기업 및 브랜드, 상품에 대해 인지하고 구체적인 정보를 획득하며 학습한다.
친밀감 형성 단계	신규 고객	고객의 고관여 행동으로 상품에 대해 익숙해지고, 기업과의 상호 작용으로 발생한 신뢰는 친밀감을 더욱 높여 주어 고객의 첫 구매를 유도한다.
공헌 단계 빈출	충성 고객	• 고객이 기업 또는 브랜드, 상품이 제공하는 가치에 만족하여 고객 로열티(Customer Royalty)가 형성되는 단계로 기업과의 애착 관계를 형성한다. • 고객은 기업의 특별한 관심과 차별화된 서비스를 통해 반복 구매와 신규 고객 추천이라는 행동으로 기업의 수익에 공헌한다.
분리 단계	이탈 고객	기업의 경영 활동 또는 상품 및 서비스에 실망한 고객들은 기업을 이탈하여 관계를 정리하거나 경쟁 업체로 전환한다.

4. 충성 고객의 확보 전략 빈출
① 고객 관리에 있어 표준화된 프로세스가 아닌 고객화(Customized) 프로세스를 지향한다.
② 제품 및 서비스의 생산 과정에 고객의 참여를 독려하고 의견을 적극 수용한다.
③ 고객의 비즈니스 향상과 라이프 스타일의 변화를 응원하고 지원한다.
④ 기존 고객과의 비즈니스 관계에서 가족과 같은 친밀한 관계로 전환하여 유지한다.
⑤ 고객의 생일, 결혼기념일과 같은 개인적인 경조사를 기억하고 축하의 표현을 한다.

> **PLUS⁺ 고객 순추천 지수(NPS)**
>
> 고객 순추천 지수(NPS; Net Promoter Score)는 "당신은 회사를 친구나 동료에게 추천할 의사가 있습니까?"라는 하나의 물음으로 고객 충성도를 측정하는 기법이다. 추천 의향 문항을 11개(0~10점) 척도로 측정하여 '추천 고객 비율(Promoters %)'에서 '비추천 고객 비율(Detractors %)'을 차감하여 NPS를 도출한다. NPS는 추천 의향을 높임으로써 반복 구매 또는 추천을 유도하고, 이를 통해 기업의 성장을 달성하고자 한다.
>
> - NPS 도입의 필요성
>   - 고객 만족도 조사와 실제 성과인 '고객 유지율(Customer Retention Rate)'과의 차이가 크다.
>   - 하버드 비즈니스 리뷰(HBR)의 연구 결과에 의하면 NPS는 기업의 3년 성장률과 비례 관계에 있다.
>   - NPS는 다른 고객 만족도 조사에 비해 질문이 단순하며 적용이 용이하다.
> - NPS에 따른 3가지 고객의 유형
>
> | 추천 고객
(Promoters) | • 9~10점을 준 고객이다.
• 중립 고객보다 더 많이, 자주 구매하는 고객이다.
• 다른 사람들에게 자신의 만족을 전파하고 적극적으로 추천하는 고객이다.
• 충성도(Loyalty)가 높은 고객이다. |
> |---|---|
> | 중립 고객
(Neuters) | • 7~8점을 준 고객이다.
• 만족을 표현하지만 확신은 하지 않는다.
• 기업의 홍보나 추천을 적극적으로 하지 않는다.
• 중립 고객의 마이너스 요인을 파악하여 적극적으로 불만을 끌어내는 것이 중요하다. |
> | 비추천 고객
(Detractors) | • 0~6점을 준 고객이다.
• 다양성을 추구하며 구매하는 고객이다.
• 지인에게 제품 및 서비스 사용에 대한 부정적인 피드백을 준다.
• 비추천 고객을 중립 고객으로 전환하기 위한 유인 효과 개발이 필요하다. |

4 고객 가치의 개선

1. 고객 가치 개선의 의의

① 고객 가치(CV; Customer Value)의 개선은 적은 투입 비용으로 더 좋은 고객 가치를 산출하는 활동을 의미한다.

② 고객 가치 창출은 충성 고객을 만드는 핵심 전략으로 크게 가치 혁신과 비용 혁신으로 구분한다.

가치 혁신	고객에게 현재 제공하는 기업 가치(혜택)를 더욱 끌어올리는 활동이다.
비용 혁신	서비스 품질의 수준은 유지하면서 고객이 지불하는 비용을 줄이는 활동이다.

③ 가치는 '고객이 받은 혜택'에서 '고객이 지불한 비용'을 차감한 만큼이다.

2. 고객 가치 개선의 전략 [빈출]

① 생산자 관점에서 사용자 관점으로 가치 인식이 변화해야 한다.
② 고객의 미충족된 니즈를 찾아내어 고객에게 실질적인 가치로 제공해야 한다.
③ 상대적 가치를 추구하고 경쟁자보다 개선된 창조적 가치를 추구해야 한다.
④ 고객 선순환 사이클을 통해 내부 고객의 가치부터 개선해야 한다.
⑤ 고객 중심으로 문제를 해결한다. B2B 사업에서도 최종 소비자 관점에서 가치를 창조해야 한다.

> **PLUS+** 고객 가치의 증진과 연장
>
> - **고객 가치의 증진**: 기존 제품이나 서비스에 부가적인 혜택을 제공하여 고객이 지각하는 가치를 높일 수 있다.
> - **고객 가치의 연장**: 고객 가치의 접점을 서비스 '이용 전', '이용 중', '이용 후'로 연장하고 새로운 혜택을 추가적으로 제공하여 고객 가치를 높이는 것이다.

> **PLUS+** 서비스 수익 체인 빈출
>
> 서비스 수익 체인(Service Profit Chain)은 성공적인 서비스 조직을 분석해 경쟁 효과를 극대화하고 고객 만족도를 높이기 위한 방안으로, 제시된 고객 서비스가 기업 수입의 원천이 되는 구조적 연결을 말한다. 서비스 수익 체인은 직원 만족도, 직원 충성도, 고객 만족도, 고객 충성도, 수익성과의 관계를 형성한다.
> - 먼저 기업은 직원에게 정책과 기타 지원 서비스 등을 제공하여 내부 서비스 수준을 높인다.
> - 내부 서비스에 만족한 직원이 기업에 충성심을 갖게 되어 생산성이 향상된다.
> - 기업에 대한 충성심과 높은 생산성을 지닌 직원은 고객에게 높은 서비스 가치를 전한다.
> - 높은 서비스 가치를 제공받은 고객의 만족도는 높아진다.
> - 지속적으로 만족한 고객은 기업의 충성 고객이 되어 수익을 성장시켜 수익성이 개선된다.

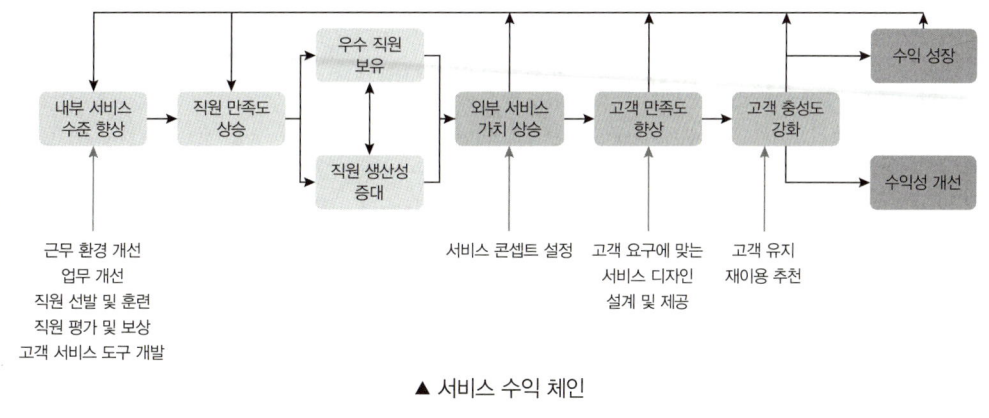

▲ 서비스 수익 체인

5 서비스 지향성

1. 고객 서비스 삼각형

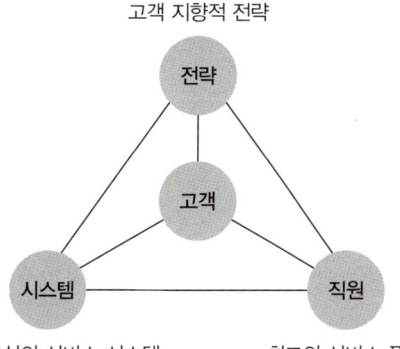

고객(Customer)	서비스 혜택을 받는 대상은 누구인가?
전략(Strategy)	고객에게 혜택을 제공하기 위한 경영상의 계획이 있는가?
직원(People)	누가 서비스 전달에 적합하며, 프로세스를 책임질 것인가?
시스템(System)	서비스 전달에 있어 요구되는 핵심 요소와 절차는 무엇인가?

2. 서비스 지향성의 정의 [빈출]

① 서비스 지향성(Service Directivity)은 우수한 서비스를 창출하고 고객에게 제공하기 위해 서비스 조직의 정책과 업무 처리 절차, 경영 철학 및 고객 중심의 기업 문화가 전사적 분위기에 녹아 있는 상태를 말한다.

② 탁월한 서비스가 최우선이라는 조직 전체의 믿음으로 기업이 고객 서비스에 얼마나 적극적인가를 나타내는 척도이다.

③ 서비스 지향성은 절대적 개념이 아닌 상대적 개념으로 경쟁자와의 상대적 우위를 더 중요한 지표로 사용해야 한다.

> **PLUS⁺ 시장 지향성**
> - 시장 지향성(Market Orientation)은 고객과 경쟁자에 대한 지속적인 조사와 분석으로 도출된 모든 정보를 전사적으로 공유하여 더욱 개선시키고, 창의적인 서비스 역량으로 집결시키는 것을 의미한다.
> - 시장 지향성은 마케팅보다 더 적극적인 전술적 개념으로, 마케팅이 비교적 추상적인 개념인데 비해 시장 지향성은 보다 구체적인 실천 방향을 제시한다.
> - Kohli and Jaworski는 시장 지향성을 '현재 및 미래의 고객 욕구를 포함하는 시장 정보의 전사적 창출, 창출된 시장 정보의 전사적 전파, 그리고 적절한 반응성'이라고 정의하였다.

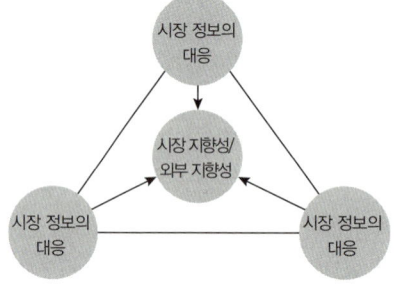

CHAPTER 02 고객 만족(CS)의 평가

| 빈출 키워드 |

\# 고객 만족 지수(CSI)　　　　\# 국가 고객 만족 지수(NCSI)　　　　\# NCSI 모델

1 고객 만족 지수(CSI)의 이해

1. 고객 만족 지수의 의의 빈출

고객 만족 지수(CSI; Customer Satisfaction Index)는 현재 생산, 판매되고 있는 제품 및 서비스 품질에 대하여 해당 제품을 직접 사용해 보고, 서비스를 받아 본 고객이 직접 평가한 만족 수준의 정도를 모델링에 근거하여 측정하고 계량화한 지표이다. 만족에 기여한 기업의 경영 활동 과정과 결과를 일정한 기준에 따라 고객의 관점으로 평가한다.
① 관리 지표로서의 의미가 있어야 한다.
② 고객 만족도와 구성 요소 간의 인과관계를 파악할 수 있어야 한다.
③ 고객 충성도와 고객 불만에 대해 설명할 수 있어야 한다.
④ 기업 성장에 대한 미래 예측을 할 수 있어야 한다.

2. 고객 만족 지수의 필요성 빈출

① 수익성과 밀접한 관계를 가진 고객 유지율을 제고한다.
② 제품 및 서비스 품질의 향상을 위한 기업의 프로세스를 개선한다.
③ 시간 흐름에 따른 고객 만족 성과의 원인을 파악한다.
④ 자사 경쟁력과 관련된 품질 성과를 연구할 수 있다.
⑤ 고객의 기대를 충족시키지 못하는 영역에 대한 평가를 할 수 있다.
⑥ 고객의 제품 및 서비스 가격 인상의 허용 폭을 결정하는 데 참고할 수 있다.
⑦ 잠재적 시장 진입 장벽을 분석할 수 있다.
⑧ 고객 유지율 평가를 통해 투자 대비 수익률(ROI)을 예측할 수 있다.
⑨ 경쟁사와의 비교 분석을 통해 전략을 수립할 수 있다.

3. 고객 만족 지수의 측정 원칙

① 측정 요건
- 고객 유지, 추천 의향을 함께 측정한다.
- 지수들 간에 영향을 주는 연관성도 함께 측정한다.
- 품질 요인, 고객 충성도, 경제적 성과도 함께 측정한다.

② 고객 만족 지수 측정의 3원칙

계속성의 원칙	• 조사를 정기적으로 계속 실시한다. • 한 번의 조사만으로 고객 만족도를 제고하는 것은 불가능하다. • 체계적인 개선 활동에 반영해야 한다.
정량성의 원칙	• 조사는 비교 가능하도록 정량적으로 수행한다. • 조사의 주요 목적은 '이전과 비교하여 얼마나 개선되었는가'를 파악하는 것으로 항목별 정량적 비교가 가능하도록 조사한다.

정확성의 원칙	• 조사를 정확하게 실시한다.
	  – 조사 대상의 표본(추출 방법)은 적절한가?
	  – 조사 항목이 경영 상태를 충분히 조사할 수 있는 내용인가?
	  – 조사 방법이 이론적, 실제적으로 적정한가?

> **PLUS⁺ 미스터리 쇼핑**
>
> 미스터리 쇼핑(Mystery Shopping)은 마케팅 조사 회사에서 훈련받은 전문 요원이 고객으로 가장해 서비스를 체험하고 조사하는 방식이다. 단순히 불친절한 종업원을 감시하는 것이 아닌 고객 서비스 개선으로 고객 만족도를 높이기 위한 활동이다.
> - 미스터리 쇼퍼가 유의할 점
>   - 신분 노출을 방지하는 능력
>   - 객관적인 평가 능력
>   - 정확한 표현을 위한 작문 능력
>   - 짧은 시간에 관찰할 수 있는 능력
>   - 마감 시간, 보고서 제출 시간 등을 준수하는 계획 능력

2 국가 고객 만족 지수(NCSI)

1. 국가 고객 만족 지수의 의의

국가 고객 만족 지수(NCSI; National Customer Satisfaction Index)란 국내외에서 생산하여 국내 최종 소비자에게 판매되고 있는 제품 및 서비스에 대해 해당 제품을 직접 사용한 경험이 있는 고객이 직접 평가한 만족 수준의 정도를 모델링에 근거하여 측정, 계량화한 지표이다.

① 국가 고객 만족 지수(NCSI)는 미국의 미시간 대학(University of Michigan) 경영 대학원 산하 국가 품질 연구 센터(National Quality Research Center)에 의해 개발되어 1994년부터 측정 및 발표하고 있는 ACSI 측정 방법론과 모델에 바탕을 두고 있다.

② 한국생산성본부는 NCSI를 1997년부터 미국 미시간 대학의 국가 품질 연구소와 공동 개발하였으며, 1998년부터 현재까지 매 분기별로 측정하여 발표하고 있다.

③ NCSI는 질적인 측면에서 경쟁력을 평가하는 데 유용하다. 단순히 만족도를 측정하는 평가 모델이 아니라 해당 기업의 품질 경쟁력을 가늠할 수 있는 성과 평가 지표이다.

④ NCSI 모델의 측정 방법론은 미국(ACIS), 싱가포르(CSISG), 터키(TCSI), 일본(JCSI) 등 13개국과 EU의 16개국이 활용하고 있는 국제적 기준(EPSI; Extended Performance Satisfaction Index)으로 국가 차원에서 고객 만족 지수를 비교함으로써 국가 간 품질 경쟁력 수준을 가늠할 수 있다.

2. 국가 고객 만족 지수의 개발 배경

거시 경제 측면	기업 측면
• 기업, 산업, 국가 차원에서 경쟁력을 평가하는 가장 기본적인 지표인 생산성 지표가 생산 활동의 효율을 측정한다. • 품질과 같은 질적 요인이 반영되어 있지 않기 때문에 실질적인 경쟁력 측정 지표로서의 의미를 부여하기 위하여 품질 지표의 필요성이 제시되었다.	• 기존의 측정 방법으로는 측정 변수 간의 인과관계 및 고객 만족도가 수익성에 미치는 영향을 설명하지 못하므로 개별 기업의 니즈를 충족시킬 수 없다는 한계가 있다. • 분석 모델을 갖추고 있지 못하여 분석 결과의 신뢰도가 낮다는 문제점이 있었다. • 개별 기업의 관심 영역인 고객 만족도의 변화가 고객 유지율로 대변되면서 수익성에 미치는 영향을 통계적으로 설명할 수 있는 방법론과 모델의 개발에 대한 필요성이 요구되었다.

3. 국가 고객 만족 지수의 개발 목적

개별 기업, 산업, 경제 부문, 국가 차원의 품질 경쟁력을 향상시키고자 하는 대의에서 출발하였으며, 국가 경제 차원에서는 품질을 경제적 수익의 측정 지표로 인식시키고, 기업에는 품질을 경제적 성과물과 연결시킬 수 있는 방법론을 제공하는 데 그 목적이 있다.

4. 국가 고객 만족 지수의 기능 빈출

① **거시 경제 및 산업 동향 분석**
  • 국가 경제 지표로서의 의미를 부여하기 위해 분석 대상을 중간재를 제외한 전 산업으로 확장하였다.
  • 기업별, 산업별, 경제 부문별, 국가 단위로 고객 만족 지수를 측정·발표하므로 전체 산업 및 경제 동향에 대해 파악할 수 있다.

② **산업 전체 업종 간 고객 만족도 비교**
  • 포괄적 개념의 고객 만족도 측정 방식으로 동종 업계는 물론 다른 업종과도 비교가 가능하다.
  • 상호 간에 수월한 벤치마킹을 통해 CS 개선을 위한 다양한 관점의 시각과 정보를 제공받을 수 있다.

③ **고객 만족 전략 수립**: 자사와 경쟁사의 CS에 대한 강점과 약점을 분석하고 품질 성과의 연구를 통해 고객의 욕구를 충족시키는 새로운 고객 만족 전략을 만들 수 있다.

④ **미래 수익성 예측**: 고객 만족도 향상이 고객 충성도, 수익성, 경쟁력에 미치는 영향을 분석하여 '투자대비 수익률(ROI)'을 예측할 수 있다.

⑤ **고객의 브랜드 또는 상품의 구매 결정에 방향성 제시**
  • NCSI 결과는 고객의 브랜드 선택이나 상품 구매 시 영향을 미치는 중요한 기준이 된다.
  • 고객은 훌륭한 품질을 제공받을 권리를 보호받아 삶의 질이 향상되고, 기업 및 산업은 품질 경쟁력을 높일 수 있다.

5. 국가 고객 만족 지수의 측정 방법

① NCSI의 구성 체계
- NCSI 최초 측정 단위는 기업이 생산하는 '제품군(Product Line)'이다. 특정 제품과 브랜드에 대한 만족이라기보다 특정 기업이 생산·판매하는 모든 제품과 서비스에 대한 기업 차원의 만족도를 측정하는 것이다.
- 기업 및 정부 기관의 NCSI는 산업·경제 부문, 국가 NCSI의 초석이 되며, 기업별 매출액을 기준으로 기업 NCSI를 가중 평균하여 산업 NCSI를 산출한다. 이에 산업별 GDP 구성비를 이용하여 국가 NCSI를 산출한다.
- NCSI는 국가 경제의 82개 업종, 349개 기업, 95,957개 표본(2023년 기준)으로 NCSI를 산출하기 위해 검증된 계량 경제 모델을 사용한다. 설문 항목별 점수는 1~10점을 배정하는 10점 척도(10 Point Scale)를 이용한다. 그러나 모든 측정 대상의 점수는 0~100점의 지수로 변환된다.
- NCSI의 설문 조사는 특정 제품 또는 서비스를 경험한 고객을 대상으로 모든 업종에 대해 일대일 직접 대면 조사를 하고 있으며, NCSI의 조사 규모는 단일 대면 조사로서는 세계 최대 규모이다. 표본은 조사의 정확성과 신뢰성을 높이기 위해 기업 및 기관의 특성에 따라 1개의 기업당 278명이 배정된다. 따라서 NCSI 측정에는 약 88,000여 명 이상의 의견이 반영된다.

② NCSI 모델
- NCSI 모델은 잠재 변수인 '고객 기대 수준', '고객 인지 품질', '고객 인지 가치'의 세 지수를 NCSI에 연결시킨다.
- NCSI 모델을 통해 선행 변수와 고객 만족도 사이의 인과관계에 대한 정보를 분석할 수 있다.
- 모델상에서 NCSI는 다시 고객 행동(고객 불평률/고객 충성도)으로 연결되고, 고객 만족은 재구매 가능성을 의미하는 고객 충성도를 이끌어 낸다.

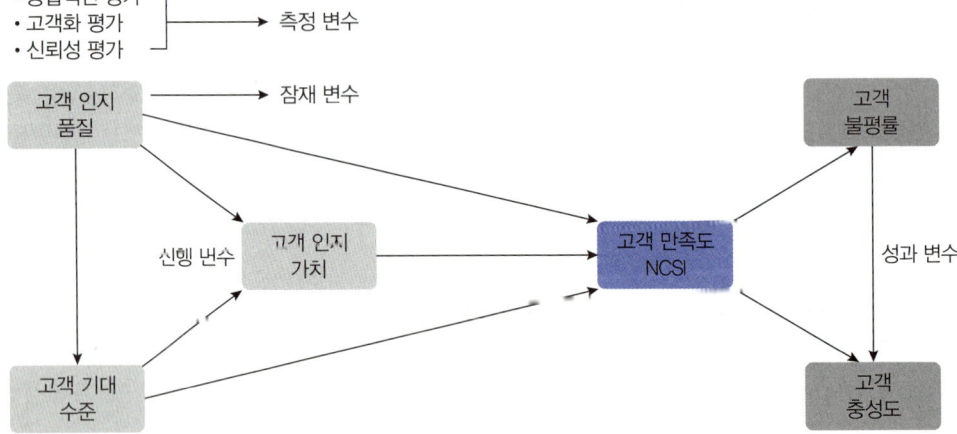

③ NCSI의 선행 잠재 변수와 후행 변수

선행 잠재 변수	후행 변수
• 시장의 품질 성과 지표의 기능을 한다. • 세 가지 잠재 변수는 고객 만족도에 영향을 미치는 선행 변수이자, 고객 만족도에 어느 정도 영향을 미쳤는지를 가늠할 수 있는 성과 지표이다.	• 수익성 예측 지표로서의 기능을 한다. • 고객 만족에 대한 기업의 궁극적 목표는 고객에게 양질의 상품을 제공하고 이를 통해 재구매를 유도함으로써 기업의 안정적인 수익을 확보하는 데 있다.

④ NCSI 모델의 조사 설문 문항

고객 기대 수준	• 구입 전 평가 • 전반적 품질 기대 수준 • 개인적 니즈 충족 기대 • 신뢰도
고객 인지 품질	• 구입 후 평가 • 전반적 품질 및 서비스 수준 • 개인적 니즈 충족 정도 • 신뢰도
고객 인지 가치	• 가격 대비 품질 수준 • 품질 대비 가격 수준 • 경쟁사 대비 자사 수준의 포지셔닝
고객 만족도 (NCSI)	• 전반적인 만족도 • 기대 불일치 • 이상적인 제품 및 서비스 대비 만족 수준
고객 불평률	• 고객의 공식적·비공식적 제품 및 서비스에 대한 불만 • 불안 해소의 영향 분석
고객 충성도	• 재구매 가능성 평가 • 재구매 시 가격 인상 허용률 • 재구매 유도를 위한 가격 인하 허용률 • 고객 만족과 수익의 관계 측정

CHAPTER 03 경영 전략 분석

| 빈출 키워드 |

S-C-P 모형   # 산업 구조 분석 모형   # SWOT 분석

1 경영 전략

1. 경영 전략의 의미 빈출

기업의 경쟁 우위를 가져올 수 있는 경영 활동 계획으로 현재 발휘할 수 있는 능력과 위치가 어느 정도이며 무엇을 할 수 있는가를 인식하여 경쟁자와의 차별성을 찾기 위한 반복적 프로세스이다. 전략을 제대로 수립하면 기업은 다음과 같은 능력을 갖게 된다.
① 분명한 경영 전략의 방향을 설정한다.
② 경쟁자와 비교한 강점과 약점의 내용을 알게 된다.
③ 기업이 보유한 주요 기능과 핵심 역량을 이용하는 프로젝트에 희소한 자원을 분배한다.
④ 급격하게 변화하는 정치적·사회적 환경 요소를 규명한다.
⑤ 어떤 경쟁자의 행동을 지켜 보아야 할 것인가를 인식한다.

2. 경영 전략의 개념 및 수준

경영 전략이란 기업의 사명과 목표를 달성하고 환경과의 관계를 관리하며 경쟁 우위를 확보하기 위하여 전략을 수립하고 실행하는 과정이다.
① 기업 전략(Corporate Strategy)
  - 기업 전체 수준에서 주로 기업의 사명을 정의하고 사업 수준과 기능 수준에서 나오는 제안들을 검토하는 것이다.
  - 관련된 사업 단위들 간의 연계성을 발견하고 전략적 우선순위에 의한 자원 배분과 관련된 문제들을 다루는 것이다.
② 사업 전략(Business Strategy)
  - 각 사업 내에서 해당 사업의 경쟁적 위치를 강화하는 데 필요한 모든 활동들을 다루는 것이다.
  - 즉 외부의 기회와 위협을 세밀히 인식하고 기업 전략에 의해 기업 전체적으로 자원이 배분되면 사업 전략에서는 기업 내부의 자원을 활용하여 경쟁 기업과 경쟁할 구체적인 방향과 방법을 강구하게 된다.
③ 기능 전략(Functional Strategy)
  - 사업 전략을 실행하기 쉽도록 각 기능 조직 단위로 실행할 전략을 규정하고 구체화하는 것이다.
  - 개별 사업부 내에 있는 인사, 연구 개발, 재무 관리, 생산 및 마케팅 등의 기능별 조직에서 제품 기획, 영업 활동, 자금 조달 등 세부적인 수행 방법을 결정한다.

2 거시적 산업 환경 분석의 프레임

1. 거시적 산업 환경 분석의 의의

거시적 산업 환경 분석(일반 환경 분석)은 기업이 제품 및 서비스를 기획하고 경영 전략을 선택하는 데 영향을 미치는 경제, 산업, 사회, 정치, 기술, 법률 등의 광범위한 동향에 대해 파악하는 것이다. 이는 기업의 장기적인 사업 방향을 잡고 기업의 경쟁 우위 전략(SCA)과 핵심 성공 요인(CSF)을 결정하기 위하여 진행한다.

인구 통계학 분석	• 인구의 증감 및 나이와 성비 구조 등의 구성 요소 분석 • 가족 구성 형태, 직업 및 수익 추이, 교육 수준 파악 • 라이프 스타일의 연구에 기반하여 미래 소비자 행동 예측
경제 환경 분석	• 거시 경제 분석 및 미시적이고 구체적인 경제 환경 분석 • 시계열 분석, 회귀 분석을 통한 예측 가능한 통계 자료 개발 • 산업 구조 및 세계적 경제 변화에 대한 대응 방안 준비
사회 문화 분석	• 사회적 구성 계층의 변화를 파악하여 고객층 개발 • 사회 각 분야 이해관계자의 니즈와 활동 분석 • 사회 문화적 가치관의 다양화, 트렌드 변화 • 각종 권익 및 이익 단체 간 동향 파악
정치 환경 분석	• 정부 정책의 방향성 및 변화 분석 • 기업 활동과 관련된 법률적 근거 및 변화 분석 • 자유 시장 경제 체제 내 건강하고 공정한 경쟁력 확보 방안 마련
기술 환경 분석	• 새로운 기술로 인한 사회적 장점과 단점 파악 • 새로운 기술 환경의 개발과 변화 필요성 고찰 • 기술 발전의 방향성 연구

2. S-C-P 모형 빈출

① 어떤 산업이 총체적으로 보통 이상의 이익을 낼 수 있는 조건을 평가하기 위한 모델로 이용되며, 산업 구조-기업 행동-성과(Structure-Conduct-Performance) 모형이라고 한다.
② S-C-P 모형은 산업에서 기업 환경과 행동, 성과 사이의 상관관계를 파악하고 경쟁을 저해하는 요소를 분석하여 제거하기 위해 개발되었다.

S(산업 구조)	산업 내 경쟁 기업의 수, 상품의 유사성, 진입과 철수 비용 등
C(기업 행동)	경쟁 우위를 위한 기업의 전략
P(성과)	경쟁 우위와 같은 기업 성과, 생산과 분배의 효율성, 고용 수준과 같은 사회 전반의 성과

3. 마이클 포터의 5가지 산업 구조 분석 모형 [빈출]

① 마이클 포터(Michael Porter)는 1979년 경제학의 사업 조직론에서 발전된 산업 구조 분석을 기업에 적용하기 쉽도록 변형한 5가지 산업 구조 분석 모형(Five Force Models)을 제시하였다.

② 5가지 위협 요소: 산업 환경에 영향을 미치는 5가지로 잠재적 신규 진입, 대체재, 구매자의 협상력, 공급자의 협상력, 기존 사업자로 구성된다.

잠재적 신규 진입	• 진입 장벽의 결정 요인: 규모의 경제, 절대적 비용 우위(절대 기술, 특허), 제품 차별화, 유통 채널의 접근 가능성 여부, 정부 규제와 제도적 진입 장벽 • 진입 장벽이 낮을수록 수익성이 낮아진다.
대체재	• 특정 산업이 충족시키고 있는 소비자의 욕구를 비슷하게 충족시켜 줄 수 있는 다른 산업의 상품이 존재하는 경우 • 해당 기업의 제품이 없을 때 대체할 대상이 있는가의 문제를 말한다. • 대체재가 존재하면 구매자의 협상력이 높아져 수익성이 낮아진다.
구매자의 협상력	• 구매자가 큰 거래 규모를 제시하는 경우 • 구매자의 산업 내 공급자 변경 시 전환 비용이 낮은 경우 • 산업의 제품이 구매자 상품의 품질에 영향을 미치지 않는 경우 • 구매자가 산업에 대해 많은 지식을 갖고 있는 경우
공급자의 협상력	• 거래 대상이 속해 있는 산업이 공급자에게 중요하지 않은 경우 • 공급자가 공급하는 제품의 대체품은 적고 거래 대상자에게는 매우 중요한 경우 • 공급자가 제품 차별화를 하고 있는 경우 • 공급자를 교체하는 비용이 높은 경우
기존 사업자	• 산업 내 기업 경쟁이 집중되는 경우 • 제품 차별화가 되지 못하는 경우 • 초과 설비를 증설하지 못하는 경우 • 퇴거 장벽(비용, 시간, 인력)이 높은 경우

4. 산업 생애 분석(Industry Life Cycle)

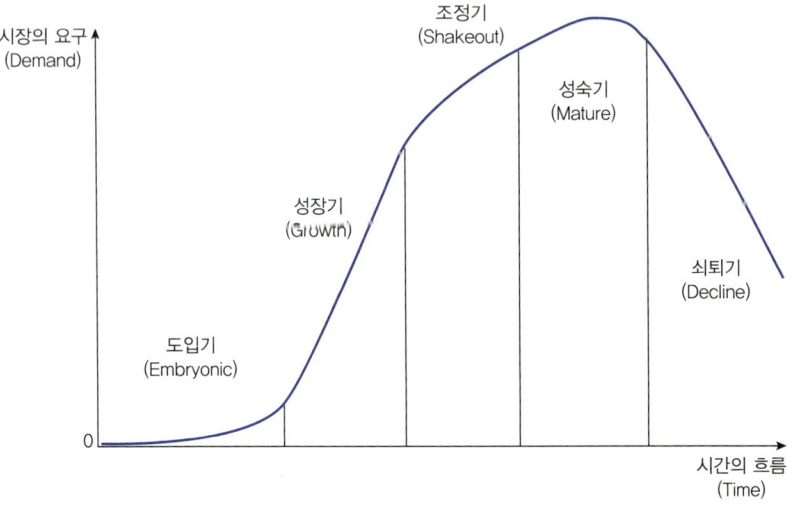

산업 도입기 (Embryonic Industry)	• 새롭게 개발되기 시작하는 산업이며, 산업의 성장이 느리다. • 규모의 경제가 구현되지 않아 제품 가격이 높고, 유통망도 제대로 형성되어 있지 않다. • 경쟁사의 핵심 기술 접근의 어려움으로 진입 장벽이 높다. • 진입 장벽이 높아 기존 기업은 잠재 경쟁자로부터 보호된다.
산업 성장기 (Growth Industry)	• 수많은 신규 고객이 시장에 진입함에 따라 수요가 급속히 증가한다. • 고객은 제품에 대해 잘 알고, 규모의 경제로 가격은 인하된다. • 진입 장벽이 낮아지고 잠재 경쟁자의 위협이 발생한다.
산업 조정기 (Industry Shakeout)	• 잠재적인 신규 고객이 감소하여 수요가 포화 수준이 된다. • 기업 간의 경쟁이 치열하다. • 생산 능력은 확대됐으나, 수요 감소로 초과 공급 위험에 직면한다.
산업 성숙기 (Mature Industry)	• 시장은 완전 포화 상태가 되고, 수요는 대체 수요만 존재하며, 성장률은 낮거나 제로(0)이다. • 성장의 여지는 인구가 증가할 경우에만 가능하다. • 기업은 생존 전략으로 원가를 최소화하거나 브랜드 충성도를 구축한다.
산업 쇠퇴기 (Decline Industry)	• 여러 가지 이유로 성장이 한계에 도달한다. • 수요 감소로 초과 생산 능력을 초래하고, 가격 경쟁이 나타난다.

PLUS⁺ 서비스 산업에서 경쟁이 심해지는 원인 빈출

- 상대적으로 진입 장벽이 낮다.
- 다른 제품으로 대체 가능성이 높다.
- 규모의 경제에 대한 기회가 적다.
- 고객 충성도를 달성하기 어렵다.
- 주로 소규모 기업이 많다.
- 진입 장벽이 낮다.

3 기업 차원의 미시적 분석

1. SWOT 분석 빈출

① 목적: 자사의 내부 역량과 기업의 외부 환경적 요인을 분석하여 기업의 미래 사업 전략 수립에 활용한다.

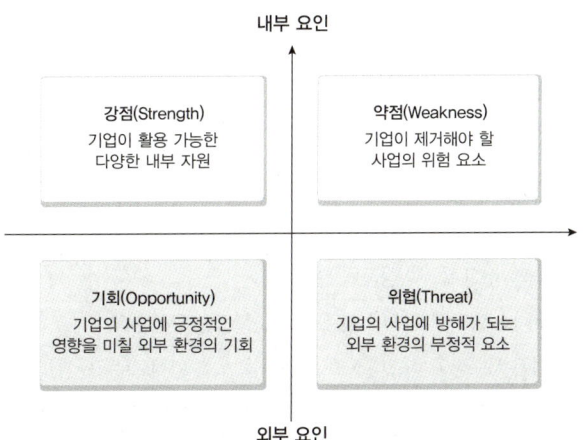

② SWOT 분석 전략 〔빈출〕

SO 전략 (강점-기회 전략)	시장의 기회를 활용하기 위해 강점을 사용하는 전략이다. 예 사업 영역 확장, 사업 구조 변경, 시장 확대, 시장 기회 선점
ST 전략 (강점-위협 전략)	시장의 위협을 회피하기 위해 강점을 사용하는 전략이다. 예 혁신 운동, 구조 조정
WO 전략 (약점-기회 전략)	기업의 약점을 극복함으로써 시장의 기회를 활용하는 전략이다. 예 신사업 진출, 신기술 개발
WT 전략 (약점-위협 전략)	시장의 위협을 회피하고 약점을 최소화하는 전략이다. 예 원가 절감, 사업 축소, 철수 전략

2. 기업 경쟁력 위상(포지션) 분석

기업은 경쟁사와의 상대적 경쟁력을 파악하고 벤치마킹 등을 수반하여 개선 전략을 수립한다.

1단계	여러 변수 중 2가지 핵심 요인을 선정한다.
2단계	핵심 요인별로 X, Y 격자 형식의 매트릭스를 구성한다.
3단계	측정한 자사 및 경쟁사의 역량 수준을 매트릭스에 표시한다.
4단계	매트릭스에 위치한 자사의 위상을 분석하여 미래 전략 방향을 고려한다.

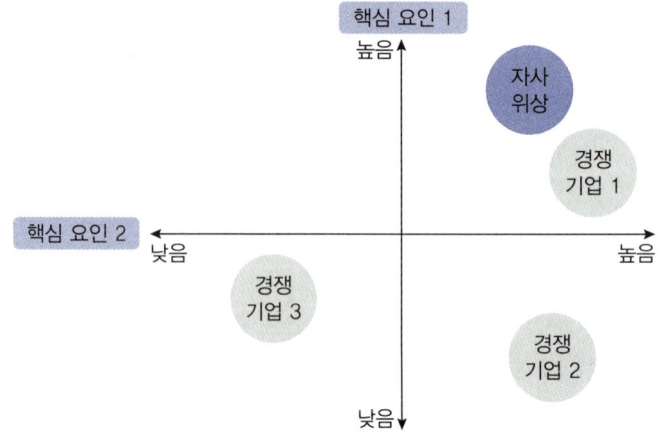

3. 분포(포트폴리오) 분석

기업이 보유하고 있는 제품 또는 서비스 상품이 시장에서 어떤 형태와 위치로 분포되어 있는지를 분석하기 위해 사용하는 도구로, 현재 분포의 위치를 더욱 경쟁력 있게 변경하거나 부족한 부분을 개선할 수 있는 전략을 세울 수 있다.

1단계	자사의 비즈니스 및 상품을 분석한다.
2단계	매트릭스 형태의 지도에 전체 사업 분포도를 구성한다.
3단계	구성된 지도상에 비즈니스 또는 상품을 도형 형식으로 표시한다.
4단계	도형의 크기는 시장 규모, 매출, 수익성, 자본 등에 따라 조정한다.

4. 동태 분석

동태(Dynamism) 분석은 시간을 X축, 분석 요인을 Y축으로 하여 과거 시간에 따른 분석 요인의 변화를 분석하고 미래 사업 성장을 예측할 수 있다.

시간	월간, 분기, 연간, 상품 수명 주기 등
분석 요인	매출액, 기술력, 자본 상태, 인적 규모, 시장 점유율 등
활용	• 시장 진입과 퇴출 전략 • 분석 요인의 상황 변화, 중장기적 경쟁력 및 성장성

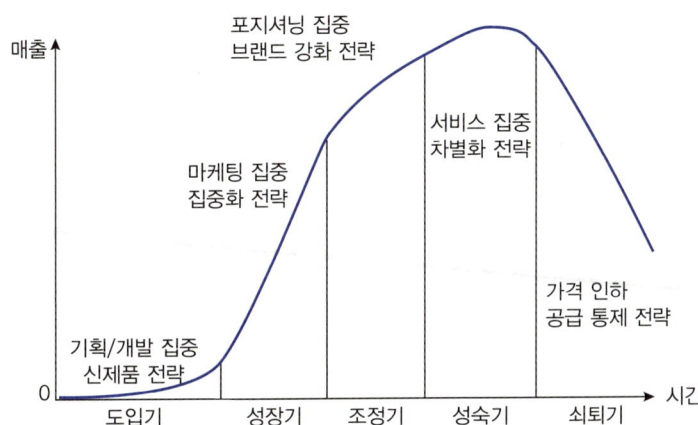

CHAPTER 04 경쟁 우위 전략 및 서비스 마케팅

| 빈출 키워드 |

\# 원가 우위 전략　　\# 마케팅 믹스 4P　　\# 서비스 확산 분석
\# PSS 전략

1 경쟁 우위 전략

1. 원가 우위 전략 [빈출]

① 의의
- 경쟁 우위 전략(Strategy of Competitive Advantage) 중 원가 우위 전략은 제품과 서비스의 생산에 필요한 투입 원가를 낮추고, 공정(Process)상에 소요되는 비용을 절감하여 상품에 대한 고객의 접근성을 높임으로써 부가 가치를 창출하는 전략이다.
- 상품의 생애 주기에서 성숙기 진입 시 상품의 원가가 낮은 기업은 가격 경쟁에서 유리한 위치를 차지할 수 있다.

② 한계점
- 목표 고객 발견에 어려움이 있다.
- 시설의 투자 비용이 부담된다.
- 저가 전략은 서비스 품질을 떨어뜨릴 수 있다.
- 원가 절감의 적용 범위가 제한적이다.
- 원가 관리 및 비용 통제의 어려움이 있다.

③ 전략
- 서비스 디자인을 단순화한다.
- 표준화 서비스를 구축한다.
- 고객을 서비스 생산에 참여시킨다.
- 고객과의 접촉 채널을 축소시킨다.
- 교육 훈련을 통해 서비스 직원의 숙련도를 향상시킨다.

2. 집중화 전략

① 의의. 전체 시장의 다양성을 모두 공략하기보다는 목표 시장을 세분화해 시장, 고객, 제품, 서비스 등의 특정한 기준 중 자사의 이익에 가장 크게 기여할 기준을 선정하여 한 곳을 집중 공략하는 전략이다.

② 전략

원가 절감에 집중	원가 절감과 가격 경쟁 우위를 통해 목표 시장을 공략한다.
핵심 기능의 강화	목표 시장에서 특별한 고객에게 품질 높은 제품과 서비스를 제공함으로써 경쟁력을 확보하는 데 초점을 맞춘다.

3. 차별화 전략
① 의의
- 기업이 경쟁사와 다른 기능의 제품과 서비스를 고객에게 제공함으로써 차별성을 확보하는 전략이다.
- 독점적 기술이 적용된 제품이나 고급화된 서비스 디자인의 설계로 상품의 부가 가치를 높여 원가 우위 전략보다 상품당 수익성을 높이려는 전략이다.

② 전략
- 무형적 요소를 유형화한다.
- 표준화 제품을 고객화한다.
- 서비스 직원의 훈련에 관심을 기울인다.

4. 다각화 전략
① 의의: 기업의 기존 비즈니스는 유지하면서, 동시에 시장 내 다른 사업에 추가적으로 진입하는 전략이다.

② 목적
- 기존 사업과의 시너지를 통해 기업 성장과 우수한 성과를 기대한다.
- 새로운 사업 또는 시장 개척으로, 단일 사업이 지닌 자산 집중의 위험을 분산시킨다.
- 수익 구조의 다변화를 통해 경기 순환의 사이클로부터 안정적인 사업을 영위하기 위함이다.

③ 전략: 기존 사업과 관련이 있는 신사업에 진출하는 경우와 기존 사업 영역과는 전혀 다른 사업 영역에 진출하는 경우가 있다.

5. 틈새 시장 전략 빈출
① 의의: 틈새 시장(Niche Market) 전략은 전체 시장에서 특정 상품이 소수 시장의 수요를 집중적으로 만족시키는 전략을 말하며, 기존의 비즈니스 시장에서 공략하지 않았던 새로운 사업 분야에 진입하는 전략이다. 일반적으로 대량 생산, 브랜드 이미지 홍보, 마케팅 캠페인을 할 수 없는 중소기업들이 주로 실행하는 사업 전략이다.

② 긍정적 효과
- 과도한 경쟁 상황을 회피함으로써 불필요한 마케팅 비용을 줄일 수 있다.
- 신규 사업 아이템의 개발과 성장을 통해 시장의 선도자로서 경쟁 우위를 가진다.
- 사업 개시에 필요한 초기 자본 및 투입 자원의 규모를 낮출 수 있다.
- 사업 아이템의 샘플링 테스트 역할을 통해 신상품의 개발에 도움이 된다.

③ 한계
- 특정 시장의 작은 규모로 인해 초기 매출을 높이는 데에 어려움이 있다.
- 사업성이 확인되면 막대한 자본을 가진 대기업의 사업 진입이 발생하기도 한다.
- 유행이나 사회적 요구로 인한 반응에 민감하므로 사업의 지속성이 침해되기도 한다.

2 서비스 마케팅 전략

1. 마케팅의 개념 _{빈출}

① 마케팅(Marketing)은 일반적으로 기업이 고객의 니즈와 욕구에 부합하는 제품 및 서비스 상품을 기획·가격 결정·홍보·유통하는 과정을 설계하고 실행하는 활동을 말한다.
② 현대 사회에서는 마케팅의 대상(외부 고객)을 단순히 직접 구매를 하는 소비자뿐만 아니라 직접 구매는 하지 않았지만 사용자 측면에서의 간접 고객과 잠재 고객을 포함한 사회 전반으로 보고 있다.
③ 전통적인 제조 중심의 사회에서는 마케팅의 목적을 상품 판매를 위한 시장 점유율 확보에 두었으나, 현대 사회의 마케팅은 상품 자체의 홍보에 그치지 않고 기업이 제공하고자 하는 가치와 고객이 요구하는 가치의 상호 교환 및 고객 참여로 인한 새로운 가치의 공동 창출에 많은 관심을 가지고 있다.

2. 시장 조사와 소비자 분석

시장 조사는 시장 전체의 거시적 정보를 확보하기 위한 것이며, 소비자 분석은 소비자 개개인의 특성과 행동 패턴, 성향 등을 자세하게 파악하기 위해 정보를 수집 및 분석하는 활동이다.

시장 조사(Market Research)	소비자 분석(Consumer Research)
• 비즈니스가 행해지고 있는 시장의 특성과 현황 관련 정보를 수집하고 분석하여 마케팅에 반영할 수 있도록 가공하는 것을 말한다. • 시장 조사의 활동으로는 시장 점유율 분석, 시장 특성 분석, 지역별 특성 조사, 상권 및 점포 조사, 시장 가능성 평가 등이 있다.	• 소비자와 제품, 가격, 유통 등 시장의 제반 여건에서 기업이 앞으로 주요 목표 대상으로 선정할 소비층 분석과 소비 행동을 연구한다. • 소비 행동을 위한 의사 결정 과정의 형태와 소비 행동에 영향을 미치는 요소를 조사해서 분석하는 과정이다.

> **PLUS⁺ 마케팅 조사**
>
> 마케팅 조사(Marketing Research)는 현재 마케팅의 성과와 문제를 분석하는 데 요구되는 정보를 수집하는 역할을 통해 소비자 및 고객, 더 나아가 시장의 현황을 기업에 연결하는 기능을 한다. 이러한 마케팅 정보는 마케팅 행동을 생성하고, 수정 및 평가하며 성과를 모니터링하여 마케팅에 대한 이해를 향상시킨다. 마케팅 조사는 문제를 해결하는 데 필요한 정보를 설정하고, 정보 수집 방법을 설계하며, 데이터 수집 프로세스를 관리 및 구현하고, 결과를 분석하며, 결과와 그 의미를 전달한다.

3. 5C 분석

고객(Customer)	기업의 현재, 미래 잠재 고객
기업(Company)	회사의 자원 및 핵심 역량 분석
환경(Context)	기업이 당면한 환경 및 문제점
협력자(Collaborators)	상호 가치 창출을 위한 협력적 관계자
경쟁자(Competitors)	경쟁자의 수, 시장 점유율, 시장 진입 장벽, 차별적 우위

> **PLUS⁺ 벤치마킹**
>
> - **정의**: 벤치마킹은 어느 특정 분야에서 우수한 상대를 표적으로 삼아 자기 기업과의 성과 차이를 비교하고 이것을 극복하기 위해서 상대의 뛰어난 운영 프로세스를 배우며 혁신을 추구하는 경영 기법이다.
> - **특징**: 목표 지향적, 외부적 관점, 평가 기준에 기초, 정보 집약적, 객관적 행동
> - **기능**
>   - 벤치마킹은 전략 계획 수립 과정에서 여러 분야의 정보를 수집하는 데 유용한 도구로 사용된다.
>   - 벤치마킹을 통해 시장의 변화를 예측할 수 있다.
>   - 새로운 아이디어를 창출할 수 있다.
>   - 경쟁 업체 또는 초우량 기업과 제품, 경영 프로세스를 비교함으로써 자사의 경쟁력 또는 서비스 향상 방법 등을 파악할 수 있다.
>   - 조직이 추구하는 적절한 목표를 선정하는 데 도움을 줄 수 있다.
> - **유형**
>   - **내부 벤치마킹**: 서로 다른 위치의 사업장이나 부서, 사업부 사이의 벤치마킹이다.
>   - **경쟁 벤치마킹**: 동일한 고객을 대상으로 제품 또는 서비스를 판매하는 경쟁사 사이의 벤치마킹이다.
>   - **기능 벤치마킹**: 최신 제품, 서비스, 프로세스를 가지고 있는 조직을 대상으로 한 벤치마킹이다.
>   - **포괄 벤치마킹**: 전혀 관계가 없는 기업들에 대한 벤치마킹이다.

4. STP 전략 〔빈출〕

시장 또는 고객을 다양한 영역으로 세분화하여 기업이 제공할 가치와 이익에 부합하는 목표 시장과 고객을 설정하여 차별화된 서비스를 집중적으로 공략하는 마케팅 전략 기법이다.

시장 세분화 (Segmentation)	• 일대일 마케팅과 매스 마케팅 사이에 존재한다. • 성향 및 특성이 비슷한 고객군으로 시장을 구분하고 기업의 상품에 맞는 최적의 시장 규모를 찾는 것을 말한다.
목표 대상 선정 (Targeting)	• 세분화된 시장별 매력도를 분석한다. • 구체적이고 명확한 마케팅 목표 시장 및 고객을 선정하는 것을 말한다. • 타깃은 상품 구매 가능성을 지니고 있어야 한다.
포지셔닝 (Positioning)	• 목표 시장과 고객들에게 각인될 브랜드 및 상품의 이미지를 선정한다. • 경쟁사와의 차별성을 바탕으로 상대적 위치를 결정한다. • 다양한 채널을 통한 지속적이고 일관성 있는 브랜드 관리 및 광고로 고객의 마음속에 자리 잡는다.

5. 마케팅 믹스

1960년 미국 미시간 주립 대학 교수 제롬 맥카시 교수는 마케팅 믹스(Marketing Mix)라는 용어와 함께 기업이 그들의 목표 고객층을 만족시키기 위한 마케팅 전략으로 제품(Product), 가격(Price), 장소(Place), 촉진(Promotion) 4가지를 제시하였다.

① 마케팅 믹스 4P의 구성 〔빈출〕

제품(Product)	상품 개발(품질, 디자인, 특징, 패키지)
가격(Price)	표시 가격, 가격 할인, 거래 조건, 지불 기간
장소(Place)	판매 장소, 경로, 시장 범위, 물류 관리
촉진(Promotion)	광고/홍보 방식, 판매원 관리

② 마케팅 믹스 4P에서 4C로의 전환
- 1993년 로버트 로터본(Robert Lauterborn)은 판매자 시점의 4P를 소비자의 시점으로 다시 정의한 4C 분류 방법을 소개하였다.
- IMC(통합 마케팅 커뮤니케이션)의 발달과 함께 다양한 서비스 기업으로 구성되어 있는 현대 사회에서 마케팅 믹스의 구성 요소를 제조업 중심의 전통적인 마케팅 요소인 4P로 설명하는 것은 적절하지 않다. 이에 4P를 개선하여 확장된 개념인 4C로 구분하였다.

4P	4C	고객 입장에서의 재정의
제품(Product)	고객(Customer)	고객의 요구 및 가치
가격(Price)	비용(Cost)	가치 획득에 필요한 비용
장소(Place)	편익(Convenience)	가치 교환(유통)의 편리성
촉진(Promotion)	소통(Communication)	기업과의 의사소통

③ 마케팅 믹스 7P(4P+3P): 기존의 4P가 변화된 마케팅 환경에 적합하지 않고 서비스 산업의 특성을 제대로 반영하지 못한다는 판단에 추가적으로 3P의 개념을 구성하여 사용하고 있다.

4P	3P	고객 입장에서의 재정의
· 제품(Product) · 가격(Price) · 장소(Place) · 촉진(Promotion) +	사람(People)	직원 역량 강화, 고객 지원, 교육 훈련
	프로세스(Process)	서비스 프로세스, 업무 절차, 고객 참여
	물리적 증거(Physical Evidence)	서비스 스케이프, 설비 및 장비, 유니폼

6. 통합 마케팅 커뮤니케이션(IMC) 전략

① 의의 `빈출`
- 통합 마케팅 커뮤니케이션(IMC; Integration Marketing Communication) 전략은 마케팅 믹스에서 확장된 개념으로, 다양한 마케팅 수단을 고려하여 고객과 기업의 의사소통을 더욱 효과적으로 개선하기 위해 통합적이고 복합적인 마케팅 활동을 계획하고 실행하는 것을 의미한다.
- IMC는 마케팅의 한 부분인 광고 및 홍보, 판촉, 판매 등을 온라인과 오프라인의 다양한 마케팅 채널을 바탕으로 통합적으로 사용하고 관리할 수 있는 전술적 개념이다.
- 21세기 현대 사회에는 마케팅에서 브랜드의 가치가 더욱 높아지면서 IMC를 적용해 '통합적 브랜드 커뮤니케이션'의 의미로도 사용된다.
- IMC는 소비자들이 집약하고 높일된 브랜드 이미지를 갖고 이를 바탕으로 '소비자들의 구매 행동 유도'라는 전략적 마케팅 목표를 달성하기 위해 지속적이고 일관성 있는 메시지와 브랜드 이미지를 제공해야 한다.

② 단계

1단계	하나의 브랜드 이미지 구축
2단계	소비자의 관점과 시각에서 계획
3단계	다양한 정보 통신 채널과 통합
4단계	IMC 활동의 전략적 사용

3 동태적 경영 전략

1. 지속적 경쟁 우위(SCA) 전략 빈출

① 의미
- 원가 절감이나 핵심 기능의 강화와 같은 경쟁 우위 전략은 경쟁에서 일정 기간은 효과를 볼 수 있지만 변화하는 환경에 유연하게 대응하기는 어렵다.
- 지속적 경쟁 우위(SCA; Sustainable Competitive Advantage) 전략은 경쟁사들이 상품의 핵심 요소를 모방하고 가격으로 추격하더라도 경쟁 관계에서 지속적으로 우위를 선점할 수 있는 전략을 말한다.

② 지속적 경쟁 우위를 위한 노력
- 고객화된 서비스 인프라 구축
- 대체가 어려운 서비스 프로그램 확보
- 새롭고 창의적인 서비스 가치의 창출
- 진입 장벽이 높은 서비스의 제공

2. 서비스 확산 분석

① 의미
- 고객에게 제공되는 새로운 서비스가 시장에서 어떤 방식으로 확산되는지와 확산 방향성 및 속도에 대한 분석은 서비스 전략 수립에 매우 중요한 요소이다.
- 서비스 확산 분석은 시장에 새로운 서비스의 파장이 어떤 방법으로 어떤 영향을 미치는지를 조사, 연구, 분석하는 것을 의미한다.
- 새로운 서비스에 대한 정보 교류가 이루어지는 과정에서 원활한 의사소통을 위한 여러 채널(Channel)이 존재함을 전제로 한다.
- 확산은 크게 기업 광고나 영업 활동, 외부 전문가 의견과 같은 외부 채널을 통한 거래 결정, 개인적 관계를 바탕으로 한 구전 활동과 같은 내부 채널을 통한 거래 결정, 두 채널의 복합적 작용으로 발생하는 거래 결정 등 세 가지 채널을 통해 이루어진다.

② Bass 확산 모형 빈출
- Bass 확산 모형(Bass Diffusion Model)은 새로운 서비스 확산을 분석하는 데 유용한 모형이다.
- 새로운 서비스를 채택하는 사람은 두 가지 채널에 영향을 받고, 그 영향의 차이에 따라 혁신자와 모방자의 두 그룹으로 나눌 수 있으며, 혁신자와 모방자의 계수가 다르다고 가정한다.

혁신자(Innovator)	외부 채널을 통한 독자적 구매 결정 그룹으로 개인적 선택에 따라 판단한다.
모방자(Imitator)	내부 채널의 영향으로 다른 사람들의 구매 행동을 따라 구매한다.

- 새로운 서비스 채택자의 수는 혁신자와 모방자를 더한 합과 같다.
- 공식: 정량적 분석을 위해 개념적 모형을 수리적 모형으로 변환하는 공식을 사용한다.

$$n(t) = \frac{dN(t)}{dt} = p[m - N(t)] + \frac{q}{m} N(t)[m - N(t)]$$
($n(t)$: t 시점에서의 제품 채택자의 수, p: 혁신 계수, q: 모방 계수, m: 잠재 시장 규모)

- 아직 채택하지 않은 고객을 나타내는 $m-N(t)$가 확산의 변화 폭을 결정한다.
- $p[m-N(t)]$는 채택한 고객의 수인 $N(t)$의 영향을 받지 않는 혁신자의 채택이라고 한다.
- $q/mN(t)[m-M(t)]$는 채택자 수인 $N(t)$의 영향을 받는 모방자의 채택이라고 한다.

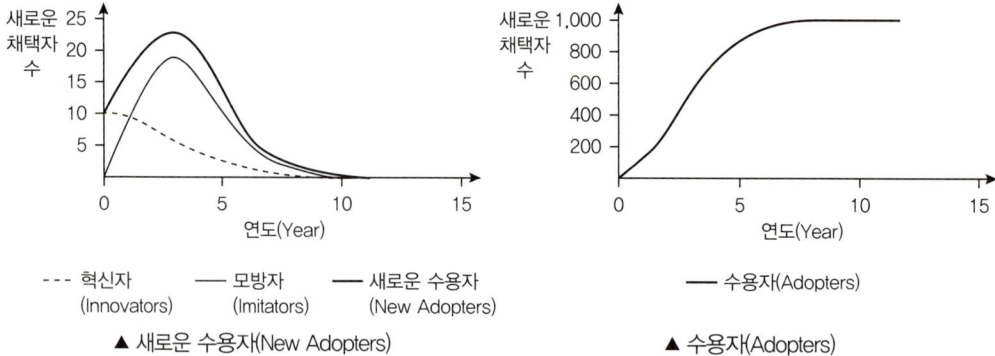

▲ 새로운 수용자(New Adopters) ▲ 수용자(Adopters)

3. PSS(제품과 서비스의 통합) 전략

① 의미 빈출

- PSS(Product-Service-System, 제품과 서비스의 통합) 전략은 제품과 서비스라는 이분법적 상품 개념을 하나의 통합 상품 개념으로 소비자에게 제공하는 전략이다.
- 단순히 제품 상품과 서비스 상품을 구분해서 제공하던 종전의 시장에서 21세기 기술 발전 서비스의 다양화로 융합 상품에 대한 소비자들의 니즈가 생기기 시작하였고, 상품과 관련한 소비자들의 지식 및 의식 수준을 충족시키기 위해 제품과 서비스를 구분하지 않고 하나의 융합 상품으로 제공해야 할 필요성이 생기기 시작하였다.
- 좁은 의미로는 제품을 거래하는 과정상의 서비스 디자인 전략이고, 넓은 의미로는 상품 개발부터 제품과 서비스를 융합하여 새로운 상품을 출시하는 전략이다.
- 제품의 효용과 기능이 품질이나 성능에 의해 평가되는 것이 아니라 고객이 원하는 서비스를 제공할 수 있는가에 따라 결정된다.

② 유형

사용 중심의 PSS	제품의 기능적 사용권을 제공하는 사업과 같이 제품의 소유권 이전이 아닌 서비스 사용 권리를 판매하는 형태이다. 예 정수기 렌털 서비스, 공유 하우스 및 사무실 임대 서비스 등
제품 중심의 PSS	제품을 판매하거나 사용하는 것을 독려하기 위해 부가적인 서비스를 추가로 제공하는 형태이다. 예 A/S, 제품 사용자에 대한 멤버십 혜택 등
결과 중심의 PSS	사용 중심의 PSS를 발전시킨 형태로, 제품은 사용하지 않은 채 그 제품으로부터 나오는 결과물만을 이용하는 형태이다. 고객에게 결과와 경험인 서비스 결과물을 최종적으로 전달한다. 예 3D 프린터를 이용한 고객 맞춤형 주문 제작 서비스 등

SUBJECT 05 | 고객 만족 경영(CSM) 전략
적중 예상문제

PART 1 일반형

01 다음 중 고객 만족 및 충성도에 대한 설명으로 옳지 <u>않은</u> 것은?
① 고객을 유지함으로써 발생하는 효과는 고객의 질적인 측면과 관련된 것이다.
② 고객의 이탈은 기업의 단기 수익에 커다란 영향을 미치지만 장기 수익에 미치는 영향은 작다.
③ 고객 이탈 관리는 신규 고객과의 거래에서 발생한 손해를 기존 고객으로부터 보충할 수 있으므로 매우 중요하다.
④ 고객 이탈 방지 및 충성도 높은 고객으로의 전환을 위해서는 고객 만족에 대한 피드백이 지속적으로 이루어져야 한다.
⑤ 고객 관계 유지를 통해 고객에 대한 정보가 축적되고, 이를 바탕으로 한 보다 차별화된 서비스로 기존 일반 고객을 우량 고객으로 만들 수 있다.

02 다음 중 고객 만족 경영에 대한 설명으로 적절하지 <u>않은</u> 것은?
① 마케팅 비용을 절감하고 효과를 증진한다.
② 고객 만족 경영은 기존 고객 개발에만 기여한다.
③ 불만 고객과 적극적으로 소통하여 상품의 약점을 보완한다.
④ 기업 활동의 전 영역에 고객 우선주의를 적용한 경영 활동이다.
⑤ 시장 점유율, 원가 절감의 단기적 관점보다는 고객 만족이라는 장기적 전략을 지향한다.

03 다음 중 충성 고객 확보 전략으로 적절하지 <u>않은</u> 것은?
① 기존 고객과의 비즈니스 관계에서 가족적 관계로 전환하여 유지한다.
② 고객 관리에 있어 표준화된 프로세스가 아닌 고객화 프로세스를 지향한다.
③ 제품 및 서비스의 생산 과정에 고객의 참여를 독려하고 의견을 적극 수용한다.
④ 고객의 비즈니스 향상과 라이프 스타일은 개인적 영역이므로 관여하지 않는다.
⑤ 고객의 생일, 결혼기념일과 같은 개인적 경조사를 기억하고 축하의 표현을 한다.

해설
01 고객의 이탈은 기업의 장·단기 수익에 커다란 영향을 미친다. 특히 이탈 고객이 경쟁사의 고객으로 전환된 경우에는 기업의 수익뿐만 아니라 시장 점유율에도 영향을 미칠 수 있다.
02 고객 만족 경영은 고객 구전 활동으로 신규 고객 유치에도 도움이 된다.
03 고객의 비즈니스 향상과 라이프 스타일의 변화를 응원하고 지원한다.

정답
01 ② 02 ② 03 ④

04 다음 중 성공적인 서비스 수익 체인 문화를 만들기 위한 노력으로 적절하지 <u>않은</u> 것은?
① 기업의 충성 고객은 안정적인 장기 수익성으로 보상한다.
② 높은 서비스 가치를 제공받은 고객의 만족도는 높아진다.
③ 내부 서비스에 만족한 직원이 가지는 충성심과 생산성은 관계없다.
④ 고객에게 높은 서비스 가치를 전하는 직원은 고객 가치를 최우선으로 한다.
⑤ 직원에게 정책과 기타 지원 서비스 등을 제공하여 내부 서비스 수준을 높인다.

05 다음 중 국가 고객 만족 지수(NCSI)의 기능으로 옳지 <u>않은</u> 것은?
① 미래 수익성 예측
② 고객 만족 전략 수립
③ 거시 경제 및 산업 동향 분석
④ 특정 업종에 한정하여 고객 만족도 비교
⑤ 고객의 브랜드 또는 상품의 구매 결정에 방향성 제시

06 다음 중 마이클 포터의 산업 구조 분석 모형에 대한 설명으로 옳은 것은?
① 진입 장벽이 낮을수록 잠재적 신규 진입 위협이 낮아진다.
② 대체재가 존재하면 구매자의 협상력이 높아져 수익성이 높아진다.
③ 공급자가 제품 차별화를 하고 있을 때 공급자의 협상에 의한 위협은 낮아진다.
④ 초과 설비를 증설하지 못했을 경우 기존 기업 간 경쟁에 의한 위협은 높아진다.
⑤ 구매자의 산업 내 공급자 변경 시 전환 비용이 낮아지면 구매자의 협상에 의한 위협도 낮아진다.

07 다음 중 SWOT 분석에 대한 설명으로 옳지 않은 것은?

① SO 전략은 시장의 기회를 활용하기 위해 강점을 사용하는 전략이다.
② ST 전략은 시장의 위협을 회피하기 위해 강점을 사용하는 전략이다.
③ WO 전략은 기업의 약점을 극복함으로써 시장의 기회를 활용하는 전략이다.
④ WT 전략은 시장의 위협을 회피하고 약점을 최소화하는 전략이다.
⑤ TO 전략은 기회를 이용해 위협을 극복하는 전략이다.

08 다음 중 원가 우위 전략의 한계점으로 옳지 않은 것은?

① 시설의 투자 비용이 부담된다.
② 원가 절감의 적용 범위가 한정적이다.
③ 원가 관리 및 비용 통제의 어려움이 있다.
④ 목표 고객 개발에는 비용이 발생하지 않는다.
⑤ 저가 전략으로 인한 품질의 하향 평준화가 우려된다.

해설

04 내부 서비스에 만족한 직원은 기업에 충성심을 가지게 되어 생산성이 향상된다.
05 산업 전체 업종 간 고객 만족도의 비교가 가능하다.
06 ① 진입 장벽이 낮을수록 잠재적 신규 진입 위협은 높아진다.
② 대체재가 존재하면 구매자의 협상력이 높아져 기업은 수익성이 감소한다.
③ 공급자의 제품 차별화는 공급자의 협상에 의한 위협을 증가시킨다.
⑤ 공급자 변경 시 낮은 전환 비용은 구매자의 협상에 의한 위협을 높인다.
07 SWOT 분석에 TO 전략은 존재하지 않는다.
08 목표 고객 개발에는 조사와 분석에 따른 비용이 발생한다.

정답

04 ③　05 ④　06 ①　07 ⑤　08 ④

09 다음 중 지속적 경쟁 우위를 위한 노력으로 옳은 것은?

① 기업 중심의 서비스 프로세스 설계
② 새롭고 창의적인 서비스 가치의 창출
③ 진입 장벽이 낮은 서비스 상품의 제공
④ 일관성 있고 표준화된 서비스 인프라 구축
⑤ 설계하기 쉽고 보편적인 서비스 프로그램 개발

10 다음 중 경영 전략에 대한 설명으로 옳은 것은?

① 전략의 집행과 결과를 검토하기 위한 충분한 기간이 필요하다.
② 전략 수립 과정에는 소수 인력을 집중 투입하는 편이 효율적이다.
③ 전략적으로 선택된 부분은 일부이므로 전략의 영향력은 상당히 작다.
④ 조직 내·외부의 환경 요인을 파악하여 경쟁을 회피할 수 있는 목표를 설정한다.
⑤ 전략적 의사 결정은 간헐적으로 이루어지기 때문에 일관된 패턴을 갖기 어렵다.

11 SWOT 분석 결과 외부 환경은 기회(O), 내부 환경은 강점(S)으로 분석되었을 때의 전략으로 옳은 것은?

① 철수 전략
② 시장 침투 전략
③ 제품 확장 전략
④ 전략적 제휴 전략
⑤ 시장 기회 선점 전략

12 다음 중 고객 만족 경영(CSM)에 대한 설명으로 옳지 <u>않은</u> 것은?

① 고객에게 더 나은 가치를 제공하기 위한 비용 증가는 필수이다.
② 경쟁사보다 더 큰 가치로 대응하기 위해 전사적으로 역량을 결집시키는 것이다.
③ 시장과 고객을 여러 영역으로 나누고 집중적으로 공략할 영역을 선택하여 집중적으로 위치화시키는 활동이다.
④ 고객의 기대와 만족 수준을 조사하고 이를 바탕으로 불만족 수준을 찾아 개선하여 고객의 만족을 높이는 경영 활동이다.
⑤ 경쟁사에 비해 훌륭하거나 차별화된 제품이나 서비스의 혜택을 동일 가격대로 제공하여 고객에게 더 나은 가치를 제공한다.

13 다음 중 NCSI(국가 고객 만족 지수)의 순기능에 대한 설명으로 옳지 않은 것은?

① 품질 경쟁력의 평가 척도가 된다.
② 공급자의 신제품에 대한 의사 결정을 지원한다.
③ 고객 만족 향상을 통한 미래 수익 변화 전망과 예측을 제공한다.
④ 개별 기업의 고객 만족 향상을 위한 마케팅 전략 수립에 유용한 정보를 제공한다.
⑤ 다른 업종 간 고객 만족도 비교를 통해 CS 개선에 필요한 다각적인 시각과 정보를 제공한다.

14 다음 중 충성 고객에 대한 정의로 옳지 않은 것은?

① 기업을 대신해 다른 사람에게 추천하는 고객
② 경쟁 업체의 유인 전략에 동요하지 않는 고객
③ 한 기업의 신제품에 가장 먼저 구매 결정을 하는 고객
④ 제품 또는 서비스를 정기적으로 반복 구매 및 사용하는 고객
⑤ 한 기업에서 다양한 품목의 제품과 서비스를 포괄적으로 구매하는 고객

09 새롭고 창의적인 서비스 상품의 지속적 개발은 경쟁사로부터 진입 장벽을 높인다.
10 ② 전략 수립 과정에는 다양한 분야의 인력이 필요하다.
　③ 전략적으로 선택된 부분은 일부라도 전략의 영향력에 크게 작용할 수 있다.
　④ 건강한 경쟁을 유도할 수 있는 목표를 설정한다.
　⑤ 전략적 의사 결정은 지속성을 기반으로 한다.
11 SO 전략은 시장의 기회를 활용하기 위해 강점을 사용하는 전략으로 시장 기회 선점, 사업 영역 확장, 사업 구조 변경 등이 있다.
12 비용 부담을 줄이고 더 나은 가치를 제공하는 것이 고객 만족 경영의 가치이다.
13 공급자의 후속 제품이나 서비스에 대한 의사 결정에 영향을 미친다.
14 얼리 어답터(Early Adopter)에 대한 설명이다.

정답

09 ②　10 ①　11 ⑤　12 ①　13 ②　14 ③

PART 2 O/X형

[15~18] 다음 문항을 읽고 옳고(O), 그름(X)을 선택하시오.

15 동태 분석은 시간에 따른 분석 요인의 변화를 분석하고 미래 사업 성장을 예측할 수 있다.
(① O ② X)

16 ICT의 발전과 더불어 기존의 마케팅 믹스인 4C를 4P로 대체하자는 주장이 있다. (① O ② X)

17 PSS 전략은 제품과 서비스 상품을 분리해서 특화시키는 방법을 의미한다. (① O ② X)

18 산업 생애 주기 중 시장이 완전 포화상태가 되고, 수요는 대체 수요만 존재하여 성장률이 낮거나 제로(0) 상태인 경우를 '산업 조정기'라 한다. (① O ② X)

PART 3 연결형

[19~22] 다음 설명이 의미하는 적합한 개념을 각각 선택하시오.

보기
① P-S-P   ② STP 전략   ③ IMC   ④ Bass 확산 모형

19 시장 또는 고객을 다양한 영역으로 세분화하여 타깃 고객을 선정하여 브랜드 이미지를 고객에게 각인시키는 마케팅 기법을 말한다. (   )

20 마케팅 믹스에서 확장된 개념으로 마케팅의 한 부분인 광고 및 홍보, 판촉, 판매 등을 온라인과 오프라인의 다양한 마케팅 채널을 바탕으로 통합적으로 사용하고 관리할 수 있는 전술적 개념이다. (   )

21 새로운 서비스 확산을 분석하는 데 유용한 모형으로, 새로운 서비스를 채택한 사람이 두 가지 채널에 영향을 받고, 그 영향의 차이에 따라 혁신자와 모방자 두 그룹으로 나눌 수 있다고 가정하여 측정한다. (   )

22 직원이 자긍심과 만족감을 느낄 때 고객에 대한 서비스가 향상되고 회사의 이익이 창출된다는 경영 철학으로 People, Service, Profit을 의미한다. (   )

해설

15 O 동태(Dynamism) 분석은 시간을 X축, 분석 요인을 Y축으로 하여 과거 시간에 따른 분석 요인의 변화를 분석하고 미래 사업 성장을 예측하는 기법이다.
16 X IMC(통합 마케팅 커뮤니케이션)의 발달과 함께 4P를 4C로 대체하자는 주장이 있다. 4C는 고객(Customer), 비용(Cost), 편익(Convenience), 소통(Communication)으로, 제공자와 고객 간 양방향 상호 작용 중심의 성격이 강하다.
17 X PSS 전략은 제품과 서비스 상품을 하나의 통합 상품 개념으로 소비자에게 제공하는 전략이다.
18 X '산업 성숙기'에 대한 설명이다.
19 STP 전략
20 IMC
21 Bass 확산 모형
22 P-S-P

정답

15 ① 16 ② 17 ② 18 ② 19 ⑤ 20 ③ 21 ④ 22 ①

PART 4 사례형

23 다음 마이클 포터의 산업 구조 분석 이론에서 말하는 5가지 경쟁 위협 중 구매자의 협상력으로 인해 발생하는 산업 위협의 사례로 적절한 것은?

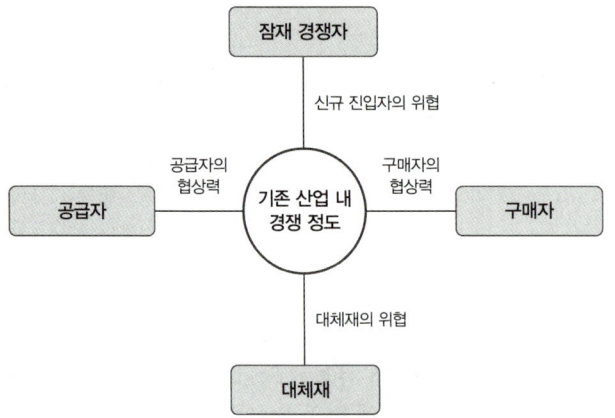

① 먹거리에 대한 소비자의 관심이 증가하자 요식업 시장에서는 창업자가 폭발적으로 증가했다.
② 지금까지 PC를 통해 판매 서비스를 제공하며 수익을 올려왔던 쇼핑몰은 고객들의 모바일 쇼핑 트렌드를 읽지 못하여 경쟁 모바일 쇼핑 업체에 고객을 빼앗겼다.
③ 자동차 헤드라이트 관련 기술을 보유하고 있던 ○○중소기업은 최근 중국 기업의 기술 성장으로 인해 모기업이 중국 기업으로 하청을 옮길까 봐 전전긍긍하고 있다.
④ 홈쇼핑을 통해 제품을 판매하는 유명 카메라 브랜드 수입 벤더사(총판 업체)는 최근 경기 불황으로 인한 소비자들의 가격 인하 여론에 따라 외국 본사에 수입 단가 인하를 요청하고 있다.
⑤ 인도에서 원자재를 공급받고 있는 구매 담당자인 김 과장은 공급가액을 올려 주지 않으면 계약을 파기하고 한국의 다른 경쟁 업체와 거래를 전환하겠다는 통보에 당혹감을 감추지 못하고 있다.

24 기업의 서비스 원가를 절감하기 위한 방안으로 가장 적절한 의견을 제시한 직원은?

> 김철수 부장: 지금부터 ○○기업의 내년도 원가 절감 방안 마련 미팅을 시작하겠습니다. 여러분들께서 평소 생각하셨던 의견을 자유롭게 제시해 주십시오.
> 박민아 주임: 고객들이 이용하는 서비스 프로세스를 조금 더 복잡하게 하면 고객들이 서비스 이용을 포기해 서비스 투입 비용을 줄일 수 있습니다.
> 유영경 과장: 유지비만 많이 들고 불필요한 시설을 고객들의 편의 시설로 대체하면 고정비를 줄일 수 있습니다.
> 주수지 사원: 고객들이 서비스에 참여하다 보니 일의 효율성이 떨어지는 것 같습니다. 서비스 직원을 늘려 일의 효율성을 높이면 생산성이 높아져 원가가 절감될 것 같습니다.
> 김다희 대리: 고객 맞춤형으로 서비스를 각각의 서비스 상품으로 세분화하면 좋겠습니다.
> 김선영 차장: 서비스 직원들을 위한 교육을 줄이면 교육비 감소로 원가가 줄어들 것 같습니다.

① 박민아 주임 ② 유영경 과장
③ 주수지 사원 ④ 김다희 대리
⑤ 김선영 차장

해설

23 ① 기존 기업 간 경쟁에 의한 위협이다.
② 대체재의 위협에 해당하는 사례이다.
③ 잠재 경쟁자의 신기술로 인한 신규 진입자의 위협이다.
⑤ 공급자의 협상력에 의한 위협이다.
24 서비스 프로세스의 단순화, 고객의 참여, 서비스 상품의 표준화, 직원의 생산성 향상을 통해 서비스 원가를 절감할 수 있다.

정답

23 ④   24 ②

PART 5 통합형

[25~26] 다음을 읽고 물음에 답하시오.

> 교육 업체: 안녕하세요. 일전에 서비스 경영과 관련해서 저희 기관의 강사님이 수업을 진행했는데 강의 피드백을 구하고자 연락드렸습니다.
> 담당 팀장: 덕분에 좋은 교육을 받았습니다.
> 교육 업체: 다행이네요. 강사님도 교육 분위기가 너무 좋았다고 회사 칭찬을 많이 하시더라고요.
> 담당 팀장: 저희가 더 감사드리죠. 강사님께서 다른 분들과 다르게 소소한 선물부터 교육에 필요한 소품까지 직접 챙겨 오셔서 저도 직원들도 더 신났던 것 같아요.
> 교육 업체: 진짜요? 저희는 몰랐는데. 강사님한테 따로 감사 표현을 해야겠네요. 제가 질문을 하나 드리려 하는데 혹시 이번 교육에 점수를 주신다면 0점부터 10점 중에 몇 점을 주시겠어요?
> 담당 팀장: 10점을 드리고 싶은데, 강의비가 부담돼서 8점을 드릴게요.
> 교육 업체: 아, 그렇습니까? 아무래도 강사님 숙식 부분과 교육생 간식이나 교육 도구의 비용이 포함되어 부담이 되실 수 있겠네요. 다음 차수 교육 때에는 강사님을 출퇴근시키고 교육생 간식을 생략해서 비용 부담을 덜어 드리겠습니다.
> 담당 팀장: 아닙니다. 제가 그런 의도로 말한 것은 아닌데. 그렇게 하다 교육의 품질이 나빠지는 것은 원하지 않습니다. 다른 방법을 찾아봐야 할 것 같네요.

25 위 사례에서 교육 업체 직원이 질문을 통해 조사하고자 한 것은?

① 고객 불만 사항
② 고객 서비스 지수
③ 고객 이탈 지수
④ 고객 서비스 품질 지수
⑤ 고객 순추천 지수

26 위 사례에 대한 설명으로 옳지 <u>않은</u> 것은?

① 담당 팀장은 교육 업체 강사에 대해 높은 교육 평가를 주었다.
② 담당 팀장은 표준화 서비스보다 고객화 서비스를 선호하고 있다.
③ 교육 업체는 교육 피드백을 통해 고객사의 만족도를 파악하고자 하였다.
④ 교육 업체는 서비스 생산성보다 고객 가치를 우선적으로 생각하고 있다.
⑤ 교육 업체는 서비스 생산에 필요한 투입 비용을 줄여 원가를 절감하려고 하였다.

해설

25 고객 순추천 지수(NPS; Net Promoter Score)는 추천 의향 문항을 11개(0~10점) 척도로 측정한 후 '추천 고객 비율(Promoters %)'에서 '비추천 고객 비율(Detractors %)'을 차감하여 도출한다.
26 교육 업체는 교육의 품질이라는 고객 가치보다 비용 절감이라는 생산성 개선을 우선적으로 고려하였다.

정답

25 ⑤   26 ④

에듀윌이
너를
지지할게

ENERGY

삶의 순간순간이
아름다운 마무리이며
새로운 시작이어야 한다.

– 법정 스님

memo

memo

memo

memo

여러분의 작은 소리
에듀윌은 크게 듣겠습니다.

본 교재에 대한 여러분의 목소리를 들려주세요.
공부하시면서 어려웠던 점, 궁금한 점,
칭찬하고 싶은 점, 개선할 점, 어떤 것이라도 좋습니다.

에듀윌은 여러분께서 나누어 주신 의견을
통해 끊임없이 발전하고 있습니다.

에듀윌 도서몰 book.eduwill.net
- 부가학습자료 및 정오표: 에듀윌 도서몰 → 도서자료실
- 교재 문의: 에듀윌 도서몰 → 문의하기 → 교재(내용, 출간) / 주문 및 배송

2026 에듀윌 SMAT 모듈 C 1주끝장

발 행 일	2025년 10월 31일 초판
편 저 자	김정현, 박성아, 유지영
펴 낸 이	양형남
개 발	정상욱, 허유진
펴 낸 곳	(주)에듀윌
등록번호	제25100-2002-000052호
주 소	08378 서울특별시 구로구 디지털로34길 55 코오롱싸이언스밸리 2차 3층
ISBN	979-11-360-3958-3(13320)

* 이 책의 무단 인용 · 전재 · 복제를 금합니다.

www.eduwill.net
대표전화 1600-6700